Economía urbana

Economía urbana

Economía urbana

Roberto Camagni

POLITECNICO DI MILANO

Traducción de Vittorio Galletto
Universidad Autónoma de Barcelona

Antoni Bosch editor

Sobre el autor

Roberto Camagni es una de las primeras autoridades mundiales en economía urbana y regional. Fue director del Consejo de Ministros, en Roma, durante el Gobierno de Romano Prodi (1997-1998), vicepresidente del Group on Urban Affaire de la OCDE y presidente de la AISRe (Associazione Italiana di Scienze Regionali).

Actualmente es profesor de Economía Urbana y de Políticas Territoriales Europeas en el Politecnico di Milano, presidente de la European Regional Science Association y presidente del GREMI (Groupe de Recherche Européen sur les Milieux Innovateurs)

Antoni Bosch editor, S.A.
Manacor, 3 - 08023 Barcelona
Tel. (+34) 93 206 0730
info@antonibosch.com
www.antonibosch.com

ISBN: 84-95348-13-6
Depósito legal: Z-236-2005

Diseño de la cubierta: Compañía de Diseño
Impresión: Book Print Digital, S.A.

Contenido

Para Cristina

PRESENTACIÓN

Este texto va dirigido a un muy amplio colectivo de personas interesadas por el fenómeno urbano en su vertiente económica. Se trata de uno de los primeros estudios sistemáticos sobre economía urbana publicados en lengua castellana pensado para atender la demanda de formación económico-territorial, tanto de estudiantes de economía y urbanismo como de un amplio conjunto de estudiantes y profesionales del fenómeno urbano: agentes de desarrollo local, ecólogos, geógrafos, ingenieros, politólogos, sociólogos, así como alcaldes y responsables políticos municipales.

Su autor, el profesor Roberto Camagni, catedrático de economía urbana del Politecnico di Milano, ha construido un texto específico que aborda los principios fundamentales de la economía urbana de una manera innovadora, y que incorpora además dos capítulos finales sobre sendas cuestiones de singular importancia para el desarrollo local: la sostenibilidad urbana y la competitividad territorial. Su lectura y estudio permitirá al lector asentar una sólida base que le facilitará comprender la ciudad en su dimensión económica y social, y como artefacto complejo y cambiante.

Camagni parte de una visión histórica, no determinista, de la ciudad. Ferdinand Braudel uno de sus autores de referencia ha dejado escrito que "la ville est mouvement". Y así la concibe Camagni, un científico social que entiende la ciudad como algo más que el soporte de la actividad económica. Es el ámbito de la interacción humana, el lugar por antonomasia en el que se desarrolla la "civilización". Por ello sostiene que es necesario dotarse de un enfoque específico, que parte de postulados generales procedentes de economistas clásicos como Adam Smith, David Ricardo o Karl Marx y que se enriquece con la aportación de economistas del siglo XX como Edgar Hoover, William Alonso, Walter Isard, Alan W. Evans o Peter Nijkamp. Su propuesta es en cierto sentido ecléctica, como debe ser en un buen manual de economía, integrando lo más apropiado a los efectos de la formación de un lector culto o de un estudiante en formación que necesita asentar los principios, los conceptos y los términos fundamentales.

Tiene además una raíz muy específica en las teorías del comercio internacional y en particular en el pensamiento de Bertil Ohlin, que integra en su célebre investigación el estudio del comercio internacional con el del comercio interregional. Y de esta raíz surgirá una de sus propuestas más atrayentes. Sostiene Camagni –que es así mismo especialista en el campo del comercio internacional– que en la nueva era que conocemos con el nombre de "globalización" no sólo compiten las empresas: compiten las ciudades. Entra en controversia con Paul Krugman al afirmar que más allá de las ventajas comparativas "ricardianas" existen ventajas absolutas que, si fallan, pueden dar al traste con la base económica de las ciudades. Un mensaje profundo de hondas repercusiones en el diseño de estrategias económicas y territoriales.

El texto incorpora sutilmente los conocimientos científicos de uno de los científicos sociales europeos con mayor impacto internacional. Porque Camagni es en primera instancia un investigador. Ha sido profesor en Universidades tan prestigiosas como la Sorbona de París o la de California en Santa Cruz, publicando asiduamente en las más prestigiosas revistas internacionales como *Urban Studies, Révue d'Économie Régionale et Urbaine, Regional Science and Urban Economics, Giornale degli Economisti*, y también en lengua española como *Investigaciones Regionales* e incluso en catalán en la *Revista Econòmica de Catalunya*. Pero es también impulsor de grupos de investigación y al mismo tiempo asesor científico de instancias gubernamentales, regionales y locales. Es presidente del Groupe de Recherche Européen sur les Milieux Innovateurs (GREMI) que agrupa veinte equipos de investigación europeos y norteamericanos. Ha impulsado la principal escuela de economía urbana italiana en el Politecnico di Milano que cuenta con economistas tan destacados como Roberta Capello. Ha sido presidente de la asociación Italiana de Ciencia Regional, y preside en la actualidad la Asociación Europea de Ciencia Regional.

Su labor científica se ha orientado también hacia el diseño de políticas económicas urbanas. Ha influido decisivamente en la nueva estrategia urbana europea, en el diseño de las políticas urbanas del gabinete italiano de Romano Prodi, y ha participado como consultor científico de numerosos planes territoriales urbanos y planes estratégicos (a menudo con Maria Cristina Gibelli) en Lombardía, Veneto, Sevilla, Madrid y Turín, este último en colaboración con Pasqual Maragall, y en el reciente nuevo programa de Barcelona como ciudad del conocimiento. Argumentos como el de la importancia del aprendizaje colectivo en el *milieu* local, la nueva estrategia basada en la noción de red de ciudades o la interpretación del desarrollo sostenible en clave no sólo ambiental sino también económica y social tienen en los trabajos de Roberto Camagni una fuente fundamental.

El texto que tiene el lector en sus manos está influido por esta trayectoria científica y vital tan singular. El profesor Camagni participa de la idea de que la economía urbana tiene el privilegio de abordar el fenómeno de la civilización en su concreción espacial. La visión propuesta es en cierto sentido holística. No se trata tanto de comprender una pequeña rama del árbol de la ciencia económica, complementaria y en cierto sentido prescindible en la formación avanzada de un científico social, como de analizar el proceso económico en movimiento en su espacio de referencia, el espacio urbano. La economía urbana sería así una atalaya privilegiada para comprender el proceso económico y sus consecuencias sociales.

Enlaza así con el proceder de uno de los científicos más relevantes del pensamiento universal del siglo XIX, Ildefonso Cerdà, autor de la monumental "Teoría General de la Urbanización", en la que se configura el urbanismo como disciplina, y sobre la que se define uno de los planes generales de mayor incidencia en la historia urbana hispanoamericana, el Plan de Reforma y Ensanche de Barcelona de 1859. El ingeniero Cerdà integra en su análisis "físico" de la ciudad contenidos económicos y sociales. Tanto Cerdà como Camagni sostienen que el mercado no resuelve por sí mismo los problemas urbanos. La ciudad debe anticiparse en su desarrollo, integrando en su diseño estratégico los nuevos problemas (los derivados de la revolución industrial en el siglo XIX, los derivados de la nueva era de la globalización hoy), las innovaciones tecnológicas más relevantes (el ferrocarril o los telégrafos entonces, las TIC o las nuevas tecnologías aeroespaciales y ferroviarias hoy), las nuevos instrumentos de intervención (los planes de reforma y ensanche entonces, los planes estratégicos y las nuevas políticas basadas en la noción de red hoy). La ciudad razonablemente compacta propuesta por Camagni, que aprovecha las nuevas tecnologías para activar relaciones de red, que tiene la sostenibilidad y el policentrismo como divisas, enlaza con la ciudad de Cerdà quien tenía un lema más propio del siglo XXI que del siglo XIX: "rurizad lo urbano: urbanizad lo rural… *Replete terram*".

La magnitud de los problemas urbanos de principios del siglo XXI es comparable en muchos casos, y en especial en América Latina, con la de los problemas urbanos en tiempos de Cerdà. El enorme encarecimiento del suelo y la vivienda en España, o el rápido y a menudo desordenado crecimiento de tantas ciudades latinoamericanas son ejemplos de la gravedad de las patologías urbanas existentes. El precio medio de una vivienda en Madrid o en Barcelona ha alcanzado los 350.000 y aún se encuentran economistas "arbitristas" que creen que el fenómeno se resuelve ampliando indiscriminadamente la oferta de suelo urbano en las periferias de nuestras ciudades. En América Latina, y con datos del Centro Latinoamericano de Demografía de la CEPAL, el número de ciudades con más de 20.000 habitantes se ha multiplicado por cinco desde 1950 y la población urbana alcanza ya un 75% del total. En pocos ámbitos del planeta como el hispanoamericano son tan agudos los problemas de naturaleza urbana. Sorprende la escasez de textos sobre economía urbana y, en general, la insuficiencia de los estudios que tengan como objeto la problemática urbana. En pocas ocasiones se asistirá a un *décalage* tan importante entre la magnitud de los problemas a abordar y la escasez de diagnósticos y de políticas específicas de naturaleza económica urbana.

Desde hace tiempo, en el marco del grupo de investigación sobre Economía Urbana de la Universitat Autònoma de Barcelona, echábamos en falta el disponer de un manual en lengua castellana que atendiera las necesidades docentes y que fuera apropiado para el análisis de la realidad urbana europea e hispanoamericana, objeto de distintas investigaciones desde principios de los años noventa. La traducción y edición ha contado con el apoyo de la Diputación de Barcelona, una institución de base local muy sensible a estas cuestiones y avanzada en Europa en el diseño de estrategias de red. Creemos que puede contribuir a despertar el interés en España y en América Latina por una disciplina como es la Economía Urbana para la que se augura un gran porvenir en un mundo globalizado basado en ciudades y metrópolis, como es el que se configura para el Siglo XXI.

Joan Trullén
Profesor de Economía y Política Urbana
Universidad Autònoma de Barcelona
Secretario General de Industria

Prólogo

El lector tiene en sus manos un libro de iniciación a los principios que gobiernan la economía de la ciudad y a las interpretaciones más relevantes que ha dado el pensamiento económico sobre el desarrollo urbano.

Se trata, por lo tanto, de un libro de gran actualidad ya que, desde mediados de los años ochenta, ha crecido el interés por conocer cómo y por qué crecen y se desarrollan las ciudades. El aumento de las desigualdades en la distribución de la renta, el empleo y el bienestar ha desencadenado una preocupación creciente entre los estudiosos, los administradores públicos y los ciudadanos por las cuestiones relacionadas con el desarrollo económico. Pero, en Europa la sensibilidad es todavía mayor que en otros lugares, debido a que a medida que el proceso de integración económica se dinamiza, se advierten efectos muy diferentes entre las ciudades y regiones de la Unión.

Una de las cuestiones centrales que plantea la integración económica europea es conocer los factores que facilitan los procesos de desarrollo económico de las ciudades de la Unión y explicar por qué unas ciudades se desarrollan más y mejor que otras. En las últimas décadas, se ha producido una discusión importante sobre la dinámica económica de los territorios, que ha llevado a reconocer que el crecimiento económico y las transformaciones sociales de los países los impulsan las ciudades que son capaces de catalizar las innovaciones y liderar los procesos de cambio productivo e institucional.

El libro del profesor Roberto Camagni nos conduce al núcleo central de la ciudad llevándonos por los principios y las interpretaciones que permiten comprender y analizar el desarrollo urbano. El libro, por lo tanto, plantea una teoría económica espacial, con la rigurosidad que ello merece, pero sin olvidar que los conceptos y modelos hablan de una "realidad viva de las fuerzas económicas y sociales" y de la sostenibilidad y continuidad de los procesos de desarrollo.

Sorprende la claridad y la elegancia con la que el texto discurre por los principios a través de los que se articula la economía urbana. De forma sencilla va respondiendo a preguntas básicas como ¿Por qué existen las ciudades? ¿Cómo se desarrollan las ciudades? ¿Dónde se localizan las actividades y los servicios en la ciudad? ¿Cómo se generan las rentas y plusvalías urbanas? ¿Cómo se establecen las relaciones entre los actores económicos y sociales dentro de la ciudad? ¿Cómo se organiza el sistema de ciudades a nivel internacional? A través de las respuestas a estas y otras preguntas el profesor Camagni nos conduce por las interpretaciones que explican la dinámica económica de las ciudades y, por lo tanto, el desarrollo económico de las regiones y países.

Economía urbana es un excelente libro de texto que recoge las ideas de los grandes pensadores económicos, antiguos y modernos, que se sintieron atraídos por esa gran construcción humana que es la ciudad. Presenta a la ciudad como un espacio en el que suceden los fenómenos económicos y la entiende como un territorio vivo cuyos actores económicos y sociales toman las decisiones que guían los procesos de desarrollo.

Roberto Camagni expone en el libro buena parte de las ideas que ha ido recogiendo durante su vida profesional. Presenta el pensamiento de los maestros de las generaciones precedentes como Walter Isard y Philippe Aydalot, junto al de las nuevas generaciones que él conoce de primera mano como presidente de la Asociación Europea de Ciencia Regional. Pero también incorpora el conocimiento directo de la realidad histórica y política que le han proporcionado sus actividades como consultor de la OCDE, de la Unión Europea y de ciudades europeas y americanas, y como gestor público cuando era Jefe del Departamento de Asuntos Urbanos en la Presidencia del Consejo de la República Italiana, bajo el gobierno de Romano Prodi.

El libro supera la vieja tradición de que los libros de texto necesariamente han de ser una reunión de principios y teoremas escritos en lenguaje profesional para iniciados en el tema, e interpreta y analiza la ciudad con un lenguaje directo que facilita el descubrimiento de los secretos de la economía urbana. Amplía así el círculo de lectores estimulando el interés de principiantes y especialistas y de todos aquellos que se interesan por el territorio, la economía y las ciencias regionales.

El autor, con esta aportación, al mismo tiempo que satisface la curiosidad por las respuestas a las preguntas básicas del desarrollo económico de las ciudades, siembra el interés por la investigación sobre el desarrollo urbano al plantear nuevas cuestiones a medida que va desgranando cada uno de los principios de la economía urbana. Estoy deseando volver a leer el libro cuando Antoni Bosch lo ponga en las librerías el próximo año.

Antonio Vázquez Barquero
Catedrático de Economía
Madrid, 13 de junio de 2003

LOS SÍMBOLOS

En este volumen se ha intentado, en lo posible, mantener inalterados en los distintos capítulos los símbolos utilizados para las diferentes variables y evitar que un mismo símbolo signifique cosas distintas en partes distintas de la exposición (a pesar de que existen, en las distintas disciplinas que se ocupan del espacio urbano, algunas simbologías ahora ya consolidadas que no se han querido abandonar).

A = progreso técnico; compras/ventas intermedias
a = área
B = beneficios
C = consumos totales/costes totales/coste total de transporte
c = propensión media o marginal al consumo/coste medio
c' = coste marginal
c_{ij} = coste/tiempo de transporte entre i y j
D = demanda/destinos de los desplazamientos
δ = distancia
E = exportaciones
G = gasto o consumo públicos
h = volumen de tráfico
K = capital
I = inversiones
i, j = sectores productivos; zonas de origen y de destino de los desplazamientos
L = trabajo, ocupación
M = importaciones
n = tasa de crecimiento natural de la población
O = oferta/orígenes de los desplazamientos
p = precio
P = población
π = productividad (Y/L)
q = densidad demográfica unitaria
r = renta unitaria

R = renta total
S = ahorro
s = propensión media o marginal al ahorro
t = tiempo
τ = coste unitario de transporte
T = tierra
T_{ij} = interacción espacial
V = ingreso total ($X \cdot p_x$)
w = salario unitario
W = masa salarial total
X = producción y output (físico); valor de la producción
Y = producto o renta (ingreso)
z = tasa de beneficio unitario
Z = beneficios totales

Una barra situada encima de una variable indica que dicha variable está definida exógenamente.

PREFACIO

La ciudad es un fenómeno tan evidente, tan connatural a nuestra propia historia y civilización, que pocos han sentido la necesidad de analizarla en cuanto fenómeno económico específico y forma permanente de organización del trabajo social.

La tradicional negligencia de los economistas por los aspectos espaciales se ha convertido en ignorancia por la cultura corriente. El hombre de la calle, pero desafortunadamente también el hombre culto, no sabe situar disciplinarmente la economía urbana: ¿economía de los servicios urbanos?, ¿economía de los espacios verdes públicos?

Pero incluso la disciplina que más directamente se ocupa de la ciudad, al menos desde el punto de vista normativo, el urbanismo, no parece haber alcanzado plenamente el objetivo natural de construir un cuerpo doctrinal de principios y de teoremas sobre el cual basar el análisis y la intervención, y se encuentra cada vez más frecuentemente debilitada por extenuantes diatribas nominalísticas, u obligada a frecuentes evasiones extradisciplinares.

Por lo que se refiere a los economistas, me parece que cabe registrar hasta hoy, en los países del sur de Europa, una relativa falta de éxito en la inserción de la economía espacial entre las disciplinas económicas *mainstream*, a pesar de que cada vez más a menudo esta inclusión sea evocada por cuantos ven prevalecer los elementos de oferta sobre los de demanda en la generación de la "riqueza de las naciones", y los elementos territoriales locales plasmar las capacidades dinámicas de desarrollo de las economías nacionales.

Por otra parte, es consolador el crecimiento de la comunidad internacional de investigadores que, estimulada por la obra apasionada de Walter Isard, se ha reunido desde inicios de los años cincuenta alrededor de la Regional Science Association, y que celebra este año su cincuenta aniversario, así como el entusiasmo, el fervor del debate interdisciplinar y la creciente curiosidad intelectual que han caracterizado los primeros decenios de vida de la Asociación Española de Ciencia Regional.

Gracias a este esfuerzo notable que las ciencias regionales están hoy cumpliendo, no faltan intentos específicamente disciplinares de analizar el fenómeno ciudad. Disponemos hoy de coherentes tratados de geografía urbana y de reflexiones generales sobre la economía de la planificación urbana. Tenemos intentos ambiciosos de interpretación de la multiplicidad de los fenómenos urbanos a través de un único principio organizador, un principio de interacción espacial (que considera la ciudad como un sistema de unidades territoriales que interactúan entre ellas) o un principio de accesibilidad (como en la llamada *new urban economics*, la economía de la ciudad monocéntrica). Tenemos investigaciones que intentan reducir la complejidad del fenómeno mediante la imposición de un método o de un punto de vista específico: métodos de optimización, métodos de análisis dinámico tomados en préstamo de la macroeconomía o de la biología. Tenemos, por último, intentos enciclopédicos, a menudo acríticos, similares a diccionarios de economía regional y urbana, o intentos avanzados de presentar la frontera de la reflexión.

Naturalmente, de todas estas aproximaciones hay mucho que aprender, pero parece clara, o al menos me ha parecido clara a mí, la oportunidad y la necesidad de una aproximación diferente: una aproximación que recoja y presente, de forma sistemática aunque ecléctica, los *principios* y los *modelos teóricos fundamentales* de la economía de la ciudad.

Se ha tratado de un trabajo emprendido con humildad y con determinación, seguramente con pasión creciente; un trabajo de análisis de textos de los padres fundadores, de búsqueda de intuiciones analíticas en las páginas de los grandes economistas clásicos, de valoración y de sistematización, de interpretación y unificación.

En este trabajo, me ha parecido fundamental la aportación de la mejor doctrina y del debate más avanzado que se ha desarrollado en los países del sur de Europa. Respecto a la mayor tradición anglosajona, esta aportación se caracteriza por una fuerte atención a los problemas emergentes –como el de la crisis y del posterior retorno al desarrollo de las grandes ciudades, de las transformaciones estructurales que las han caracterizado en respuesta a los procesos de desindustrialización, el tema de la competitividad y de la capacidad de atracción internacional de las ciudades, los fenómenos de sinergia interna basados en valores y códigos de comportamiento y cognitivos compartidos–, una atención que no se ha convertido en descriptivismo local sino que, al contrario, ha estimulado la utilización creativa de modelos teóricos consolidados y la propuesta de nuevos marcos conceptuales. Pensamos en la teorización de las "redes de ciudades" como modelo de organización territorial complementario al tradicional modelo jerárquico, o a la interpretación de la ciudad como *milieu* innovador. Esta aportación en particular ha tenido reconocimiento formal en ámbito internacional con la asignación de la presidencia de la European Regional Science Association a investigadores del sur de Europa: a Juan Ramón Cuadrado Roura a mediados de los años noventa y al autor de este volumen para el periodo 2003-2006.

Se ha querido presentar un texto de teoría económica-espacial y, por tanto, no se ha querido hacer más denso el tratamiento con descripciones de la estructura y de la dinámica histórica de la ciudad (descripciones por lo demás fácilmente localizables en otra parte). Se ha querido presentar un texto de principios y, por tanto, los elementos normativos, de intervención en ámbito urbano, han sido explícitamente excluidos (pero sí se ha incluido un análisis de los fundamentos teóricos de las política urbanas y territoriales). Se ha querido analizar el conjunto de los modelos teóricos y de interpretación de la naturaleza, la estructura y la dinámica urbana, pero no se ha querido entrar en los detalles técnicos de la operativa de dichos modelos, de su estimación econométrica o calibración, de su utilización para la previsión o la intervención.

A pesar de estos límites que me he impuesto explícitamente, la materia presentada no se presenta ni abstracta, ni árida, ni inútil para orientar la intervención sobre la realidad. Detrás de los conceptos y de los modelos se mueve una realidad viva de fuerzas económicas y sociales, de conflictos entre clases, un conjunto de procesos de construcción y morfogénesis del espacio urbano. Y, por otra parte, cualquier intervención racional de planificación sólo puede basarse en la comprensión profunda de las lógicas de estructuración y movimiento de la realidad urbana.

El intento de este volumen es eminentemente didáctico: el de contribuir a la formación de una cultura difusa sobre los fundamentos de la economía del espacio. El nivel de dificultad analítica se puede considerar intermedio. Algunas formalizaciones en esta materia son irrenunciables. Se ha optado, no obstante, por privilegiar, donde ha sido posible, una presentación geométrica y reducir la descripción analítica-matemática de los modelos.

El lenguaje es naturalmente el del economista, y una mejor comprensión de los conceptos correspondientes implica un conocimiento, al menos superficial, de microeconomía y de macroeconomía. De todas formas, siempre se ha buscado obviar eventuales carencias en este tipo de preparación mediante breves presentaciones en notas de los conceptos principales utilizados.

La bibliografía, si bien abundante, no quiere ser en absoluto exhaustiva de la materia; está adaptada al objetivo didáctico del volumen.

Esta edición española presenta diferencias significativas respecto al texto original italiano, *Economia urbana: principi e modelli teorici*, publicado por La Nuova Italia, hoy Carocci Editore, en 1992, y también respecto a la versión abreviada publicada posteriormente por el mismo editor (*Principi di economia urbana e territoriale*, 1993 y reimpresiones siguientes). Por una parte, se ha optado por hacer un texto sobre los principios fundamentales de la economía urbana, renunciando a las profundizaciones teóricas y de modelización; por tanto, se han incluido todos los capítulos de la primera parte del volumen dedicada precisamente a los "principios", y también el capítulo sobre la teoría de la renta del suelo urbano. Para los otros temas y, en particular, para la parte más avanzada del volumen sobre los modelos dinámicos, evolutivos y de autoorganización del espacio urbano, se remite a los textos italianos y eventualmente a la edición francesa del volumen original (*Principes et modèles de l'économie urbane*, Economica, París, 1996).

Por otra parte, se ha querido añadir dos capítulos que abordan dos temáticas de fuerte actualidad, siempre con una aproximación de carácter teórico: el de la sostenibilidad urbana –de su definición conceptual, diferente de la que se refiere a los ambientes naturales, y de su conjugación con las temáticas que se encuentran a caballo entre forma urbana y funciones urbanas– y el de la justificación teórica de las políticas urbanas y territoriales. Este último capítulo no afronta directamente el tema de los instrumentos de intervención, sino que más bien aborda las razones por las cuales tales políticas aparecen como indispensables en la actualidad –frente a claros casos de "fallo de mercado"–, así como las filosofías de fondo y la evolución de las modalidades y de los ámbitos de intervención de las políticas espaciales, desde inicios de los años cincuenta hasta las perspectivas actuales.

El texto reelabora trabajos diversos: para el primer tema, una contribución aparecida en un volumen cuidado por mí sobre *Economia e pianificazione della città sostenibile*, Il Mulino, Bolonia, 1996. Para el segundo tema, diferentes artículos todos ellos fruto de un doble encargo recibido de la OCDE de París, cuya huella se puede encontrar en una contribución aparecida en *Territorial Outlook*, OCDE, 1991 ("Policies for spatial development") y en el artículo "Razones, principios y cuestiones para la política de desarrollo espacial en una era de globalización, localización y trabajo en red", en J. Subirats (ed.), *Redes, territorios y gobierno*, Diputació de Barcelona, Barcelona, 2002.

Sobre estas temáticas, que tocan de cerca el bienestar colectivo y la calidad de vida del ciudadano moderno, he tenido oportunidad de traducir mis reflexiones en indicaciones de *policy* y en proyectos concretos durante mi experiencia como Jefe del Departamento para las Áreas Urbanas de la Presidencia del Consejo de Ministros en Roma, durante el Gobierno Prodi, y en el curso de una larga colaboración con la Comisión Europea y el Comité de Desarrollo Espacial (desde diferentes cargos: como experto de la Comisión, como representante italiano y como experto de varios ministerios italianos) para la elaboración de las estrategias de desarrollo del espacio europeo y de las acciones en ámbito urbano, presentadas en el documento *Estrategia Territorial Europea* de 1999.

Con motivo de esta traducción del manual al castellano, me siento en la obligación de dar las gracias a algunos colegas españoles que han creído en esta iniciativa. En primer lugar, a Joan Trullén, queridísimo amigo y estimado colega de la Universitat Autònoma de Barcelona, sin cuya labor este volumen no habría visto la luz: deseo darle las gracias por haber sugerido esta forma editorial, más adecuada a las exigencias del ambiente universitario de lengua española, por haber velado amistosamente a lo largo de todo el proceso organizativo de la publicación y por su aprecio a mi trabajo en el campo de la economía territorial; desde hace años mantenemos una intensa actividad de intercambio de reflexiones teóricas, en particular sobre los temas de la competitividad y de la organización en red de las grandes áreas metropolitanas, de valoración de experiencias de políticas de desarrollo local y de colaboración en la formación de nuevas generaciones de investigadores. Su capacidad de traducir modelos teóricos abstractos en amplios proyectos de investigación empírica y en estrategias territoriales concretas ha tenido una fuerte influencia sobre la evolución de mi pensamiento.

En segundo lugar, deseo dar las gracias a otro amigo y colega desde hace tiempo, Antonio Vázquez Barquero de la Universidad Autónoma de Madrid, con quien desde hace tiempo colaboro en la construcción de un modelo interpretativo del desarrollo local basado en las sinergias territoriales y los efectos de *milieu* en el interior de una dinámica red internacional de investigadores, el GREMI –Groupe de Recherche Européen sur les Milieux Innovateurs–. Siempre he apreciado su capacidad para unir entre ellas la teoría de los distritos locales, la teoría del desarrollo regional y las estrategias de organización de los centros urbanos en el desarrollo territorial, una síntesis pendiente aún de ser plenamente realizada, de la cual se encuentran huellas en el último capítulo del volumen. A ambos amigos, que han querido presentar este trabajo mío al público de lengua española, va mi profunda y cordial gratitud.

Finalmente, deseo dar las gracias a Vittorio Galletto, joven estudioso de economía territorial que ha realizado esta atenta y competente traducción del original italiano. En la esperanza de que el interés que ha demostrado por la materia haya podido aliviar su esfuerzo, y augurándole poder continuar desarrollando su actividad, no ya de traductor, sino de investigador y de autor en nuestro campo de investigación, deseo con la ocasión hacerle llegar, con mi agradecimiento más sincero, un fuerte abrazo.

Queda un agradecimiento obligado a aquellos economistas, no sólo de materias territoriales, que inicialmente me han empujado a realizar este manual, Paolo Costa y Vittorio Valli en particular; a Philippe Aydalot y Rick Gordon, amigos y colegas que prematuramente nos han dejado, que me han permitido disfrutar breves pero fructíferos periodos de estudio en sus universidades –Paris 1 Panthéon-Sorbonne y University of California Santa Cruz– durante la fase de construcción del manual; a los colegas que han cuidado la edición francesa, contribuyendo a su difusión internacional, Pierre-Henri Derycke y Alain Sallez; a los docentes, no sólo economistas, que han utilizado el manual para sus cursos universitarios y que me han hecho llegar, junto a su aprecio, sus sugerencias de mejora.

Por último, un recuerdo afectuoso y grato va, además, a mis maestros, Innocenzo Gasparini, inolvidable rector de la Università Bocconi, que me inició en los estudios territoriales, Walter Isard, David Boyce y Steve Putman que enseñaban en la University of Pennsylvania cuando estudié allí en el lejano 1976-77.

Roberto Camagni
Milán, octubre de 2003

Introducción

1 "Una ciudad es una ciudad"

Quisiera iniciar mi reflexión sobre la ciudad a partir de esta proposición de Ferdinand Braudel, que encierra y sintetiza el espíritu de este trabajo. Está claro que no es una definición, sino más bien un programa de investigación: afirma la legitimidad de un proceso de generalización, que parte de la constatación de la existencia histórica y geográfica de *las* ciudades para llegar a la consideración de *la* ciudad como totalidad significante y a su teorización como entidad socioeconómica autónoma.

De la ciudad como entidad social específica mucho se ha escrito y se ha discutido, pero no existe una teorización aceptada. Por una parte, tenemos los defensores firmes de este programa, como el mismo Braudel, que lo ha realizado en ese gran *fresco* de cuatro siglos de historia (urbana) que es *Capitalisme et civilisation materielle*,[1] o también como los sociólogos Hoselitz y Hillery o el historiador marxista Maurice Dobb.

Por otra parte, en una posición central, tenemos algunos grandes padres del pensamiento político y sociológico que han sido tentados por esta generalización, como Marx, Weber, Sombart, pero que se han detenido un escalón más abajo, teorizando clasificaciones y taxonomías de ciudades.

Por último, en decidida oposición a cualquier posibilidad de teorización, incluso limitada a categorías históricas tales como la ciudad preindustrial de Sjoberg o la ciudad medieval occidental de Weber, se encuentran los muchos cultivadores de la especificidad, que siempre han tenido vida fácil oponiendo a todo intento de generalización la paradoja "¿Nueva York = Tombuctú?".[2]

Por el lado de los economistas, y de la posibilidad de considerar la ciudad como entidad económica específica, existe desde hace ya treinta años un *corpus* creciente de teorías que hacen referencia a su estructura interna y a sus formas de fun-

[1] Véase Braudel (1979).
[2] Véase Abrams (1978).

cionamiento. El economista trabaja de forma natural en un nivel de abstracción más elevado que el geógrafo o el sociólogo, y la operación, si bien no exenta de riesgos de generalidad o de superficialidad, se ha revelado en este caso más fácil y aceptable.

No obstante, a pesar de que la *urban economics* se haya convertido en una disciplina académica a todos los efectos, si miramos bien en la abundante literatura no encontramos (o encontramos solo raramente o de forma parcial) una representación de la ciudad como categoría económica autónoma. La *urban economics* es sobre todo una *economía de la ciudad*, una aplicación de los principios de la economía al objeto ciudad, más que un análisis, podríamos decir, de lo *urbano* como paradigma interpretativo de la realidad, como modelo original de organización de las actividades económicas y del trabajo social.

Este hecho, y a mi parecer este límite, proviene de un defecto de origen de la disciplina económica: la infravaloración de las variables espaciales y de las formas de localización de las actividades en el territorio.

Sólo algunos progenitores, como William Petty, Richard Cantillon y Adam Smith han escrito ensayos sobre la ciudad o han elevado la ciudad a la dignidad de capítulo autónomo en sus tratados. Sólo raramente (entre los padres fundadores lo han hecho Marx y Marshall) la tierra urbana ha sido considerada y teorizada en su especificidad de forma separada a los otros factores de producción. Y la gran y potencialmente fértil intuición marxiana –del joven Marx de la *Ideología alemana* y en parte ya de los *Manuscritos económico-filosóficos del '44*– sobre la división entre trabajo intelectual y trabajo manual y sobre la *contradicción entre ciudad y campo* como motores de la historia,[3] es rápidamente dejada de lado y perdida en la reflexión sucesiva, en primer lugar por obra del mismo Marx –el Marx maduro de *El Capital* y del materialismo histórico– y sucesivamente, por obra de los otros economistas que de dicha contradicción aceptarán la primitiva versión smithiana, que la consideraba un simple caso de división funcional del trabajo.

Y, sin embargo, desde hace tiempo los historiadores nos han advertido de la persistencia del fenómeno de la ciudad en todas las épocas y en todos los contextos geográficos; nos han indicado cómo la aparición de las ciudades se puede rela-

---

[3] Véase Marx y Engels (1967): "La división del trabajo se convierte en división real sólo a partir del momento en el que hay una división entre el trabajo material y el trabajo espiritual" (p. 21); "la división del trabajo [es] una de las fuerzas principales de toda la historia transcurrida hasta ahora" (p. 36); "la mayor división del trabajo material e intelectual es la separación entre ciudad y campo. [...]. El antagonismo entre ciudad y campo... es la mayor expresión de la subordinación del individuo a la división del trabajo, a una determinada actividad que le es impuesta; subordinación que hace de uno el limitado animal ciudadano, del otro el limitado animal del campo, y que renueva cada día el antagonismo entre sus intereses" (pp. 40-41). Ya en los *Manuscritos* hay indicaciones relevantes sobre la "relación del trabajo alienado con el desarrollo histórico de la humanidad", una relación que preexiste y determina el "movimiento de la propiedad". Véase Marx (1968), pp. 82-85.

cionar con el nacimiento mismo de la civilización; nos han sugerido cómo las ciudades han sido siempre la sede privilegiada y natural de las funciones superiores, de las funciones estratégicas y de mando: cultura, religión, defensa, industria (cuando esta última fue la función de punta), terciario directivo, información, gobierno. ¿Cómo se puede considerar que todo esto no influya, aunque sólo sea en términos superficiales y banalmente económicos, sobre las leyes de organización de la sociedad?

Y algunos grandes filósofos como Hegel nos han indicado sin sombra de duda la ciudad y su opuesto, el campo, como los dos arquetipos de organización social, los dos momentos o fundamentos ideales del estado: la primera en cuanto "sede de la reflexión replegada sobre sí misma y autorrealizada" y, por tanto, de los "individuos que aseguran su conservación a través de una relación con otras personas jurídicas", y la segunda en cuanto "sede de la vida ética, que se fundamenta sobre la naturaleza, o sea, de la familia".[4]

Grandes sociólogos como Max Weber nos han transmitido emblemáticamente el antiguo dicho alemán "el aire de la ciudad nos hace libres" (*"Stadtluft macht frei"*),[5] para indicar, más allá de una validez literal durante la época medieval (el siervo de la gleba que conseguía entrar en la ciudad era libre), una atmósfera urbana particularmente adecuada para el despliegue de la subjetividad y de la voluntad individual.

¿Cómo pensar que todo esto sea irrelevante tratándose de desarrollo económico y social, de conflictos distributivos, de capacidad empresarial y de innovación?

Por tanto, el paso de la ciudad como simple objeto de investigación económica a categoría económico-espacial autónoma constituye un problema abierto, una hipótesis estimulante y un programa de investigación válido; este volumen quiere ser, entre otras cosas, una contribución en esta dirección, sin necesariamente implicar directamente una respuesta afirmativa al problema planteado y sin tener la ambición de presentar una teoría orgánica.

2 La ciudad y las representaciones de la ciudad

En un proceso de generalización y de abstracción como el que se ha supuesto, la dificultad está, naturalmente, en el hecho de que la ciudad pierde toda su materialidad histórica para convertirse en otra cosa: para convertirse en representación, en metáfora.

---

[4] Véase Hegel (1963) p. 257.
[5] Véase Weber (1950) p. 36.

"La ciudad es una noción-pantalla: a través de ella se dicen otras cosas, que se llaman capitalismo, territorio, estado, infraestructura colectiva. El razonamiento sobre la ciudad no habla de la ciudad: por debajo de esta forma vacía se desarrolla la historia. Tampoco nosotros hemos escapado de este desprecio y en nuestro caso hablamos de "ciudad" para referirnos a relaciones sociales de producción, fuerzas productivas, capital y también estado".[6]

En Braudel este proceso de identificación-representación es clarísimo: *"En Occident, capitalisme et ville, au fond, ce fut la même chose"*. Pero es precisamente de estas representaciones, que persisten y esconden interpretaciones precisas, que los economistas han sido particularmente avaros y, de esta manera, han abierto el camino a un reduccionismo superficial que, para "quedarse con los pies en el suelo" ha banalizado gran parte del enfoque económico de la ciudad.

Uno se queda perplejo, por ejemplo, ante los resultados teóricos de la así llamada *new urban economics*, a los cuales han contribuido incluso prestigiosos economistas "ortodoxos", y también se siente reacio a aceptar la idea de que un modelo de ciudad monocéntrica, organizado como un campamento de caravanas sobre la base de un solo principio organizador, el principio de accesibilidad, agote todo cuanto el economista puede decir de relevante sobre la ciudad a partir de sus específicos instrumentos disciplinares.[7]

La idea de encontrar un principio unificador para la interpretación de los fenómenos no es naturalmente peregrina o inusual en la historia de la ciencia, ni se limita, para permanecer en el ámbito urbano, solamente a los economistas; los analistas de los sistemas ven, por ejemplo, en el principio de interacción espacial dicho principio unificador. Pero, probablemente, esta analogía metodológica con las ciencias exactas no se adecua a una ciencia social como es y debe ser la economía urbana y, por tanto, la complejidad del fenómeno ciudad no puede ser recogida, aunque sea en el ámbito de las simples relaciones económicas, sino es mediante la integración coherente de distintos principios.

El hecho de que la economía no haya desarrollado una representación fuerte y coherente de la ciudad, si bien por una parte tiene la desventaja de quitar al estudioso algunas certezas y algunos puntos firmes, presenta, por otra parte, numerosas ventajas.

En primer lugar, la de poder utilizar la economía como método de investigación y de análisis más que como un *corpus* disciplinar cerrado de axiomas y teoremas. En este contexto la ciudad puede ser estudiada de forma amplia como fenómeno relevante desde el punto de vista de la producción y de la distribución de la renta: no sólo, por tanto, desde el punto de vista de la eficiencia asignativa de

---

[6] Véase Fourquet y Murard (1973), pág. 36.
[7] Este enfoque está tratado en el capítulo 2 de este volumen.

la escuela neoclásica, sino también desde el punto de vista clásico de la "naturaleza y las causas de la riqueza", de las relaciones de complementariedad pero también de conflictividad entre clases sociales, así como desde el moderno punto de vista de la capacidad innovadora y de la eficiencia dinámica. Como se ve, el programa es amplio, y excluye sólo el punto de vista estético y gran parte, aunque no todo, del punto de vista de la forma (y de la psicología de la forma) urbana.

En segundo lugar, la falta de una representación globalizadora y aceptada tiene la ventaja de estimular al investigador a descubrir fragmentos de reflexión teórica en los textos de los grandes padres de la economía y de las ciencias territoriales, a la búsqueda de los principios genéticos y de las leyes de movimiento de ese complejo microcosmos como es la ciudad.

En tercer lugar, permite utilizar críticamente las representaciones y las metáforas elaboradas en el interior de otras aproximaciones disciplinares que han asumido más directamente el deber de la interpretación de la ciudad; y una utilización crítica significa juzgar la validez heurística de las respectivas aproximaciones y paradigmas (naturalmente en el interior de la especificidad del enfoque económico), ampliar y reforzar los paradigmas mismos, adquirir intuiciones analíticas o incluso sólo preanalíticas.

El economista se encuentra particularmente cómodo en el interior de metáforas funcionalistas: la ciudad como sistema organizado y con una finalidad, la ciudad-máquina. Encontramos estas representaciones sobre todo en el interior de la tradición marxista, en la idea del mismo Marx de una ciudad-mercado del trabajo industrial, en la idea de Manuel Castells de una ciudad-espacio del consumo y de la reproducción de la fuerza de trabajo, en la metáfora de la ciudad-fábrica o en la idea más general de Allen Scott de una ciudad-espacio de la producción.[8]

No obstante, estas representaciones, además de identificar aspectos sólo parciales de la naturaleza de la ciudad, presentan un profundo riesgo: al no estar basadas en un vínculo fuerte, necesario y bidireccional entre forma espacial (la ciudad) y función, y al remitir a relaciones tan generales que trascienden del nivel del espacio físico, tienen el peligro de hacer de la ciudad el simple escenario, casual y pasajero, de sucesos o relaciones estructurales consideradas más profundas (la lucha de clases, por ejemplo) o el simple contenedor espacial de una realidad sociológica: la ciudad como escenificación de la historia. Llegados a este punto, sería muy lógico y más coherente negar relevancia teórica a las variables espaciales, como han hecho durante un tiempo algunos representantes del marxismo ortodoxo americano;[9] una elección que anularía, no obstante, nuestro explícito programa de investigación (y el de todos los científicos regionales).

---

[8] Véase Castells (1974), Magnaghi, *et al.* (1970), Scott (1988).
[9] Véase, por ejemplo, Markusen (1980).

Más sólidas parecen otras representaciones funcionalistas: la weberiana de la ciudad-mercado, basada en un atento análisis de la ciudad medieval en los albores del capitalismo, aunque hoy reductiva e insuficiente, pero de todas formas adecuada para interpretar una de las funciones esenciales de la ciudad, la de lugar de intercambio (de bienes, de servicios, de información); o la braudeliana de la ciudad-transformador eléctrico y catalizador de lo nuevo, bien adaptada para incorporar la creciente moda de reflexiones neoschumpeterianas.

Menos connaturales al economista pero también relevantes son las metáforas organicistas, propuestas sobre todo por los teóricos de la forma y la morfogénesis urbana: la ciudad como organismo autónomo, que obedece a sus propias leyes internas, polo de subjetividad territorial. De la metáfora biológica de la ciudad como organismo viviente de Lewis Mumford, a la metáfora cibernética de la *ville-machine informationnelle* de Fourquet y Murard,[10] encontramos una serie de sugestiones relevantes que abren el camino al estudio de las formas de funcionamiento interno de la ciudad y de los principios de asignación espacial de los recursos.

3 Aglomeración y división del trabajo: la contradicción ciudad/campo

Intentemos pues, recorriendo las diversas representaciones de la ciudad, construir una imagen compuesta, ecléctica, que pueda satisfacer las exigencias del economista, partiendo desde las visiones más simples y directas hasta llegar a las más complejas y abstractas, y acercando a las visiones estáticas, fotográficas, las visiones dinámicas, en mayor medida preocupadas en recoger, más que una estructura, una ley de movimiento (figura 1).

Asumamos, para empezar, el punto de vista del viajante desinformado, o del astronauta. La ciudad se presenta ante sus ojos como una aglomeración de actividades, un espacio claramente delimitado por una neta ruptura en la densidad de uso del suelo respecto a la del espacio que lo rodea. Al poder verificar en el espacio total y en el tiempo dicha persistencia y uniformidad, el viajante estaría naturalmente llevado a conjeturar la existencia de alguna fuerza, de alguna ventaja, que ha empujado al hombre hacia dicho comportamiento localizativo: la proximidad, deduciría, es una forma eficiente de organización de las relaciones entre los hombres.

Lo confortaría la autoridad de Platón y de Aristóteles. El primero, en la *República*, ve en la multiplicidad de necesidades y en la eficiencia de un proceso de especialización y división del trabajo la génesis de la ciudad. El segundo, en la *Política*, partiendo de estas mismas reflexiones, concluye: "ὅ γαρ ἄνϑρωπος πολιτικόν

---

[10] Véase Mumford (1938), Fourquet y Murard (1973), pp. 18-20.

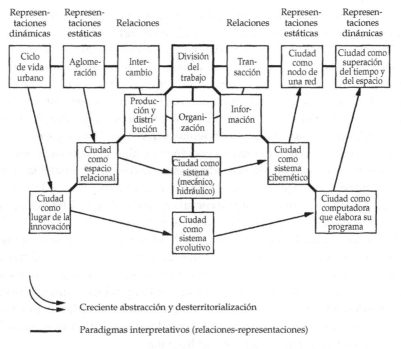

Figura 1. Las funciones y las representaciones de la ciudad.

ζῷον", "el hombre es por naturaleza un animal social", y su sociabilidad se identifica, incluso semánticamente, con su "urbanidad" (πόλις = ciudad).[11]

Observado de cerca el fenómeno, el viajante notaría que la ciudad se distingue no sólo morfológicamente de la no-ciudad (densidad, prevalecencia del ambiente construido), sino que se distingue también funcionalmente: las actividades que en ella se desarrollan, de lo más diversas, tienen en común el hecho de que *no* están dirigidas a la explotación directa del suelo. Estas últimas son, en cambio, típicas del espacio exterior, de la no-ciudad, del "campo". La idea de la gran capacidad de difusión de la división del trabajo, en particular entre la ciudad y el campo, se impondría casi automáticamente, y esta vez la autoridad de Adam Smith confortaría al viajante sobre la racionalidad y eficiencia de dicha forma de organización funcional del trabajo social.

Dado que incluso aquellos que no trabajan directamente la tierra deben nutrirse de los frutos de la tierra, emergería como corolario de la precedente afirmación una importante condición para la existencia misma de la ciudad: para que alguien pueda vivir sin trabajar la tierra, es necesario que el nivel de productivi-

---

[11] Véase Platón (1990), pp. 57-60; Aristóteles (1991), p. 6.

dad de la agricultura sea tal que garantice un excedente superior de cuanto es necesario para la subsistencia de los trabajadores agrícolas.

Es ésta una condición de la máxima importancia analítica, ya que explica la aparición histórica de la ciudad en todas las civilizaciones en un momento determinado del desarrollo de las fuerzas productivas de la agricultura, y el potente desarrollo de la urbanización simultáneamente a algunos relevantes saltos tecnológicos en los métodos de cultivo. Piénsese solamente, por ejemplo, en el desarrollo prodigioso de las ciudades occidentales que se produce a partir del siglo XI, que fue posible gracias a la difusión coetánea de algunas innovaciones radicales en la agricultura como fueron el arado pesado, la rotación trienal y la sustitución del buey por el caballo (a su vez permitida por las innovaciones en los sistemas de herradura y albarda), una fuente de energía de entre el 50 y el 100% más eficiente en términos de relación coste/capacidad de trabajo.[12]

La ciudad encuentra pues su principio de identificación no tanto en una característica específica, hecho que la haría uno de entre los muchos fenómenos de la infinita variedad de la realidad, sino más bien en una oposición, en una relación dialéctica con un espacio complementario; ciudad y campo, ciudad y no-ciudad, se convierten en dos categorías que juntas agotan la totalidad del espacio, dos polos de una relación que bien se puede considerar estructurante, en sentido tanto estático como dinámico, de la sociedad humana.

En este sentido, otros dos problemas merecen una adecuada atención: cómo tiene lugar la transferencia del excedente agrícola a la ciudad, y sobre la base de qué principio se atribuye la especialización funcional entre ciudad y campo.

La transferencia del excedente agrícola puede tener lugar sobre la base de tres mecanismos alternativos:

- a través de un acto de fuerza y de mando, como es el caso de los impuestos sobre el producto agrícola exigidos en términos reales;
- a través de la fijación coercitiva de los precios relativos (términos de intercambio) entre productos de la ciudad y productos del campo, como en el caso de una economía colectivizada; o, por último,
- a través del mercado, que fija los precios respectivamente de los bienes y de los factores de producción sobre la base de un modelo de competencia.

El tercer mecanismo, el más relevante en economía, aparentemente no asume el carácter coercitivo de los dos primeros y, por tanto, no implica un principio de subordinación de un elemento de la dicotomía espacial respecto el otro: los precios relativos de los bienes se fijarían sobre la base de algún criterio objetivo (costes relativos, escasez, utilidad relativa) y lo mismo ocurriría para la fijación de la cuota

---

[12] Véase White (1962), parte II (*La revolución agraria de la Alta Edad Media*).

de la producción agrícola que va a parar al propietario terrateniente (y que, por lo general, es gastada en la ciudad). En realidad, de las páginas del mismo Adam Smith emerge claramente un elemento que aleja los términos de intercambio entre ciudad y campo de una relación meramente competitiva: la mayor posibilidad de los productores urbanos (industriales) de ponerse de acuerdo para crear elementos de monopolio y aumentar los precios en perjuicio de los productores rurales (agrícolas), en mayor medida fraccionados y con menores posibilidades de agregación.[13]

Por tanto, un elemento de dominación emerge también en el interior de relaciones puramente funcionales y de mercado –como aquellas tomadas en consideración por Smith en su análisis de la división del trabajo– y nace directamente de una característica intrínseca de la ciudad: la aglomeración, la proximidad, la facilidad de interacción, la rápida circulación de la información.

Pero esta característica es central también en la definición de las funciones que son asignadas a la ciudad en el interior de la división social del trabajo: ese elemento de eficiencia en la organización social, que más arriba hemos visto que se deriva de la aglomeración, resulta ser particularmente visible para las actividades que se caracterizan por presentar una alta intensidad de información, como son las funciones directivas, las funciones de gobierno, las funciones en las cuales precisamente el control de la información permite la creación de rentas monopolísticas. En estas funciones la ciudad desarrolla intrínsecamente una ventaja comparativa respecto a la no-ciudad, de manera que históricamente se atribuye dichas funciones situándose en una posición de control territorial.

En palabras de Marcel Roncayolo, la ciudad ya no es sólo, en términos geograficofuncionales, "el dispositivo topográfico y social que permite la mejor eficacia en el encuentro y el intercambio entre los hombres", sino que, en términos de relaciones jerárquicas, la ciudad "se presenta, en diversos grados, como el lugar a partir del cual se establece un control territorial".[14]

---

[13] Véase Smith (1977), pp. 124-6. La misma función tenían las corporaciones, de las artes liberales y de los oficios, en las ciudades medievales: "El gobierno de las ciudades gremiales estaba en manos de los comerciantes y artesanos, y ellos estaban interesados en evitar la saturación del mercado, como decían usualmente, con los productos de sus actividades, cuando en realidad lo que hacían era mantenerlo desabastecido. Cada oficio estaba interesado en establecer reglamentos con este objeto... y consentía fácilmente que cualquier otro hiciera lo mismo. [...] De esta manera, cada categoría perdía por una parte lo que ganaba por la otra, y en los negocios que hacía con las demás, en el interior de la ciudad, ninguna era perjudicada. *Pero con los intercambios con el campo todos obtenían un gran beneficio y son estos intercambios los que constituyen el comercio que sostiene y enriquece a cada ciudad*" [la cursiva es nuestra] (p. 124). "Los habitantes de la ciudad, al estar agrupados en un mismo sitio, pueden fácilmente asociarse entre ellos. [...] Los habitantes del campo, dispersos como están en sitios distantes, no pueden agruparse fácilmente" (pp. 125-6).

[14] Véase Roncayolo (1990), pp. 27 y 29. Este trabajo fue preparado para el término "Ciudad" de la *Enciclopedia Einaudi*, 1978. Véase, en este volumen, el apartado 4.6 y Camagni (1992c, apartado 10.5.2).

Así pues, de esta manera se demuestra la equivalencia entre división social del trabajo (entre trabajo manual y trabajo intelectual) y "contradicción" ciudad/campo en sentido marxiano.[15] La ciudad, polo fuerte de la contradicción, concentra poder territorial y se identifica con él. Tal poder, en términos económicos, significa (y puede ser estudiado como) el control de los precios relativos entre los bienes producidos por la ciudad y por el campo[16] y, por esta vía, el control sobre la distribución territorial de la renta; en segundo lugar, dicho poder significa discrecionalidad sobre la elección de las técnicas y sobre el ritmo de introducción del progreso tecnológico, elementos que a su vez influyen sobre la distribución de la renta entre los factores de producción.

Complementarios a este planteamiento del análisis, pero dirigidas a la dimensión de la demanda, son las reflexiones neomalthusianas sobre la naturaleza vistosa e hiperconsumista del modelo de vida urbano. Consumos vistosos, privados y públicos, son de hecho la contrapartida del poder de control, y de mercado, de la ciudad, modos de "realización" de su excedente. Derroche y ostentación como componentes de la naturaleza de la ciudad son puestos en evidencia sobre todo por las reflexiones filosóficas de gran parte del romanticismo antiurbano, de Rousseau a Bataille hasta la metáfora de la ciudad-hipermercado de Baudrillard, no sin un fundamento económico, como hemos visto.

4 Producción y distribución de la renta: la ciudad como espacio relacional

De cuanto se ha dicho hasta ahora emerge la utilidad de un enfoque específico para la ciudad en clave estrictamente económica, esto es, desde el punto de vista de la producción y de la distribución de la renta.[17]

En este sentido, la ciudad se presenta como lugar privilegiado en tres importantes acepciones: como espacio de localización de actividades específicas; como espacio de control sobre la división del trabajo social; como espacio de control sobre la distribución de la renta.

[15] Ya en Platón encontramos una extraordinaria intuición sobre el papel imperialista de la ciudad sobre el campo, basada en elementos puramente económicos. En su pensamiento, hasta que la ciudad permanece anclada a las necesidades primarias, y permanece "sana", practica la especialización, la exportación y el intercambio con el campo; cuando en cambio, con el pasar del tiempo, la ciudad "se inflama" orientándose hacia las necesidades secundarias y desarrollando todo el espectro de las funciones no directamente productivas, desde la sanidad hasta la justicia, el arte y los *loisir* –funciones no exportables y demandadas sólo en la ciudad– tendrá la necesidad de un más vasto hinterland para alimentar a su creciente población. Y en consecuencia "hará la guerra". Véase Platón (1990), pp. 62-3.

[16] Es este también un tema que Platón, en la *República*, se plantea en términos clarísimos, pero para el cual no sabe, naturalmente, encontrar una solución analítica; Platón, 1990, p. 60.

[17] Véase el segundo radio del abanico de la figura 1, empezando por la izquierda.

Sobre esta última dimensión ya hemos hablado.[18] Sobre la primera y la segunda es necesario añadir alguna consideración. Las actividades que se localizan en la ciudad encuentran su mercado en parte en la misma ciudad pero en parte también en el campo, con cuyos productos son intercambiadas. Por tanto, las actividades urbanas deben ser, al menos en parte, complementarias a las actividades rurales y deben ser producidas con una ventaja comparativa (ya que en otro caso, el campo las llevaría a cabo directamente).

Entre las actividades típicamente complementarias y típicamente urbanas encontramos en todas las épocas no sólo las actividades de dirección de alto nivel (las actividades de gobierno y las actividades militares, por ejemplo), sino sobre todo las actividades que pueden garantizar a la producción rural un continuo proceso de innovación. En el siglo pasado, cuando las mayores innovaciones agrícolas e hidráulicas que tenían lugar en Lombardía nacían de las investigaciones llevadas a cabo por los ingenieros milaneses, Carlo Cattaneo podía defender con razón la paradoja de que "la mejor agricultura se hace en la ciudad".[19] Hoy en día, cuando es sobre todo la industria difusa la que caracteriza la producción del campo, el sector terciario urbano desarrolla la misma función de garantizar progreso técnico e innovación (tecnológica, comercial, financiera) a la producción industrial "rural".

Llegados a este punto nos podríamos preguntar, aunque fuera en términos puramente académicos, qué será de la mencionada contradicción entre ciudad y campo en un futuro en el cual, gracias a la progresiva homogeneización de las remuneraciones en el territorio y gracias al desarrollo difuso de las telecomunicaciones, la misma cantidad de información y la misma capacidad para su utilización económica estarán disponibles en cualquier punto del territorio.

Más allá de la puntualización de que, en cualquier caso, se trataría de un futuro muy lejano, es lícito prever una especie de "venganza" del campo, o de la periferia, en oposición a la "tiranía" de la ciudad.[20] Efectivamente, la formación de potentes lobby agrícolas ya ha compensado ampliamente el poder urbano en todos los países avanzados, particularmente en Europa, lo que ha permitido, por ejemplo, la fijación de precios de monopolio sostenidos por el sector público para los

---

[18] El problema distributivo y de los precios relativos ciudad/campo no es desafortunadamente un tema que haya recibido la atención que se merece dentro de la economía urbana. Véase, en este volumen, el capítulo 6 sobre la renta urbana.

[19] La ventaja que se deriva para el campo de la existencia de la ciudad estaba perfectamente clara para Adam Smith. Él veía históricamente tres ventajas: la ciudad ofrece "un mercado grande y preparado" a los productos del campo, pone a disposición una "riqueza" que se invierte en tierras, que de otra forma permanecerían sin cultivar, y en su mejora y, por último, introduce en el campo "el orden y el buen gobierno, y con ellos la libertad y la seguridad de los individuos". Véase Smith (1977), pp. 401-2.

[20] El término "tiranía" es usado precisamente en esta acepción por Braudel (1977), p. 35 de la edición italiana; véase también Camagni (1986).

productos agrícolas; por otra parte, una creciente capacidad de tratamiento autónomo de la información tecnológica y de mercado por parte de la industria difusa ha permitido desde hace tiempo la obtención de grandes beneficios extraordinarios.

De todas formas, la contradicción no está destinada a desaparecer, sino sólo a desplazarse hacia otros niveles: a un nivel más elevado, en el cual la ciudad suministraría servicios destinados a necesidades de carácter superior (por ejemplo, necesidades estéticas o de conocimiento más que de simple información), o a un nivel más amplio, de conflicto entre centro y periferia a nivel internacional (recordemos la profecía de Mao: "nuestros campos asediarán vuestras ciudades").

El espacio económico, pues, articulado sobre la dicotomía topologicogeográfica ciudad/campo, se convierte en un espacio de relaciones, funcionales y jerárquicas al mismo tiempo. Las relaciones economicofuncionales, dirigidas a la mejor asignación de los recursos, implican siempre un elemento de dominación y, por otra parte, el control territorial no puede nunca fundamentarse sobre meras relaciones de poder, sino que debe apoyarse sobre una funcionalidad reconocida y aceptada.

La ciudad, lugar de la división del trabajo, se ha convertido, por tanto, también en el lugar de la desigualdad y el conflicto. En todas las épocas los conflictos territoriales han sido conflictos sobre la distribución de la renta entre las clases sociales y entre la ciudad y el campo, que se han iniciado a partir de cambios históricos en sus respectivas funciones: las revueltas campesinas en los albores de la era moderna contra una estructura feudal limitada al ejercicio del poder coercitivo; las batallas sobre las *corn laws* en la Inglaterra de principios del siglo XVIII, aparentemente centradas en un problema técnico como la importación de trigo y, en realidad, dirigidas a reducir el impacto de la renta del suelo agrícola sobre el nivel de los beneficios; y, bien mirado, incluso las mismas luchas estudiantiles del 68 con sus eslóganes sobre la "imaginación al poder", que hacían explícito, anticipándolo en parte, el paso de la ciudad fordista de las grandes familias industriales y del proletariado urbano a la ciudad metaindustrial de la información, de las tecnologías avanzadas, de las finanzas y de la cultura.

Si se observa a la ciudad desde esta óptica, como espacio a la vez de relaciones funcionales-productivas y de relaciones jerarquicodistributivas, se puede superar la aparente dicotomía, observada por muchos historiadores y cercana a algunas ideas de Weber y de Pirenne, entre una ciudad tradicional, lugar de residencia, de consumo de la renta y de ejercicio del poder, y una ciudad moderna, que aporta nuevas ideas, nuevas tecnologías, nuevos modelos culturales.[21] En realidad, la ciudad desarrolla al mismo tiempo ambos papeles, en un continuo proceso histórico en el cual la ciudad acoge a los agentes de lo nuevo, remunera sus servicios creándoles un espacio en la distribución de la renta, incorpora los procesos de re-

---

[21] Véase Redfield y Singer (1954), Roncayolo (1990), pp. 74-75.

troacción económicos y sociales, pone en evidencia las consiguientes contradicciones y crea las condiciones para un sucesivo nuevo orden.

La consideración de la función innovadora, además de la hipótesis de un movimiento dialéctico como motor de la historia urbana, nos conducen a representaciones de tipo dinámico. Por una parte, encontramos la idea de una sucesión de estados o de regímenes relacionados con los grandes cambios históricos o tecnológicos: los hiperciclos braudelianos (de aproximadamente 200 años), los ciclos largos de Kondratief ligados a la aparición de nuevos paradigmas tecnoeconómicos, los ciclos de urbanización/desurbanización del reciente análisis de Van den Berg y Klaassen (no especificados en sentido temporal sino sólo descubiertos empíricamente en los últimos 40 años).

Por otra parte, en sentido más propiamente económico, podemos imaginar un proceso cíclico de desarrollo y declive de la ciudad, que se puede formalizar de manera similar a los modelos ecológicos de Volterra-Lotka, en los cuales la función innovadora de la ciudad genera beneficios (schumpeterianos) y desarrollo, pero también un crecimiento de la renta urbana, que a su vez reduce la tasa de beneficio y la ventaja comparativa de la ciudad, induciendo el declive.[22]

5 La ciudad como sistema: mecánico o evolutivo

Si la ciudad constituye el polo de un sistema de relaciones que afectan al espacio global, de la misma manera la ciudad puede ser representada como un *sistema complejo* de relaciones internas entre los elementos o las partes individuales, que constituyen sus leyes de funcionamiento y sus características estructurales.[23]

Las relaciones pueden ser de carácter microeconómico, como en los modelos de demanda espacial, o relaciones más generales de causa-efecto como en el modelo de dinámica urbana de Forrester o, en términos aún más abstractos y generales, simples interacciones a distancia, como en los modelos de demanda de transporte y *land use*.

Dentro de esta última categoría recaen las familias más relevantes de modelos de interpretación de la estructura interna de la ciudad, basados en el principio de accesibilidad, de interacción espacial gravitatoria y, al menos en parte, de jerarquía.[24] Dichos modelos permiten interpretar un amplio espectro de fenómenos, que abarcan desde la estructura de las localizaciones de específicas actividades hasta su área de mercado, desde el origen y destino de los flujos de transporte hasta sus específicos recorridos internos en la ciudad, desde la distancia hasta la dimensión relativa de los centros de una jerarquía urbana.

[22] Véase Camagni (1992c), cap. 11.
[23] Véase Meier (1962), Mela (1985), Diappi (1987), Bertuglia (1991).
[24] Véanse los capítulos 2-4.

La representación de la ciudad que emerge a partir de estos enfoques tiene referencias y analogías con otras ciencias: encontramos de hecho una clara metáfora mecánica en la concepción de la ciudad como sistema de flujos (similares a los de una red hídrica) o como campo de fuerzas gravitatorias; encontramos una explícita metáfora termodinámica en la concepción de la ciudad como sistema estocástico, interpretable a través del concepto de entropía (un concepto igualmente utilizado en la mecánica estadística y en la teoría de la información).[25]

El economista se desenvuelve, por lo general, bastante cómodo en este ámbito, gracias a las hipótesis de optimización (o de máxima probabilidad) en las que se basan los respectivos modelos; no obstante, el economista se esfuerza siempre en superar la simple metáfora mecanicista e intenta interpretar las relaciones de atracción y repulsión en términos de utilidades individuales y de valores. Mediante el uso de las funciones "duales" en los modelos de asignación óptima, está en condiciones de, por ejemplo, poner en evidencia los "precios sombra" o los valores implícitos de las distintas porciones de suelo urbano que tienen su origen en las preferencias localizativas de los sujetos económicos, abriendo el camino hacia una profundización de la teoría de la renta urbana.[26]

Emerge en este caso, y de forma completamente evidente, la estrecha relación lógica y económica que existe entre localizaciones, residenciales y productivas, renta del suelo, demanda de interacción y transporte, congestión de la red de tráfico: lejos de ser fenómenos diferentes, estudiados con distintos enfoques disciplinarios por parte del urbanista, del transportista, del economista, todos ellos resultan ser diferentes caras de la misma moneda constituida por el sistema de interacciones intraurbanas.[27]

Y aún permaneciendo en este mismo ámbito de representaciones de la ciudad, se presenta un auténtico salto cualitativo en el momento en que pasamos de una visión estática, prevaleciente en los años sesenta, a una visión dinámica del sistema urbano, prevaleciente en los años ochenta. Con una metáfora que deriva claramente de la biología, el sistema urbano es representado como un sistema vivo y evolutivo, en el cual la adaptación del sistema al ambiente da lugar a procesos creativos y morfogenéticos. Evolución y mutación son procesos que dan lugar al nacimiento de nuevas formas y nuevas funciones, las cuales no son ni implícitas ni previsibles a partir de la base de la estructura preexistente.

---

[25] Véase el tercer radio, por la izquierda, en la figura 1.

[26] Véase el capítulo 6.

[27] Importantes a este propósito son las bonitas palabras, autobiográficas, de Solow: *"One of the pleasures of being an economic theorist is the discovery that some new aspect of social life, superficially quite different from the explicit haggling of the marketplace, will actually yield to the method of economic theory. I can remember enjoying that feeling when I first began to think about the geography of economic activity inside a city, and its codetermination along with the pattern of rents, transportation flows, and congestion"*; Solow (1981).

Como una clara derivación de la teoría de la autoorganización de los sistemas dinámicos lejos del equilibrio de Prigogine, y utilizando una modelización derivada de la teoría de la interacción biológica y de la teoría de las catástrofes de René Thom,[28] nace, si bien hoy todavía se encuentra en su infancia, una teoría evolutiva de la ciudad, fácilmente integrable, por una parte, con la teoría matemática de las bifurcaciones y de los procesos sinergéticos y, por la otra, con la teoría schumpeteriana de la innovación.[29]

En biología, las características generales y necesarias de un sistema viviente vienen dadas por las siguientes: apertura, organización jerárquica en muchos niveles, finalidad y diversidad. El sistema está abierto hacia su entorno, del cual obtiene la energía y la información necesarias para su autorreproducción; está internamente organizado en múltiples niveles, de manera que asegura una relativa autonomía a sus elementos; la autorreproducción constituye su finalidad, e implica un nivel mínimo de diversidad y variedad, necesarias para adaptarse a las fluctuaciones del entorno exterior.[30]

Como se puede observar fácilmente, se trata de características fácilmente extensibles al sistema ciudad, excepto la de la finalidad que sigue siendo un problema no resuelto. Por una parte, de hecho, indicar genéricamente la supervivencia como la teleología de la ciudad, puede parecer o demasiado vago o poco creíble. Por otra parte, precisamente para responder a esta debilidad conceptual, ha sido propuesta la noción de "sistema hipointegrado", esto es, un sistema ambiguamente finalizado que deja una gran autonomía a las relaciones entre los subsistemas:[31] la finalidad no estaría en este caso definida en sentido absoluto, sino que lo estaría en sentido específico y relativo en el tiempo y en el espacio. Esta interesante solución abre el camino a un posible debate sobre las específicas formas históricas de la ciudad, a la búsqueda de una capacidad de autorreproducción y de comportamiento intencional que para algunos está ausente en la ciudad moderna.

6 Información y transacción: las redes de ciudades

Procediendo hacia niveles de abstracción más elevados, encontramos la metáfora cibernética de la teoría de la información: la ciudad es considerada como un sistema de optimización de flujos de comunicación o de mensajes, independientemente del contenido de los mensajes mismos. Señal, ruido, redundancia, entropía, orden/desorden, complejidad son conceptos desarrollados de diversas formas por

[28] Véase Prigogine (1979) y (1985), Varela (1979), Thom (1972), Marchand (1983).
[29] Véase Camagni (1992c), apartado 10.1 y cap. 11.
[30] Véase Laborit (1974), Passet (1979), Lung (1987).
[31] Véase Ciborra, *et al.* (1977).

parte de teóricos de múltiples disciplinas referidos a la información[32] y diversamente aplicados a la estructura urbana.

Más allá de la fuerte atracción que siempre suscita el ejercicio de la analogía, estos conceptos parecen haber dado los mejores frutos en términos heurísticos, al menos en economía urbana, solo cuando han sido filtrados a través de otros enfoques disciplinares: el concepto de entropía a través de la mecánica estadística y el concepto de orden/desorden a través de la química-física de los procesos irreversibles de Prigogine[33].

En forma análoga, dejan a uno algo escéptico los intentos, aunque también atractivos y sugestivos, de extender la misma metáfora a un ámbito dinámico, en el cual se define la ciudad como *machine informationnelle*, una máquina que se construye y se reproduce a sí misma "fabricando su propio programa", "una máquina significante que no significa nada pero que reúne y conecta entre ellas todas las cadenas productivas, institucionales y científicas"[34].

El límite que el economista ve en estas abstracciones es el de infravalorar la finalidad de los flujos de información que se desarrollan en la ciudad y entre las ciudades. La ciudad de la información se convierte en un simple sistema de señales, de forma parecida a lo que le ocurre en la ciudad-autopista de los *Amori difficili* de Italo Calvino, donde los pensamientos, los sentimientos y las decisiones de los individuos colapsan y se simplifican en simples sucesiones de señales luminosas, en sencillos trazados de luces de entrada y de salida.

Por el contrario, distinguiendo los dos grandes ámbitos de la comunicación interpersonal, noeconómica, y de la comunicación entre unidades económicas, se trata, en el primer caso, no tanto de flujos de información sino de intercambios de significados, que pertenecen a la esfera de la utilidad individual. En el segundo caso, más relevante desde el punto de vista de este volumen, se trata de flujos que tienen como fin la transacción económica –la cual puede ser una transacción organizativa, cooperativa o de mercado en función de que se desarrolle respectivamente en el interior de una jerarquía, como puede ser una empresa o una institución, entre los socios de un proyecto común o entre agentes anónimos que efectúan intercambios–, flujos que, en consecuencia, tienen que ver con actividades de control, cooperación y coordinación (y no de simple comunicación/información).

Pero entonces elementos como la eficiencia, la rentabilidad y el poder, que parecían desaparecer en el interior de una metáfora puramente informática, vuelven una vez más a constituir las variables explicativas básicas para comprender el fenómeno ciudad.

---

[32] Véase Shannon y Weaver (1949), Atlan (1972), Webber (1979), Diappi (1987), Batty (1989).
[33] Véase el capítulo 3.
[34] Véase Fourquet y Murard (1973), p. 28.

Procediendo de esta manera es posible redescubrir, en el ámbito de cada ciudad (o distrito industrial), la función de la proximidad y el origen de la aglomeración en la reducción de los costes de transacción. De la misma forma, a nivel del sistema urbano total, es posible teorizar el papel de la ciudad como nudo de una red transterritorial de relaciones y de transacciones, facilitadas por la existencia de redes físicas de transporte y comunicación.

Llegamos aquí al máximo nivel de abstracción y de desterritorialización compatible con un enfoque económico de la ciudad.[35] Esta última se convierte de hecho en un nodo o un punto sobre un circuito de relaciones económicas, un nodo y un circuito que mantienen con el espacio una relación distinta de la tradicional, analizada por la geografía y por la geografía urbana.

El espacio-territorio y el espacio-distancia son superados; la fricción espacial aniquilada; todas las referencias de carácter "areal" pierden valor, desde el concepto de área de mercado hasta el de gravitación. El espacio continuo, medible en una dimensión como distancia o en dos dimensiones como potencial, es substituido por un espacio dicotómico, identificado por la alternativa estar-no estar "en red".

El arquetipo de la ciudad-feria, de la ciudad comercial o financiera pura, históricamente realizado en nuestras repúblicas marineras o en las ciudades del Renacimiento –simples bases operativas según el análisis de Pirenne, faltas de una base territorial, demográfica y productiva– se opone lógicamente (y se sustituye históricamente a través de la aparición de nuevas funciones y de nuevas clases sociales) al arquetipo de la ciudad administrativa, de la ciudad-sede del poder territorial; a la ciudad medieval, que vive solamente en función de una complementariedad estricta con el campo que la rodea, en una condición de autarquía respecto al mundo exterior. A un principio de organización espacial que podemos llamar "territorial", bien sintetizado por el modelo gravitatorio y por el modelo jerárquico de Christaller, se añade un principio de organización "en red", fundamentado sobre relaciones selectivas, tendencialmente no jerárquicas entre centros dispuestos de forma no sistemática sobre el territorio.[36]

Es posible, llegados a este punto, teorizar las "redes de ciudades" (*réseaux de villes*) como aquellos sistemas de relaciones y de flujos entre centros urbanos que

[35] "Se trata de un fenómeno de *red* puesto que la ciudad está fundamentalmente en relación con otras ciudades. La ciudad representa un umbral de desterritorialización, ya que es necesario que cualquier material sea suficientemente desterritorializado para entrar en la red, someterse a la polarización, seguir el circuito de recodificación urbana y viaria. El máximo nivel de desterritorialización aparece en la tendencia de las ciudades comerciales y marítimas a separarse de la tierra que las rodea, del campo (Atenas, Cartago, Venecia...)". Deleuze y Guattari (1980), p. 539.

[36] Véase el capítulo 4. Hemos dicho que el segundo principio de organización "se aproxima" al tradicional: con esto queremos reafirmar que dicho principio se superpone pero no sustituye al primero, sino, más bien, entra con este último en una relación dialéctica.

tienen justificación económica en la consecución de economías de complementariedad o de sinergia para los centros urbanos de los que están formados. Pueden ser clasificadas como redes de primer tipo aquellas que configuran un proceso de división espacial del trabajo (las ciudades del Randstad holandés, el sistema urbano policéntrico de la región del Véneto); pertenecen, en cambio, al segundo tipo las redes entre ciudades que desarrollan funciones similares, como las ciudades financieras, las ciudades direccionales mundiales, las ciudades de arte reunidas en itinerarios turísticos, o las ciudades que cooperan explícitamente en grandes proyectos de infraestructuras.[37]

Si la organización en red de los centros constituye un paradigma distinto de organización espacial con respecto al modelo jerárquico christalleriano en un ámbito interurbano, sus manifestaciones pueden ser recogidas también en un ámbito intraurbano. Cada vez son más visibles en el interior de las grandes áreas metropolitanas occidentales tendencias –espontáneas pero también explícitamente guiadas por las instituciones de planificación– de organización policéntrica, fundadas sobre una recuperación de especificidades, funcionales y simbólicas, de los subpolos individuales, en franca oposición a las tendencias homogeneizantes del modelo tradicional centro-periferia, expresión del crecimiento difuso y rápido de la ciudad.

Con anterioridad, hemos añadido al paradigma reticular una característica de desterritorialización: flujos de relaciones y de informaciones financieras, comerciales, diplomáticas entre centros lejanos, que se desarrollan a través de canales privilegiados y eficientes (piénsese no sólo en las modernas redes telemáticas, sino también en los primeros servicios regulares de correos internacionales puestos en marcha por los mercaderes y los banqueros italianos y hanseáticos, con una base estrictamente corporativa, a partir del siglo XIV) testimonian un esfuerzo explícito de superación de la barrera espacial que tiene en la ciudad su eje natural. Pero la ciudad se proyecta contemporáneamente en el tiempo, conservando en sus monumentos, museos, bibliotecas y bases de datos la memoria de relaciones pasadas y prefigurando el futuro a través de los procesos de innovación y de las curiosidades incesantes que sabe alimentar.

Podemos terminar, pues, con la más abstracta de las representaciones de la ciudad, aquella que la ve como el dispositivo de superación al mismo tiempo del espacio y del tiempo.[38]

---

[37] Véase Dematteis (1990) y (1991); Camagni (1992a); Trullén y Boix (2001).

[38] *"Nous définissons la Cité comme ce qui permet de vaincre ensemble le temps et l'espace, donc tout ce qui nous limite, rien moins donc qu'une réussite philosophique prométhéenne. On conçoit alors qu'elle inquiète le Ciel, qui est défié"*, Dagognet (1984), p. 62, citado en Ansay y Schoonbrodt (1989), pág. 221.

7 El plan del volumen

Este volumen está organizado idealmente en dos partes. En los seis primeros capítulos se presentan uno tras otro los grandes principios económicos de organización del espacio urbano y una teorización completa y coherente de la renta urbana.

Los grandes principios de organización territorial, que se encuentran estrechamente relacionados con algunos modelos históricos de la economía urbana, nos permiten responder a algunas preguntas fundamentales sobre la naturaleza, la estructura y las leyes de movimiento de la ciudad. Dichos principios son:

- el principio de aglomeración, o de la sinergia, que responde a la pregunta inicial: ¿por qué existe la ciudad? (capítulo 1);
- el principio de accesibilidad, o de la competencia espacial, que investiga sobre las formas en que se localizan las diversas actividades, residenciales y productivas, en competencia entre ellas por el espacio urbano: ¿dónde en la ciudad? (capítulo 2);
- el principio de interacción espacial, o de la demanda de movilidad y de contactos, que se pregunta sobre las relaciones que se establecen entre las distintas partes de la ciudad y entre las correspondientes actividades: ¿cómo en la ciudad? (capítulo 3);
- el principio de jerarquía, o del orden de las ciudades, que investiga sobre las leyes de organización del más amplio espacio interurbano, a la búsqueda de la lógica que preside la dimensión y la localización relativa de los distintos centros: ¿cuáles y cuántas ciudades? (capítulo 4);
- el principio de competitividad, o de la base de exportación, que muestra las condiciones y las modalidades del desarrollo de las ciudades: ¿por qué crece la ciudad? (capítulo 5).

Tratándose de un texto de *economía* urbana, estos principios tienen su origen naturalmente a partir de más generales principios de organización económica: el principio, que podemos llamar marshalliano, de eficiencia estática y de asignación óptima de los recursos; el principio, schumpeteriano, de eficiencia dinámica y de ventaja competitiva alcanzada mediante procesos de innovación; el principio, genéricamente marxiano, del poder y del control económico de los recursos.

El espacio es una de las variables estratégicas de entre aquellas que actúan en el interior de dichos principios de organización económica: el espacio es al mismo tiempo una variable instrumental en los procesos de optimización y una variable dependiente sobre la que impactan esos mismos procesos. De hecho, como consecuencia del funcionamiento de estos principios, tienen lugar procesos de fragmentación y recomposición espacial de los ciclos productivos, procesos de control de los mercados de los *assets* de innovación y procesos de control de la información y de los recursos externos al sistema local (figura 2). Más en general, tienen lugar procesos de autoorganización espacial que se pueden sintetizar en los cinco principios generadores del espacio urbano que hemos presentado más arriba.

En el capítulo 6 se aborda de una forma coherente el tema teórico de la renta urbana, partiendo de la teoría económica clásica de la renta *tout-court* y llegando a unir muchos aspectos y conclusiones obtenidos en los capítulos precedentes.

El volumen termina con dos capítulos dedicados a la definición del concepto de sostenibilidad urbana y a las correspondientes estrategias de intervención (capítulo 7), y a una reflexión sobre la justificación teórica de las políticas urbanas y territoriales en la actualidad, y a las nuevas orientaciones que parecen necesarias, hacia los procesos de innovación y de desarrollo de capital relacional (capítulo 8).

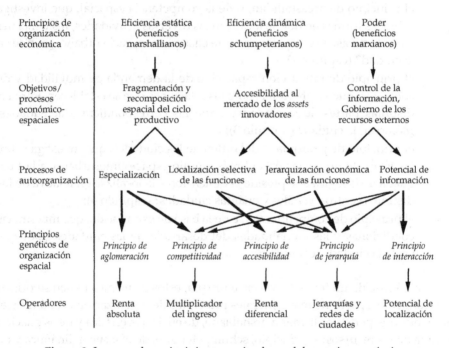

Figura 2. Los grandes principios organizadores del espacio económico.

1. El principio de aglomeración (o de la sinergia)

1.1 El principio de aglomeración

Tanto si se define la ciudad como un conjunto compacto de personas y de actividades económicas, como si se la define como un conjunto de relaciones que se desarrollan sobre un espacio físico restringido o que desembocan en una polaridad reconocible, el elemento de la *aglomeración* resulta siempre una característica fundamental y un principio genético de la ciudad. Las ciudades existen y han existido en la historia porque los hombres han encontrado más ventajoso y eficiente gestionar las propias relaciones personales, sociales, económicas y de poder de forma espacialmente concentrada.

Los elementos que se encuentran en la base de la mayor eficiencia de un modelo concentrado residen en lo que los economistas llaman *indivisibilidades* o, desde otro punto de vista, economías de escala. En la economía de la producción, pero también en la economía de los servicios públicos o de la vida individual y colectiva cotidiana, existen numerosísimos casos en los cuales –por razones de tipo tecnológico o por el efecto de mecanismos estadísticos de interacción entre los elementos individuales de un sistema o también en dependencia de fenómenos económicos de especialización funcional– solamente alcanzando una dimensión o una "escala" suficiente de actividad es posible utilizar procesos productivos más eficientes, o alcanzar la cantidad de energía necesaria para iniciar un proceso químico-físico autopropulsado, o generar recursos suficientes para alcanzar un mercado lejano o para financiar un gran proyecto.

Debido a la presencia de estas fuerzas, una fábrica de automóviles, un banco, una feria, un sistema de transporte metropolitano eficiente, no pueden ser replicados en miniatura; y a la inversa, aumentando proporcionalmente los recursos destinados a estas actividades, es posible observar un aumento más que proporcional del producto, del valor añadido o de la eficacia de la actividad desarrollada.

El juicio de valor sobre la ventaja de un modelo concentrado respecto al difuso de organización del trabajo social, basado en el análisis preciso de los elementos que generan tal ventaja, permite salir de la circularidad de la definición que se obtiene a partir de la ecuación ciudad-aglomeración, y de iniciarnos en la comprensión de las razones de fondo de la existencia misma de la ciudad.

Si las fuerzas de aglomeración no existieran, entonces podríamos pensar que, en un sistema perfectamente competitivo de producción de un número elevado de bienes, con factores de producción móviles y un recurso natural fijo pero distribuido uniformemente sobre el territorio, la producción tendría lugar de una forma perfectamente difusa, cada productor produciendo limitadas cantidades de cada bien, exactamente las suficientes para satisfacer la demanda local; en cada área habría un idéntico *mix* de productores, que no sería en absoluto necesario transportar de un lugar a otro, una idéntica densidad de uso del suelo y una consiguiente idéntica remuneración de los factores productivos.

Al contrario, asumiendo la presencia de economías de escala incluso en un solo sector, veríamos modificarse irremediablemente el esquema de las localizaciones así como la aparición de nodos y polos de aglomeración. En la industria o en la empresa *x* sujeta a economías de escala se verificaría una concentración espacial de actividad y de factores productivos, y la producción tendría lugar de una manera más ventajosa en un solo lugar y sería transportada después a los mercados locales. Pero también los trabajadores de la empresa o del sector encontrarían más ventajoso trasladar su lugar de residencia cerca del área de producción, para ahorrar tiempo de transporte, así como también aquellas actividades económicas que a pesar de no gozar de economías de escala suministran un input a la empresa *x* o bienes de consumo a sus trabajadores.

El proceso continuaría de forma acumulativa, tocando actividades cada vez más indirectamente ligadas a la producción *x*: educación, servicios públicos y todas sus actividades conexas.

¿Qué límite encontraremos a este proceso acumulativo? El límite reside, en primer lugar, en la existencia de costes de transporte para los productos de la empresa *x*: éstos, de hecho, aumentan exponencialmente con el aumento del área servida y por encima de un determinado límite superarían las ventajas de las economías de escala de la producción. El segundo límite, que tiene que ver con el conjunto de las empresas presentes, reside en la formación de costes crecientes o *deseconomías* en el área de aglomeración, ya sea en términos de precio de los factores menos móviles y más escasos (tierra, pero también trabajo), ya sea en términos de costes de congestión (tráfico, estrés, criminalidad, etc.).

El más interesante de estos fenómenos, desde un punto de vista conceptual, es la formación de una *renta de posición* en las áreas adyacentes a la empresa *x* que son objeto de una creciente demanda por parte de las familias y de las empresas. En el momento en que dicha renta, que constituye un coste de localización para estos sujetos, haya crecido tanto como para equilibrar las ventajas de la aglomeración (constituidas, en una primera aproximación, como hemos dicho, por el ahorro en los costes de transporte de los trabajadores y de las empresas suministradoras de la empresa x), el desarrollo de esta concentración de actividad que ahora ya podemos llamar "ciudad" cesará, y sólo tendrá lugar una sustitución o una relocalización de las diversas actividades según la respectiva mayor o menor ventaja neta de la proximidad.

Un elemento debe ser subrayado desde ahora de entre los aparecidos en el esquema, si bien simplificado, que hemos trazado hasta aquí: la renta urbana resulta estrictamente relacionada con la dinámica de las preferencias localizativas de las empresas y de las familias y puede ser considerada, en una primera aproximación, como uno de los indicadores más precisos de la existencia de economías (netas) de aglomeración.

Es útil recordar aquí que los costes de transporte deben entenderse no tanto en sentido literal (también importante, ya que permite un tratamiento algebraico sencillo de la variable espacio), sino como una metáfora de todos los elementos de fricción espacial; esto es, de aquellos elementos que hacen privilegiada y más apetecible una localización concentrada respecto a una difusa. En sentido creciente de abstracción: costes de transporte y de distribución, costes de marketing en mercados lejanos (un elemento más relevante en un ámbito interregional que en un ámbito urbano), el coste de oportunidad del tiempo de transporte para los individuos y el coste psicológico del viaje, el coste y la dificultad de comunicación a distancia, la pérdida de valor de la información en el tiempo y con el paso de canales formales y directos (contactos cara-a-cara) a canales formales pero indirectos (los medios de comunicación de masas, las bases de datos etc.), el riesgo de pérdida de informaciones esenciales.

La agregación de toda esta serie de costes en una simple medida de coste de transporte τ, ligado directamente en sentido funcional a la distancia, es un problema complicado, también desde el punto de vista metodológico (piénsese, por ejemplo, que se pasa del coste de uso de un soporte, el medio de transporte o de comunicación, al valor de un contenido, la información). No obstante, y a efectos de proceder a un análisis que se desarrolla en el terreno de conceptos abstractos, tal simplificación parece del todo aceptable, y parece útil desde ahora liberar el campo de posibles críticas superficiales referidas a la supuesta naturaleza *transport oriented* de las aproximaciones teóricas aquí presentadas.

Si definimos con el término genérico de "economías de aglomeración" todas las ventajas que se pueden extraer de una estructura espacial concentrada, con el fin de presentar un análisis más detallado, es posible realizar una sencilla clasificación de tales economías en:[1]

---

[1] Véase Hoover, 1937; Isard, 1956.

- *economías internas a la empresa*, representadas por las muy conocidas economías de escala de tipo productivo, distributivo y financiero; éstas dan lugar a la concentración espacial de la producción y, en presencia de costes de transporte relevantes y de productos homogéneos, a la formación de una estructura reticular de áreas de mercado no superpuestas por las unidades productivas individuales, a menudo representadas por una estructura en panal de áreas hexagonales;
- *economías externas a la empresa pero internas a la industria*, o *economías de localización*; se trata de las ventajas que se derivan de la localización concentrada de empresas pertenecientes a la misma industria o sector productivo;
- *economías externas a la empresa y a la industria* o *economías de urbanización*; se trata de las ventajas, típicas de un ambiente urbano, que se derivan de la presencia de infraestructuras genéricas, utilizables por todas las industrias y de la estrecha interacción entre instituciones y actividades diferentes.

A esta tipología de ventajas de aglomeración se le deben añadir aquellas que disfrutan la población residente y cada uno de los individuos en cuanto consumidores.

Examinemos ahora en detalle cada uno de los tipos, subrayando en particular los efectos de tipo espacial. Veremos cómo, a partir de la presencia de economías internas de escala, incluso en un territorio homogéneo tanto en características físicas como demográficas, se forman aglomeraciones productivas que tienen como clientes a un vasto mercado circundante; cómo existen elementos que refuerzan dichas aglomeraciones, ya que atraen acumulativamente a otras producciones similares o complementarias, y cómo todo esto es la base para la formación de aquellas vastas y diversificadas concentraciones de actividades productivas y de actividades residenciales que son las ciudades.

1.2 Las economías de escala y las áreas de mercado

1.2.1 El área de mercado de la empresa

Hemos visto anteriormente que, si no existieran economías de escala sino sólo costes de transporte, la producción tendría lugar de una forma perfectamente difusa, en proximidad de la localización de cada individuo (usuarios del servicio o consumidores del bien); por el contrario, si no existieran costes de transporte sino sólo economías de escala, toda la producción de cada bien/servicio estaría concentrada en un solo lugar y transportada a cada uno de los mercados. En la realidad concreta, la presencia de ambos elementos genera un modelo de localización de las actividades productivas que podemos llamar de "difusión concentrada", esto es, la presencia de aglomeraciones de dimensión más o menos grande, situadas a una cierta distancia las unas de las otras.

Consideremos el caso, por ejemplo, de la localización de la actividad de distribución comercial al por menor en un territorio homogéneo con distribución homogénea de la población, bajo la hipótesis de funciones de demanda iguales para todos los individuos. El coste de transporte, también entendido en sentido estricto, es aquí relevante ya que es soportado directamente por el consumidor para poder desplazarse al punto de venta. El precio total pagado por el consumidor de un bien está, pues, formado por el precio franco fábrica p^* más un coste de transporte proporcional a la distancia recorrida ($\tau\delta$), como se indica con las líneas oblicuas.

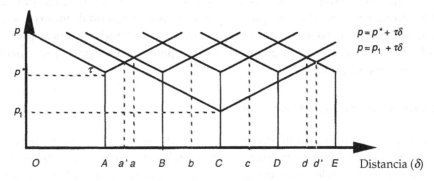

Figura 1.1. Las áreas de mercado en un mercado lineal.

En el caso en que todas las empresas (A, B, C, D y E) produjeran con la misma función de producción al mismo precio p^*, en un mercado lineal los consumidores se dividirían como se indica en la figura: la empresa A vendería en el tramo O-a, la empresa B en el tramo a-b, la empresa C en el tramo b-c y así sucesivamente. En el momento en que la empresa C adoptara una nueva tecnología (por ejemplo, si se organizara como un supermercado) obteniendo economías de escala y reduciendo el precio de venta franco fábrica hasta p_1, obtendría un considerable ensanchamiento de su área de mercado (a'-d') y excluiría a las empresas B y D (o mejor, las empujaría a abandonar las precedentes localizaciones, que pasarían a ser antieconómicas). Las empresas A y E podrían subsistir, con un mercado más reducido, gracias a su mayor distancia de C, esto es, gracias a la defensa que la fricción espacial garantiza a sus producciones.

Es útil resaltar aquí tres elementos:

a) los consumidores localizados más cerca de cada uno de los productores obtienen una ventaja económica en términos de menores costes de transporte y, por tanto, de un menor precio total;

b) la existencia de la barrera espacial implica la imposibilidad de utilizar el modelo tradicional de competencia perfecta para la interpretación de los fenómenos de localización; de hecho, en realidad cada empresa no compite directamente con todas las otras empresas, sino sólo con las más próximas. El modelo de competencia entre empresas en un contexto espacial es el de la "competencia monopolística", en el cual la distinta localización de los productores implica una diferenciación de los productos;[2]

c) la presencia de estos elementos de diferenciación tiene como consecuencia la posibilidad para el productor de imponer un precio de monopolio, superior a p^*, a los consumidores más cercanos, con una reducción de la demanda individual, pero no del número de consumidores "afectados", o de poner en marcha políticas de discriminación espacial del precio (por ejemplo, precio final uniforme en el espacio, o precio decreciente con la distancia, u otra cosa: todas políticas posibles en el caso en que el coste de transporte sea pagado por el productor y no directamente por el consumidor).[3]

1.2.2 La curva de demanda espacial

Construyamos ahora el equilibrio espacial total del mercado, esto es, el precio y la cantidad vendida por cada productor, y también la consiguiente dimensión de las áreas de mercado y la localización de cada uno de los centros de producción, siempre considerando una sola actividad o un solo bien. El equilibrio se basa en la definición de una *curva de demanda espacial* para cada empresa, es decir, de una curva de demanda que considere la localización de los consumidores; ésta se une, en el equilibrio, a la tradicional curva de oferta de la empresa, expresión de las características de la producción (perfil de los costes, existencia de economías de escala, dimensión mínima eficiente de producción, etc.).

La curva de demanda espacial *individual* indica la cantidad que cada individuo está dispuesto a comprar a la empresa i (X_i), en función de su distancia a dicha empresa y del precio franco fábrica p^*. Ésta se construye a partir de la tradicional curva de demanda individual, como se indica en la figura 1.2.

---

[2] Se trata de un elemento muy claro en la teoría económica desde los orígenes del modelo de competencia monopolística; véase el apéndice D en Chamberlin, 1933. Este elemento ha permitido sucesivamente la utilización de la metáfora espacial en el tratamiento moderno de la dinámica competitiva con productos diferenciados; véase Hotelling, 1929; Lancaster, 1966.

[3] Para un análisis del equilibrio espacial en los diversos casos posibles, véase Beckmann, 1968.

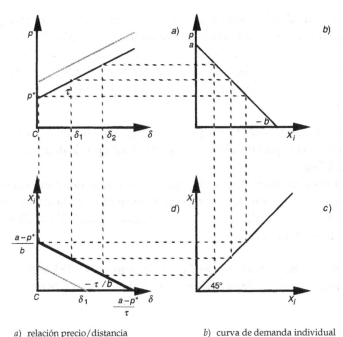

a) relación precio/distancia
d) curva de demanda espacial individual

b) curva de demanda individual
c) transformación

Figura 1.2. Construcción de la curva de demanda espacial individual.

El gráfico *a* reproduce las condiciones de precio al aumentar la distancia, ya identificadas en la figura 1.1, bajo la hipótesis de una localización de la empresa en el punto C, un precio franco fábrica igual a p^* y un coste unitario de transporte de τ. El gráfico *b* presenta una curva de demanda individual, que para simplificar es lineal. El gráfico *c* cumple una simple función de transposición de ejes; en el gráfico *d* se construye la curva de demanda espacial individual, partiendo de diversas hipótesis sobre la distancia del consumidor al productor (δ_1, δ_2) en el gráfico *a* y tomando los valores de X_i en los gráficos sucesivos en sentido horario.[4]

---

[4] Véase Cappellin, 1980. En términos analíticos, indicando con X_i la demanda individual, tenemos:

$p = p^* + \tau \delta$ (relación/distancia: gráfico *a* en la figura 1.2)
$p = a - bX_i$ (demanda individual: gráfico *b* en la figura 1.2)
$p^* + \tau \delta = a - bX_i$ y, por tanto,

$X_i = \dfrac{a - p^*}{b} - \dfrac{\tau}{b} \delta$ (demanda espacial individual: gráfico *d* en la figura 1.2).

Un aumento del precio franco fábrica p^* desplaza paralelamente hacia arriba la curva del gráfico *a*, y paralelamente hacia abajo la curva de demanda espacial X_i del gráfico *d*.

De la curva de demanda espacial individual, que se supone igual para todos los consumidores, se pasa a la curva de demanda *total* mediante la agregación, a la primera curva, de la cantidad demandada por los diversos consumidores localizados en las diversas distancias. Tomando como hipótesis una densidad uniforme igual a q consumidores para cada unidad de distancia, la demanda total estará dada:

a) en el caso de *mercado lineal*, por el área que se encuentre por debajo de la curva de demanda espacial individual, multiplicada por la densidad q (área *ABO* de la figura 1.3*a*);

b) en el caso de *mercado circular*, por el volumen del cono que se obtiene haciendo idealmente rotar 360° el triángulo formado por la curva de demanda espacial individual *AOB* alrededor del eje vertical (figura 1.3*b*), multiplicado también por la densidad unitaria.

La figura 1.3*b* muestra el famoso "cono de demanda" de Lösch, cuyas formas y dimensiones dependen, dada la estructura de la demanda de los consumidores,

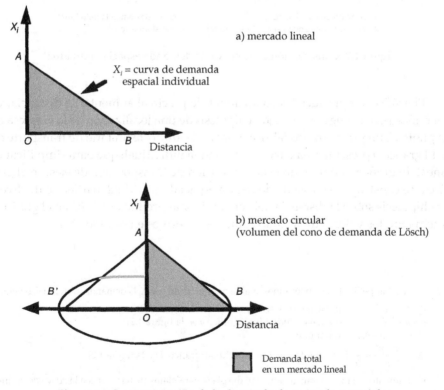

Figura 1.3. La construcción de la demanda de mercado espacial.

del coste de transporte y del precio franco fábrica; un aumento del primero hace que aumente la inclinación del lado del cono y hace más limitada el área de mercado; un aumento del segundo desplaza paralelamente el lado del cono hacia abajo, con un resultado similar al anterior.

Dado el coste de transporte, la demanda de mercado, ya sea aquel lineal o circular, depende solamente de p^*, ya que la máxima distancia o dimensión del área de mercado se determina automáticamente; así pues, la curva de demanda puede unirse a la curva de oferta de la empresa para determinar el precio de equilibrio.

1.2.3 El equilibrio de mercado y la localización de la empresa

Sea la curva de oferta o de coste medio de la empresa el segmento cc de la figura 1.4a. Ésta indica, con la casi verticalidad de su parte decreciente, la existencia de "indivisibilidades", o de una dimensión mínima eficiente de escala: a la izquierda del punto X_0 la producción se obtendría con unos costes prohibitivos.

Acercando a la curva de oferta la curva de demanda total dd (que no es otra cosa que la curva de demanda del mercado circular obtenida en la figura 1.3b), la

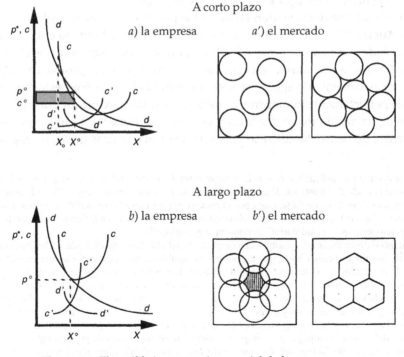

Figura 1.4. El equilibrio economicoespacial de la empresa.

empresa define, sobre la base de las canónicas condiciones de maximización del beneficio,[5] la cantidad óptima a producir X^0 y el correspondiente precio p^0.

En términos espaciales, el precio así definido determina una cierta área de mercado de la empresa (más allá de la cual la demanda cae a cero por efecto del excesivo coste del transporte) y una localización tal que no genera superposiciones con las áreas de mercado de otras empresas (figura 1.4a').

Como se observa, no obstante, esta situación no constituye un equilibrio de largo plazo.

Por una parte, de hecho, permanecen en el territorio amplias áreas de demanda no satisfecha; por otra parte, la cantidad X^0 producida por la empresa se obtiene con un beneficio extraordinario dado por la diferencia entre el precio p^0 y el coste medio c^0 (en el cual ya está incluido una tasa de beneficio "normal"), puesto en evidencia por el área sombreada en la figura 1.4a.

Estos dos elementos atraerán nuevas empresas hacia el sector, que superpondrán parcialmente sus áreas de mercado a las de las empresas ya existentes, haciendo de este modo disminuir la demanda dirigida a estas últimas y aumentando sus costes. El margen de beneficio extraordinario de una empresa individual se reducirá a cero, y las áreas de mercado tenderán a aproximarse a la forma de hexágonos regulares (figura 1.4b y b'). El equilibrio economicoespacial así alcanzado será entonces un equilibrio estable de largo plazo.[6]

Es importante notar la gran eficacia interpretativa de este modelo, que debemos a August Lösch (1940), sobre todo en relación con la limitada entidad (y a la razonabilidad) de los supuestos iniciales. Confrontando solamente dos elementos contrapuestos, economías de escala y costes de transporte, es posible encontrar la razón del nacimiento de aglomeraciones de actividades económicas incluso en un espacio perfectamente homogéneo, e indicar simultáneamente un principio racional de organización de su distancia y distribución espacial. La aglomeración se desarrolla, de hecho, también en ausencia de características físicas o geográficas

---

[5] Dado que por definición, beneficio = ingreso total − coste total ($Z = V − C$), el beneficio será máximo allí donde $Z' = 0$ esto es, donde $V' = C'$ (ingreso marginal = coste marginal). En la figura 1.4a, la cantidad óptima X^0 viene dada, pues, por el punto de cruce entre la curva $d'd'$ de ingreso marginal y la curva $c'c'$ de coste marginal. El precio de equilibrio $p°$ está definido, en la curva de demanda, como aquel precio en el que la cantidad X^0 de equilibrio es comprada.

[6] Existen diversas formas posibles de compactación de las áreas de mercado de las empresas. Se puede demostrar, en primer lugar, que los polígonos regulares son superiores a los irregulares en términos de minimización de los costes de transporte, de la misma manera que lo son aquellos que tienen un mayor números de lados (y en el límite, el círculo) respecto a los que tienen un menor número de lados. El hexágono regular es el polígono con mayor número de lados de entre aquellos que ocupan más superficie de territorio y es, por tanto, la forma más eficiente de reparto de la superficie. No obstante, bajo ciertas condiciones en los costes de transporte es posible que las condiciones de maximización del beneficio empujen a las empresas hacia formas superiores de polígono (por ejemplo, el dodecaedro) las cuales, si bien representan condiciones de equilibrio y, por tanto, impiden la entrada de nuevas empresas, dejan áreas de mercado sin servir. Véase Mills y Lav (1964); Beckmann (1968).

particulares (un yacimiento minero, un puerto natural), que pueden explicar la fortuna de una ciudad pero no indicar la lógica del sistema urbano en conjunto.

Sobre esta base, que utiliza de la mejor manera un modelo microeconómico de comportamiento de la empresa de entre los más relevantes en la realidad económica actual, el de la competencia monopolística con productos diferenciados espacialmente, se construirá a continuación otro de los grandes "principios" de la economía urbana, el de la jerarquía de los centros, que presentamos en el capítulo 4.

La relevancia empírica del enfoque hasta aquí seguido depende, en gran medida, de la importancia de los costes de transporte del producto final al mercado y, en general, de la importancia para el consumidor o usuario final de un servicio de la proximidad al productor. Mientras que hasta hace cincuenta años dicha importancia podía ser tranquilamente asumida por casi todas las producciones, hoy los costes de transporte no parecen representar más del 3-8% del precio final de los productos industriales. En el caso de estos bienes, parece difícil pensar que las ciudades o las aglomeraciones en general se formen debido a un empuje contemporáneo de muchas producciones hacia una sola localización baricéntrica respecto al mercado entero; más bien cabe aquí hacer referencia a las economías externas de localización y de urbanización de las cuales hablaremos en los próximos párrafos.

Para los servicios, en cambio, el coste de transporte incide todavía de forma notable sobre el consumidor, que debe desplazarse hasta la localización del productor. Esto es debido, por una parte, al bajo valor unitario de muchos servicios, por ejemplo los de tipo comercial, que eleva la influencia del coste de transporte (no nos movemos más de un kilómetro para comprar el pan, pero nos moveríamos más para comprar una joya si con el movimiento aumentaran las posibilidades de elección, la calidad del producto, u otras), y, por otra parte, a la necesidad en muchos servicios de contactos personales, no eliminables, entre suministrador y cliente (no es posible encargar a una tercera persona ir al abogado, o al tribunal, ¡o de ir al cine en nuestro lugar!). Para los servicios, pues, que ahora ya representan, como es sabido, la cuota mayoritaria de la ocupación y de la producción nacional, y la actividad predominante en absoluto en la economía de las ciudades, el modelo puede funcionar de forma excelente.

1.3 Las economías de localización y de urbanización

Si las economías internas de escala generan la concentración en un lugar de un volumen creciente de producción por parte de una sola empresa, las economías "externas" generan la concentración de empresas y actividades diversas sobre la base de las ventajas que se derivan de:

- la explotación de un *capital fijo social* localizado (infraestructuras de comunicación, de transporte, de suministro de energía, etc.) o de *recursos naturales* específicos;
- la presencia de *indivisibilidades* en el suministro de bienes o servicios concretos, superables sólo en presencia de un cierto umbral mínimo de demanda: con la concentración de varias empresas nacen, por ejemplo, las condiciones para la producción local de ciertos inputs usados en los procesos productivos;
- la creación de *efectos de sinergia* que se manifiestan en una mejora de la eficiencia conjunta de la producción: efectos de creación de una cultura profesional o de gestión, efectos de imagen de mercado de los productos de un área, posibilidades de colaboración entre empresas para la creación de servicios colaterales, etc.

1.3.1 Las economías de localización

El primer tratamiento económico de estos factores, con referencia explícita a sus efectos de aglomeración espacial, está en la obra de Alfred Weber, pero claras e importantes anticipaciones se encuentran en la obra de Alfred Marshall y de aquellos economistas que lo sucedieron que se han ocupado de *externalidades*.[7] Estos factores hacen referencia principalmente a la aglomeración de actividades similares y, por tanto, a aquellas economías, con posterioridad denominadas de "localización", que son externas a las empresas pero internas a la industria o al sector. Éstas conciernen a:

a) la posibilidad de procesos de especialización entre empresas en el interior del conjunto del ciclo productivo sectorial y el establecimiento de intensos vínculos de compra/venta (input/output) entre las empresas mismas;[8] el aumento de la eficiencia conjunta conseguida de esta manera puede manifestarse en menores costes globales (y, por tanto, en ventajas de competitividad y más elevadas tasas de crecimiento) o en mayores ingresos y beneficios (y en la consiguiente posibilidad de atracción o creación de nuevas empresas). Son las llamadas "economías de tipo pecuniario";

b) la reducción de los "costes de transacción" en el interior del área y entre las diversas unidades productivas especializadas gracias a la proximidad y a la intensidad de las relaciones personales y de los contactos cara a cara (economías "transaccionales");

---

[7] Véase Weber (1929); Marshall (1919), libro IV, capítulo X.
[8] Basta con pensar en el fenómeno Prato y en el modelo productivo conocido como modelo de la "especialización flexible"; véase Piore y Sabel (1984), Brusco (1982) y Becattini (1979), Becattini (1979), Vázquez Barquero (2002).

c) la formación de un mercado de mano de obra especializada y una acumulación localizada de competencias técnicas mediante procesos de "aprendizaje colectivo", capaces de aumentar la productividad del proceso productivo, con los mismos "inputs" (economías de "aprendizaje", individual y colectivo);

d) la formación, en las fases previas y posteriores del proceso productivo-manufacturero, de una serie de servicios que permiten una mejor valorización de la producción local, además de efectos de sinergia sobre la imagen de mercado de la economía local; se trata en este caso de economías conexas al proceso de "circulación" y "valorización";[9]

e) la creación de una cultura industrial difusa o, en palabras de Marshall, de una *industrial atmosphere*, capaz de orientar no sólo la elección de las combinaciones tecnológicas y organizativas más eficientes, sino también, desde un punto de vista exquisitamente dinámico, de determinar un proceso de innovación más rápido y una difusión más rápida del progreso técnico en el interior del "distrito industrial" (economías "dinámicas"). Esta función del ambiente local ha sido recientemente definida como una función de *reducción de la incertidumbre dinámica* presente en el ambiente económico y en los procesos de innovación, que se deriva de la información imperfecta, la incapacidad de definir precisamente los efectos de las decisiones de innovación, la dificultad de controlar las reacciones y los comportamientos de los otros actores económicos.[10]

El modelo tradicional de Weber prevé una localización aglomerada de las unidades productivas siempre que las ventajas de aglomeración y los ahorros en los costes del trabajo, debidos a la mayor profesionalidad o a la mayor disponibilidad de mano de obra, superen a los mayores costes de transporte en los que se incurre en la localización efectiva respecto a la localización abstracta de mínimo coste de transporte (definido respecto a la localización de los mercados de los inputs y de los outputs).

Dicho modelo se presenta hoy no exento de algunos límites intrínsecos. De hecho, éste:[11]

---

[9] Son ejemplos del primer tipo el desarrollo de servicios y funciones, a menudo realizadas en forma de consorcio, de creación de moda y diseño asistido por computadora previas a la producción manufacturera en los distritos textiles (por ejemplo, Carpi), o de servicios eficientes de transporte internacional (típicamente en Prato); son ejemplos del segundo tipo los efectos de llamada de mercado presentes en todas las áreas locales de especialización (seda en Como, cerámicas en Sassuolo, muebles en Brianza, etc., de la misma forma que tiempo atrás se adquirían los paños de Las Fiandras, los tejidos de lana en el Lancashire, los cuchillos en Sheffield, ...y así sucesivamente), así como éstos mismos efectos que se desarrollan a un nivel espacial más limitado cuando en determinadas calles de la ciudad se concentran comercios que operan en el mismo sector (los joyeros en Faubourg St. Honoré (París), via Condotti (Roma), via Montenapoleone (Milán); los anticuarios y las galerías de arte en Old Bond Street (Londres); la moda en via della Spiga (Milán)).

[10] Véase Marshall (1919); Camagni (1991a), Camagni (1991b), *Introduzione*.

[11] Véase Lampard (1968); Costa (1978a).

- refleja las características esenciales de los procesos de industrialización y urbanización del siglo XIX, basados en la "desintegración lineal" del proceso técnico de producción y en el círculo virtuoso "especialización-diferenciación-reintegración", fuente de economías de escala, mientras que deja en segundo plano los fenómenos de sinergia entre sectores diferenciados, de interacción mediante las funciones auxiliares y de apropiación de las ventajas del factor "información" que son típicas de la ciudad (y de la ciudad metaindustrial en particular);[12]
- responde a un enfoque de "equilibrio parcial", en el cual no existe interacción en los comportamientos empresariales;
- es un modelo estático, en el cual se tiene en cuenta sobre todo la eficiencia productiva pero en el que se deja de lado, al menos en el nivel más formalizado, los procesos evolutivos, ya sea a nivel microeconómico (innovación), ya sea a nivel macroeconómico (dinámica de las condiciones de distribución de la renta y relaciones entre beneficios de aglomeración, rentas y salarios).[13]

1.3.2 Las economías de urbanización

Pasemos ahora a tratar precisamente aquel tipo de externalidades que se manifiestan típicamente en un ambiente urbano, dirigidas indistintamente a todas las actividades económicas y ya no específicas de sectores productivos concretos. Podemos distinguir tres grandes categorías de estas externalidades, que se derivan de otras tantas características o funciones de la ciudad:

I. aquellas que nacen de la *concentración de la intervención del sector público en la ciudad*, tanto en lo que respecta a la inversión (*bienes públicos*) como a los consumos públicos (servicios);

---

[12] Bien mirado, el modelo marshalliano-weberiano, con algunas oportunas enfatizaciones de los aspectos dinámicos relacionados con los procesos de innovación, todavía puede adaptarse bien a la interpretación de los modernos "distritos industriales" especializados, característicos del desarrollo de la llamada "Tercera Italia" (pero que también están bien presentes en la "Primera Italia"). Véase Garofoli (1981), Becattini (1979) y (1987).

[13] Es interesante notar cómo, sobre este último punto, Weber tenía de todas formas conciencia de la importancia de las relaciones distributivas, y de cómo éstas actúan en la dirección contraria a la de las fuerzas aglomeradoras, generando aceleraciones en la difusión territorial de las actividades: de hecho, en sus palabras, los factores desaglomeradores "dependen todos [ellos] del crecimiento del valor de las tierras, el cual está causado por el incremento en la demanda de tierra que acompaña a todas las aglomeraciones" y actúan a través de una redistribución de las ventajas de la aglomeración a favor de las rentas y los salarios y en detrimento de los beneficios (Weber, 1929, p. 131; Costa, 1978a). En niveles de renta crecientes con la dimensión de las aglomeraciones se corresponderá una selección de los sectores localizados en cada una de ellas en función de las respectivas sensibilidades a las economías de aglomeración (Evans, 1972). Una vez más, un modelo "histórico" como el de Weber se presenta mucho más rico de cuanto piensan muchos detractores superficiales.

II. aquellas que nacen de la *naturaleza de gran mercado* de la ciudad;
III. aquellas que nacen de la naturaleza de la ciudad como *incubadora de factores productivos* y de *mercado de los inputs* de producción.

A éstas se puede añadir aquellas ventajas de tipo global, macroterritorial y estadístico, identificables en la mayor estabilidad y capacidad de crecimiento a largo plazo de estructuras urbanas en gran parte diversificadas y de mayores dimensiones respecto a estructuras especializadas y de pequeñas dimensiones[14].

Consideremos cada una de las características de cada categoría, las cuales pueden dar lugar a economías de escala:

Ia. presencia de una gran *concentración de infraestructuras de capital fijo social,* suministradas a menudo a coste cero para los potenciales usuarios: nodos de redes de transporte por ferrocarril o por carretera, aeropuertos, sistemas de transporte metropolitanos de personas, ya sea en superficie o subterráneos; redes de telecomunicaciones de tecnología avanzada, etc.

Ib. posibilidad de alcanzar una *dimensión de producción eficiente o economías de escala en el suministro de muchos servicios públicos*; este elemento genera una clara ventaja de costes para los usuarios;[15]

IIa. acceso a un *mercado de grandes dimensiones*. Se ha podido demostrar que la relación entre el mercado interno y el mercado externo aumenta rápidamente con el logaritmo de la dimensión de la ciudad y como, de esta manera, las grandes ciudades constituyen estructuras autosuficientes en mayor medida que las pequeñas ciudades, las cuales son más eficientes en lo que concierne a los posibles ahorros en los costes de transporte y de transacción;[16]

IIb. posibilidad para las empresas de encontrar amplios y varios *nichos de especialización* en el más vasto mercado urbano;

---

[14] Se plantea, en relación con esta línea de pensamiento, con estrictas motivaciones económicas, la conocida afirmación de Chinitz sobre el mayor potencial de crecimiento de las ciudades de estructura competitiva y diversificada, bien adaptada a suministrar externalidades a las pequeñas empresas, respecto a la ciudad de estructura oligopolística y especializada, en la cual los procesos de "internalización" de las funciones de servicio llevadas a cabo por las grandes empresas empobrecen el ambiente económico urbano. Véase Chinitz (1961); para una aplicación al caso italiano, véase Camagni y Mazzocchi (1976).

[15] Para algunos tipos de servicios públicos, como la educación elemental y media, parece existir un consenso generalizado sobre que la curva de los costes medios de producción sea horizontal y que, por tanto, no está influida por la dimensión urbana; para otros tipos de servicios, como el de los bomberos, la curva presenta una tradicional forma en U, en el que el mínimo correspondería a una población de 100.000-300.000 habitantes; para otros servicios, por último, la curva de los costes medios es siempre decreciente (gas, agua, electricidad, alcantarillado). Véase Hirsch (1968), Richardson (1978), p. 335 y siguientes.

[16] Véase Richardson (1973a).

IIIa. acceso a un *mercado de trabajo* amplio, diversificado en términos de profesiones ofrecidas, en mayor medida flexible (gracias a las diversas disponibilidades de empleo para cada trabajador) y avanzado (gracias a la presencia de sólidas y especializadas estructuras de formación profesional);

IIIb. accesibilidad a *funciones superiores típicamente centrales y urbanas,* como un mercado de capitales eficiente, instituciones de formación universitaria y empresarial, centros de investigación, centros de decisión públicos y privados;

IIIc. accesibilidad a *funciones urbanas especializadas,* y típicamente a una amplia variedad de servicios a las empresas: servicios profesionales en el campo organizativo, tecnológico, comercial y financiero; servicios comerciales especializados; servicios avanzados de transporte conexos al sistema de infraestructuras que engloban a la gran ciudad como nodo de una red interconectada;

IIId. acceso a una *oferta de capacidades empresariales y directivas,* concentrada espacialmente gracias a la presencia de estructuras de formación, información, cultura y tiempo libre;

IIIe. presencia de *economías de comunicación e información,* que nacen ya sea de las posibilidades de contactos cara a cara, ya sea de la presencia de infraestructuras de comunicación avanzada, o ya sea, sobre todo, de la interacción entre actividades de nivel superior (directivas, estratégicas, financieras y comerciales) que sinérgicamente crean la información relevante.[17]

Enseguida se puede percibir la importancia de los elementos arriba mencionados y la fuerza consiguiente de los factores de aglomeración urbana, pero con la misma facilidad también se percibe la extrema dificultad de medir dichos elementos, ya sea en forma agregada o individualmente. Sólo podemos limitarnos a suministrar catálogos, en la medida de lo posible detallados y exhaustivos, y proporcionar una taxonomía de los efectos entrecruzando la clasificación ahora presentada, correspondiente a la naturaleza de las fuentes de economías de urbanización, con la clasificación utilizada más arriba a propósito de las economías de localización, correspondiente a los tipos de ventajas que pueden ser disfrutadas por parte del sistema de empresas (figura 1.5).

[17] Un interesante modelo que presenta la ciudad y su centro como una categoría particular de "bien público", caracterizado al mismo tiempo por noexclusión en la demanda (como todos los bienes públicos) y por interacción entre los usuarios, por lo que la utilidad de cada uno aumenta con el número de utilizadores (*sharing-and-interaction*), ha sido propuesto por Artle (1973). El modelo, si bien simplificado, explica la demanda de localizaciones centrales sin recurrir a hipótesis exógenas de rendimientos crecientes para el centro de la ciudad o de localización en el mismo centro del mercado de las mercancías producidas, *à la* Von Thünen.

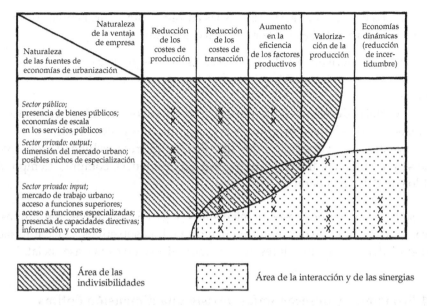

Naturaleza de las fuentes de economías de urbanización \ Naturaleza de la ventaja de empresa	Reducción de los costes de producción	Reducción de los costes de transacción	Aumento en la eficiencia de los factores productivos	Valoriza-ción de la producción	Economías dinámicas (reducción de incer-tidumbre)
Sector público; presencia de bienes públicos; economías de escala en los servicios públicos	X	X	X		
Sector privado: output; dimensión del mercado urbano; posibles nichos de especialización	X	X		X	
Sector privado: input; mercado de trabajo urbano; acceso a funciones superiores; acceso a funciones especializadas; presencia de capacidades directivas; información y contactos	X	X	X	X	X

▨ Área de las indivisibilidades   ⣿ Área de la interacción y de las sinergias

Figura 1.5. Una taxonomía de las fuentes y de los efectos de las economías de urbanización.

Son posibles dos consideraciones de conjunto referidas a esta taxonomía:

– en primer lugar, es evidente el impacto de todos los factores de aglomeración sobre la reducción de los costes de transacción, esto es, de aquellos costes que nacen del intercambio de informaciones y documentos referidos a transacciones comerciales. Este elemento ha llevado a algunos autores a considerar la ciudad principalmente como un reductor de costes de transacción;[18]

– en segundo lugar, es posible distinguir el área superior izquierda de la figura como el área en la cual las externalidades urbanas nacen principalmente de la superación de la indivisibilidad y, en cambio, distinguir el área inferior derecha como expresión de las externalidades que nacen principalmente de los efectos de sinergia.

1.3.3 Las economías urbanas disfrutadas por las familias

Nuestro tratamiento de los factores que empujan a la aglomeración de las actividades no estaría completo si no hiciéramos mención de las ventajas que la dimen-

---

[18] Véase Teece (1982), Cappellin (1988), Mills (1992).

sión urbana ofrece no ya al sistema de las empresas sino a las familias residentes. Podemos agrupar dichas ventajas en tres categorías:

a) ventajas derivadas de la presencia de servicios públicos más eficientes, tales como los servicios de enseñanza, sanidad, transporte e infraestructuras sociales en general;

b) ventajas derivadas de la presencia de servicios privados personales más avanzados y diversificados, como servicios culturales y recreativos;

c) ventajas de "variedad", derivadas de las mayores posibilidades de elección que se presentan en diversos frentes: trabajo, residencia, compras, tiempo libre, estilos de vida en general.

Se trata en algunos casos de elementos objetivos, de interés para todos; en otros casos se trata de elementos en mayor medida subjetivos, cuya apreciación depende del sistema de valores de cada individuo o de cada clase social.

1.4 Economías y deseconomías: ¿existe una dimensión óptima de la ciudad?

Existe un consenso general entre los investigadores, respaldado por la evidencia cotidiana, sobre el hecho que todos los elementos hasta ahora recordados dejan de actuar más allá de una determinada dimensión urbana, a partir de la cual dichos elementos o se transforman de positivos a negativos, de "economías" a "deseconomías", o son superados y eliminados por elementos que actúan en sentido contrario. La congestión del tráfico a partir de determinados umbrales de uso de la red de infraestructuras es un típico ejemplo del primer caso; el crecimiento de fenómenos de conflictividad social (en las relaciones industriales, en la criminalidad urbana) es, en cambio, ejemplo del segundo caso.

Parece claro, pues, que la ciudad, como cualquier recurso económico utilizado de forma intensiva, entra antes o después en una fase de *rendimientos decrecientes* y que, también, los costes de predisposición de muchos servicios urbanos esenciales, a partir de un determinado umbral, se dirigen hacia arriba con la típica forma de U que aparece en los textos de microeconomía.

En el nivel de equilibrio de cada unidad económica, empresa o familia, también es necesario tener en cuenta, entre los costes de instalación, la renta urbana, que crece al crecer la dimensión de la ciudad.

Cuatro problemas, estrechamente ligados entre ellos, surgen para el investigador de la economía de la ciudad:

– qué precisa relación une cada elemento de economía o deseconomía con la dimensión urbana;

- cómo (y si es posible) construir un indicador agregado de las economías/deseconomías al crecer la dimensión urbana;
- si es posible definir, sobre esta base, una "dimensión óptima de la ciudad";
- si existe un coste social global de las grandes aglomeraciones urbanas, pagado tanto por sus habitantes (en términos de menor bienestar), como por los habitantes de las áreas no urbanas (en términos de mayores precios de los productos urbanos).

Razonando con conceptos agregados y con fines puramente didácticos, el problema se puede plantear como un problema de óptimo social, con dos curvas que expresan los costes y los beneficios, privados y sociales, asociados a la dimensión urbana (figura 1.6).[19] Sean *AC* y *AB* dichas curvas correspondientes a los costes y beneficios medios per cápita, y *MC* y *MB* las correspondientes curvas marginales;[20] los costes y beneficios deben formarse de forma que incluyan no sólo los elementos pecuniarios y materiales, sino también los elementos inmateriales, para los cuales no hay un coste privado explícito (contaminación, congestión, conflictividad) o un ingreso privado monetizado (para las familias, por ejemplo, las ventajas de variedad indicadas más arriba).

Sobre la base de estas curvas es posible definir muchas dimensiones "críticas" de la ciudad, no todas ellas óptimas, ni tan sólo en sentido estricto:[21]

A = dimensión mínima de la ciudad;

B = dimensión óptima desde el punto de vista de la minimización de sólo los costes, a veces erróneamente considerada la dimensión óptima en absoluto;

C = dimensión óptima en términos per cápita (es máxima la distancia entre las curvas *AC* y *AB*) y, por tanto, dimensión óptima para la población ya residente, que podría bloquear en este punto la expansión de la ciudad; no obstante, más allá de este punto los beneficios totales todavía crecen más que los costes;

D = dimensión óptima desde el punto de vista de la maximización de sólo los beneficios;

E = dimensión de óptimo social para la entera colectividad y, por tanto, dimensión óptima desde el punto de vista de programación (*MC* = *MB*; por lo

---

[19] Para que se pueda proceder en esta dirección es necesario suponer que exista una medida unívoca de la dimensión urbana, por ejemplo, la población; la comparabilidad entre costes y beneficios; la identidad de intereses de todos los ciudadanos; homogeneidad y comparabilidad de las preferencias individuales; un coste de oportunidad para la población nacional de localizarse en la ciudad que sea igual a cero. Véase Richardson (1973a) y (1878). Dos distintos pares de curvas deberían dibujarse para las familias y las empresas, respectivamente.

[20] Para quien no tuviera nociones de microeconomía, recordemos que el valor "marginal" de una variable, vinculada a la dimensión de una variable independiente, es el valor que la primera variable toma en relación con la última unidad adicional de la variable independiente. En nuestro caso, el beneficio (coste) marginal es el beneficio (coste) que obtendría un habitante adicional de la ciudad, para cada dimensión demográfica ya alcanzada.

[21] Véase Richardson (1978), p. 322.

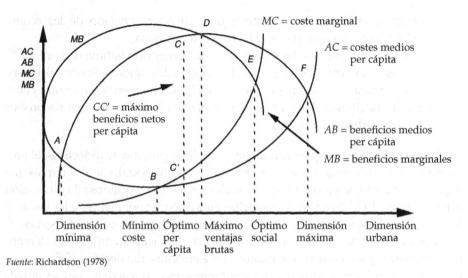

Fuente: Richardson (1978)

Figura 1.6. Las dimensiones críticas de la ciudad.

tanto, la ventaja de ulteriores expansiones es exactamente compensada por los nuevos costes);

F = dimensión máxima de la ciudad, en la cual los costes y beneficios están en equilibrio.

Está claro que en la realidad es difícil, si no imposible, construir curvas como las aquí analizadas.

Las principales comprobaciones empíricas de este razonamiento se han limitado a la demostración de la existencia, y de alguna manera a la medición, de las economías de aglomeración desde el punto de vista de la productividad de los factores y de las empresas que operan en ciudades de diversas dimensiones. Recordemos brevemente tres enfoques principales, ninguno de ellos exento de posibles críticas:

a) la estimación de una función de producción agregada urbana, sobre la cual verificar la existencia de economías de escala o, más fácilmente desde un punto de vista econométrico, la existencia de una constante multiplicativa vinculada a la dimensión urbana. Los resultados confirman la existencia de dichas economías,[22]

---

[22] Véase Marelli (1981). Segal (1976), entre otros, utilizando una función de producción Cobb-Douglas del tipo:

$$X = AG^\gamma C^\delta K^\alpha L^{\Sigma \beta l}$$

en la cual C es un vector de características urbanas, K y L el capital y el trabajo total, l un vector de variables de calidad del trabajo y G, la variable relevante en nuestro caso, una *dummy* para la gran dimen-

pero la hipótesis, implícita en todos estos ejercicios, que ciudades de diferente dimensión operen con la misma función de producción choca con la evidencia de que dichas ciudades desarrollan producciones diferentes, con distinto nivel de complejidad (como aparecerá claramente analizando el principio de "jerarquía" en el capítulo 4);

b) la estimación de una función de producción desagregada para cada sector urbano. También en este caso se han obtenido resultados significativos que superan los límites de los análisis agregados,[23] pero que no pueden, naturalmente, hacer frente al hecho de que gran parte de la ventaja de las grandes dimensiones urbanas con respecto a las pequeñas reside, precisamente, en el diferente *mix* productivo, y que dicho *mix* está formado sobre todo por actividades terciarias, generalmente no incluidas en las estimaciones, precisamente debido a la conocida dificultad de medir el output de estas actividades;

c) el análisis directo de los diferenciales de renta y salario, corregidos por las diferencias en el coste de la vida, entre grandes y pequeñas ciudades. También en este caso la evidencia empírica es clara y muestra una ventaja para las grandes ciudades, teóricamente coherente con los resultados anteriores.[24] No obstante, los mayores salarios pagados también podrían ser interpretados no tanto como derivados de la mayor productividad, sino como compensaciones monetarias por las incomodidades sufridas por los trabajadores en las grandes metrópolis (por el mayor tiempo gastado en los desplazamientos, por la necesidad de recurrir al mercado para obtener servicios que en el ambiente rural son desarrollados por la familia amplia, por el coste individual de la contaminación, etc.).

---

sión urbana. En la estimación para 58 áreas metropolitanas, γ ha resultado ser significativo las áreas metropolitanas con más de 3 millones de habitantes parecen tener una productividad factorial superior en un 8% a la de las áreas menores, interpretable como un índice de la existencia de beneficios netos de aglomeración.

[23] La forma más simple para estimar las economías de aglomeración en este caso es a través de una función de producción genérica del tipo:

$$X = g(P) f(K, L), \text{ donde } g'(P) > 0$$

en la cual $g(P)$ es una función creciente de la dimensión urbana, cuyo argumento P es externo a la economía del sector estudiado. Shefer (1973) con una función CES ha identificado significativas y relevantes economías de escala en 10 sectores productivos localizados a nivel urbano; Carlino (1979) ha descompuesto el mismo índice usado por Shefer en los tres componentes de las economías internas de escala, de las economías de localización y las de urbanización para 19 sectores manufactureros, encontrando resultados significativos para las dos últimas y, en particular, para las economías de urbanización (positivas y significativas en 12 de los 19 sectores). Sveikauskas (1975) ha estimado el aumento de la productividad del trabajo industrial en 14 sectores como resultado de la dimensión urbana, encontrando un aumento medio del 6,4% cada vez que se dobla la dimensión de la ciudad. A propósito de estos trabajos, Mills recientemente ha afirmado que el campo de las economías de aglomeración es uno de los pocos en el cual la econometría está más avanzada que la teoría; véase Mills (1992).

[24] Véase Fuchs (1967) y Hoch (1972).

Mucho más difícil se ha revelado el análisis de los costes de la dimensión urbana, a excepción del caso de los aspectos individuales y parciales vinculados a la dimensión más eficiente de suministro de algunos servicios públicos (véase la nota 15).

Sin embargo, el tema de la dimensión óptima de la ciudad necesita algunas profundizaciones y aclaraciones, aunque sólo sea desde un punto de vista teórico abstracto, para, al menos, poder llegar a una formulación más correcta. El tema no es banal, puesto que el hombre se pregunta sobre ello al menos desde los tiempos de Platón y Aristóteles,[25] pero es a menudo banalizado por planteamientos demasiados ingenuos o cargados de prejuicios de valor.

En primer lugar, ya desde la observación de la variedad de dimensiones críticas de la ciudad, así como desde la dificultad de obtener las curvas correspondientes, emerge la oportunidad de interrogarse más sobre la definición de un *intervalo* de dimensiones eficientes que sobre la dimensión *óptima*.

Se podría empezar a definir una dimensión mínima de la ciudad en relación con el suministro de una serie de servicios típicamente urbanos; en este sentido, existe un relativo consenso entre los investigadores sobre una dimensión de 200-250 mil habitantes.[26] En segundo lugar, y esto ayudaría a definir la dimensión máxima, es necesario admitir que las ventajas de aglomeración son aprovechadas de diversas formas por las diferentes empresas y sobre todo por las diferentes funciones productivas,[27] y que ciudades de diferente dimensión desarrollan funciones diferentes; en consecuencia, se podría definir una dimensión máxima eficiente para cada nivel de la jerarquía urbana, vinculada al papel desempeñado por cada ciudad, y esto permitiría superar la manifiesta ingenuidad de asignar el mismo límite de dimensión a ciudades tan distintas como Nueva York, Pavía o Fiorenzuola.

Por último, es necesario reconocer que la dimensión de una ciudad individual puede ser poco significativa, sobre todo desde el punto de vista de la definición de los beneficios, si no va acompañada de una información sobre la estructura urbana y espacial global en la cual se encuentra integrada; una ciudad más pequeña pero insertada de forma eficiente en un sistema metropolitano o regional bien interconectado, con amplía división del trabajo no sólo verticalmente (jerarquía), sino

---

[25] Platón estaba muy seguro y era muy preciso respecto a este tema: la dimensión óptima de la ciudad griega era según él de 5.040 ciudadanos (se excluían del cómputo los esclavos, los extranjeros, las mujeres y los niños); 5.040 es de hecho un número factorial (7!) que puede ser dividido por, ni más ni menos, 59 divisores y en particular por todos los números del 1 al 10; ello da grandes facilidades para encontrar las justas cuotas de división y de participación para cada problema de gobierno, para la guerra y para la paz, para los impuestos y la división de las tierras (Platón, *Dialoghi*, citado en Segal, 1977, p. 65).

[26] Véase Clark (1945), Thompson (1965), Alonso (1971).

[27] Véase Von Böventer (1970), Camagni, Curti, Gibelli (1985), Camagni (1992), apartado 12.3.2.

también horizontalmente (funcional) entre los distintos centros puede ser más eficiente que una gran ciudad monocéntrica.

Parece correcto, pues, ampliar la investigación sobre la dimensión de la ciudad a la estructura de la jerarquía urbana global, aunque esto comporte un aumento exponencial de las dificultades para realizar un análisis mínimamente formalizado.

Pero la reflexión sobre los beneficios de la dimensión urbana y, en particular, sobre los costes y las ventajas sociales de las grandes áreas metropolitanas, va más allá de lo que, de todas formas, sigue siendo análisis de equilibrio parcial (la empresa, la ciudad) y se centra en aspectos de tipo más general. Está claro que, en este caso, entran en el planteamiento también posiciones ideológicas y juicios de valor que están implícitos bajo las argumentaciones de los modelos teóricos.

Por una parte, tenemos el enfoque que podemos denominar económico-liberal, que se fundamenta, implícita o explícitamente, sobre un modelo de equilibrio general de competencia, y que observa una indudable presencia de ventajas netas de aglomeración ante crecimientos en la dimensión de la ciudad, las cuales son, no obstante, exactamente compensadas (como se verá en los capítulos siguientes) por el nivel de renta urbana: las economías de aglomeración, netas de los costes crecientes de la dimensión urbana, son exactamente capitalizadas en el valor de los suelos urbanos (o, al menos, en una parte de éste). Sobre el entero espacio geográfico existiría en el equilibrio una "indiferencia" localizativa generalizada, en el sentido de que para cada uno de los sujetos la suma algebraica de las ventajas y desventajas de localización (incluida entre estas últimas la renta urbana pagada) llevaría a un mismo nivel de satisfacción a todos los individuos y a un mismo nivel de beneficio a todas las empresas; en un equilibrio así definido nadie saldría ganando si cambiara de localización.[28]

Por otra parte, encontramos el enfoque que podemos definir políticoradical, que se fundamenta sobre modelos de dominio y de relaciones monopolísticas, que ve, en cambio, en la gran ciudad un coste social, pagado por toda la población urbana obligada a residir en ella, en términos de desutilidad individual y de coste de vida, y por la colectividad no urbana, sobre la cual recae la carga financiera de las infraestructuras urbanas y de sus costes de explotación (por ejemplo, el déficit de las empresas metropolitanas de transporte público) a través del sistema fiscal

---

[28] El hecho de que las ventajas netas de aglomeración beneficien, en última instancia, no tanto a las empresas o a los individuos, sino, en condiciones institucionales de propiedad privada del suelo, a los propietarios del suelo, no cambia el juicio sobre la existencia de dichas ventajas netas, sino que más bien desplaza el centro del análisis desde la producción hacia la distribución de la renta urbana y hacia los efectos de los elementos distributivos sobre el desarrollo de la ciudad. Véase, para una discusión en más profundidad, el capítulo 6; véase también la discusión sobre las economías de aglomeración que emergen de la literatura sobre los modelos de ciudad monocéntrica, en el apartado 2.5.3 de Camagni (1992b).

nacional.[29] Se trataría en ambos casos de costes no tenidos en cuenta en las valoraciones de las empresas, puesto que o no tienen la naturaleza de costes privados (típicamente, los costes de contaminación) o no están directamente soportados por las empresas urbanas sino por el resto de la economía nacional.

Según el primer punto de vista, la existencia de actividades productivas y de familias dispuestas a pagar los mayores salarios y las mayores rentas asociadas a las grandes dimensiones urbanas indica claramente la presencia de economías de aglomeración. Los partidarios del segundo punto de vista, rebaten indicando que precisamente en los mayores salarios estaría la contrapartida monetaria de las incomodidades de la gran ciudad, cuyo coste para la empresa puede ser fácilmente repercutido sobre los precios, gracias a la presencia difusa de condiciones monopolísticas o casimonopolísticas; de aquí se derivaría el carácter inflacionario de la ciudad y un aspecto de la que ha sido definida la "tiranía de la ciudad" o, en el ámbito marxista, la "contradicción ciudad/campo".[30]

A esta última afirmación, no obstante, se le puede oponer el hecho de que precisamente la ciudad, sede natural de pequeñas empresas manufactureras y de actividades terciarias diversificadas, así como de una pluralidad, o incluso una pulverización, de centros de decisión, está mucho más cercana a un modelo de comportamiento competitivo (o de competencia monopolística) de cuanto lo pueda estar el "campo", sede de potentes *lobby* agrícolas –capaces de imponer para sus productos precios "administrados" mucho más elevados respecto a los precios competitivos y de atraer todo tipo de ayudas– o de la gran empresa industrial, hoy en día ya no localizada en la ciudad, al menos por lo que hace referencia a las funciones estrictamente productivas.

El que la ciudad esté en grado de imponer precios elevados para sus productos y servicios, depende no tanto de situaciones de tipo monopolístico o de abuso de posición dominante, sino más bien de la capacidad de diferenciación y personalización de las producciones, así como de una capacidad específica de continua innovación en los procesos y en los productos.

Este último elemento, no obstante, nos conduce a un distinto nivel de análisis y nos empuja a dejar el campo de las reflexiones de eficiencia estática de las estructuras espaciales, para adentrarnos en consideraciones de tipo dinámico. Desde este distinto nivel de análisis, emergen nuevas y esenciales consideraciones sobre el papel de la gran ciudad en el interior del conjunto del sistema económico.

---

[29] Este último punto de vista ha sido, no obstante, desmentido por cuidadosos y detallados análisis sobre el caso francés (Davezies, 1989), un caso que a primera vista induciría a sostener la hipótesis de la "tiranía" de la gran ciudad.

[30] Véase Braudel (1977), Friedman (1979), Camagni (1986), (1988b), Pompili (1986).

1.5 Las economías urbanas de tipo dinámico

Los efectos de las economías derivadas de la gran dimensión urbana no se terminan en la mejora de la eficiencia estática de los procesos productivos, esto es, en una simple reducción de costes o en un aumento de las ventajas para las empresas establecidas, sino que se manifiestan como factores de dinámica industrial y de innovación. La gran ciudad se presenta de hecho, gracias a la presencia de servicios especializados, de avanzadas estructuras de investigación y formación, de intensos vínculos interindustriales, además de una demanda sofisticada, como la verdadera incubadora de lo "nuevo".

Las economías externas o de aglomeración actúan en este caso como reductores no ya de costes, sino de la incertidumbre dinámica y del riesgo empresarial, y no ya como fuentes de ingresos sino como fuentes de creatividad empresarial y de innovación.

Tres procesos en particular se ponen en evidencia bajo esta nueva óptica: los procesos de nacimiento de nuevas empresas, la dinámica localizativa de los nuevos productos y la dinámica más general de los procesos innovadores.

1.5.1 El nacimiento de nuevas empresas y la hipótesis de la incubadora

A partir de las investigaciones pioneras de Vernon, Hoover y Lichtemberg sobre la Nueva York de los años cincuenta y sesenta, confirmadas ampliamente por otros casos europeos y americanos,[31] se pone en evidencia una elevada concentración de pequeñas y medianas empresas industriales en el "corazón" de las áreas metropolitanas, en particular en algunos sectores como prendas de vestir y moda, editorial y prensa, y algunas producciones de tecnología avanzada.

La explicación de dicha presencia se fundamenta en las ventajas que el centro urbano puede asegurar, en términos tanto de información como de mercado, para producciones altamente variables, flexibles y "deteriorables" como las indicadas más arriba, y también en términos de reducción de la dimensión inicial de la empresa, hecho posible gracias a la presencia de una red diversificada de servicios urbanos. Sólo en una etapa sucesiva de la vida de la empresa, cuando se alcanza una relativa estabilidad y solidez de mercado, las funciones que en precedencia se confiaban al exterior pasan a ser internalizadas, la empresa crece en dimensión y busca una nueva localización suburbana.

Esta explicación se ha hecho popular como la hipótesis de la "incubadora": el centro urbano ejercería el papel de *nursery* de pequeñas empresas, por lo que debería mostrar una tasa de natalidad de empresas superior al *hinterland*, en un proceso

---

[31] Véase Vernon (1960), Lichtemberg (1960), Hoover y Vernon (1962), Leone y Struyk (1976), Cameron (1980), Nicholson, *et al.* (1981).

dinámico de deslocalización de las empresas y su sucesiva sustitución por otras nuevas.

Esta hipótesis, asumida como modelo general y generalizable, trata de explicar demasiado y reduce excesivamente la variedad de comportamientos reales. Otras motivaciones pueden explicar la localización central de las pequeñas empresas (como la presencia de un mercado protegido en términos espaciales) y su movimiento hacia el exterior; además, existe una tendencia a largo plazo en todas las áreas metropolitanas hacia la reducción en la capacidad de atracción del centro –cada vez más ocupado por actividades terciarias– de actividades manufactureras, incluso las de pequeña dimensión. No obstante, esta hipótesis, entendida como modelo genérico y estilizado, puede ser todavía considerada válida y puede explicar muchos comportamientos empíricos.

En referencia al caso italiano, por ejemplo, se ha podido demostrar la existencia de una mayor proporción de nuevas empresas de tecnología avanzada en el centro de dos grandes áreas metropolitanas como Milán y Turín respecto a sus hinterland, a pesar de una mayor tasa de natalidad conjunta en el hinterland. Además, analizando las innovaciones de proceso en las pequeñas empresas localizadas en el área metropolitana de Milán, se ha podido constatar cómo en el centro urbano se manifiesta una neta dicotomía entre un número relativamente mayor de empresas noinnovadoras (que en el centro encuentran evidentemente amplios nichos de mercado protegido) y la parte restante de empresas que presenta innovaciones de proceso de tipo mucho más avanzado que el de la media metropolitana.[32]

Estos y otros fenómenos que no coinciden con la hipótesis estricta de la incubadora siguen siendo, de todas formas, coherentes con su lógica general ligada a una interpretación dinámica de las economías de urbanización.

1.5.2 Los nuevos productos y su ciclo de vida

Una segunda referencia de tipo dinámico a las economías de dimensión urbana es la realizada por la conocida hipótesis del "ciclo de vida del producto" de Vernon, hipótesis presentada históricamente por primera vez, precisamente, en un contexto de análisis espacial.[33]

Se trata de una hipótesis que a menudo ha sido mal interpretada (por ejemplo, como una teoría del ciclo de vida del *sector*) y que, por otra parte, puede ser mejorada y adecuarse a las nuevas condiciones en las que se desarrolla el proceso productivo de los sectores más avanzados; a menudo, no obstante, cabe decir que ha sido injustamente criticada desde el punto de vista del descriptivismo empírico, cuando en cambio consideramos que todo su interés se encuentra en su lógica interna.

---

[32] Véase, para la primera argumentación, Ciciotti (1986); para la segunda, Carvelli (1986).
[33] Véase Vernon (1957) y (1966).

A partir de la distinción de tres grandes fases del ciclo de vida de cada producto (una fase inicial, pionera, una fase de desarrollo y una fase de madurez) y analizando las características de la demanda, de la producción y de los procesos de innovación, de proceso y de producto, en cada una de ellas, se pueden proponer las siguientes consideraciones de tipo espacial (figura 1.7):

a) En la fase inicial del ciclo de vida de cada producto, cuando las innovaciones para mejorar las características del producto en sí son frecuentes y los procesos productivos aún no están estandarizados, los factores productivos estratégicos son la capacidad de investigación e innovación, las capacidades de producción artesanal y la calidad profesional de la mano de obra, y el acceso a una información especializada; la localización natural es el corazón de las grandes áreas metropolitanas, donde también se da que la demanda es en mayor medida inelástica con respecto al precio, más sofisticada y más abierta a las novedades.

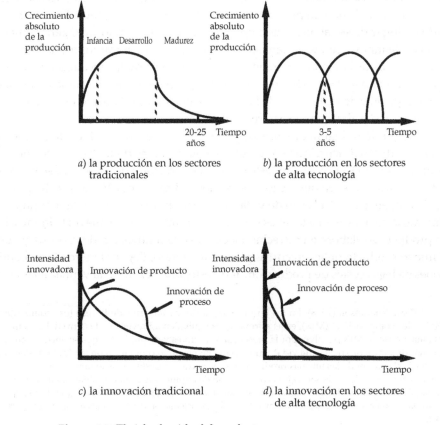

Figura 1.7. El ciclo de vida del producto.

b) En la fase de desarrollo, en la cual prevalecen las innovaciones de proceso, los factores estratégicos pasan a ser la capacidad de gestión y la disponibilidad de capital; los procesos productivos pasan a ser de elevada intensidad de capital e implican instalaciones de grandes dimensiones. La localización óptima pasa a ser una localización suburbana o en ciudades de menor nivel jerárquico.

c) Por último, en la fase de madurez, en la cual los procesos productivos pasan a ser estandarizados, el factor estratégico hay que buscarlo en el coste de la mano de obra; el proceso de innovación se detiene y las localizaciones en áreas o países avanzados ya no se presentan ni necesarias ni eficientes.

En términos diacrónicos, se debería, pues, observar un continuo proceso de difusión jerárquica hacia el hinterland y a lo largo de las ramas de la jerarquía urbana de los productos a medida que maduran, en un proceso que Thompson ha definido de *filtering-down*.[34]

Dos refinamientos, de entre los discutidos en la literatura, parecen importantes con relación a la hipótesis del ciclo de vida del producto. El primero concierne a la posibilidad de que un producto pueda ser "rejuvenecido", revitalizado y relanzado en lugar de ser abandonado después de su fase de madurez, generalmente a través de innovaciones comerciales o tecnológicas. En términos espaciales, esto puede significar la reconfirmación de la importancia de las localizaciones "centrales", por el papel estratégico que en estos procesos desempeñan las funciones de concepción y de realización de las innovaciones, y el aplazamiento temporal de la fase de deslocalización hacia áreas retrasadas.[35]

El segundo refinamiento nace de la observación de los cambios de comportamiento industrial ocurridos en los últimos años, en particular con relación a la industria de alta tecnología. En este caso, el ciclo de vida del producto se ha reducido drásticamente, ya que de los 20-25 años indicados por Vernon, se ha pasado a 3-5 años; en general, el ciclo de vida es interrumpido después de la segunda fase ("pierde la cola") y el producto es sustituido por un producto nuevo; la innovación de producto se elabora en estrecha relación con la innovación de proceso, ya que el nuevo producto debe, en cortos plazos de tiempo, llegar al mercado en condiciones de bajos costes de producción. Todo esto, una vez más, da ventaja a las áreas

[34] Véase Thompson (1968). En los términos del *análisis shift-share*, de los efectos "competitivo" (DIF) y de "composición" (MIX), estas afirmaciones equivalen a prever, en el centro del área metropolitana, un efecto MIX positivo (por la presencia de sectores y de productos que se encuentran en la fase más dinámica de su ciclo de vida) y un efecto DIF negativo (por efecto de la rápida deslocalización hacia el exterior de las mismas producciones), y señales opuestas para su hinterland. Se ha comprobado que estas hipótesis son válidas para el caso de algunas áreas metropolitanas italianas: véase Camagni y Mazzocchi (1976). Para la formulación analítica del análisis *shift-share*, que divide en dos efectos la diferencia entre la tasa de desarrollo local y la tasa nacional, véase, más adelante, el apartado 5.4.3.

[35] Véase Abernathy y Utterback (1978), Abernathy, *et al.* (1983), Camagni (1985).

metropolitanas en su conjunto, en las cuales se pueden localizar unidades integradas *(mission units)* de investigación-producción-ingeniería de productos nuevos. Los recientes procesos de revitalización de áreas metropolitanas de antigua industrialización también se basan en fenómenos de esta naturaleza (figura 1.7c y d).[36]

1.5.3 La innovación

Si los nuevos productos, en la fase inicial y pionera de su ciclo de vida, que va desde la invención hasta la primera industrialización y comercialización del producto en sí, encuentran en la gran ciudad condiciones ambientales favorables, y si muchas pequeñas empresas, en las cuales los procesos de innovación se identifican con su misma existencia, muestran una preferencia localizativa similar, parece lícita una generalización de estas situaciones afirmando que la ciudad es el lugar elegido para los procesos de innovación.

Densidad de información relevante, de relaciones de interacción y de sinergia entre empresas y funciones diferenciadas, reducción de la incertidumbre y del riesgo dinámico de la empresa a través de condiciones favorables de oferta y de demanda, contactos directos con los grandes centros de investigación extranjeros, inventos e innovaciones; todos estos elementos hacen que las grandes ciudades sean los canales privilegiados a través de los cuales los procesos de cambio tecnológico (pero también de cambio psicológico-social-institucional) son introducidos en el más general sistema económico nacional.

Se trata de hipótesis planteadas desde hace tiempo por la escuela geográfica sueca y, en concreto, por Hägerstrand, que han encontrado convincentes confirmaciones empíricas en Europa y en Estados Unidos, tanto en lo que concierne a los procesos de difusión de innovaciones individuales como a lo que concierne a la concentración urbana de las innovaciones más relevantes.[37]

Una consideración final se impone respecto al juicio sobre el papel desarrollado por la ciudad y sobre los costes de la gran dimensión. Más allá de conside-

---

[36] Véase: Camagni (1988a), Gibelli (1986), Carati (1988).

[37] Hägerstrand (1966) y (1967) ha analizado la difusión, en diversos países, del servicio telefónico y de numerosas innovaciones agrícolas, encontrando un proceso de difusión jerárquico a partir de los grandes centros en una triple dirección: hacia su hinterland, debido a fenómenos de cercanía, hacia las ciudades de nivel jerárquico inferior en la misma región, y hacia los centros mayores de regiones periféricas. Berry (1977) ha analizado la difusión de los aparatos de TV en EE UU; Camagni (1984) y Capello (1988) han analizado respectivamente la difusión de los robots industriales y de aparatos telefónicos en Italia, encontrando en todos los casos confirmaciones de la hipótesis general. Por lo que concierne a la concentración urbana de las innovaciones, Ogburn y Duncan han puesto de manifiesto cómo, de las 500 innovaciones registradas en EE UU entre 1900 y 1935, más de la mitad han visto la luz en 25 ciudades con una población superior a los 300.000 habitantes (en 1930). Pred (1965) y (1977) atribuye al sistema de las grandes ciudades la función de red de información orientada a la innovación.

raciones de eficiencia estática sobre el comportamiento de los costes y de las ventajas cuando crece la dimensión urbana, si existe un papel dinámico de la gran ciudad como catalizador de energías innovadoras, de las cuales, posteriormente, se beneficia el sistema económico por entero, la dimensión óptima de la ciudad bien podría sobrepasar la indicada por el simple equilibrio entre costes y beneficios de escala.

Se trata de una consideración de extrema importancia, que hace más complicado el marco teórico global tanto para el investigador como para el *policy-maker*, pero que hoy se impone en un contexto económico caracterizado por la importancia central de los procesos de innovación.

2. El principio de accesibilidad (o de la competencia espacial)

2.1 El principio de accesibilidad

El segundo principio que fundamenta la economía urbana (y espacial en sentido amplio) es el *principio de accesibilidad*. Éste se encuentra en la base de la organización interna del espacio urbano y nace de la competencia entre las diversas actividades económicas para asegurarse las localizaciones más ventajosas.

Accesibilidad significa superar la barrera impuesta por el espacio al movimiento de personas y cosas y al intercambio de bienes, servicios e informaciones. Accesibilidad significa rápida disponibilidad de factores de producción y bienes intermedios para la empresa, sin tener que soportar un tiempo/coste de transporte; significa posibilidad de recoger información estratégica con una ventaja temporal respecto a los competidores; significa, para las personas, poder disfrutar de servicios infrecuentes, vinculados a localizaciones específicas (museos, obras de arte, bibliotecas, teatros), o de la cercanía a maravillas específicas de la naturaleza sin tener que incurrir en costes de grandes desplazamientos.

La accesibilidad determina, pues, las elecciones de localización de cada actor económico, que a su vez dan lugar, por efectos acumulativos, a la estructuración de todo el espacio, tanto a nivel macro como microterritorial. De hecho, por una parte, tenemos el emplazamiento de la ciudad en lugares que garantizan múltiples ventajas localizativas: cercanía a fuentes de materias primas (las ciudades mineras del centro de Europa), a mercados o centros de recogida y distribución de los productos de grandes regiones (por encima de todas, Chicago, que organiza la producción y el mercado de la mayor región cerealista de Occidente), nodos de la red de transporte y comunicación (Milán), centros de tráfico internacional como las grandes ciudades portuarias.

Por otra parte, tenemos la organización de las actividades productivas y residenciales en el territorio y, en particular, en el interior de la ciudad, y esto será el objeto a tratar en este y en el siguiente capítulo.

Si prescindiéramos de la diversidad de las preferencias o necesidades localizativas específicas de cada individuo o empresa, está claro que la ventaja que nace de la accesibilidad se traduciría, en ausencia de restricciones, en una elevadísima demanda de áreas centrales y, en consecuencia, en una enorme concentración de actividades en estas áreas. Pero de la competencia entre dichas actividades emerge un elemento organizador de las mismas en el territorio: la renta del suelo, que no solamente detiene el crecimiento de la aglomeración urbana, como ya hemos visto en el capítulo anterior, sino que asigna las distintas porciones del espacio físico a aquellas actividades que están en mejores condiciones de pagar por su disponibilidad y, por tanto, en una primera aproximación, las asigna a aquellas actividades para las cuales la accesibilidad es más importante y les permite obtener mejores resultados económicos.

Dos elementos teóricos emergen ya de estas reflexiones iniciales. El primero confirma el indisoluble vínculo que existe entre localización de las actividades económicas, productivas y residenciales, y renta del suelo: la renta nace de la demanda de ciertas áreas y, al mismo tiempo, constituye el principio organizador de la localización de las distintas actividades sobre el territorio.

El segundo elemento se refiere al fundamento intrínsecamente económico-espacial de la renta, al menos en su acepción de "renta diferencial", independientemente de cualquier consideración sobre la fertilidad del suelo; se trata de un fundamento natural y no eliminable, que nace de la demanda de accesibilidad y, por tanto, de la existencia misma de la impedancia espacial y prescinde de las formas juridicoinstitucionales del régimen de los suelos y, por tanto, de los modos de atribución económica de la misma renta; este elemento garantiza, como veremos, en presencia de un mercado (perfecto) de las áreas, una asignación eficiente del recurso escaso constituido por el suelo urbano entre usos alternativos.

El modelo histórico de análisis del principio de accesibilidad está ligado al nombre de J. H. von Thünen, que a principios del siglo XIX analiza teóricamente la distribución territorial de producciones agrícolas diferentes. La referencia directa a la estructura de una economía urbana se realizó, por primera vez de una forma teóricamente consciente, por parte de R. M. Hurd en 1903, de quien a menudo se cita la famosa frase sobre la accesibilidad: "dado que el valor (del suelo urbano) depende de la renta, y la renta de la localización, y la localización de la conveniencia, y la conveniencia de la cercanía (*nearness*), podemos eliminar los pasos intermedios y decir que el valor depende de la cercanía".[1]

Pasando a estudiar directamente la ciudad, parece necesario, antes de adentrarnos en la formulación analítica del problema, explorar un último elemento: el de la naturaleza de lo que desde ahora en adelante llamaremos "centro", respecto al cual surge una demanda de accesibilidad.

En el modelo tradicional de Von Thünen, el centro es la sede del mercado de los productos agrícolas provenientes del campo que lo rodea, y el coste de la distancia

---

[1] Véase Von Thünen (1826), Hurd (1903), p. 103.

es un coste de transporte. Muchos modelos recientes pertenecientes a la llamada *new urban economics* conservan para el entorno urbano esta visión simplificada, con un centro en el cual se supone que se desarrolla, con referencia a las actividades productivas, la función de recogida y de exportación de los productos de la ciudad; con referencia a las actividades residenciales se supone, por el contrario, un centro urbano en el cual se concentran todos los puestos de trabajo (típicamente en las actividades terciarias del distrito de los negocios) y en cuya dirección los individuos realizan diariamente un recorrido de ida y vuelta a su lugar de trabajo.*

Desde luego, no nos hemos de escandalizar por la gran simplificación llevada a cabo por estos modelos y consideramos que, manteniéndose en su lógica, se puede fácilmente ampliar la gama de las funciones "centrales" incluyendo todas aquellas que permiten aumentar los ingresos de las empresas (por ejemplo: la mayor densidad de la demanda de las funciones comerciales o financieras) o reducir los costes (para la utilización de input o para el envío del output). En este último caso, un input fundamental para la forma de producción moderna se puede encontrar, especialmente para las funciones terciarias, en el factor "información", un input que se enriquece con la acumulación de la presencia creciente de actividades *communication oriented* en los grandes centros urbanos. Veremos más adelante hasta qué punto este elemento permite un tratamiento matemático simplificado de la organización interna del espacio urbano.

En este capítulo presentamos el modelo básico de Von Thünen y los modelos, de equilibrio parcial, que han sido desarrollados sobre su base teórica para la interpretación de la localización urbana de las actividades productivas y de las actividades residenciales.[2] Por último, se presentan algunos modelos de tipo sociológico (o de "ecología social") que, aunque no relacionados culturalmente con los modelos presentados en la primera parte, son completamente coherentes con la lógica de la accesibilidad aquí discutida.[3]

2.2 El modelo de Von Thünen

El modelo a partir del cual se derivan, directa o indirectamente, todos los modernos tratamientos de la localización urbana de las actividades económicas basados en el principio de accesibilidad es el modelo de localización de las actividades agrícolas de von Thünen. Dicho modelo se fundamenta sobre algunas hipótesis simplificadoras:

---

* N. del T.: traducción del término italiano *pendolare*; en inglés: *commuting*.

[2] Sobre el tema de la localización de las actividades productivas, la referencia obligada es Alonso (1960) y (1964); para la localización de las viviendas, Alonso (1964) y Muth (1969).

[3] Véase Burgess (1925) y, para una posición crítica e innovadora, Hoyt (1939).

a) una llanura homogénea con la misma fertilidad del suelo e infraestructuras de transporte hacia todas direcciones;

b) un único centro que sirve de mercado para todos los productos, hacia el cual todos los productos deben ser transportados;

c) disponibilidad difusa de todos los factores de producción y de los inputs de producción, que no deben, pues, ser transportados;

d) una función de producción específica para cada producto agrícola, con coeficientes fijos y rendimientos de escala constantes, esto implica que en el espacio la cantidad de producto (x) obtenible en cada unidad de tierra y el coste unitario de producción (c) sean fijos;

e) el precio de cada producto (p) está definido exógenamente, en un mercado más grande del que se está estudiando;

f) el coste de transporte unitario (τ) es constante; por tanto, el coste total de transporte varía con el volumen de la producción y con la distancia (δ) de forma lineal; dicho coste de transporte puede variar de un bien a otro;

g) una demanda ilimitada de los productos y, por tanto, una lógica globalmente *supply-oriented*.

La renta por unidad de superficie (r) asume un carácter residual, como en todos los tratamientos clásicos de la renta; ésta es, pues, el residuo que se puede pagar al propietario del suelo después de haber restado del ingreso total todos los costes, incluyendo en los costes de producción el beneficio normal y los costes de transporte. Concretamente, la renta nace del ahorro sobre los costes de transporte que puede realizar el productor localizado sobre los terrenos más cercanos al mercado central.

Geométricamente, la situación para tres tipos de cultivos (a, b y c) se puede representar como en la figura 2.1, en la que se han trazado las tres curvas de máxima renta unitaria pagable en cada uno de los tres casos por el productor:

$$r(\delta) = (p - c - \tau\,\delta)\,x \qquad\qquad [2.1]$$

La renta pagable (u "ofrecida") por cada tipo de cultivo está representada por una recta con pendiente negativa, cuya inclinación es igual a $-\delta x$ y una ordenada en el origen igual a $(p-c)\,x$. En la distancia (δ_{max}), en la cual la renta es igual a cero, o sea, donde la suma de los costes es igual al precio del producto, cesa la producción de ese producto específico; analíticamente, resolviendo la [2.1] para $r = 0$, esto tiene lugar en:

$$(p-c)\,x = \tau\,\delta\,x \quad\text{y}\quad \delta_{max} = (p-c)/\tau$$

En la competencia intersectorial por el terreno más accesible, cada unidad de superficie será atribuida a aquella producción que esté en grado de ofrecer la renta

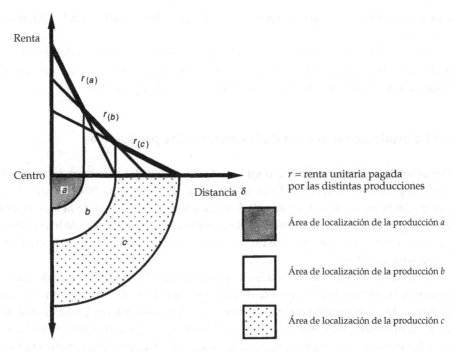

Figura 2.1. Renta y localización de tres producciones agrícolas:
el modelo de Von Thünen.

más elevada; los tres cultivos se situarán en círculos concéntricos alrededor del mercado y la renta efectiva estará constituida la parte superior de las tres curvas de renta ofertada (en negrita en la figura 2.1) por las tres curvas de renta ofrecida.

Los terrenos más centrales serán atribuidos a la producción *a* que presenta el producto neto por unidad de superficie más elevado –geométricamente, la ordenada en el origen más elevada sobre el eje *Y*, dada por $(p - c)\,x$– esto es, serán atribuidos a la producción que utiliza el factor tierra de la forma más intensiva y económicamente eficiente.

En el caso en que la renta ofrecida por un determinado cultivo en las diferentes distancias al centro fuera siempre inferior a la ofrecida por parte de cualquier otro cultivo, entonces éste no obtendría superficie alguna y no podría ser realizado.

Es posible, por último, sustituir la función de producción de coeficientes fijos, allí donde, por ejemplo, el trabajo utilizado está ligado directamente a la cantidad de tierra cultivada, con una función más realista que permite modificar la intensidad de los factores, así como sustituir la hipótesis de un coste unitario de transporte constante por una que considere que dicho coste es decreciente con la distancia; en ambos casos se obtienen curvas de renta decrecientes con la distancia y convexas.[4]

En conclusión, es importante subrayar cómo la estrecha relación, mejor dicho, la "dualidad", entre estructura de las localizaciones y renta aparece de forma clara en la lógica de este modelo fundamental y elegante.[5]

2.3 La localización urbana de las actividades productivas

Procedamos ahora a profundizar en las implicaciones del principio de accesibilidad, ampliando las bases del modelo de Von Thünen para hacerlo, al mismo tiempo, más específico –más adaptado para interpretar el caso de la localización urbana– y más general –alejándonos de la simplista consideración de los costes de transporte como única expresión de la impedancia espacial y de la preferencia por la cercanía al centro.

Considérese una ciudad localizada en un espacio homogéneo en todas las direcciones (espacio isótropo), exento de características físicas distintivas en cada una de sus partes y recorrible perfectamente en sentido radiocéntrico. Dicha ciudad dispone de un centro, definido genéricamente como la localización más apetecible para cada actividad económica. Una ciudad como ésta puede ser bien analizada sobre una sola dimensión, a lo largo de un radio que sale del centro y se dirige hacia la periferia, expresión de las distancias crecientes respecto a dicho centro.

Para una empresa, la preferencia por una localización central se expresa mediante las funciones de coste medio total (c) por unidad de producción, que incluyen un margen de beneficio medio (z) y unos costes de transporte, y las funciones de ingreso por unidad de suelo (v), respectivamente crecientes y decrecientes con la distancia; si T es la cantidad de suelo demandado y x es, como siempre, la producción por unidad de suelo, tenemos:

$$v = V/T = p\,x\,(\delta) \qquad \text{donde } x'_\delta \le 0$$
$$c = z + c\,(\delta) \qquad \text{donde } c'_\delta \ge 0$$

La función de la renta ofrecida pasa a ser, pues:

$$r\,(\delta) = [p - z - c\,(\delta)]\,x\,(\delta) \qquad\qquad [2.2]$$

Esta expresión representa la "renta ofrecida" (*bid rent*), es decir, la renta unitaria de equilibrio que la empresa está dispuesta a ofrecer en las distintas distan-

---

[4] Véase Huriot (1988).
[5] Samuelson, en ocasión del bicentenario del nacimiento de Von Thünen, sitúa a este autor en el panteón de los economistas, junto con Adam Smith, John Stuart Mill y León Walras; véase Samuelson (1983).

cias al centro. Una localización central (en la cual $\delta = 0$) implica la posibilidad de ofrecer, a igualdad de beneficio unitario, una renta mayor, debido a los mayores ingresos y/o menores costes que, por definición, se pueden obtener; una localización suburbana, a mayor distancia del centro, podrá garantizar el mismo margen de beneficio sólo si la renta a pagar es menor (figura 2.2*a*). La inclinación de la curva de renta ofertada está dada por:

$$r'_\delta = d\, r\,(\delta)/d\delta = [p_x - z - c\,(\delta)]\, x'_\delta - c'_\delta\, x\,(\delta) \qquad [2.3]$$

Esta expresión indica que, moviéndose hacia el exterior de una distancia unitaria, la renta ofrecida para obtener el mismo margen de beneficio z se reduce, debido a la disminución de los ingresos (recordemos que x' es negativo) y al aumento de los costes directamente ligados a la distancia (c' es positivo).

En el caso de que sólo los costes o que sólo los ingresos dependieran de la distancia, y que tal relación fuera de tipo lineal, la curva de renta ofertada estaría representada por una línea recta inclinada de forma negativa; en cambio, en el caso de que ambas variables dependieran de la distancia, como en las ecuaciones aquí presentadas, la curva tomaría una forma convexa y una pendiente decreciente con la distancia al centro (figura 2.2*a*).

A igualdad de distancia y, por tanto, manteniendo constantes tanto las ventas x como los costes, si la empresa quisiera retener un mayor margen de beneficio debería ofrecer, a partir de la figura 2.2, una renta inferior. Modificando z obtenemos, en consecuencia, no una sino toda una familia de curvas de renta ofertada, paralelas entre ellas, cada una de las cuales indica un mismo nivel de beneficio y, por tanto, una indiferencia localizativa para la empresa, pero con un nivel de beneficio inferior al de la curva situada debajo de ella, ya que ésta está más cerca del origen de los ejes (figura 2.2*b*).

En un enfoque de equilibrio parcial podemos, llegados a este punto, definir la localización óptima de la empresa, una vez que hayamos introducido exógenamente la curva de "renta efectiva", expresión de las condiciones de costes de las áreas efectivamente vigentes en el mercado (*rr* en la figura 2.2*c*). La empresa elegirá, a lo largo de esta última curva de posibilidades efectivas, aquella localización que permite obtener el beneficio más elevado, esto es, el punto de tangencia con la curva de renta ofertada más baja (δ° en la figura 2.2*c*).[6]

Empresas diferentes, pertenecientes a sectores que valoran de forma diferente la cercanía al centro o cuyos costes de transporte/comunicación les inciden de forma diferente, muestran familias de curvas de renta ofertada con diferentes pendientes. Aquellas empresas para las cuales el centro ofrece comparativamente una ventaja mayor presentan curvas con pendiente más pronunciada y, por tanto, ele-

---

[6] Véase Alonso (1960).

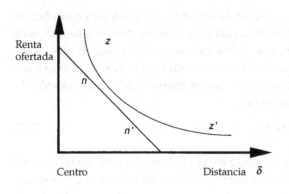

a) curvas de renta ofertada correspondientes a un solo nivel de beneficio z^0:

− sólo los costes o los ingresos son función de la distancia (*nn'*: caso lineal)

− los costes y los ingresos son al mismo tiempo función de la distancia (*zz'*: caso no lineal)

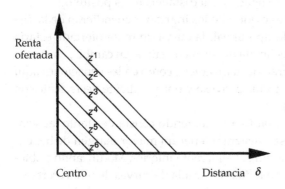

b) familia de curvas de renta ofertada para una empresa en el caso lineal (beneficios *z* crecientes hacia abajo)

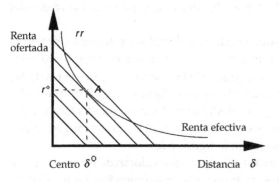

c) el equilibrio localizativo (caso lineal)

Figura 2.2. Las curvas de renta ofertada y el equilibrio localizativo de la empresa.

girán en el equilibrio localizaciones más centrales; sería el caso de, por ejemplo, las actividades terciarias. En cambio, actividades que no encuentran ventajas en este tipo de localización, como las funciones manufactureras de empresas con un mercado no local, tienen curvas de renta ofertada casi horizontales, y elegirán, en consecuencia, localizaciones suburbanas, en las cuales la renta urbana efectiva se aproxima a la agrícola.

Observando la [2.3], podemos construir una taxonomía simplificada de las actividades con elevada atracción hacia el centro. Los mayores valores en la inclinación de la curva, los cuales son expresión de esta atracción, se pueden encontrar cuando:

a) $c'_\delta = 0$ (y, por tanto, la distancia en sí no constituye un elemento de coste) pero x'_δ es particularmente elevado en valor absoluto, por lo que la demanda se reduce rápidamente al aumentar la distancia; se trata de *actividades de elevado contenido de interacción, orientadas a la densidad de la demanda* (típicamente las actividades comerciales, los grandes almacenes y supermercados, pero también las tiendas especializadas o aquellas que venden bienes para los cuales los consumidores realizan comparaciones –*shopping goods*);

b) $c'_\delta = 0$, $x'_\delta < 0$ con valores normales, pero los beneficios extraordinarios $(p - z^* - c)$ son elevados[7] por efecto de:

- b') la posibilidad de salir de los límites de un mercado perfectamente competitivo y de diferenciar el producto a través del uso de un factor productivo típicamente urbano, la información (*actividades orientadas a la información*: típicamente el terciario profesional);
- b'') la estructura oligopolística del mercado, unida a la búsqueda de localizaciones de prestigio (los bancos, las aseguradoras, las actividades directivas: *actividades orientadas a los símbolos del poder*);
- b''') la ausencia de vínculos con el precio: las actividades públicas del gobierno, también atraídas por el centro por motivos de facilidad de comunicación y de prestigio (*actividades orientadas al control*);

c) $c'_\delta \geq 0$, $x'_\delta < 0$ para valores normales, pero T es comparativamente pequeña y, por tanto, x es comparativamente grande; se trata de las actividades que utilizan de la forma más eficiente e intensiva el factor espacio a igualdad de valor del producto, como suele ser el caso de las actividades de oficina respecto a las actividades manufactureras, o de muchas actividades que utilizan tecnologías informáticas o telemáticas: brokers de seguros, intermediarios financieros, agencias de viajes (*actividades de elevada eficiencia espacial*);

d) $x'_\delta = 0$ y, por tanto, no hay ningún impacto sobre los ingresos, pero $c'_\delta > 0$; podemos también en este caso distinguir entre:

---

[7] z^* es aquí un margen de beneficio "normal".

- d') *actividades con mercado urbano central,* con elevados costes de transporte del output (servicios, incluso no cualificados, dirigidos a las actividades del distrito de los negocios; servicios turísticos; actividades artesanales, terciarias pero también industriales, ligadas a la población y a las actividades centrales);
- d") *actividades que usan estructuras o factores urbanos centrales* (empresas de transporte de mercancías que utilizan el transporte ferroviario central; agentes de cambio que requieren acceso a la bolsa y a las instituciones financieras; abogados, que requieren acceso a los tribunales, etc.) (tabla 2.1).

Tabla 2.1
Taxonomía de las actividades con vocación central

c'_δ	$\lvert x'_\delta \rvert$	x	$(p - z^* - c)$	Actividad
$= 0$	Elevado	Normal	Normal	Orientadas a la densidad de la demanda central (comercio)
$= 0$	Elevado	Normal	Elevado	Orientadas a la información (finanzas, periódicos, terciario profesional)
$= 0$	Normal	Normal	Elevado	Orientadas a los símbolos del poder (oligopolios privados y monopolios públicos)
≥ 0	Normal	Elevado	Elevado	Alta eficiencia espacial (actividades telematizadas)
> 0	$= 0$	Normal	Normal	Servicios básicos a las actividades centrales
> 0	$= 0$	Normal	Elevado	Servicios avanzados que utilizan infraestructuras centrales (agentes de transporte)

Como en el modelo clásico de Von Thünen, las diversas actividades se sitúan a lo largo de la curva de renta efectiva en un orden según el cual actividades con una curva de renta ofertada más inclinada y (a igualdad de beneficio) más elevada, "desplazan" a las otras actividades del centro urbano.

Observando todas las diversas actividades al mismo tiempo, es posible dejar de asumir exógenamente la curva de renta efectiva y, en su lugar, construirla directamente como envolvente de las curvas de renta ofertada de cada actividad. No obstante, con el objetivo de distinguir de forma coherente las curvas de renta ofertada "relevantes" en el interior de las respectivas familias, así como para definir un criterio de localización de empresas similares, con la misma estructura de preferencias localizativas, es necesario abandonar el punto de vista de equilibrio parcial y pasar a uno de equilibrio general.

2.4 La localización urbana de las actividades residenciales

El principio de accesibilidad gobierna, como es natural, también las elecciones residenciales de la población. Si existe un "centro" que ejerce una atracción en cuanto sede de los puestos de trabajo (que se adopta como hipótesis en la mayor parte de los modelos formalizados), de las oportunidades de recreo y cultura o, en términos más generales, en cuanto centro de interacción social, está claro que la demanda residencial se dirigirá hacia aquellas localizaciones que permitan un acceso más fácil y rápido a estas "externalidades".

La propensión hacia localizaciones centrales generará en consecuencia un precio mayor de las correspondientes áreas y, por tanto, un preciso *trade-off* para un individuo entre precio del suelo y distancia, entre desutilidad del coste creciente del terreno residencial a medida que se acerca al centro y la creciente ventaja de accesibilidad, medible con la relación decreciente coste/tiempo de transporte (figura 2.3*a*).

En términos generales, la decisión de un individuo para optimizar su posición sobre este *trade-off* puede gozar de un grado de libertad dado por la flexibilidad de la dimensión de las unidades residenciales (viviendas): dimensiones más reducidas pueden limitar de hecho la desventaja de las altas rentas unitarias centrales.

A igualdad de renta gastada en el bien compuesto "residencia + transporte casa-trabajo", existe un segundo *trade-off* entre la dimensión de la vivienda y la accesibilidad al centro: la elección del punto de equilibrio tiene lugar en este caso a partir de la estructura de la función individual de utilidad, puesta en evidencia por la forma de las curvas de indiferencia (U en la figura 2.3*b*).[8]

A medida que aumenta la renta gastada total (de Y_1 a Y_2), los individuos que presentan la familia de curvas de indiferencia más bajas (U_a), para los cuales la accesibilidad constituye un bien "superior", tenderán a preferir esta última a costa de una reducción en la dimensión de la vivienda; por el contrario, los individuos que muestran la familia de curvas U_b, para los cuales el bien superior está representado por la disponibilidad de espacio, preferirán esta última variable respecto a la accesibilidad.

---

[8] Las curvas de indiferencia del consumidor representan el lugar de las combinaciones de bienes comprados (en nuestro caso: accesibilidad y dimensión de la vivienda) que suministran la misma utilidad total; las curvas situadas hacia arriba y hacia la derecha representan niveles de utilidad crecientes.

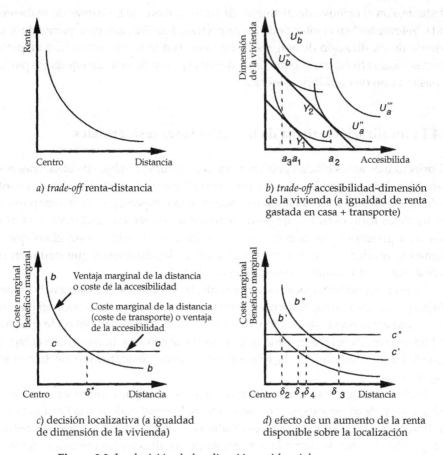

a) *trade-off* renta-distancia

b) *trade-off* accesibilidad-dimensión de la vivienda (a igualdad de renta gastada en casa + transporte)

c) decisión localizativa (a igualdad de dimensión de la vivienda)

d) efecto de un aumento de la renta disponible sobre la localización

Figura 2.3. La decisión de localización residencial.

Podemos decir que el primer tipo de comportamiento caracteriza el modelo de ciudad europea, en el cual las clases acomodadas prefieren una localización central, en contacto con la vitalidad sociocultural del centro de la ciudad; en cambio, el segundo tipo de comportamiento es más habitual en el modelo americano, en el cual la reducida atracción del centro se ve confirmada por una preferencia de las clases ricas por residencias suburbanas y de mayores dimensiones. A igualdad de renta, está claro que las familias numerosas o con menor número de personas activas tenderán a preferir las localizaciones suburbanas, mientras que los solteros/as y aquellos/as que desarrollan una intensa vida de relaciones, dentro y fuera del lugar de trabajo (*yuppies*, profesionales, artistas) elegirán localizaciones centrales.[9]

---

[9] Es el fenómeno de la *gentrification,* que ha empezado a caracterizar también las ciudades americanas.

En términos formales, la decisión localizativa se realizará optimizando el trinomio "accesibilidad/coste de las áreas/dimensión de la unidad residencial" respecto a la utilidad total del individuo. Sin considerar, por simplicidad, la tercera variable, el individuo elegirá aquella distancia δ^* del centro en la cual se igualan el coste marginal de un nuevo desplazamiento hacia el exterior (el coste de transporte cc en figura 2.3c, que es igual a τ) y la ventaja marginal derivada del ahorro en el coste de las áreas (bb); o bien, procediendo en sentido inverso tanto lógico como geográfico, el individuo elegirá aquella distancia en la cual la ventaja marginal de una localización más central, en términos de accesibilidad, es igual al mayor coste del suelo.

En términos analíticos, lo que acabamos de decir se puede expresar de forma compacta diciendo que, en el punto de equilibrio δ^*, tendremos:

$$\tau = (dr/d\delta) \cdot A_\delta \qquad\qquad [2.4]$$

y por tanto:

$$r' = \tau/A_\delta \qquad\qquad [2.5]$$

expresión que constituye la igualdad fundamental del modelo.

Aquí también nos podemos interrogar sobre los efectos de un aumento en la renta individual. En el caso de que el individuo pasara al bien superior dado por la dimensión de la unidad residencial, la curva bb de los ahorros en el coste del suelo se desplazaría hacia arriba (de b' a b'' en figura 2.3d) y la localización se desplazaría hacia el exterior (de δ_1 a δ_3); en cambio, en el caso de que prevaleciera la consideración del mayor coste de oportunidad del tiempo dedicado al transporte ($c' \to c''$ dado que aumenta la renta perdida en el tiempo de transporte) se elegiría una localización más central (δ_2). En presencia de ambos efectos se considera generalmente, en la literatura americana, que prevalece el primero de ellos y, en consecuencia, que la localización de equilibrio se desplaza hacia el exterior (δ_4).

La consideración global de todos los efectos, incluida la determinación endógena de la renta del suelo urbano, se puede realizar solamente con modelos de equilibrio general, como los que se presentan brevemente en el apartado siguiente.

Aquí, en cambio, podemos recordar, para terminar, que el equilibrio localizativo residencial individual puede ser analizado con el mismo instrumento de las curvas de renta ofertada utilizado en el apartado precedente. Se podría plantear (el ejercicio) de asignar a un individuo un suelo central a cambio de un determinado precio y, a continuación, preguntarle a cambio de qué menor precio estaría dispuesto a aceptar una localización más exterior de forma que sea "indiferente" entre las dos alternativas. Repitiendo el ejercicio para un precio inicial distinto, se obtendría una familia de curvas de renta ofertada (r', r'', ...) cada una de las cuales estaría caracterizada por un mismo nivel de utilidad del individuo (indiferencia localizativa) y por un nivel de utilidad superior respecto al de la curva situada más arriba y a la derecha (figura 2.4).

Cada individuo estaría caracterizado (dadas la renta y la estructura de las preferencias) por un mapa de curvas de pendiente específica que, unidas a la curva de renta efectiva (*rr*), daría lugar a la localización más ventajosa (*δ** en la figura 2.4).

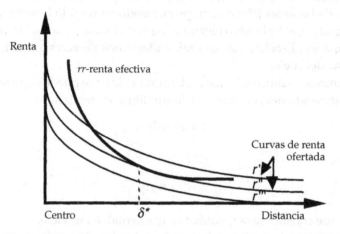

Figura 2.4. Las curvas de renta ofertada y el equilibrio residencial individual.

2.5 Hacia un modelo de equilibrio general

2.5.1 Localizaciones productivas y residenciales

El tratamiento detallado del modelo de equilibrio localizativo general va más allá de los objetivos del presente volumen. No obstante, parece útil trazar aunque sólo sea someramente los pasos lógicos que conducen a un modelo como el mencionado, remitiendo a la literatura especializada para eventuales profundizaciones.[10]

[10] Se puede encontrar una admirable presentación del modelo de equilibrio general en el volumen *Urban Economic Theory* de Fujita (1989), completamente dedicado al tratamiento del cuerpo doctrinal constituido por la teoría de la ciudad monocéntrica, o, como más enfáticamente alguna vez es autodefinido, de la *new urban economics*. Después de las contribuciones pioneras de Alonso (1964), Muth (1969) y Wingo (1961), este ámbito teórico ha visto la implicación de economistas "puros" como Beckmann (1969), Montesano (1972), Solow (1972), Mirrlees (1972) y Mills (1972), que lo han conducido al actual elevado nivel de rigor formal y coherencia global integrando la aportación fundamental de Von Thünen en un marco rigurosamente neoclásico. Véanse también las eficaces síntesis de Richardson (1977), Anas, Dendrinos (1976) y, en Italia, de quien escribe (Camagni, 1992c, capítulo 6). Para nosotros, este enfoque teórico, muy relevante, desarrolla sólo uno de los principios de la economía de la ciudad, el principio de accesibilidad; sobre los otros principios o no interviene, o se encuentra en franca dificultad (como sobre el principio de aglomeración, como se verá más adelante).

Los modelos de localización urbana, productiva y residencial, presentados en los apartados 2.3 y 2.4, son modelos de equilibrio parcial, que definen las decisiones óptimas para un sujeto (individuo o empresa) suponiendo que todos los demás sujetos ya han encontrado una localización, que no tienen intención de cambiar por efecto de la decisión del sujeto en cuestión y que, por tanto, esté dada una curva de renta efectiva (la curva *rr* de la figura 2.2*c* y la curva que se obtiene dividiendo los valores de la curva *bb* de la figura 2.3*c* por la dimensión, dada, de la vivienda). Pero dicha curva, desde un punto de vista de equilibrio general, debe ser construida directamente a partir del modelo y no estar dada exógenamente. Veamos cómo.

Dos cuestiones lógicas se presentan enseguida: cómo se localizan otros sujetos que tienen las mismas características que lo sujetos individualmente examinados (misma renta personal, mismo sector productivo), puesto que no es posible que todos los sujetos elijan el mismo punto o la misma distancia al centro, y, en segundo lugar, cómo es posible situar sectores distintos o individuos con rentas y preferencias distintas.

Respecto al primer problema, y con referencia a las localizaciones productivas, está claro que una vez dada la tasa de beneficio común, las diversas empresas similares, las cuales presentan una única curva de renta ofertada, se situarán a lo largo de la misma en las distintas distancias al centro, todas ellas por definición "indiferentes". La curva de renta ofertada pasará a ser la curva de renta efectiva.

El perfil de dicha curva no es rectilíneo: así, además del caso supuesto por nosotros –que también los ingresos, además de los costes, puedan estar influidos por la distancia (curva *zz* en la figura 2.2*a*)– también desde la lógica ortodoxa de empresas que operan con una función de producción neoclásica surge el mismo resultado, por efecto de la sustitución entre factores productivos, capital y tierra. Acercándose al centro, de hecho, le empresa tenderá a sustituir el factor que más se encarece, la tierra, por el factor capital, construyendo así hacia lo alto; en consecuencia, la empresa será capaz de ofrecer una renta unitaria creciente de forma más que proporcional a medida que se reduce la distancia al centro. Lo mismo se puede decir para el equilibrio residencial de las familias: desplazándose hacia el centro de la ciudad se tenderá a reducir la cantidad del bien que pasa a ser más caro (la "tierra", es decir, la dimensión de la vivienda) y, por tanto, la pendiente de la curva de la renta (*r'* en [2.5]) crecerá. La curva de renta efectiva será convexa.

Este resultado es coherente con la evidencia empírica de un gradiente de la renta en forma de hipérbole, con una creciente densidad de uso del suelo en dirección al centro urbano y con el característico perfil vertical de la ciudad procediendo del centro hacia la periferia (figura 2.5).

En el caso de que los sectores sean más de uno, siempre en el caso de que la tasa de beneficio general esté dada, los diversos sectores se localizarán a lo largo

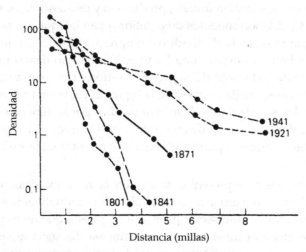

a) gradientes de densidad residencial: Londres 1801-1941

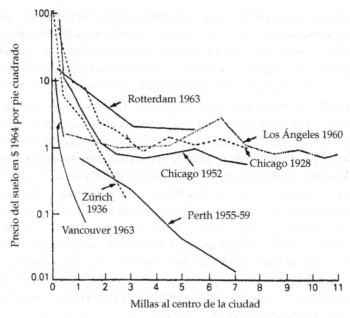

b) gradientes de valor del suelo en algunas ciudades

Fuente: Evans (1985, pp. 26 y 105)

Figura 2.5. Gradientes de densidad residencial y de valor del suelo urbano.

de la envolvente superior de las respectivas curvas de renta ofertada, exactamente como en el modelo de Von Thünen de la figura 2.1.

En un modelo aún más general, en el cual se incluye una función de demanda de productos y se asume exógenamente el nivel de renta en el límite exterior de la ciudad (igual a la renta agricola), es posible hacer endógena la tasa de beneficio, definir la dimensión de cada producción y su precio, así como la demanda de tierra para cada distancia al centro (y, por tanto, la dimensión de la ciudad).

Por lo que concierne al equilibrio residencial, notemos en primer lugar como, en la figura 2.3c, para cada menor (mayor) dimensión de la vivienda existirá una curva, paralela a la curva *bb* pero más interna (externa), que muestra el coste de un movimiento marginal hacia el centro (en términos de mayor/menor gasto para una misma vivienda); dichas curvas definirán, en el punto de cruce con la curva *cc*, diferentes equilibrios localizativos, todos ellos equivalentes en términos de utilidad, para sujetos diferentes con la misma renta. Dichos sujetos se situarán, pues, en las diversas distancias al centro, con dimensiones crecientes de la vivienda, obteniendo el mismo nivel de utilidad individual.

También en este caso es posible pasar a un modelo de equilibrio general, en el cual la renta efectiva no viene dada exógenamente (hasta aquí está de hecho implícita en la curva *bb* de la figura 2.3c), sino que es resultado de la propia lógica del modelo. Es necesario en este caso suponer, para empezar, que esté dado el nivel de utilidad alcanzable por todos los individuos (con la misma renta y estructura de preferencias) en un espacio de consumo en el cual están considerados todos los bienes que se pueden comprar y la cantidad (dimensión) del suelo habitable. Sobre esta base, dados los precios de los bienes distintos del suelo habitable, los individuos definen el máximo nivel de renta pagable para todas las distancias al centro, es decir, una curva de renta ofertada (o mejor, tantas curvas de renta ofertada como niveles de utilidad posibles haya).

Para quién esté familiarizado con el modelo microeconómico de equilibrio del consumidor, la renta ofrecida en cada distancia, esto es, el precio del suelo, se obtiene geométricamente de la forma siguiente. En un gráfico en el que en el eje de las ordenadas tenemos la cantidad del bien compuesto representado por todos los bienes comprables B, con precio unitario, y en el eje de abscisas la cantidad de suelo A (o la dimensión de la vivienda), dada una curva de indiferencia que represente el nivel de utilidad $\overline{U}$ y un determinado nivel de renta per cápita Y, podemos trazar las curvas de balance individual $Y - \tau\delta = B.1 + A.r$ para cada distancia al centro (por ejemplo, en figura 2.6, las curvas cc' y dd', trazadas en los casos de una localización central y una periférica, respectivamente). De dichas curvas es conocido el intercepto $Y - \tau\delta$, y la pendiente (r) se puede obtener a partir de la condición de equilibrio que establece que deben ser tangentes a la curva de indiferencia $\overline{U}$. Los diferentes niveles de r para las diferentes distancias configuran, en

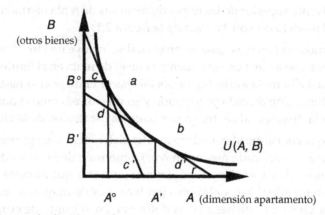

$a(A^0, B^0)$ = equilibrio en una localización central
$b(A', B')$ = equilibrio en una localización periférica

Figura 2.6. El equilibrio del ciudadano-consumidor en dos distintas distancias al centro.

un segundo gráfico similar al de la figura 2.4, una curva de renta ofertada de equilibrio, bajo la hipótesis de que la utilidad individual es igual a $\overline{U}$.

Llegados a este punto es necesario definir, de forma exógena o endógena al modelo, cuál es el único nivel de utilidad de equilibrio. Una forma de cerrar el modelo es la de considerar la población de la ciudad como una incógnita, permitiendo inmigraciones y emigraciones de individuos sobre la base de una comparación de utilidades entre diferentes localizaciones. En este caso –el modelo llamado de la "ciudad abierta"– el nivel de utilidad de la localización urbana es igual al nivel general, nacional y, por tanto, sigue siendo exógeno, y el modelo define la dimensión física de la ciudad y su población de equilibrio. La única curva de renta ofertada, obtenida mediante el procedimiento de la figura 2.6, constituye la curva de equilibrio y, por tanto, la curva de renta efectiva; contemporaneamente, se definen cada una de las dimensiones de equilibrio de las viviendas para cada distancia del centro y, en consecuencia, la densidad demográfica de la ciudad (para cada distancia del centro). La dimensión física de la ciudad, esto es, su radio δ_{max}, está dada por el punto en el cual la curva de renta ofertada de equilibrio intercepta la curva, horizontal, de la renta agrícola (como se muestra en la figura 2.7)[11] y, en consecuencia, es posible calcular la población urbana total.[12]

[11] Se toma como hipótesis que la renta agrícola ofertada sea constante para cada distancia del centro; para distancias mayores de δ_{max} las actividades agrícolas están dispuestas a pagar una renta mayor que las urbanas y, por tanto, la ciudad no se desarrolla más allá de esa distancia.
[12] Una segunda forma de cerrar el modelo es la de adoptar como hipótesis la dimensión demográfica de la ciudad –y tenemos en este caso el llamado "modelo de la ciudad cerrada"– y de establecer exógenamente el nivel de la renta en el margen de la ciudad igual al nivel de la renta agraria. En

En el caso de que se permita la existencia de diversas clases sociales con ingresos diferentes, cada una con una curva de renta ofertada de equilibrio de pendiente diferente, se demuestra que el suelo urbano es asignado a la clase que muestra, para cada distancia, la oferta mayor; la curva de renta efectiva es construida, una vez más, por la envolvente superior de las diversas curvas de renta ofertada por cada clase, y la ciudad se configura como una serie de anillos concéntricos, en el interior de los cuales residen, en equilibrio de indiferencia localizativa, los miembros de cada una de las clases.

En el caso de que se permita la localización de ambas actividades, productivas y residenciales, no cambian los resultados del modelo: la tierra urbana será atribuida a las actividades que estén en condiciones de ofrecer la renta más elevada.

Un interesante problema teórico emerge a propósito de este último punto. Al contrario de las curvas manifestadas por las empresas, que representan una condición unívoca de ausencia de beneficios extraordinarios, en el caso de los individuos pueden existir diversas curvas, correspondientes a diversos niveles de utilidad total: ¿qué nivel de utilidad es el relevante en este caso? Se trata de aquel nivel que determina una población y una oferta de trabajo urbano igual a la demanda de trabajo de las empresas.[13]

Si los individuos hubieran elegido un nivel de utilidad demasiado elevado y, por tanto, ofrecieran un nivel de renta demasiado bajo (r' en figura 2.7), la población localizada en la ciudad (en el intervalo $\delta - \delta_{max}$) podría resultar demasiado escasa respecto a la demanda de trabajo; los consiguientes movimientos de inmigración empujarían al alza la oferta de renta para viviendas (r''), la ciudad se expandiría (a una dimensión δ''_{max}) hasta que se vuelva a establecer el equilibrio en el mercado de trabajo, con un nivel total de utilidad inferior.

En general, en la realidad, el sector terciario y las funciones direccionales privadas están en condiciones de desplazar la vivienda de las áreas centrales. Por el contrario, las funciones manufactureras, caracterizadas por una gran necesidad de espacio y por una limitada sustituibilidad del espacio por otros factores, se han alejado desde hace tiempo del centro; es difícil, de hecho, que las fábricas se puedan expandir en más plantas, a excepción de aquellas de algunos sectores ligeros, artesanales, como el de las prendas de vestir, el editorial, la orfebrería, que han permanecido en la ciudad.

El *pattern* localizativo que emerge del modelo es siempre el de círculos concéntricos de la tradición thüneniana.

---

este caso, la curva de la renta efectiva coincidirá con aquella específica curva de renta ofertada (y, en consecuencia, con ese específico nivel de utilidad) que genera una densidad de uso del suelo y una dimensión física de la ciudad tales que determinan una renta en el margen de la ciudad igual a la renta agraria. De esta forma, el nivel de utilidad individual es endogeneizado en el modelo y ya no es asumido exógenamente.

[13] Un caso similar al de la "ciudad cerrada" citado anteriormente (nota 12).

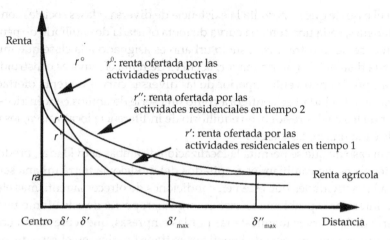

Figura 2.7. Equilibrio localizativo de producción y residencia.

La posibilidad de que las actividades productivas puedan localizarse en uno de los muchos anillos concéntricos de la ciudad y no de que todas se sitúen en el Distrito Central de Negocios (DCN) como supone el modelo residencial puro, plantea un problema de coherencia global, ya que el equilibrio localizativo de los dos sectores, residencial y productivo, es buscado simultáneamente. ¿Sigue siendo posible aceptar todavía las conclusiones del modelo residencial, una vez asumida la hipótesis de localización descentrada y difusa de las actividades productivas?

Supongamos que una empresa esté localizada en un punto E de la ciudad, a una distancia e del centro. Una localización así tendría una ventaja importante para la empresa, ya que podría atraer a todos los trabajadores que residen más allá de E ofreciendo un salario inferior al vigente en el DCN en la cantidad correspondiente a su ahorro en los costes de transporte ($e\tau$). Para estos trabajadores sería indiferente trabajar en el DCN con la totalidad del salario o quedarse en E, con un salario reducido pero con menores costes de transporte.

Dos conclusiones emergen de este análisis. En primer lugar, en el interior del modelo se forma, junto con un gradiente de renta, un *gradiente de salario urbano* con una inclinación igual a $-\tau$; además, en presencia de dicho gradiente, el equilibrio individual en la localización residencial queda sin cambios y, por tanto, es posible mantener la hipótesis inicial del modelo monocéntrico incluso en presencia de localizaciones difusas de los puestos de trabajo.

2.5.2 El equilibrio con muchas ciudades

Como se ha dicho, en el modelo de la "ciudad abierta" es posible definir la dimensión de equilibrio de la ciudad y, por tanto, *de las* ciudades de un sistema nacional;

siendo necesariamente iguales tanto los niveles de utilidad en todo el territorio como las funciones de producción de cada una de las ciudades, estas últimas tendrán todas la misma dimensión. Dado que, no obstante, la realidad nos muestra un amplio abanico de dimensiones urbanas, aparentemente de equilibrio, parece necesario interrogarse sobre las implicaciones de este hecho en una lógica similar a la del modelo.

Veamos para empezar el equilibrio del mercado residencial. Es sabido que las ciudades más grandes presentan un nivel de renta unitaria superior al de las ciudades pequeñas, a igualdad de distancia del centro. Esto depende del juego de la demanda y la oferta, escasa, de suelo dotado de accesibilidad. El trabajador residente en la gran ciudad, por ejemplo cerca del DCN, deberá alternativamente o conseguir un nivel de utilidad superior por el hecho de residir en una ciudad grande, o conseguir un salario superior del ofrecido en la ciudad menor, en una cantidad tal que compense exactamente la mayor renta pagada. Este premio debe ser atribuido a todos los trabajadores de la gran ciudad respecto a los de la pequeña ciudad, a igualdad de localización respecto el centro, de forma que se garantice un equilibrio en el nivel de bienestar.

Estos elementos son signos importantes de los mayores costes presentes en la gran ciudad y de los efectos inflacionarios o redistributivos de la renta nacional que pueden derivarse de su crecimiento.

Por otra parte encontramos a la empresa. Para estar en condiciones de pagar los mayores salarios y las mayores rentas de una localización en la gran metrópolis, la empresa debe obtener ventajas superiores por su localización, en términos de economías de localización, accesibilidad a la información y mayores precios para sus productos. La gran ciudad debe suministrar estas ventajas, si quiere que los mayores costes de los factores y la mayor desutilidad de un ambiente densamente poblado sean compensados; y estos elementos han sido indicados, de forma simétrica, como las señales de la eficiencia productiva de la ciudad.

En síntesis, vemos pues, cómo elementos de tipo funcional (ventaja de aglomeración, economías de escala) se unen con elementos de tipo distributivo (mayores precios relativos de los factores) y cómo, por otra parte, en una visión microeconómica, las mayores rentas garantizadas por la gran ciudad (salarios y rentas) son exactamente la otra cara de la moneda de los mayores costes sociales (costes de transporte y de congestión, costes de infraestructuras).

Por cuanto concierne a la lógica del modelo en cuestión, una conclusión parece importante: las economías de aglomeración, en el consumo y en la producción, deben ser introducidas de forma explícita en el equilibrio general ya que, en otro caso, sólo con la metáfora de los costes de transporte y de la simple accesibilidad, en un mercado abierto y sin hipótesis *ad hoc*, se obtiene una estructura urbana totalmente compuesta de ciudades de la misma dimensión.

Pero esta introducción parece difícil, si se quiere permanecer en la lógica del modelo agregado. Por una parte, de hecho, la hipótesis de rendimientos crecientes en la función de producción urbana crea dificultades en la determinación del salario de equilibrio.

Por otra parte, sería más coherente la utilización del concepto de *economías externas urbanas*, que se desarrollan en el exterior de las empresas y están generadas por la dimensión urbana global. Pero también en este caso es importante destacar que todas las ciudades seguirían teniendo la misma dimensión, dadas las hipótesis de óptimo, racionalidad, perfecta transparencia de los mercados, perfecta movilidad de las empresas y de los residentes y de una única función de producción.

Un sistema de ciudades de dimensiones diversas puede ser concebido y simulado solamente a través de hipótesis *ad hoc*, como la de una especialización productiva distinta en cada uno de los centros y, por tanto, de distintas funciones de producción. Para cada producto existiría un conjunto de centros especializados, todos iguales, en un número que depende de la dimensión de la demanda global, y con una localización que estaría determinada por las tendencias de la división internacional del trabajo; la dimensión relativa de centros especializados de distinta manera estaría determinada por la diferente relevancia de las economías de escala en las distintas producciones.[14] También esta hipótesis es, no obstante, discutible: la perfecta especialización de los centros se obtendría solamente en el caso de inexistencia de externalidades cruzadas entre sectores localizados en la misma ciudad, un caso que contrasta con la misma naturaleza de las economías de aglomeración urbana.

2.5.3 Algunas consideraciones críticas

La familia de modelos analizada en este apartado tiene una gran importancia tanto teórica como didáctica. Partiendo de algunos supuestos similares a los del modelo de Von Thünen, se derivan, con simplicidad y elegancia, en un marco de maximización neoclásica, las condiciones de equilibrio localizativo de las empresas y de las familias, el perfil espacial del precio del suelo urbano, la densidad y la dimensión de la ciudad.

A pesar de la naturaleza abstracta del modelo, sus predicciones son verosímiles y han sido contrastadas con éxito discreto en la realidad empírica bajo casi todos los aspectos, a excepción de la estructura de la demanda de transporte. En este último caso, de hecho, los resultados deducidos a partir del modelo están muy alejados del *pattern* existente en la realidad, sobre todo debido a la imposición exógena de movimientos en sentido únicamente radiocéntrico.

---

[14] Véase Henderson (1985), capítulo II.

En general, podemos afirmar, en oposición parcial a la opinión actual, que la validación empírica del modelo puede ser considerada suficiente para un enfoque con un gran nivel de simplificación y abstracción; por el contrario, existen algunos elementos de carácter teórico que, en parte, debilitan el esquema lógico general y abren el camino a enfoques diferentes, en parte ya consolidados pero en parte todavía por explorar.

1. El hecho de que el modelo simule de una forma muy rudimentaria la estructura real de los movimientos de ida y vuelta al lugar de trabajo pone en duda la solidez de la hipótesis de asignar al coste de dichos movimientos un papel teórico tan importante en la elección localizativa de los individuos. Si éstos, de hecho, se comportan de forma tan diferente del modelo de racionalidad perfecta, entonces bien puede darse que un comportamiento casual no influya en realidad de forma relevante sobre su función de utilidad; pero esto impediría la construcción de una entera estructura teórica sobre bases tan frágiles. La respuesta más racional a estas dudas parece que se pueda encontrar en el hecho de que los costes de transporte hacia el centro y el deseo de limitarlos sean, en conjunto, una buena *proxy* (pero sólo una *proxy*) de otros elementos no bien definidos que atraen el individuo hacia una localización concentrada y central: interacción, socialización, información.[15]

    Por cuanto concierne, en cambio, al problema más específico de la interpretación más fiel de la movilidad urbana, su solución empuja hacia la utilización de modelos en los cuales el espacio ya no es una variable continua, sino que es una variable discreta, un vector de áreas de dimensión unitaria con una determinada posición relativa en la ciudad. Estos modelos, que serán analizados en el próximo capítulo, permiten la consideración directa de diversas características, físicas, ambientales y socioeconómicas, importantes para definir la capacidad de atracción relativa de las diferentes áreas urbanas. La intensidad del desarrollo y la consiguiente demanda de transportes pueden ser simuladas de forma muy fiel, pero el coste en términos teóricos de esta operación es, de todas formas, elevado: las razones de la capacidad de atracción de las diferentes áreas vienen atribuidas exógenamente y ya no son el producto de la lógica del modelo. Como siempre, mayor realismo implica pérdida de generalidad.

2. Hemos visto que en el caso más general, con muchas ciudades, el modelo genera en el equilibrio una estructura urbana formada por ciudades de igual dimensión, a menos de que no se asuman funciones de producción y precios de los productos diferentes para cada una de las ciudades (en un

---

[15] Véase Beckmann (1976).

mundo de perfecta especialización), o a menos de no asumir alguna forma de rendimientos de escala diferentes para las distintas ciudades.

Se debería, por último, aceptar la idea de que ciudades de distinta dimensión son estructuralmente distintas y desarrollan funciones distintas en la economía global; esto, no obstante, contrasta con la idea originaria de estos modelos –que es al mismo tiempo su fuerza y su debilidad– de un equilibrio espacial perfectamente competitivo, basado únicamente en la sustituibilidad entre accesibilidad física y disponibilidad de bienes (para el consumidor), o en la sustituibilidad entre tierra y capital (para el productor).

El modelo queda anclado en la lógica del principio puro de accesibilidad; consigue incorporar elementos que recaen dentro de la lógica de la aglomeración y, de una forma absolutamente simplificada, en la lógica de la competencia; no puede considerar, si no es complicando inútilmente y banalizando su propia estructura interna, la lógica de interacción en un espacio de dos dimensiones y la lógica de jerarquía. Pero a estas exigencias responden otros enfoques teóricos, con una lógica que queremos que quede ecléctica, una lógica en la que ningún modelo puede autoimponerse como *el* modelo interpretativo de la compleja realidad urbana.

3. Por último, el modelo es estructuralmente estático. Éste simula una "ciudad instantánea" en la cual todas las actividades, perfectamente móviles, son colocadas simultáneamente en el espacio urbano. Este hecho no constituiría otra cosa que una simple característica y no un límite del modelo si no fuera por la existencia en la ciudad de vastas y estructurales inmovilidades que impiden la asignación perfecta de los recursos: estas inmovilidades están dadas por el stock de construcciones existente. El capital fijo heredado del pasado ejerce de hecho una clara influencia sobre las decisiones sucesivas de los actores económicos, puesto que no puede ser derribado o reestructurado sin incurrir en costes.

La demanda, por ejemplo, de una densidad residencial distinta, o de una conversión a oficinas, en una determinada zona ya urbanizada no se realizará, en la práctica, hasta que el valor esperado de la nueva oferta de construcciones no supere al valor normal en esa zona (dado por el valor actual de la renta obtenible en la configuración presente) de una cantidad igual al coste de derribo o de reestructuración de los edificios antiguos. Por tanto, la realización de dichas obras se pospondrá en el tiempo, en beneficio de nuevas expansiones suburbanas, hasta que el aumento de la dimensión urbana no haya empujado la renta de las áreas centrales hasta un nivel suficiente.

La existencia de un stock de construcciones, esto es, de un elemento una vez más intrínseco a la naturaleza de la ciudad, impone la necesidad de utilizar modelos dinámicos y de un enfoque evolutivo, y limita el interés de modelos estáticos cuya lógica se puede asimilar a la de la localización instantánea de caravanas de diferente dimensión en un *camping*. Desgraciadamente, la búsqueda de mayor generalidad y de un enfoque dinámico, además de complicar enormemente el modelo, implica asumir hipótesis todavía más restrictivas de las de los modelos analizados hasta ahora.

2.6 La estructura en círculos concéntricos de las ciudades

Los enfoques teóricos ahora examinados, que se refieren a la localización de las actividades productivas y residenciales, prevén que la estructura interna de la ciudad se caracterice por una sucesión de localizaciones de actividades distintas en círculos concéntricos alrededor del punto de máxima atracción o accesibilidad.

A este propósito queremos recordar aquí un modelo que, si bien pertenece a una distinta tradición de pensamiento y a un distinto enfoque metodológico, el inductivo de la sociología urbana, llega a conclusiones similares: el modelo de la escuela de Chicago de los años veinte.[16]

Analizando tanto el *pattern* de las localizaciones como el *process* de la expansión progresiva de la ciudad, el modelo adopta como hipótesis una tendencia "ideal" de "cada" ciudad a expandirse en sentido radial mediante círculos concéntricos alrededor del centro de negocios, presentando sucesivamente: una zona de "transición", caracterizada por la presencia de oficinas y de industria ligera, con la alternancia de *slums* y áreas degradadas; una zona de residencia de los trabajadores cualificados, de los inmigrantes de segunda generación y, en general, de las clases medias-bajas, salidas de la zona degradada pero con necesidad de fácil acceso a los puestos de trabajo; una zona residencial de tipo medio-alto y una zona exterior en la que sus habitantes tardan entre 30 y 60 minutos para ir hasta su puesto de trabajo.

Desde un punto de vista dinámico, cada zona tiene tendencia a expandirse y a invadir la zona sucesiva: el área degradada era en muchas ciudades el área en la cual vivían con anterioridad las "mejores familias", que progresivamente emigraron hacia el exterior en la fase de nueva urbanización. La figura 2.8 presenta la estructura concéntrica en el caso de Chicago, con las subáreas de concentración de las distintas etnias: el Ghetto, Litle Sicily, la ciudad del vicio y de los crímenes, Chinatown, Deutschland (sede de los judíos alemanes y objetivo residencial de las clases ascendentes), todo ello en una serie de semicírculos que se asoman al lago Michigan.

Aquí no nos interesan tanto las críticas sobre el contenido del modelo, consi-

---

[16] Véase Park y Burgess (1925).

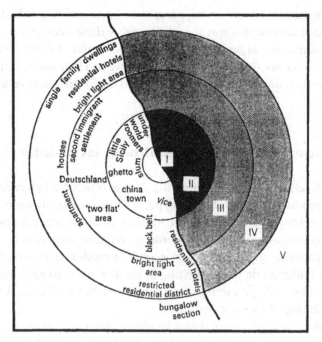

Las zonas (a partir del centro):
I   Centro
II   Zona en transición
III Residencias de los trabajadores
IV   Zona residencial rica
V   Zona de los que se desplazan diariamente al puesto de trabajo

Fuente: Burgess (1925).

Figura 2.8. La estructura urbana por círculos concéntricos: el Chicago de los años veinte de Burgess.

derado a menudo demasiado simplificado para describir la variedad de cada caso concreto; estamos interesados, en cambio, en la lógica interna y en el método que nos propone. El proceso dinámico de formación de la ciudad, definido como de "concentración/descentralización", se fundamenta por una parte sobre un claro principio de accesibilidad (con las actividades de mayor número de contactos localizadas en el centro: natural e inevitablemente, la vida económica, cultural y política de la ciudad) y, por otra parte, sobre un interesante proceso de "desplazamiento" sucesivo, de competencia entre usos alternativos del suelo y de invasión, considerando explícitamente el envejecimiento del patrimonio de edificios, según un enfoque que ha sido correctamente definido de "ecología urbana" o social.

Un último elemento teórico de relieve es recogido en el enfoque de la escuela de Chicago: la relación "accesibilidad/renta del suelo", que es explicitada y recientemente identificada en la medición del sistema de movilidad y contactos. Los más elevados valores inmobiliarios de Chicago se encuentran "en el punto de máxima movilidad, en la esquina entre State y Madison Street", donde se contaba (¡en los años veinte!) el paso de 31.000 personas en una hora punta; e, inversamente, la variación de los valores inmobiliarios es considerada como "tal vez el mejor indicador individual no solamente de accesibilidad y de intensidad de contactos, sino también de aquello que potencialmente nace de estos contactos, el cambio y el desarrollo urbano".[17]

Una posición crítica respecto al modelo que acabamos de exponer, siempre sobre la base de un enfoque empírico e inductivo, la suministra Homer Hoyt, otro gran analista histórico del fenómeno urbano.[18] Este autor sustituye los procesos dinámicos selectivos sobre coronas circulares concéntricas por procesos, siempre de tipo radial, pero que se desarrollan sobre sectores circulares, en forma de cono (figura 2.9).

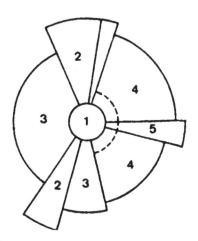

Las zonas:
1   Distrito Central de Negocios
2   Industria ligera y almacenes
3   Residencias de las clases pobres
4   Residencias de las clases medias
5   Residencias de las clases ricas

Fuente: Hoyt (1939).

Figura 2.9. La estructura urbana según la hipótesis de los sectores de Hoyt.

---

[17] Véase Burgess (1925).
[18] Véase Hoyt (1939).

Él observa, de hecho, como en la realidad los diferentes sectores o tipologías residenciales no se desarrollan en 360°, como si la distancia/accesibilidad a un único centro fuera el único factor de organización espacial, sino que se concentran sobre áreas específicas (expandiéndose con el tiempo hacia el exterior) por efecto de un nuevo elemento estructurante: la repulsión o idiosincrasia entre sectores y actividades varias (industria-residencia; residencia de alto y de bajo nivel...).[19] Este último elemento nos introduce (en negativo) en la consideración de un ulterior y distinto principio, el de la interacción espacial, que será analizado en el próximo capítulo.

[19] Se indica cómo las viviendas de lujo están, por lo general, localizadas en áreas con buenas características cualitativas (espacios verdes, situadas en zonas altas), a barlovento respecto a la ciudad, y dejan en posición opuesta las residencias de bajo rango, eventualmente separadas por áreas de clase media.

3. El principio de interacción espacial (o de la demanda de movilidad y de contactos)

3.1 La interacción espacial

Toda actividad localizada sobre el espacio físico, ya sea ésta una unidad de producción, una unidad demográfica o una ciudad, desarrolla con el entorno que la rodea una compleja red de relaciones bidireccionales que tienen lugar en múltiples niveles. Por una lado, alrededor de esta actividad se materializa un complejo campo de fuerzas de atracción, de irradiación, de repulsión, de cooperación que suministran, por así decirlo, la energía de base para el funcionamiento (y la existencia misma) del sistema territorial. Por otro lado, todas las actividades localizadas en el entorno ejercen a su vez una influencia sobre el primer centro, a través de los canales más diversos: relaciones comerciales de importación y de exportación de bienes y sobre todo de servicios; movimientos de factores de producción y, en particular, movimientos diarios casa-trabajo o migratorios de población; difusión de *Know-how* y de información; interacción a través de las redes de comunicación y de transporte; relaciones de colaboración y cooperación, son todos ejemplos del tipo de relaciones que se pueden instaurar en el territorio entre entidades más o menos complejas.

Estas relaciones parecen organizarse sobre la base de campos gravitatorios, sensibles a la dimensión de las actividades localizadas en el territorio y a sus distancias relativas. Cada punto del espacio parece recibir (y ejercitar) de hecho una influencia que depende de forma proporcional de la entidad de las masas en juego y de forma inversamente proporcional de la distancia que lo separa de todos los demás puntos del espacio.

En el caso de que se asuma que toda la masa de atracción relevante para un cierto tipo de actividad estuviera localizada en un solo punto del espacio, que podríamos llamar el centro de la ciudad o el distrito de los negocios, seríamos reconducidos automáticamente al esquema conceptual del principio de accesibilidad.

No obstante, aquí se quiere salir de una representación tan simplificada del espacio económico e introducir toda la variedad de localizaciones que el mundo real nos propone; los factores de atracción y la demanda de accesibilidad se desmenuzan en una pluralidad de fuerzas que interactúan, aplicadas de forma irregular sobre todos los puntos del espacio geográfico.

El modelo a través del cual el principio de interacción espacial puede ser traducido en términos analíticos y operativos es el modelo "gravitatorio", así llamado precisamente por analogía con el modelo newtoniano de gravitación universal. Dos tipos de utilización se pueden hacer de este modelo: una utilización como *modelo de flujo* (gravitatorio) entre cada par de entidades localizadas, para medir la intensidad de interacción, y una utilización como *modelo de potencial*, orientado a la medición de una "accesibilidad generalizada" de cada punto del espacio respecto a todo el espacio que lo rodea o, más en general, a la medición de la influencia del espacio mismo, con toda la articulación de las actividades que en él se desarrollan, sobre cada punto concreto.

3.2 El concepto de gravitación y de potencial economicoespacial

3.2.1 El modelo gravitatorio

Según la ley de gravitación universal, dos cuerpos (a y b) se atraen de forma directamente proporcional al producto de sus masas (M) e inversamente proporcional al cuadrado de la distancia que los separa:

$$T_{ab} = K(M_a M_b) / \delta_{ab}^2 \qquad [3.1]$$

donde T mide la intensidad de interacción y K es una constante de proporcionalidad que depende de la unidad de medida adoptada. Con pequeñas variaciones, relacionadas sobre todo con la especificación de la distancia, esta formulación y el correspondiente concepto de interacción gravitatoria han sido desde hace mucho tiempo utilizados con éxito en el análisis de los fenómenos espaciales, como en particular los movimientos de la población, de casa al trabajo y migratorios, o las comunicaciones telefónicas.

De hecho, ya hace más de un siglo que H. G. Carey en sus *Principles of Social Sciences* expresaba la idea de que la zona de influencia de la ciudad fuera proporcional a su población, y que dicha influencia iba disminuyendo a medida que aumenta la distancia. En 1885-1889 E. G. Ravenstein, partiendo de la hipótesis de atracción espacial y de la observación empírica de los movimientos migratorios en el Reino Unido, formulaba y aplicaba una *law of migration*, y en los años treinta Reilly presentaba una *law of retail gravitation* similar aplicada a los movimientos para realizar compras al detalle. Pero es sobre todo después de la II Guerra Mundial, a partir de los trabajos de Zipf, que el modelo gravitatorio es utilizado para interpretar estadísticamente una amplia serie de fenómenos territoriales, tales como los desplazamientos de viajeros por tren y diligencia, las llamadas telefónicas entre parejas de centros, el transporte de mercancías, el área de difusión de los periódicos.[1]

En general se ha planteado:

$$T_{ab} = K \, (P_a^{\alpha} P_b^{\beta}) / \delta_{ab}^{\gamma} \qquad\qquad [3.2]$$

donde α y β generalmente se han supuesto iguales a 1 y γ 1 o 2. El exponente de la distancia γ es la expresión de la impedancia o fricción que el espacio físico ejercita sobre el movimiento y, por tanto, es variable en función de los fenómenos estudiados (piénsese, por ejemplo, en la mayor fricción del espacio sobre los movimientos casa-tienda para la compra de bienes básicos como el pan con respecto a la compra de bienes raros o de lujo, como las joyas). La población P es asumida generalmente como expresión de la masa de las unidades territoriales (en particular, de las ciudades); K es estimado econométricamente junto a γ (cuando ésta última no es asumida exógenamente).

Suponiendo que tenemos que estimar econométricamente la interacción entre el centro a y todos los centros limítrofes j en términos, por ejemplo, de movimientos de ida y vuelta en dirección a a, es útil utilizar la formulación logarítmica de [3.2] y efectuar un análisis de regresión múltiple sobre la siguiente relación, convertida en lineal:

$$\ln T_{aj} = \ln K + \alpha \ln P_a + \beta \ln P_j - \gamma \ln \delta_{aj} \qquad\qquad [3.2\text{bis}]$$

estimando K, α, β, γ. Una formulación más moderna y más general, que analizaremos con detalle más adelante cuando introduzcamos el modelo de entropía, permite utilizar una función de la distancia más genérica, así como imponer una mayor coherencia en el interior del sistema espacial (en el sentido de que cada interacción del centro a con el territorio que lo rodea es relativizada por el conjunto de las relaciones con el territorio mismo):[2]

$$T_{aj} = P_a P_j f \, (\delta_{aj}) / \Sigma_j P_j f \, (\delta_{aj}) \qquad\qquad [3.2\text{ter}]$$

Es importante recordar en este punto que en la realidad de los fenómenos territoriales no existe simetría entre los fenómenos de interacción en ambas direcciones y que, por tanto, $T_{ab} \neq T_{ba}$. Los parámetros de las relaciones en los dos sentidos son, en consecuencia, diferentes, y esto es fácilmente tratable en la formulación [3.2ter] pero no así en la [3.2].

---

[1] Véase Zipf (1949).

[2] En la terminología que en breve introduciremos, la formulación [3.2ter] no representa otra cosa que la relación entre una interacción puntual de a (del tipo de la expresión [3.2]) y su potencial o "integración generalizada" (del tipo de la expresión [3.6]).

Es interesante analizar la formulación del problema de la interacción espacial hecha por Reilly y desarrollada por Converse en los años treinta, referida al caso de los movimientos para compras al detalle,[3] en cuanto ésta abre el camino a aplicaciones operativas del modelo. Reilly propone la siguiente formulación de la relación entre las ventas (V) de dos centros urbanos a y b a los consumidores residentes en los distintos centros rurales intermedios c:

$$\frac{V_a}{V_b} = \left(\frac{P_a}{P_b}\right)^\alpha \left(\frac{\delta_{bc}}{\delta_{ac}}\right)^\gamma \qquad [3.3]$$

Tomando $\alpha = 1$ este autor estima γ obteniendo, en función de los bienes, valores que varían entre 1,5 y 2,5, con una media pues muy cercana al exponente cuadrático de Newton.[4] Dado que en la frontera entre las dos áreas de mercado las ventas de los dos centros se equilibran ($V_a/V_b = 1$), es posible definir, tomando $\gamma = 2$, el punto de frontera g en el segmento ab que representa la distancia, conocida, entre los dos centros:

$$\left(\frac{P_a}{P_b}\right) = \left(\frac{\delta_{ag}}{\delta_{bg}}\right)^2$$

$$\sqrt{\frac{P_a}{P_b}} = \frac{\delta_{ag}}{\delta_{bg}} = \frac{\delta_{ab} - \delta_{bg}}{\delta_{bg}} = \frac{\delta_{ab}}{\delta_{bg}} - 1$$

$$\delta_{bg} = \frac{\delta_{ab}}{1 + \sqrt{\frac{P_a}{P_b}}}$$

donde δ_{bg} es la distancia de la frontera al centro b.

El modelo gravitatorio, también en las más modernas formulaciones obtenidas a partir del principio de entropía, siempre ha ofrecido resultados estadísticamente excelentes. Este hecho se ha considerado, durante mucho tiempo, en franco contraste con la aparente falta de un fundamento teórico sólido para sus aplicaciones económico-espaciales. De hecho, estaba claro que las primeras formulaciones habían tenido lugar a partir de un método inductivo de análisis de comportamientos empíricos y su directa generalización, que si bien estadísticamente es eficiente, no parecía científicamente lícita. Por otra parte, la analogía con los fenó-

---

[3] Véase Reilly (1931).

[4] Como se ve, la expresión [3.3] no es otra cosa que la relación T_{ac}/T_{bc} derivable de [3.2] en la cual K y P_c se eliminan. El exponente γ puede ser considerado en este caso como una elasticidad de la demanda de bienes respecto a la distancia; una estimación econométrica de este parámetro mediante una especificación logarítmica de [3.3] ha demostrado que, como era de esperar, los bienes alimentarios presentan valores mucho más elevados (alrededor de 6) respecto al total de bienes [2,7]. Véase Piatier (1956).

menos celestes y con las leyes de la mecánica clásica, si bien estimulante, no parecía suministrar una justificación teórica aceptable. Veremos en el apartado 3.3 como se ha llegado recientemente a ofrecer la necesaria fundamentación teórica a una fuerte regularidad empírica que estaba sin explicar.

3.2.2 El concepto de "potencial" economicoespacial o de "accesibilidad generalizada"

También el concepto de *potencial* economicoespacial desciende de una analogía con la física gravitatoria. Así, se afirma que todo cuerpo de masa unitaria *a*, situado en el campo gravitatorio de una masa *b*, pose una *energía potencial* igual al trabajo que *a* haría al caer sobre *b*:

$$E_{ab} = K \, M_b / \delta_{ab} \qquad [3.4]$$

Más en general, suponiendo diversos campos de fuerzas, el *potencial total* producido sobre *a* por un conjunto de masas M_j ($j = 1, ..., n$) se define como:

$$E_a = K \sum_j M_j / \delta_{aj} \qquad [3.5]$$

La aplicación de [3.5] a los fenómenos económicos y espaciales es fácil y directa, con un grado de libertad añadido dado por el exponente de la variable que expresa la distancia que puede ser diferente de 1, para así tener en cuenta la distinta fricción espacial que tiene lugar en los distintos tipos de fenómenos:

$$E_a = K \sum_j P_j / \delta_{aj}^{\gamma} \qquad [3.6]$$

La interpretación económica más general del concepto de potencial está relacionada con lo que podríamos definir como un concepto de "*accesibilidad o interacción generalizada*": una característica que proviene de la posición relativa de un lugar en el interior de un espacio geográfico en el cual están localizadas *n* masas con las cuales dicho lugar entra en una relación de interacción.

Podemos, pues, tener un "potencial demográfico" como el indicado en [3.6], con el cual nos referimos al potencial de atracción de movimientos casa-trabajo de población del centro *a*; un "potencial de mercado" de *a*, ya que la población circundante *P* es considerada como una población de clientes potenciales; un "potencial de renta", con el cual se aplica a su población una valoración de su renta per cápita; un "potencial de accesibilidad residencial" cuando se utiliza [3.6] para estimar la accesibilidad de una posible localización residencial *a* respecto a todas las principales funciones urbanas.

Por tanto, el concepto de potencial en economía espacial puede ser considerado, por una parte, como indicador de "flujos potenciales" y, por otra parte, como un indicador de "posición". Naturalmente, los dos aspectos están correlacionados de forma estrecha, ya que la "posición" relativa de un punto en el espacio tiene su origen en las interacciones posibles con el espacio que lo rodea, y precisamente gracias a estas interacciones se puede asociar a la "posición" de cada punto del espacio un "valor" económico.

Llevando al extremo la analogía con la física clásica, podríamos definir el potencial economicoespacial como *"energía potencial de localización"*. El concepto aparece muy fértil: de hecho, mediante él es posible al mismo tiempo:

i) explicar una decisión localizativa (orientada al lugar con mayor potencial de localización),

ii) explicar el conjunto de los flujos que nacen a partir de dicha localización (y, por tanto, la demanda de movilidad: demanda de transportes, demanda de contactos);

iii) explicar el valor que se puede atribuir a dicha localización gracias a su "accesibilidad generalizada".

Pero si este es el caso, entonces podemos concluir que, a través de este concepto, hemos podido desagregar en el territorio y generalizar la relación localización-renta que descubrimos en el capítulo anterior reflexionando sobre el principio de accesibilidad (correspondiente a un solo punto del espacio), así como añadir, precisamente gracias a la desagregación del espacio geográfico en sus componentes elementales en las dos dimensiones, la relación entre localización y demanda de movilidad. La estrecha relación lógica entre localización, renta urbana y demanda de transportes se pone de nuevo en evidencia a través del principio de interacción espacial y el concepto relacionado de "energía potencial de localización".

3.3 Los fundamentos teóricos del modelo gravitatorio

Como hemos visto, el modelo gravitatorio y sus derivaciones permiten expresar de forma sintetizada y ofrecer una medición empírica del principio de interacción espacial, sobre la base de una analogía con la física gravitatoria. A pesar del buen comportamiento del modelo en las aplicaciones estadísticas y econométricas, su derivación a partir de la simple analogía de una teoría elaborada en una disciplina distinta para explicar fenómenos distintos de los territoriales ha sido, durante mucho tiempo, considerada como un punto débil intrínseco a este modelo.

Durante un cierto periodo, una respuesta, si bien parcial, al problema de encontrar una fundamentación teórica autónoma y específica del modelo gravitatorio de economía espacial fue suministrada por el modelo de las "oportunidades interpuestas" de Stouffer y Schneider.[5] Dicho modelo, deriva una especificación similar a la del modelo gravitatorio a partir de una hipótesis autónoma de comportamiento: la de considerar la probabilidad de un movimiento entre *a* y *b* como inversamente proporcional al número de oportunidades de detenerse en un lugar intermedio entre *a* y *b*.

La respuesta ofrecida por este modelo aparece de todas formas como parcial y relativamente débil; no obstante, dos posteriores enfoques han permitido refundar sobre bases mucho más sólidas y metodológicamente aceptables el modelo gravitatorio: el enfoque típicamente microeconómico basado en el principio de "utilidad individual de los desplazamientos" de Niedercorn y Bechdolt y el enfoque basado en el principio termodinámico de entropía de Alan Wilson.[6]

El primer enfoque deriva de una extensión de la teoría de la elección del consumidor sobre la decisión de desplazamiento. En el interior de la restricción dada por un presupuesto que el consumidor destina a sus necesidades de transporte, dicho consumidor buscará maximizar una función de utilidad de los desplazamientos. Niedercorn y Bechdolt hipotizan que dicha utilidad aumenta proporcionalmente con el número de desplazamientos realizados desde el lugar de origen *a* y que éstos se dirigen hacia los posibles lugares de destino *j* en proporción al número de personas allí residentes con las cuales es posible realizar un "contacto".

Como la hipótesis de las oportunidades interpuestas, el enfoque de la interacción espacial en términos de maximización de la utilidad se aplica solamente a una parte de los fenómenos que potencialmente se pueden estudiar, y requiere algunas hipótesis *ad hoc* sobre el comportamiento individual y sobre la forma de percibir costes y ventajas de la movilidad.

3.3.1 La analogía termodinámica y el principio de entropía

En gran parte exento de las limitaciones precedentes es el enfoque que se fundamenta a partir de una extensión del segundo principio de la termodinámica aplicado al análisis de los fenómenos de interacción espacial. Propuesto por Alan Wilson a finales de los años sesenta, este enfoque permite, al mismo tiempo, obtener de la maximización de la entropía de un sistema espacial una completa familia de modelos de interacción (de los cuales el modelo gravitatorio y el modelo de las oportunidades interpuestas representan formulaciones concretas), así como plantear la especificación de los correspondientes modelos en términos matemáticamente más coherentes; todo ello suministrando una sólida base teórica a los modelos en cuestión.

---

[5] Véase Stouffer (1940) y (1960); Schneider (1959) y (1968).
[6] Véase Niedercorn y Bechdolt (1969) y (1972); Wilson (1969) y (1970).

El principio de entropía rige la dinámica de la degradación de la energía en el campo de la física de los procesos irreversibles alejados del equilibrio. Dicho principio describe el recorrido, orientado temporalmente en una sola dirección, de un sistema (por ejemplo, de un sistema gaseoso) sometido a una influencia externa (por ejemplo, una variación de presión), un recorrido que procede de una situación de "orden" a una situación de "desorden" molecular[7] y, por tanto, de una condición de baja a una de alta probabilidad.

El principio puede ser aplicado, como se hace en la mecánica estadística, al análisis de sistemas formados por un gran número de elementos (moléculas) en los cuales sea relevante conocer no tanto el estado de cada *uno* de los elementos (por ejemplo, su precisa posición en el sistema), sino sólo el *número* de elementos que se encuentran en un estado concreto, sin importar sus características individuales. El principio de entropía permite, de hecho, en una situación de información imperfecta, determinar la condición tendencialmente más probable del sistema, correspondiente a su condición de equilibrio (o de máxima entropía).

Considérese, en nuestro caso, un sistema territorial, representable mediante una matriz $n \times m$ de desplazamientos (o interacciones) T_{ij} entre una serie de zonas de origen i ($i = 1, 2, ..., n$) y de zonas de destino j ($j = 1, 2, ..., m$); sean T_{ij}, por ejemplo, los desplazamientos casa-trabajo de la población P del sistema, localizada en términos residenciales en las zonas de origen y en términos de puestos de trabajo en las zonas de destino (se asume, para simplificar, que todo residente sea también trabajador) (figura 3.1).

La información de partida está limitada al "macroestado" del sistema, esto es, al número de residentes en cada zona de origen O_i y al número de puestos de trabajo en cada zona de destino D_j, mientras que el "microestado" del sistema, esto es, la localización laboral y residencial de cada individuo, es desconocida pero es, a fin de cuentas, no relevante. La incógnita relevante es, en cambio, en este caso, el *número* de habitantes de cada zona i que se desplazan cada día a trabajar a la zona j (y que expresa, por tanto, una demanda de movilidad o de transporte de i a j) y, por tanto, lo que se puede llamar el *"mesoestado"* T_{ij} del sistema.

El principio de entropía permite determinar la configuración más probable de los desplazamientos T_{ij} como aquella configuración que asocia y representa el mayor número de microestados del sistema. Recordando que:

---

[7] Ilya Prigogine utiliza a menudo el ejemplo de la barra de hierro sometida a una fuente de calor en uno de sus extremos que, cuando deja de actuar la intervención externa que había "ordenado" la temperatura de una forma decreciente de un extremo al otro, procede irreversiblemente hacia una condición de temperatura uniforme; o también el de dos recipientes comunicantes llenos de hidrógeno y de helio, en los cuales los dos gases se separan en el caso de que uno de los dos recipientes sea sometido a una variación de temperatura, pero que procede hacia una situación de perfecta homogeneidad ("desorden" molecular) si cesa la inyección de energía externa.

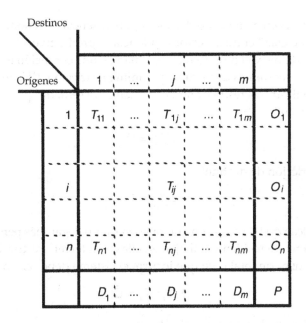

Figura 3.1. El sistema territorial: orígenes, destinos e interacciones.

$$\Sigma_i O_i = \Sigma_j D_j = \Sigma_i \Sigma_j T_{ij} = P$$

y poniendo por coherencia semántica $P = T$, el número de microestados o el número de formas en las cuales los individuos de la población pueden ser asignados a la matriz T_{ij} viene dado por:

$$S(T_{ij}) = \frac{T!}{\Pi_i \Pi_j T_{ij}!} \tag{3.7}$$

donde S es la entropía del sistema.

En presencia de una situación de máxima restricción –en la cual, por ejemplo, una planificación territorial omnipotente decidiera minimizar el consumo de territorio y maximizar las economías de escala en la construcción y en el transporte, no existiendo otros objetivos ni deseconomías– todas las viviendas estarían concentradas en una zona y lo mismo pasaría con los puestos de trabajo: una condición de máximo orden y de mínima probabilidad. Por el contrario, en ausencia de cualquier restricción, el principio de entropía llevaría al sistema hacia una situación de máximo desorden y máxima probabilidad, esto es, a una situación de distribución espacial homogénea de las dos actividades; esta situación sería coherente con un principio económico de minimización de los costes de localización en presencia de libre competencia en el mercado del suelo y en ausencia de fenómenos de "sinergia" o "idiosincrasia" entre el sector residencial y productivo.

Nuestro sistema, y el mundo real, se sitúan en una condición intermedia entre las dos hipótesis extremas de máxima y mínima restricción. Wilson, en particular, propone formalizar tres restricciones: dos están representadas por la llamada "restricción de origen":

$$\Sigma_j T_{ij} = O_i \qquad [3.8]$$

y por la "restricción de destino":

$$\Sigma_i T_{ij} = D_j \qquad [3.9]$$

las cuales indican que de cada zona no pueden salir o llegar más personas de cuantas respectivamente residen y trabajan en ellas; y la tercera restricción indica que el coste de transporte total C en que incurre el sistema debe ser finito:

$$\Sigma_i \Sigma_j c_{ij} T_{ij} = \overline{C} \qquad [3.10]$$

donde c_{ij} es el coste de transporte de i hasta j.

La solución analítica del problema, es decir, el valor de los T_{ij}, se encuentra, pues, maximizando la función de entropía [3.7] bajo las tres restricciones representadas por [3.8], [3.9] y [3.10], que suministran la información, limitada, sobre el macroestado del sistema. Dicha solución viene dada por:

$$T_{ij} = A_i B_j O_i D_j e^{-\beta c_{ij}} \qquad [3.11]$$

donde

$$A_i = [\Sigma_j B_j D_j e^{-\beta c_{ij}}]^{-1} \qquad [3.12]$$

y

$$B_j = [\Sigma_i A_i O_i e^{-\beta c_{ij}}]^{-1} \qquad [3.13]$$

Conociendo, pues, las dimensiones demográficas y ocupacionales de los lugares de origen y de destino (definidos como zonas distintas de una ciudad o ciudades distintas de un territorio o región), la matriz de los costes de transporte c_{ij} y la matriz de los desplazamientos T_{ij}, es posible "calibrar" el modelo estimando el único parámetro (β); esto por lo general se realiza utilizando procedimientos numéricos iterativos, debido el elevado nivel de no linealidad de las relaciones.[8]

---

[8] Véase Paelink y Nijkamp (1975), p. 375.

Sobre los resultados del enfoque termodinámico aplicado a la interacción espacial es posible proponer las siguientes reflexiones:

A) La especificación propuesta corresponde genéricamente a la gravitatoria, con O, D, c que sustituyen las masas y la distancia física.

B) Se demuestra que la formulación exponencial de la función de impedancia espacial (*deterrence function*) deriva de la hipótesis de que aquel que se desplaza percibe linealmente el coste del desplazamiento; si se asume que se percibe este coste de forma decreciente con la distancia recorrida (por ejemplo, según una función logarítmica de la distancia) se obtiene la función de potencia típica del modelo gravitatorio. Este último, pues, aparece como un caso particular de una familia de modelos de interacción espacial.[9]

C) El modelo presenta una serie de constantes A_i y B_j, que en total suman $n + m$ constantes, en lugar de la única constante K del modelo gravitatorio. Esto depende del hecho de que para el sistema entero se quieran respetar las $n + m$ restricciones dadas por la población de las zonas de origen y de destino, y no sólo la restricción dada por la población total.[10] La formulación [3.11] aparece pues estadísticamente más coherente que la del modelo gravitatorio, incluso en su formulación [3.2ter] que satisface la restricción de origen pero no la de destino.

D) Incluso si algunos críticos se siguen declarando insatisfechos por la persistente analogía con los modelos de otras disciplinas –la mecánica estadística de Boltzmann en lugar de la mecánica clásica de Newton– o han puesto en evidencia el limitado progreso conseguido por los modelos de entropía respecto a los modelos gravitatorios en los niveles de ajuste de las estimaciones econométricas,[11] el modelo estático de interacción espacial está ahora ya establemente relacionado con la formulación y la derivación termodinámica de Wilson.

E) Una última duda se ha despejado recientemente, aquella que veía el modelo de entropía como carente de una sólida base microeconómica y comportamental. Se ha podido demostrar la estrecha equivalencia entre el enfoque agregado de la maximización de la entropía y el enfoque microeconómico desagregado de los modelos de elección discreta basados en la teoría de las "utilidades casuales".[12] Finalmente, se ha podido demostrar la equivalencia entre la solución del

[9] Véase Wilson (1970, 1971), Choukroun (1975).

[10] Si, por ejemplo, aumentara la población residente sólo en una zona h, esto daría lugar, en un modelo con una sola constante, a un aumento de los desplazamientos en todas las direcciones j y ello llevaría a infringir la restricción de destino [3.9]. En el modelo de Wilson, en cambio, un aumento de O_h generaría un aumento en [3.11] pero también una reducción equivalente en [3.13] (y, por tanto, en todos los B_j de [3.11]) respetando las restricciones de destino.

[11] Véase, por ejemplo, Fustier (1988).

[12] Se trata de una familia de modelos que trata la elección entre alternativas discretas (elección del medio de transporte, elección localizativa) sobre la base de una especificación particular de la función de utilidad individual (con un componente determinista y uno aleatorio) y de una particular función de probabilidad de realizar una determinada elección individual, el llamado modelo *logit multinomial*.

modelo de entropía y la de un modelo de maximización de la utilidad (o del "excedente") del consumidor que reside en la zona i y trabaja (o hace la compra) en la zona j.[13]

3.4 Interacción, demanda de trasporte y localización

3.4.1 Interacción y movilidad

Habíamos visto anteriormente, al final del apartado 3.2, donde se consideraba en términos generales y abstractos el concepto de energía potencial de localización, la existencia de una estrecha relación lógica entre asignación territorial de los recursos, interacción espacial y valorización de cada unidad del espacio geográfico; en términos más operativos, entre localización, demanda de transporte y renta del suelo.

Veremos ahora cómo estas relaciones lógicas son incorporadas en los modelos de interacción espacial y, en particular, en el modelo de entropía, el cual es el más coherente de todos los modelos de interacción.

Las relaciones generales que tratamos se pueden esquematizar lógicamente como en la figura 3.2, con referencia a un ámbito intrametropolitano y, por tanto, a problemas de organización espacial interna de la ciudad.

En un análisis de equilibrio parcial, a partir de la localización de todos los factores productivos, de los inputs intermedios y los mercados relevantes para cada empresa, así como para las familias, de los puestos de trabajo y de los servicios, se deriva la posibilidad de definir, para cada segmento territorial, un potencial economicoespacial que podemos interpretar como una oferta de "accesibilidad generalizada" a los factores de localización. Al mismo tiempo y de forma simétrica, cada unidad económica-residencial expresa una demanda de interacción y de contactos con todas las demás actividades.

A partir del encuentro de esta todavía genérica demanda de interacción con la oferta de accesibilidad de cada porción de territorio tienen lugar dos decisiones: la elección de la localización de las (nuevas) actividades economicoresidenciales y la demanda de movilidad entre zonas del territorio específicas.

Véase McFadden (1974); una aplicación a la demanda de transporte urbano se encuentra en Domencich, McFadden (1975). Una clara presentación técnica de estos modelos se encuentra en Griguolo, Reggiani (1985), a donde reenviamos para profundizaciones sobre el tema juntamente con el número especial de "Regional Science and Urban Economics", a cargo de Nijkamp (1987). Para la demostración de la equivalencia asintótica con el enfoque de maximización de la entropía, véase Leonardi (1985); Nijkamp, Reggiani (1988).

[13] Véase Coelho, Wilson (1976) y Harris, Wilson (1978).

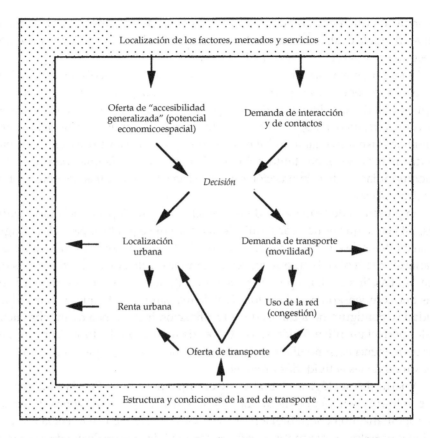

Figura 3.2. La relación entre localización, transportes y renta del suelo urbano.

Esta última es la que hemos llamado T_{ab} en los modelos formales presentados al inicio del capítulo: éstos, por tanto, en primera instancia, son modelos de demanda de interacción y de movilidad y, por tanto, modelos, por ejemplo, de demanda de transporte casa-trabajo entre las distintas zonas de un área metropolitana.

En la secuencia canónica por fases de la planificación del transporte, dada por: generación de los desplazamientos, distribución de los desplazamientos, elección del medio y asignación a la red *(trip generation, trip distribution, modal split, assignment)*, los modelos gravitatorios y de entropía son utilizados en la segunda fase, la de análisis y previsión de la distribución de los desplazamientos entre orígenes y destinos.

Claramente, a partir de la demanda de localizaciones y del soporte a dichas decisiones suministrado por la oferta de infraestructuras de transporte, nace una valorización diferencial de las distintas porciones del territorio y, por tanto, una renta urbana la cual, a su vez, vuelve a actuar sobre las localizaciones generando la estructura diferenciada analizada en el capítulo anterior.

Es importante notar cómo las decisiones públicas sobre la disposición de la red de comunicaciones y transportes, si (por una parte) dependen en gran medida de la presencia de una demanda de transporte proveniente de las actividades productivas y residenciales, ejercen, por otra parte, una fuerte influencia sobre la demanda misma en cuanto influyen en el tiempo o en el coste de transporte entre las distintas zonas y, por tanto, sobre el elemento distancia que aparece en cualquier formulación de la interacción espacial y, en particular, en la del potencial economicoespacial.

En presencia de fenómenos de feed-back y de interdependencia tan acentuados, está claro que es necesario salir de la óptica del equilibrio parcial, y dirigirse hacia modelos de equilibrio general, de tipo instantáneo (como los utilizados para el análisis teórico) o de tipo secuencial (como los utilizados para fines más operativos). Es útil recordar, a propósito de estos últimos, que su menor elegancia está más que compensada por el mayor nivel de realismo, puesto que en la realidad la ciudad se configura no a través de la localización instantánea de muchas actividades perfectamente móviles, sino a través de un proceso histórico caracterizado por permanencias, inmovilidad y localización sucesiva de pequeñas fracciones del stock total de las actividades urbanas.

A partir de esta lógica, el modelo de entropía permite definir la configuración de equilibrio de la demanda de movilidad entre las distintas zonas de un área metropolitana, una configuración que es la *más probable* entre todas las configuraciones posibles. A esta configuración de la movilidad aún se le puede asociar una cualidad más, la de la *optimalidad*. Así, formulando el problema en sus términos duales se obtiene la misma configuración de equilibrio de los desplazamientos operando ya no sobre una función objetivo de maximización de la entropía, sino sobre una función de minimización del coste total de transporte.[14]

Con ello se obtienen dos resultados teóricos importantes: un fundamento económico del modelo más preciso y la posibilidad de utilizarlo ya no sólo como modelo de análisis, sino como modelo normativo de planificación.

3.4.2 Interacción y localización

En la formulación doblemente restringida, en los orígenes y en los destinos, éstos últimos deben estar dados exógenamente; pero en el caso en que se dejara de cum-

---

[14] Véase Nijkamp y Paelink (1974). Para una definición del problema dual en los modelos de optimización y, en particular, en los modelos de programación lineal, véase el apartado 7.2 de Camagni (1992c).

plir cualquiera de las dos restricciones, el modelo podría seguir funcionando como modelo de *interacción y localización*. De hecho, si los orígenes de los desplazamientos fueran incógnitas, de manera que el modelo quedara restringido tan sólo por los destinos, una vez que se hubiera obtenido la estimación de los desplazamientos T_{ij}, se obtendría, al mismo tiempo, una estimación de las localizaciones residenciales (a través del simple sumatorio de todos los desplazamientos efectuados a partir de cada zona i^* para todos los destinos j).

Por el contrario, si los destinos fueran desconocidos, el modelo permanecería restringido solamente por los orígenes y pasaría a ser un modelo de localización de las actividades productivas o en cualquier caso, de actividades que se dirigen al mercado residencial (establecimientos comerciales, servicios públicos locales, etc.); en este caso, la estimación del potencial de compradores de un establecimiento comercial localizado en una zona genérica j^* se obtendría a partir del sumatorio (para toda i) de todas las interacciones que terminan en j^*.

En el primer caso, el modelo de localización residencial con la restricción de destino, las O_i son sustituidas por alguna sencilla medida de la capacidad de atracción de cada zona (W_i)[15] y, por tanto:

$$T_{ij} = B_j W_i D_j e^{-\beta c_{ij}} \qquad [3.14]$$

donde

$$B_j = [\Sigma_i W_i e^{-\beta c_{ij}}]^{-1}$$

y la población residente en cada una de las áreas está dada por

$$P_i = \Sigma_j T_{ij}$$

El modelo de localización de las actividades productivas y, en particular, de los servicios (la industria no se localiza, en primera instancia, de forma baricéntrica en el mercado de trabajo o en el mercado *tout-court*, mientras que es seguro que sí lo hacen los servicios públicos y privados), un modelo restringido, como hemos dicho, a los orígenes y, por tanto, a las localizaciones residenciales, es en cambio el siguiente:

$$T_{ij} = A_i O_i Z_j e^{-\beta c_{ij}} \qquad [3.15]$$

donde:

---

[15] Distintas medidas se han propuesto para W_j: cantidad de terreno disponible, indicadores de la "capacidad residencial" dada por el producto de terrenos disponibles por densidad residencial existente o permitida por los reglamentos urbanísticos, un indicador ponderado de variables como la presencia de familias con distinto nivel de renta, terreno libre utilizable, etc.; véase Camagni (1977).

$$A_i = [\Sigma_j Z_j e^{-\beta c_{ij}}]^{-1} \qquad\qquad [3.16]$$

y Z_j es una medida de la atractibilidad de la zona j (por ejemplo, para la atractibilidad comercial, se usa en general la superficie de venta de los establecimientos).[16] El número de los utilizadores de los servicios localizados en j es:

$$P_j = \Sigma_i T_{ij} \qquad\qquad [3.17]$$

Dado que en estos casos solamente están disponibles un número reducido de informaciones sobre lo que hemos llamado el "macroestado" del sistema, los resultados de las estimaciones resultan estadísticamente menos satisfactorias que los del modelo doblemente restringido pero, por lo general, son del todo aceptables, sobre todo en los casos en los que no existen restricciones que afecten a las decisiones privadas. De hecho, la lógica del modelo supone que las decisiones localizativas son racionales y que están originadas solamente a partir de consideraciones sobre la accesibilidad general y la atracción específica de cada zona. Pero si, por ejemplo, el mercado inmobiliario está caracterizado por grandes imperfecciones y cuellos de botella por parte de la oferta, o si existen restricciones institucionales en la elección localizativa de los establecimientos comerciales, en estos casos no podemos esperar resultados econométricos maravillosos.

Esto, no obstante, no significa que, en presencia de estas limitaciones, no sirvan los principios de interacción y que sean inútiles los modelos que sobre ellos se fundamentan. El funcionamiento de los principios se puede diluir a lo largo del tiempo debido a diversas resistencias, o puede ser limitado en el espacio por restricciones politicoinstitucionales, pero siguen siendo fuerzas primarias y primordiales de organización del espacio económico. Además, los modelos respectivos pueden incorporar gran parte de las restricciones objetivas o institucionales mediante las oportunas especificaciones de las variables y de los indicadores.

A partir de estos principios y de los modelos que los incorporan se obtienen las soluciones óptimas desde el punto de vista, simplificado y abstracto, de los costes de movilidad y de interacción; e incluso si las elecciones efectivas se alejan de sus indicaciones, en cuanto están orientadas también hacia otros objetivos, el uso de los modelos permite poner en evidencia el coste, privado y social, de estos alejamientos y hacer, en consecuencia, más coherentes y transparentes las elecciones respectivas.

Los modelos de localización productiva y residencial, integrados con los modelos de base de exportación (que permiten prever la dimensión total de la ocupación y de la población urbana sobre la base de simples hipótesis y de algunas variables exógenas; estos modelos serán examinados en el capítulo 5), han dado

---

[16] El modelo original de los modelos de interacción espacial restringidos a los orígenes, aunque no presentado en términos de entropía, es el de Lakshmanan y Hansen (1965).

lugar a una afortunada familia de modelos, llamados modelos *large-scale* de desarrollo urbano y de uso del suelo, cuyo modelo original es el modelo de Lowry. Estos modelos, que unen elegancia teórica y operatividad, permiten simular el desarrollo de las distintas zonas de un área urbana; dichos modelos han sido ampliamente utilizados en los países anglosajones como soporte ineliminable de las decisiones de planificación, y son cada día más utilizados también en Italia, en versiones por lo general más específicas y menos ambiciosas respecto a las originarias. Véase el apartado 5.5.

3.4.3 Localización y deslocalización industrial

El modelo de interacción espacial, en la formulación [3.14] - [3.15] como modelo de localización, está particularmente adaptado para la estimación y la simulación del comportamiento espacial de aquellas actividades para las cuales la accesibilidad es el factor de localización primario, y éstas son: las actividades residenciales, orientadas a la localización de los puestos de trabajo; las actividades de servicios, orientadas a la localización de las familias o de las actividades económicas en función de que se trate de *consumer services* o de *producer services*; las funciones terciarias en el interior de los sectores industriales, orientadas éstas también a los contactos y a las relaciones cara a cara.

Las actividades manufactureras-industriales, por el contrario, parecen menos orientadas a los factores de accesibilidad generalizada: de hecho, o buscan áreas con menor coste del trabajo o con mayor disponibilidad de *know-how* especializado, o son atraídas por la presencia de factores específicos (agua, producciones primarias) o, por último, a menudo son indiferentes (*foot-loose*, libres sin ataduras) a la geografía de los lugares, al menos en una primera aproximación.[17]

Por esto, el estudio empírico de la localización industrial, sobre todo en el ámbito urbano, se presenta como un ejercicio muy difícil, y a menudo éstas actividades son introducidas exógenamente en los modelos de uso del suelo. Dado que dicho estudio está en marcha, se ha efectuado no con los modelos clásicos de interacción espacial, sino con modelos econométricos más flexibles y abiertos.[18] De todas formas, dado que la accesibilidad sigue siendo un factor de localización relevante, estos modelos incorporan un principio de interacción espacial mediante la consideración de la distancia (o del potencial) entre las variables explicativas.

---

[17] Es bueno recordar que un principio de localización óptimo, si bien no parece ser tenido en cuenta *directamente, ex ante*, en el momento de la decisión localizativa de cada unidad productiva, todavía actúa *indirectamente ex post* sobre el *pattern* espacial total castigando con mayor probabilidad las unidades mal localizadas y premiando a las otras, bien localizadas, que muestran una mayor esperanza de supervivencia y de crecimiento.

[18] En la secuencia de modelos de planificación de los transportes recordada más arriba, esta es la fase llamada *trip generation*.

Está claro que el análisis de la localización urbana representa sólo una parte, tal vez la menos relevante, del problema localizativo de las empresas, el cual se desarrolla principalmente en un ámbito interregional e intrarregional. Variables como los costes del trabajo, la dotación de personal con cualidades específicas, la disponibilidad de capital, las economías de aglomeración generales, que son las más relevantes en el más amplio ámbito espacial, desaparecen en un ámbito intraurbano puesto que no permiten diversificar ni distinguir un área de otra.

En la escala espacial más reducida, se ponen en evidencia otros factores de localización, como la distancia de cada zona al centro de la ciudad, la densidad demográfica (puesto que es incompatible con la presencia de ciertos tipos de producción), el suelo disponible, físicamente o en función de reglamentaciones urbanísticas, la accesibilidad a infraestructuras de transporte público de entrada y salida de la ciudad, a las autopistas o a los aeropuertos.

Todas estas variables pueden ser tomadas en consideración estimando ecuaciones individuales para cada sector analizado.[19] No obstante, es necesario añadir que en estos casos los elementos urbanisticoinstitucionales y, al menos para la industria, los factores de tipo histórico, son los más relevantes, y esto limita la utilidad de recurrir a modelos econométricos para prever la evolución de las localizaciones. Más relevante sigue siendo la interacción entre distintos sectores, que puede ser analizada integrando los modelos de interacción espacial con modelos *input-output*.

Interesantes resultados se han obtenido analizando con simples modelos de regresión la *deslocalización* industrial en las grandes áreas metropolitanas. Todos los estudios concuerdan en el hecho de que las razones del *movimiento* se deben buscar en la necesidad física de ampliarse y en la búsqueda de una mayor disponibilidad de trabajo (pero no en su coste relativo).

En general, los submodelos que se ocupan de la generación de los desplazamientos de las empresas, es decir, de interpretar dónde tienen su origen dichos movimientos, ofrecen mejores resultados econométricos respecto a los submodelos que se ocupan de interpretar las destinos. En este último caso, las variables que se han demostrado más significativas son la disponibilidad de áreas, la calidad ambiental y la distancia al área de origen (entendida, naturalmente, en sentido inverso).[20]

---

[19] Véase, por ejemplo, para los casos de Chicago y Glasgow, Moses, Williamson (1967); Cameron, *et al.* (1975). Para un breve resumen de los modelos de localización industrial más generales, véase Camagni (1980).

[20] El estudio más completo sobre el caso inglés es el de Sant (1975); el estudio más significativo sobre el caso holandés ha sido efectuado sobre Amsterdam por Molle (1977). Otras referencias se pueden encontrar en Camagni (1980) y, ampliando el interés a los fenómenos interregionales, en Townroe (1979), Klaassen, Molle (1983).

4. El principio de jerarquía (o del orden de las ciudades)

4.1 El principio de jerarquía

Los tres grandes principios hasta aquí analizados –aglomeración, accesibilidad e interacción espacial– son explicativos, respectivamente, de la existencia de la ciudad (¿por qué la ciudad?), de su organización (¿dónde en la ciudad?) y de la forma de funcionamiento de sus partes (¿cómo en la ciudad?). La ciudad emerge como fenómeno económico complejo, dotado de leyes propias de estructura y de funcionamiento, depositaria de un papel insustituible tanto como "lugar" de la división social/espacial del trabajo como organismo de incubación e irradiación de los procesos de innovación.

No obstante, una ciudad así definida y estructurada en su interior vive todavía en un espacio abstracto, definido en términos solamente dicotómicos: espacio urbano frente a espacio no urbano, espacio de la homogeneidad (agrícola) frente a espacio de la concentración (industrial-terciario-residencial). No diferente de este espacio dicotómico es el espacio organizado en centros de producción y áreas de mercado que emerge bajo el empuje de economías de escala (apartado 1.2), un espacio poblado por aglomeraciones de igual dimensión, todas igualmente distantes las unas de las otras.

Las economías de aglomeración nos indican una tendencia hacia la gran dimensión urbana, pero no nos explican por qué en la realidad coexisten ciudades de distinta dimensión en el interior de sistemas urbanos aparentemente en equilibrio.[1]

La observación de la realidad empírica nos ayuda en este sentido a plantearnos ulteriores preguntas relevantes: dicha realidad nos muestra de hecho no sólo la coexistencia de diversas dimensiones urbanas, sino también cómo a éstas últimas les correspondan funciones económicas diferentes y cómo existen distancias

---

[1] Un enfoque de no equilibrio que nos indicara a la pequeña aldea como una metrópolis en ciernes o en vías de formación y la estructura urbana total como efecto de simples elementos estocásticos sería claramente erróneo o banal.

geográficas diferentes entre ciudades de distinta dimensión. Por lo general, los centros más pequeños albergan aquellas funciones cuyas limitadas economías de escala y cuyas limitadas dimensiones de producción eficiente son consumidas totalmente por la demanda local (el surtidor de gasolina, la tienda no especializada); dichos centros son más frecuentes y más próximos uno del otro desde el punto de vista territorial. Por el contrario, los centros mayores albergan también funciones más escasas y especializadas, con menor densidad de demanda y en las cuales son más importantes las economías de escala.

El problema teórico puede ser, pues, interpretado en el sentido de encontrar qué principio regula al mismo tiempo:

- la jerarquía de los centros,
- la dimensión y la frecuencia de los centros de cada nivel jerárquico y, en consecuencia, el área de mercado de cada uno de ellos;
- la distancia media entre centros de igual o distinto nivel jerárquico y, por tanto, la distribución geográfica de todos los centros.

Se trata, en síntesis, de salir de la óptica de equilibrio parcial hasta aquí adoptada (un solo sector: apartado 1.2; una sola ciudad: capítulos 2 y 3) para acercarnos a enfoques de tipo general. El modelo de Christaller y Lösch, desarrollado en los años treinta[2] y, sucesivamente, retomado y profundizado por una vastísima literatura, reconocible bajo la etiqueta de "teoría de lugar central" (*central place theory*), nos abre un camino fascinante en esta dirección.

En el penúltimo apartado se analiza una distinta tradición de pensamiento que se puede considerar como una teoría más general que la teoría de lugar central: se trata de una tradición que analiza con un enfoque estadisticoprobabilístico la distribución dimensional de las ciudades, sin tener en cuenta su localización espacial, y que interpreta una regularidad empírica de gran importancia, la llamada regla rango-dimensión (*rang-size rule*).

4.2 El modelo de Christaller y Lösch

4.2.1 El enfoque geográfico: Christaller

Partiendo de la hipótesis de un espacio isótropo, homogéneo en todas las direcciones tanto en términos de densidad demográfica como de características físicas y de infraestructuras, y confirmando la valoración sobre la eficiencia espacial de una estructura de concentraciones productivas equidistantes y de áreas de mer-

---

[2] Véase Christaller (1933), Lösch (1940).

cado hexagonales para cada bien (véase la conclusión de nuestro análisis sobre los efectos espaciales de las economías internas de escala, desarrollado en el apartado 1.2 y la figura 1.4*b*'), Christaller se propone examinar cómo productos y funciones diferentes, en particular funciones de servicios, se articulan en el territorio dando origen a una jerarquía urbana.

En primer lugar, es necesario definir una jerarquía de bienes/servicios, a través de dos conceptos distintos: el "alcance" (*range*), representado por la distancia máxima a la que puede ser vendido cada bien, y el "umbral" (*threshold*), o sea, la distancia (o el área) correspondiente a la cantidad mínima de cada bien producible en forma eficiente. Todo bien es producido sólo si su alcance supera el umbral territorial mínimo y es colocado sobre una escala jerárquica de bienes representada por la dimensión de los respectivos umbrales.

Habiendo definido la estructura espacial de la producción de un bien de orden superior, producido por una red de centros de orden superior (*A*), y pasando a analizar el bien de orden directamente inferior, se puede pensar que las correspondientes unidades de producción se localizan allí donde ya existe la producción de orden superior, esto es, en los centros de tipo *A*, para así disfrutar de economías de aglomeración. Pero, dado que el alcance del bien inferior es más limitado que el del bien superior, quedarán sobre el territorio áreas no satisfechas por parte de productor alguno; en consecuencia, se podrá tener, de forma equidistante de cada tríada de centros *A*, una localización productiva del bien inferior y, por tanto, un distinto sistema de centros de orden *B* (inferior a *A*).

En términos de la estructura en "panal" (*honeycomb*) de las áreas de mercado de los centros *A*, los centros *B* se localizarán en cada una de las esquinas de los correspondientes hexágonos (figura 4.1*a*). Prosiguiendo el razonamiento para niveles jerárquicos inferiores de bienes y centros, se puede ver que:

- cada centro mayor produce el bien correspondiente a su nivel jerárquico y *todos* los bienes de orden inferior, y que
- para cada uno de los centros de orden superior existe, en cascada, una pluralidad de centros de orden inferior, hasta llegar a la aglomeración de nivel más bajo, la aldea, que es el caso más abundante.

Concretamente en el sistema que acabamos de describir, el número de centros y de áreas de mercado se multiplica por 3 al pasar de un nivel determinado a su nivel inferior (en cada área mayor están inscritas $1 + 6/3 = 3$ áreas menores).

El principio organizador de la localización de los centros de orden inferior es denominado por Christaller el *principio del mercado*, dado que optimiza la localización de los centros en este sentido. Pero también se proponen otros dos principios básicos, los cuales intervienen bajo condiciones en las cuales prevalecen otros criterios de organización del espacio: el *principio del transporte*, bajo el cual la exis-

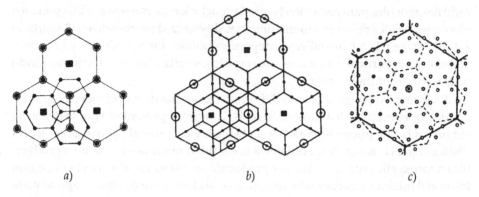

a)   *b)*   *c)*

a) el principio del mercado (*K* = 3)
b) el principio del transporte (*K* = 4)
c) el principio administrativo (*K* = 7)

Figura 4.1. Organización de las áreas de mercado según los tres
principios de Christaller.

tencia de una red de transporte que une directamente los centros mayores
impone al centro inferior una localización baricéntrica entre cada *par* de centros
mayores (y no entre cada tríada, como en el caso precedente), y el *principio de organización administrativa*, el cual impone que toda el área de mercado de los centros
menores sea interna al área del centro inmediatamente mayor (y no que esté subdividida entre áreas distintas, como sucedería si se adoptaran los dos primeros
principios) (figura 4.1*b* y *c*).

Se ve claramente como en el caso del principio del transporte se tiene una serie
de localizaciones de centros de distinta dimensión a lo largo de una directriz rec-
tilínea privilegiada (del tipo ciudad, aldea, pueblo, aldea, ciudad, ...), y como para
cada una de las áreas mayores se tienen 4 áreas menores (1 + 6/2); en cambio, en
la organización de tipo administrativo las áreas menores son 7.

El modelo es presentado por Christaller en forma prevalecientemente cualitativa y no formalizada, con pocas hipótesis explícitamente formuladas. No obstante, como bien se ha puesto en evidencia,[3] una serie de importantes postulados
están, aunque sólo implícitamente, contenidos en el modelo, lo que le confiere una
relevante coherencia interna. Estos son los postulados:

- de comportamiento optimizador de los consumidores: de hecho, las áreas
  de mercado están separadas y no se superponen;
- de un espacio económico homogéneo, en el cual las aglomeraciones aparecen por impulsos de tipo económico;

[3] Véase Beguin (1988).

- de un coste de transporte proporcional a la distancia;
- de presencia de economías de escala, implícitas en el concepto de umbral mínimo de producción;
- de presencia de economías de aglomeración, implícitas en la afirmación de que el número de centros debe ser minimizado y por la consiguiente presencia de todas las producciones de orden más bajo en los centros mayores;
- de alcance completo de todo el territorio, de forma que todos los consumidores tienen acceso a todos los bienes (un criterio de equidad).

Además, la afirmación de que el alcance sea superior al umbral de cada uno de los bienes corresponde al criterio, ya analizado en el capítulo 1, de que las economías de escala tienen que ser superiores a los costes de transporte para que tenga lugar aglomeración alguna.

Con una limitada cantidad de supuestos y, por tanto, de forma muy elegante y eficaz, el modelo de Christaller puede explicar los tres fenómenos mencionados al iniciar este capítulo: el papel, dimensión y distribución espacial de los centros urbanos en una jerarquía ordenada y coherente. Este resultado constituye uno de los pilares de la economía del espacio y ocupa un lugar central dentro del cuerpo disciplinar de una geografía teórica autónoma de otras ciencias.

El modelo es puesto a prueba por parte del mismo autor comparándolo con la realidad empírica, concretamente para el caso del sistema urbano de la Alemania meridional (figura 4.2). Así, define exógenamente 7 niveles de centros sobre la base de un indicador de centralidad dado por la presencia de teléfonos conectados a la red interurbana,[4] y encuentra una concordancia completamente satisfactoria con su modelo teórico inspirado en el principio del mercado por lo que concierne a la cantidad de centros de cada uno de los niveles:

nivel jerárquico	1	2	3	4	5	6	7
número teórico de centros	1	2	6	18	54	162	486
número observado de centros	1	2	10	23	60	105	462

Se trata de un resultado a nuestro juicio importante, dado el elevado nivel de abstracción del análisis.

[4] Los niveles encontrados son: aldea de mercado, aldea grande, ciudad de comarca, ciudad de distrito, ciudad de prefectura, ciudad de provincia, capital regional.

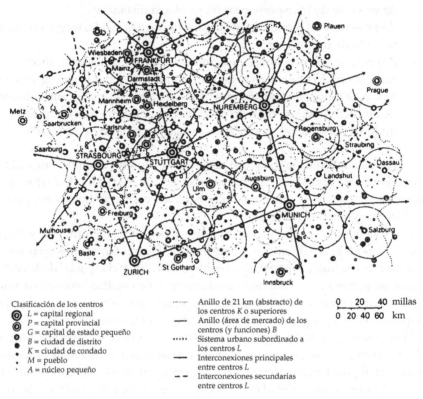

Clasificación de los centros
◎ L = capital regional
◉ P = capital provincial
◉ G = capital de estado pequeño
◉ B = ciudad de distrito
• K = ciudad de condado
• M = pueblo
· A = núcleo pequeño

········ Anillo de 21 km (abstracto) de los centros K o superiores
——— Anillo (área de mercado) de los centros (y funciones) B
····· Sistema urbano subordinado a los centros L
——— Interconexiones principales entre centros L
— — Interconexiones secundarias entre centros L

0   20   40 millas
0 20 40 60 km

Fuente: Christaller (1933).

Figura 4.2. La jerarquía de los centros en Alemania meridional según Christaller.

4.2.2 El enfoque económico: Lösch

A finales de los años treinta el economista August Lösch presenta una versión del principio de jerarquía en mayor medida formalizada, más general y más explícitamente basada sobre consideraciones de carácter económico.

En el interior de las hipótesis usuales y suponiendo una red triangular de establecimientos agrícolas sobre el territorio, Lösch construye en primer lugar el *pattern* de organización espacial de un sector individual sobre la base del modelo de competencia monopolística de Chamberlin (véase el apartado 1.2) y, por tanto, sobre la base de explícitas (aunque exógenas) funciones de coste y de demanda individual y de un equilibrio economicoespacial estable, alcanzado gracias a la posibilidad de entrada de nuevas empresas en el sector. Emerge así, la usual estructura hexagonal de las áreas de mercado y la distribución espacial homogénea de los centros de producción.

Sucesivamente, Lösch efectúa un análisis exhaustivo de las diversas formas en las cuales las estructuras hexagonales correspondientes a bienes distintos pueden superponerse a la estructura de los establecimientos agrícolas de base. Definiendo K como el número de áreas de mercado (equivalentes) inscritas en un área superior (y, por tanto, también como el número de centros de orden inferior servidos por un centro de orden superior), Lösch describe 10 formas sucesivas de estructuración y jerarquización de las áreas de mercado, correspondientes a una creciente dimensión mínima de producción (figura 4.3).[5] Las tres primeras, para $K = 3, 4$ y 7, corresponden a los tres modelos espaciales indicados por Christaller, mientras que los siguientes ($K = 9, 12, 13$; $K = 16, 19, 21$) pueden ser considerados como múltiplos geográficos de los tres primeros.[6]

En el interior de la entera jerarquía de centros, Christaller mantiene K constante; Lösch considera, por el contrario, demasiado restrictiva esta hipótesis y permite que K pueda variar a lo largo de la jerarquía, esto es, permite que varíe el factor de proporcionalidad entre el número de centros de cada nivel.

De la misma forma, este autor considera restrictiva la hipótesis de que cada centro desarrolle, además de la función que caracteriza a su rango, también todas las demás funciones inferiores; el abandono de esta hipótesis quita un cierto grado de mecanicismo a la organización jerárquica de los centros respecto a la versión christalleriana (pero también mucha elegancia y capacidad de síntesis) y permite la consideración de dos casos empíricamente posibles:

- la posibilidad de una distinta composición de la estructura productiva de centros del mismo nivel jerárquico (mientras que para Christaller dichos centros son todos rigurosamente iguales en estructura y dimensión), y
- la posibilidad de especializaciones productivas de los centros: cada centro puede acoger incluso solamente la función propia de su nivel jerárquico.

---

[5] Sea *a* la distancia entre dos establecimientos agrícolas originales y sea *b* la distancia entre dos productores del bien analizado, si se acepta la hipótesis de que los productores pueden localizarse solamente allí donde existe un establecimiento original, el número K de áreas completamente servidas no puede tomar todos los valores de forma continua. Lösch enumera los primeros sin dar una formulación general. La distancia entre los centros de producción sigue la sencilla regla $b = a\sqrt{K}$.

[6] Para cada modelo espacial, esto es para cada K, existen reglas sencillas para determinar el número n_r de centros de cada nivel jerárquico r (donde $r = 0$ indica el centro más grande), la distancia δ_r entre centros de orden r y el número N de áreas de mercado. Si a es la distancia entre los establecimientos agrícolas originales y R el número de rangos r de la jerarquía (excluyendo a los establecimientos agrícolas originales) las distintas progresiones son:

para N: $K^0, K^1, K^2, ..., K^r$

para n: $1, K^0(K-1), K^1(K-1), ..., K^{r-1}(K-1)$

para δ_r: $a\sqrt{K^{R-0}}, a\sqrt{K^{R-1}}, a\sqrt{K^{R-2}}, ..., a\sqrt{K^{R-r}}$

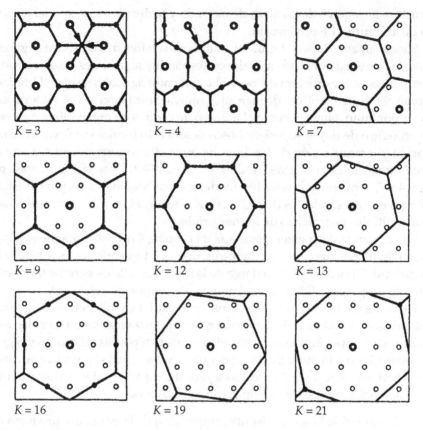

Fuente: Hagget (1965, p. 119).

Figura 4.3. Las nueve formas más compactas de organización de los centros.

La forma en que Lösch llega a diseñar la estructuración total del territorio sobre la base de las hipótesis y de los instrumentos conceptuales que acabamos de describir es al mismo tiempo sutil y sugestiva, pero analíticamente pobre. Este autor superpone geométricamente las distintas redes hexagonales de centros de producción para cada sector de forma que tengan todas *un* centro común, productor de todos los bienes y servicios considerados, y las hace rotar sobre este eje ideal hasta alcanzar la máxima densidad de centros en algunos sectores circulares y la máxima coincidencia de localizaciones de producciones distintas.[7]

[7] Se ha demostrado que los dos objetivos, el de la máxima densidad y el de la máxima coincidencia, a menudo no son compatibles, y que Lösch en realidad elige el primero y sólo en un segundo intento elige el segundo; véase Tarrant (1973).

En la figura 4.4*a* se presentan las 10 posibles estructuras hexagonales ya descritas, rotadas de forma que coincidan el mayor número de centros, y la estructura urbana de tres sectores del espacio, dos centros "ricos" y uno "pobre", con la indicación de los centros de producción de diversos bienes (círculo doble) y de los centros originales, sedes de solamente establecimientos agrícolas (punto negro).[8] En la figura 4.4*b*, coherente con la primera, se presentan los tipos de producciones localizadas en cada uno de los centros, entre las 150 consideradas, todas ellas presentes en la ciudad central que está situada en el vértice inferior de la figura; en la figura 4.4*c* se presenta sintéticamente la estructura del sistema espacial que emerge.

En conclusión, el modelo de Lösch se presenta más flexible que el de Christaller, mejor fundamentado en términos de microeconomía de la producción, más claro y riguroso en su presentación general. El resultado que emerge consistente en una serie de sectores circulares alternados, de alta y baja densidad de establecimientos, que se extienden en forma radial a partir de una gran ciudad está en consonancia con un principio general de eficiencia del sistema de transporte.

Comparado con la realidad, en una situación empírica que se acerca a las hipótesis de base del modelo como, por ejemplo, en las grandes llanuras de Iowa en Estados Unidos, el modelo ofrece un óptimo resultado: suponiendo una estructura urbana articulada en seis niveles de centros y un principio de jerarquización o de "anidamiento" (*nesting*) de las distintas redes hexagonales del tipo $K = 4$, Lösch efectivamente obtiene:[9]

nivel jerárquico	0	1	2	3	4	5
número teórico de centros	0-1	2-3	9-10	39	154	615*
número observado de centros	0	3	9	39	153	615
dist. teórica entre centros (millas)	179	90	45	22	11	5,6*
dist. observada entre centros (millas)		94	50	24	10	5,6

(*) = valor observado

Es importante notar cómo en el caso empírico en cuestión, Lösch verifica un caso concreto de su modelo, el que toma K como constante a lo largo de la jerarquía; en gran medida dicho autor verifica el modelo de Christaller en la formulación que sigue el principio del transporte, un principio que es compatible y coherente con el caso empírico examinado de una llanura surcada por infraestructuras rectilíneas de transporte y comunicación.[10]

---

[8] Los números de la figura 4.4*a* se refieren al tipo de área de mercado en cuestión, y se presentan entre paréntesis si la aldea agrícola está solamente dentro de un área pero no es su centro.

[9] Véase Lösch (1954) p. 435; para definir el rango de los centros se sigue nuestra notación, inversa respecto a la utilizada por el autor.

[10] Véase Segal (1977) p. 51.

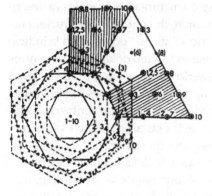

a) las primeras 10, más pequeñas, estructuras hexagonales.

Las áreas ricas de ciudades están indicadas con el sombreado. Los puntos simples representan asentamientos originales (pueblos); los puntos con un círculo son centros de áreas de mercado de la dimensión indicada (de 1 a 10).

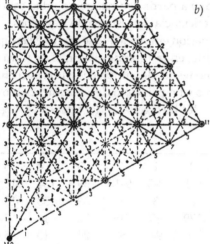

b) las producciones presentes en los diversos centros.

Los números se refieren al número de centros de áreas de mercado específicas que coinciden en ese punto y, por tanto, al número de sectores productivos presentes.

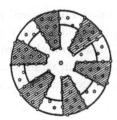

c) el paisaje total.

Con el sombreado se indican las áreas ricas de ciudades.

Figura 4.4. El modelo de Lösch.

4.3 Consideraciones críticas

4.3.1 Validez relativa de los dos modelos

Como se ha dicho anteriormente, la fuerza de la teoría de lugar central se encuentra en el hecho de que dicha teoría, sin recurrir a elementos exógenos de heterogeneidad espacial, tanto en la distribución de los recursos como en la estructura geofísica del territorio, sino sólo concentrando la atención sobre *dos* elementos genéticos, como son las economías de escala (y su configuración en las distintas producciones) y los costes de transporte, construye un espacio heterogéneo, un paisaje urbano coherente y ordenado jerárquicamente.

El modelo de Christaller aparece como un modelo bien adaptado para describir e interpretar una estructura de centros basada en la producción de servicios. De hecho, los costes de transporte en este caso son soportados principalmente por los consumidores y, por tanto, inciden de forma evidente, y a menudo relevante y proporcionalmente, en la distancia recorrida; la hipótesis de que los centros mayores desarrollen todas las funciones inferiores además de las superiores, que son las propias, encuentra un gran apoyo empírico; las economías de escala son menos evidentes que en el sector industrial, pero es muy evidente una distribución jerárquica de los umbrales mínimos de producción (pensemos en el área de mercado del barbero en comparación a la del hospital especializado); la demanda de "variedad" por parte del consumidor, que se manifiesta claramente para los bienes industriales y genera la superposición de las áreas de mercado, no se manifiesta con la misma intensidad para los servicios.[11]

El modelo de Lösch parece más adecuado para describir un paisaje urbano en el cual también el sector industrial desarrolla un papel relevante: de hecho, de su presencia nacen procesos de especialización muy evidentes, gracias a la mayor relevancia relativa de las economías internas respecto a las economías externas y

---

[11] Si el consumidor demanda también "variedad", esto es, por ejemplo, marcas distintas del mismo bien, realizadas en un lugar de producción diferente, surge el caso, analizado por la teoría del comercio internacional, de "comercio horizontal" o "comercio en dos direcciones". En este caso, cae la hipótesis fundamental de que las áreas de mercado sean mutuamente excluyentes. Mientras que una condición de comercio "horizontal" parece ser la situación prevaleciente para los bienes industriales destinados al mercado final, debido a políticas de diferenciación del producto por parte de los productores y a la demanda de "variedad" por parte de los consumidores, en el sector terciario esto sucede con menor frecuencia; en este caso, la diferenciación relevante del producto o bien deriva de la presencia del espacio físico que hace diferentes dos servicios suministrados en dos localizaciones diferentes (y esto es coherente con el modelo examinado) o bien de las características "cualitativas" de los productos (es el caso teórico de la "diversificación vertical"; por ejemplo, en el sector de la asesoría legal, el abogado "picapleitos" y el *consulting* multinacional suministran servicios distintos) y esto el modelo puede tenerlo en cuenta, considerando como servicios distintos los servicios diferenciados en sentido cualitativo y distintas las respectivas áreas de mercado.

a las economías de urbanización en particular, procesos que pueden generar en el tiempo también una especialización en algunos servicios vinculados a las "vocaciones" industriales (piénsese en la *filière* textil" en áreas como Como, Biella, Carpi, en las cuales los servicios tecnológicos, de diseño, de creación, de comercialización, están todos orientados a la consolidación de la especialización industrial).

No obstante, hoy en día los costes de transporte de los productos han pasado a ser irrelevantes en la industria, por lo que, en consecuencia, deja de sostenerse en este caso la hipótesis de áreas de mercado no superpuestas (debidas, en el modelo, a un criterio de racionalidad y de minimización de dichos costes). Por otra parte, también para los servicios existen hoy en día algunas evidencias empíricas que sugieren la relevancia de un modelo de especialización por encima de un modelo de desespecialización jerárquica del tipo del de Christaller.[12]

Ambos modelos están construidos sobre hipótesis de optimización: minimización de los costes de transporte para los consumidores y maximización del número de productores, minimización del número de centros para alcanzar economías de aglomeración y reducir las inversiones en redes de transporte, maximización de los beneficios para los productores. Las soluciones espaciales que se pueden obtener responden pues a criterios de racionalidad, y pueden ser utilizadas en clave normativa: sobre todo en el caso Lösch está presente esta preocupación y este objetivo explícito, y también cuando este autor compara la teoría con la realidad lo hace más para verificar si la realidad obedece a criterios de racionalidad que no para "confutar" su modelo ("si la teoría y la realidad no coinciden, ¡tanto peor para la realidad!").

De todas formas, dada la coherencia entre los dos niveles, teórico y empírico, el lado normativo del modelo ha sido ampliamente utilizado con fines de planificación territorial, por ejemplo en Francia, con la política de las *metropoles d'équilibre* y de las ciudades medias; en Suecia, con la creación de nuevas regiones administrativas y la planificación interurbana de muchos servicios públicos, en Brasil, para la localización de las nuevas ciudades.[13]

---

[12] Incluso si los centros mayores conservan todas las funciones inferiores, éstos se presentan en mayor medida especializados (tomando como referencia la población residente) en las funciones superiores, y los centros menores en las funciones inferiores. Véase Cappellin y Grillenzoni (1983). En presencia de una restricción superior en la adición de nuevas funciones y de nuevos puestos de trabajo al aumentar el nivel jerárquico de los centros, restricción dada por la escasa flexibilidad de la tasa de actividad de la población, cada ciudad busca una especialización en los sectores en los cuales se manifiesta una ventaja comparativa: estamos, en este caso, a medio camino entre Christaller y Lösch. Es necesario, de todas formas, hacer notar que, en presencia de una tasa de actividad de la población igual en los distintos centros, la especialización en términos de niveles jerárquicos de funciones (y no de una sola función) emerge, incluso, sólo por efecto de fenómenos puramente estadísticos.

[13] Véase Derycke (1970), Pred (1973), Beguin (1988).

4.3.2 Límites

El modelo de lugar central, en las dos versiones de Christaller y Lösch, se plantea explícitamente como modelo de equilibrio espacial general. Dicho modelo supera el esquema de equilibrio parcial de gran parte de la teoría de la localización, y va más allá del equilibrio de las empresas individuales mediante la consideración de la libertad de entrada y del equilibrio economicoespacial de todo el sector productivo. De la misma forma, dicho modelo considera no una sola ciudad sino una entera jerarquía, y no sólo un sector, sino el espectro entero de las producciones.

No obstante, el resultado todavía no se puede considerar como un satisfactorio modelo de equilibrio general, ya que:

i) le falta un análisis del lado de la *demanda* del consumidor, que sigue siendo en gran medida exógena y no vinculada particularmente a la renta y a la densidad residencial. El modelo es eminentemente un modelo de producción;[14]

ii) la función de costes es independiente de la localización y, por tanto, no tiene en cuenta la variabilidad espacial del *precio* y de la *productividad* de los factores productivos; esta limitación es todavía más evidente, para una teoría de la localización, en la no consideración de la variabilidad del coste del *suelo urbano* en las distintas clases de ciudad en función de su dimensión y de las posibles economías de aglomeración;

iii) las distintas producciones están simplemente yuxtapuestas y agregadas sobre el territorio, pero no existe ningún mecanismo de *interdependencia*, ni por lo que hace referencia a los posibles efectos de complementariedad/sustituibilidad en la demanda, ni por lo que hace referencia a posibles vínculos *input-output* en la oferta; principalmente estos últimos, a través de la reducción de los costes de transporte, pueden tener un impacto importante sobre las localizaciones;[15]

iv) desde un punto de vista matemático, por cuanto concierne a la versión más formalizada de Lösch, y aunque sean exploradas las *condiciones necesarias* para que el modelo presente una solución de equilibrio, no se demuestra ni la *existencia* ni la *estabilidad* ni la *unicidad* de una solución de este tipo.[16]

---

[14] Véase Mulligan (1983) y Beguin (1988). Es posible introducir en el modelo una función de demanda y una función de producción para cada uno de los bienes producidos, y definir así endógenamente los precios y las cantidades intercambiadas; de todas formas, debe estar dada la geografía de los centros y su especialización, y esto limita el interés de estas profundizaciones.

[15] El primer fenómeno, la interdependencia de la demanda de los distintos bienes, está considerado explícitamente por Long (1971), pero las excesivas dificultades del modelo no han permitido hasta ahora encontrar soluciones analíticas.

[16] Véase Paelink, Nijkamp (1976, apartado 2.6) donde se presenta el sistema de ecuaciones del modelo de Lösch y también se propone la solución del sistema en la hipótesis de áreas de mercado de

Esta última valoración crítica es probablemente poco generosa, dada la complejidad del esquema teórico y la enorme dificultad de tratar al mismo tiempo el equilibrio económico y el equilibrio espacial; aún hoy en día, todas las formulaciones más rigurosas han sacrificado, o tratado someramente, uno de los dos niveles.

Las tres primeras limitaciones citadas más arriba son las más importantes. En una primera consideración, dichas limitaciones constituirían solamente unas anotaciones a la pretensión del modelo de representar una situación de equilibrio *general* y no una crítica al modelo en sí, si no fuera por el hecho de que despejan el camino a la puesta en evidencia de algunas *contradicciones* en su lógica interna. En concreto:

i′) El hecho de que el modelo no esté "cerrado" endógenamente por el lado de la demanda abre una contradicción fundamental entre las hipótesis iniciales, de homogénea distribución de la población (y, en consecuencia, de la demanda) sobre el territorio, y el resultado del modelo que indica una concentración de actividad en los centros urbanos de creciente nivel jerárquico. Considerar directamente la distinta densidad territorial de la población abriría el camino a cambios drásticos en las áreas de mercado: en la misma área podrían actuar varios productores, y áreas similares desde el punto de vista de la dimensión geográfica tendrían una dimensión económica y una dimensión de demanda muy distintas según el tipo de centros contenidos en ellas. En el caso, además, de que se considerara la distinta fuerza de atracción gravitatoria de centros de dimensión diferente operantes en un mismo sector productivo, obtendríamos áreas de mercado de dimensiones diferentes y de formas irregulares y excéntricas.[17]

Una posible forma para desactivar esta crítica fundamental es la de partir de la hiótesis de que la población permanece dispersa de forma homogénea sobre el territorio, aunque sea en presencia de aglomeraciones productivas, aunque esta hipótesis parece inaceptable. En consecuencia, las más modernas contribuciones a la teoría de lugar central toman directamente en consideración la distinta dimensión de los centros, aunque sea perdiendo la posibilidad de presentar una representación geométrica de los correspondientes modelos analíticos.[18]

ii′) La no consideración de la concentración residencial se suma a la inexistencia en el modelo de cualquier tipo de *economía de localización*, esto es, de ventaja aglomerativa para producciones pertenecientes al mismo sector.

---

forma regular (apartado 2.6.5). Véase también, para una presentación simplificada, Camagni (1992c, apartado 8.3)

[17] Véase Isard (1956, p. 364 de la edición italiana).

[18] La solución la suministran las contribuciones pioneras de Beckmann (1958) y Beckmann, McPherson (1970), que ahora ya forman parte integrante del modelo formalizado.

Por una parte, esto da lugar a un paisaje muy irreal no sólo por lo que concierne a la población, sino también a la producción de bienes y servicios, particularmente de aquellos de bajo nivel jerárquico: así, si la dimensión mínima óptima de producción del servicio del barbero es x, y es coherente con la densidad de demanda del asentamiento agrícola original de orden más bajo, en cada centro de orden superior permanecerá esa misma dimensión de producción. En una palabra, podemos decir que el modelo indica la presencia/ausencia de las distintas funciones en los distintos centros, pero no la dimensión económica de dichas funciones en los centros de distinta dimensión.

Por otra parte, esta no consideración de la dimensión de las funciones establecidas se presenta muy cómoda, en cuanto exime de considerar explícitamente, entre los costes de producción, una variabilidad que está relacionada con las economías y deseconomías de dimensión del centro de producción.[19]

iii') La no consideración analítica de las relaciones intersectoriales genera una tercera subestimación de los factores de aglomeración: las *economías* que hemos llamado *de urbanización*, que nacen precisamente de la interacción entre sectores distintos, en términos de intercambio de información, de bienes, de tecnologías. Este elemento genera una contradicción evidente, ya que las posibles economías de aglomeración sí que son invocadas y utilizadas cuando se trata de superponer las distintas redes sectoriales hexagonales, pero después no se traducen en ventajas explícitas para las actividades productivas.

En síntesis, pues, solamente se consideran las fuerzas más simples y originarias de aglomeración, y esto limita la complejidad analítica del modelo y aumenta su elegancia y su fuerza explicativa; pero estas fuerzas por sí solas no estarían en condiciones de crear una jerarquía de centros, operantes en una pluralidad de sectores, sin el aporte de ulteriores hipótesis, las cuales no obstante, son extrañas a la lógica estricta del modelo, también porque su consideración destruiría los simples supuestos iniciales. Si la ciudad es una concentración de actividades residenciales, un gran mercado de trabajo y un modo eficiente de organización de la producción social, el modelo de lugar central en la formulación de sus fundadores

---

[19] El límite económico y espacial de la dimensión de la producción establecida en un centro deriva, en el modelo, únicamente de la consideración microeconómica de las economías *internas* de escala y de los costes de transporte, y no de la sucesiva consideración (mesoeconómica y microterritorial) de las economías *externas* de aglomeración y de los costes de localización (coste del suelo urbano, por ejemplo).

crea, desde un punto de vista analítico, *una jerarquía de ciudades sin ciuda-des*.[20]

De todas formas, el hecho de que el modelo constituya la primera y, en muchos sentidos, todavía no superada formulación, económica y territorial al mismo tiempo, del principio de jerarquía, le garantiza una posición central en la historia del pensamiento economicoespacial.

4.4 La evolución de la jerarquía y las redes de ciudades

4.4.1 Aplicaciones del modelo de jerarquía

El modelo de lugar central ha sido utilizado en numerosas aplicaciones empíricas, destinadas ya sea a una descripción del entorno urbano, a una verificación de las conclusiones de la teoría o a una introducción de elementos de planificación en el sistema.[21] Todo esto contrasta fuertemente con la crítica superficial de abstracción que de vez en cuando se aplica al modelo.

Una dificultad a la que a menudo se debe hacer frente en las aplicaciones empíricas, y que abre el camino a críticas, parcialmente fundadas en este caso, de arbitrariedad, concierne a la articulación de los centros en clases: ya sea el *número* de clases como los *límites* entre clases distintas pueden depender de elecciones subjetivas del investigador o de las características del método estadístico adoptado para definirlas, dado que, por lo general, las dimensiones de los centros urbanos se presentan distribuidas de forma continua.

---

[20] Como hemos dicho, este último límite ha sido sucesivamente superado, al menos por cuanto concierne a la dimensión absoluta, demográfica y productiva, de la ciudad: la ciudad se introduce en el modelo como aglomeración (pero no como instrumento de creación de sinergias intersectoriales), en primer lugar mediante la imposición de una relación k entre dimensión demográfica del centro y dimensión demográfica de su área de mercado, relación creciente con la jerarquía (Beckmann, 1958) y sucesivamente mediante la definición de una serie de relaciones k_r entre población ocupada en la producción de los bienes r (en los centros de rango r) y población de las respectivas áreas de mercado (Beckmann y McPherson, 1970). Estas últimas relaciones asumen un relevante significado económico y ya no solamente geometricoespacial: se convierten de hecho en la expresión del coste de producción de los bienes r (Beguin, 1979; Mulligan, 1979).

En una sucesiva y fundamental contribución de Beguin (1984), se distinguen dos componentes de estas relaciones: una productividad de la producción de los bienes r y una densidad de demanda de dichos bienes. Se abre así el camino al análisis de los efectos del progreso técnico y de las variaciones en la demanda de bienes específicos sobre la forma de la jerarquía urbana; en síntesis, se abre el camino al análisis dinámico (Camagni, 1992c, apartados 8.2 y 8.4).

En el modelo de Beckmann y McPherson se construye una jerarquía con k variables; la estructura geométrica de las áreas de mercado que se deriva está estudiada por Parr (1978).

[21] Excelentes *surveys* se pueden encontrar en Berry y Pred (1965), Berry (1967), Mulligan (1984).

De todas formas, se ha podido demostrar que existen métodos suficientemente sólidos para evitar dicho riesgo, métodos generalmente basados en el análisis multivariante de la coexistencia entre funciones y sectores en el mismo nivel jerárquico de centros y de su presencia/ausencia en las distintas dimensiones de ciudad.[22] Reproducimos aquí con objeto meramente ilustrativo los coeficientes medios de presencia de las distintas clases de servicios en los diversos niveles de la jerarquía urbana encontrada por Somea; las clases de centros se definen con un *factor analysis* a través de la semejanza en la gama de servicios presentes, y las clases de servicios se definen con un *factor analysis* complementario mediante la tendencia de cada servicio a estar presente más de una vez en cada centro de oferta (tabla 4.1).[23]

Por lo general, los diferentes análisis se han dirigido a diferentes aspectos de la estructura urbana:

- a la jerarquía urbana nacional y regional, que se forma a través de la estructuración territorial no sólo de las actividades productivas sino también de las funciones superiores relacionadas con la dirección, el control, el liderazgo político;[24]
- a la jerarquía de los centros internos a un área metropolitana, una jerarquía que incluye el distrito central de negocios (*DCN*), los centros satélite suburbanos, los centros comerciales alrededor de cada centro satélite, los centros de cercanía,...;
- a la jerarquía de centros que se establece sobre la base de funciones específicas de calidad distinta: piénsese en los distintos niveles jerárquicos de la función comercial,[25] a los distintos niveles de las funciones bancarias, etc.

---

[22] Véase Berry y Garrison (1958).

[23] Véase Somea (1973). A propósito de este estudio es importante destacar tres elementos: a) la jerarquía urbana está definida sobre la base de la presencia de servicios, precisamente lo que antes hemos dicho sobre la validez de una lógica gravitatoria para estas actividades; b) el número de clases de centros (13) y de servicios (8) está predeterminado; c) en este estudio, Somea propone una jerarquía Christalleriana tradicional, en la cual los centros mayores también tienen, en tendencia, todos los servicios de nivel inferior; en la siguiente versión del *Atlas*, también se han distinguido centros de especialización, los cuales obedecen más bien a una lógica löschiana o reticular. Véase en este caso Somea (1987).

[24] Véase la jerarquía de 7 niveles funcionales, anidados (*nested*) cada uno en el interior del nivel superior *à la* Christaller, propuesta por Philbrick (1957): consumo; comercio al detalle; comercio al por mayor; nodo de intercambio en el transporte (*transhipment*); bolsa-mercancías y mercado (*exchange*); control ("la concentración de poder económico a través de la propiedad común, comités directivos relacionados por relaciones personales, control de unidades multilocalizadas"); liderazgo político.

[25] En la figura 4.5 presentamos los 5 niveles jerárquicos de los centros identificados a partir de la presencia de funciones comerciales en el Upper Midwest americano (Montana, Dakota del Norte y Dakota del Sur, Minnesota, North-Western Wisconsin, Michigan septentrional). Véase Borchert (1963). Es claramente demostrable, en este caso, la validez de la hipótesis christalleriana de la presencia en cada centro superior de todas las funciones inferiores.

Tabla 4.1
Presencia de tipos de servicios en las clases de centros urbanos
en el análisis de Somea para Italia

Descripción cualitativa	Clases de centros urbanos	Tipos de servicios								Ejemplos de ciudades
		I	II	III	IV	V	VI	VII	VIII	
Metrópolis nacionales	15	1.000	1.000	1.000	1.000	1.000	996	975	704	Turín, Génova, Milán, Roma, Nápoles
Metrópolis regionales	14	1.000	1.000	1.000	995	980	977	828	325	Varese, Vicenza, Prato, Pescara, Messina
Ciudades regionales	13	1.000	990	998	966	965	938	683	122	Asti, Pordenone, Pesaro, Latina, Sassari
Ciudades subregionales	12	999	989	993	890	914	780	368	33	Lecco, Rovigo, Ascoli Piceno, Viterbo, Matera
Centros urbanos locales	11	998	983	980	836	822	444	171	23	Legnano, Cervia, Urbino, Maglie, Olbia
	10	996	984	962	737	629	151	106	0	Sesto Calende, Palmanova, Assisi, Sorrento, Cerignola
	9	994	975	945	579	472	94	0	0	Grugliasco, Forte dei Marmi, Narni, Gaeta, Porto Torres
Centros semiurbanos	8	992	950	859	577	324	61	0	0	Arenzano, Moglia, Orte, Pomezia, Cefalù
Aldeas urbanizadas	7	986	914	797	237	233	0	0	0	Gravellona Toce, Tarcento, Carsoli, Sparanise, Regalbuto
	6	984	894	678	314	123	0	0	0	Preganziol, Maranello, Urbania, Scilla, Arzachena
	5	969	740	452	166	89	0	0	0	Castelrotto, Ostellato, Cercola, Vernole, Aci Castello
Centros elementales	4	961	777	315	207	126	0	0	0	Torino di Sangro, Otranto, Spezzano Albanese
	3	811	407	153	90	0	0	0	0	Balsorano, Gerocarne, Orgosolo
Municipios menores	2	514	329	162	89	0	0	0	0	Garbagna Novarese, Rignano Flaminio, San Giorgio Albanese

Categorías de servicios presentes en cada tipo (ejemplos):
Tipo VIII: hoteles de lujo, cines de 1ª, agencias de compañías aéreas, anticuarios, teatros, con >4 representaciones, >4 oficinas de bancos de ámbito nacional, sedes sociales de empresas de seguros
Tipo VII: librerías especializadas, cines de 2ª, entes provinciales de turismo, grandes almacenes >1.000 m²
Tipo VI: peleterías, librerías, piscinas, casas de reposo, hoteles 2ª categoría, editoriales, grandes almacenes 400-1.000 m²

(sigue)

Tipo V: tiendas de artículos deportivos, tiendas de maquinaria y material de oficina, concesionarios de automóviles extranjeros, odontotécnicos
Tipo IV: salas de juego y de baile, notarios, hoteles, restaurantes recomendados por guías turísticas, autoescuelas
Tipo III: tiendas de óptica, fotógrafos, instrumentos y ediciones musicales, garajes, talleres de coche, 1 oficina de banco
Tipo II: lecherías, tiendas de ropa, joyerías, gasolineras, peluquerías, lavanderías, cines no diarios
Tipo I: carnicerías, tiendas de alimentación, tabacos, zapaterías, electrodomésticos, restaurantes, tabernas, bares, farmacias

Las presencias medias se indican con puntuaciones de 0 (ausencia en todos los centros) a 1.000 (presencia en todos los centros)

Fuente: Somea (1973).

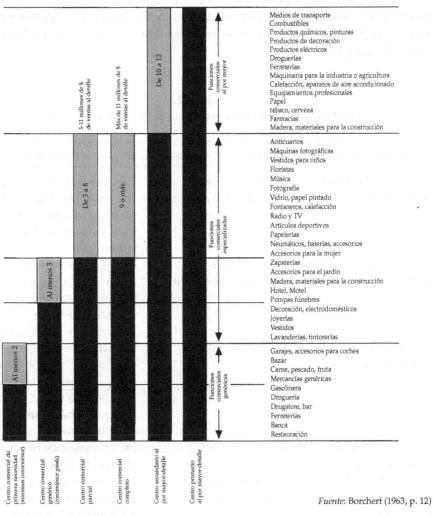

Fuente: Borchert (1963, p. 12)

Figura 4.5. Tipos de bienes comercializados en ciudades de distinto nivel jerárquico: el caso del Upper Midwest americano de los años cincuenta.

4.4.2 Evolución de la jerarquía urbana

Si bien el modelo de lugar central es un modelo intrínsicamente estático, que no está en condiciones ni tiene intención de explicar la génesis histórica ni la evolución de una jerarquía urbana, es posible realizar, mediante una consideración analítica de sus elementos lógicos, algunas reflexiones de estática comparada o de cuasidinámica sobre las variaciones que se pueden producir en la jerarquía misma como resultado de la dinámica temporal de variables económicas y demográficas.

En la tabla 4.2 citamos los principales factores de cambio y su posible efecto espacial, recordando que, por lo general, estos factores ejercitan su influencia a través de las mutaciones que provocan en el equilibrio entre economías internas y costes de transporte.

Tabla 4.2
Factores de cambio en la estructura de la jerarquía urbana

Factores de cambio	Efecto	Otras consideraciones
1) Crecimiento de la renta per-capita	Reducción de la distancia entre centros	Crecimiento de las ciudades más grandes si hay mayor elasticidad renta en la demanda de funciones superiores
2) Crecimiento de la densidad demográfica	Reducción de la distancia entre centros	En las áreas de mercado originarias se crean beneficios extraordinarios que atraen nuevas localizaciones productivas
3) Reducción de los costes de transporte	Concentración	Se distingue un "efecto sustitución" (se substituyen otros inputs por transporte) y un "efecto renta" (parecido a 1) que debería prevalecer a corto plazo.
4) Aumento de las economías de escala	Concentración	Desaparecen los productores menos eficientes.
5) Reducción de la dimensión eficiente de producción	Alisamiento de la jerarquía urbana	Los centros más pequeños producen bienes que anteriormente pertenecían a los niveles superiores de la jerarquía.

Un aumento de la densidad de la demanda, generando beneficios extraordinarios, crea nuevas posibilidades de entrada para nuevas empresas, posibilidades de creación de centros suplementarios de producción o de promoción de centros inferiores a clases más elevadas. Un aumento de las economías de escala o del umbral mínimo de aparición de las distintas funciones crea, por lo contrario, una reducción en la frecuencia de los centros y una concentración espacial de la producción.

Más complicados son los efectos de una reducción generalizada del coste de transporte: a largo plazo debería prevalecer un efecto "sustitución", por el cual se produciría una mayor utilización por parte de las empresas y de las familias del input o del bien que ha pasado a ser menos caro (el bien "transporte" en este caso) respecto a los otros bienes y, por tanto, una mayor dimensión de las áreas de mercado. A corto plazo, en cambio puede prevalecer un efecto "renta", generado por el ahorro de costes de transporte y por el consiguiente mayor gasto de los individuos y de las empresas en otros bienes, con efectos similares a los de un aumento en la densidad de la demanda.[26]

Al analizar la evolución de los sistemas urbanos reales, a menudo es difícil separar los diferentes efectos individuales puesto que, a medio y largo plazo, esto es, en el arco de tiempo relevante para que se produzcan efectos visibles, se manifiestan al mismo tiempo muchos factores que empujan en direcciones diferentes. De todas formas, parece defendible la hipótesis de que la aparición del automóvil y de los medios de transporte urbano de masas ha contribuido fuertemente a jerarquizar la estructura urbana, creando las grandes concentraciones metropolitanas y expandiendo las redes de los centros rurales menores; en el mismo sentido habría actuado el aumento de las economías de escala que el progreso técnico ha generado en todas las actividades industriales.

Un análisis sobre la jerarquía urbana de la región canadiense de Saskatchewan en el periodo 1941-1961 ha podido confirmar una de las predicciones del modelo, ya que ha mostrado cómo el declive de los centros menores ha tenido lugar en mayor medida entre aquellos que se encontraban más cerca el uno del otro.[27]

Análisis realizados del tipo *cross section* en lugar del análisis de series temporales, comparando la estructura urbana de regiones de nivel de renta parecido pero con distinta densidad de población, han podido confirmar la mayor frecuencia de "lugares centrales" y la menor extensión de las respectivas áreas de mercado en las regiones más pobladas.[28]

---

[26] Véase Hoover (1970).

[27] Véase Hodge (1965).

[28] Véase Berry (1967). El análisis de tipo *cross section* tiene la ventaja de mantener constante la tecnología de producción y de transporte, dada la instantaneidad de la observación.

4.4.3 El modelo de estática comparada de Parr

Un importante intento de exploración geométrica de las formas de mutación de una jerarquía urbana ha sido propuesto por Parr,[29] mediante una taxonomía de los tipos de mutación que se pueden asociar a una estructura urbana (con K variables), manteniendo la hipótesis, considerada realista tanto desde un punto de vista teórico como empírico, de la "inclusividad", esto es, de la presencia de todas las funciones inferiores en los centros de orden superior.

Las categorías más relevantes de mutación temporal en el interior de un sistema de lugar central se encuentran indicadas en las siguientes:

a) *la formación de niveles sucesivos de la jerarquía*, en secuencia temporal, desde los más bajos hasta los más altos (como resultado de una creciente diferenciación funcional y división espacial del trabajo en un ámbito macrohistórico) o eventualmente, en la dirección opuesta, con la multiplicación de los niveles jerárquicos inferiores (por ejemplo, en respuesta a un aumento de la densidad demográfica de la región);

b) *la mutación en la asignación de las funciones económicas a los distintos niveles de la jerarquía*, esto es, la recomposición de los conjuntos de funciones (*bundles of functions*) que caracterizan a cada nivel jerárquico de los centros. En este caso, no obstante, es previsible que la jerarquía de los centros quede intacta, aunque cambiando el *mix* funcional de cada uno de los centros;

c) *modificaciones en la estructura jerárquica*, o sea, en el número de los niveles funcionales asociados a las distintas dimensiones de los centros. Esta vasta clase de fenómenos es analizada con más profundidad y está descrita de forma precisa en términos de geometría de los centros y de las áreas de mercado; se distinguen las tres siguientes subclases de cambio estructural:

c') *formación de un nuevo nivel de la jerarquía*; esto sucede cuando, por ejemplo, a causa de cambios tecnológicos o en la densidad de la demanda, *algunas* funciones realizadas por el nivel jerárquico r ya no pueden ser suministradas por todos los centros r, sino sólo por una parte de ellos (mientras que las otras funciones típicas del nivel r pueden continuar siendo suministradas por todos los centros r). Si los cambios no son lo suficientemente fuertes como para determinar la incorporación de estas funciones al nivel jerárquico superior $r - 1$, en este caso tendrá lugar la aparición de un nuevo nivel jerárquico intermedio entre r y $r - 1$, denominado r^*. Como puede verse en la figura 4.6a, en una jerarquía basada en el principio del transporte ($K = 4$), algunos centros de orden 2 son promovidos al nivel 2*, mediante la aparición de áreas de mercado rectangulares;

c'') *modificación en la extensión del área de mercado de un nivel jerárquico* de todas las funciones que forman parte de ella; si, por ejemplo, como resultado de la desa-

---

[29] Véase Parr (1981).

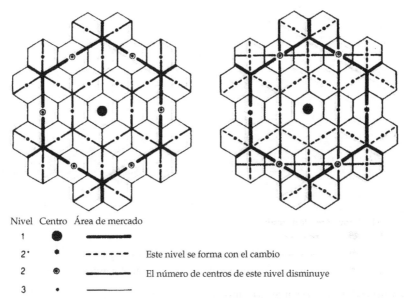

Nivel | Centro | Área de mercado
1 | ● | ▬▬▬▬▬
2˙ | ✳ | – – – – – | Este nivel se forma con el cambio
2 | ◉ | ▬▬▬▬▬ | El número de centros de este nivel disminuye
3 | • | ▬▬▬▬

a) Formación de un nuevo nivel en la jerarquía
Antes del cambio: $K_2 = 4$; $K_3 = 4$. Después del cambio: $K_2 = 4$; $K_{2^*} = 2$; $K_3 = 4$.

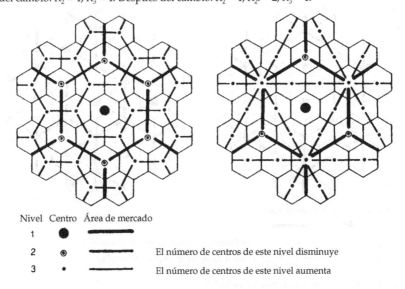

Nivel | Centro | Área de mercado
1 | ● | ▬▬▬▬▬
2 | ◉ | ▬▬▬▬▬ | El número de centros de este nivel disminuye
3 | • | ▬▬▬▬▬ | El número de centros de este nivel aumenta

b) Modificación de la extensión del área de mercado de un nivel de centros
Antes del cambio: $K_2 = 3$; $K_3 = 3$. Después del cambio: $K_2 = 2$; $K_3 = 4,5$.

Figura 4.6. Cambios en la estructura de la jerarquía urbana (*continúa*).

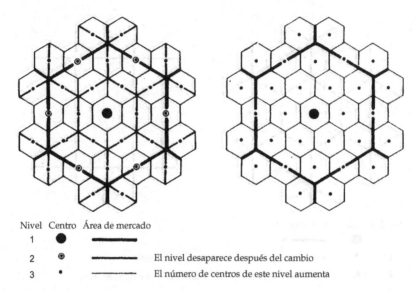

Nivel Centro Área de mercado
1 ● ━━━━━━
2 ◉ ━━━━━━ El nivel desaparece después del cambio
3 • ━━━━━ El número de centros de este nivel aumenta

c) Desaparición de un nivel jerárquico (el nivel 2)
Antes del cambio: $K_2 = 4$; $K_3 = 4$. Después del cambio: $K_3 = 16$.

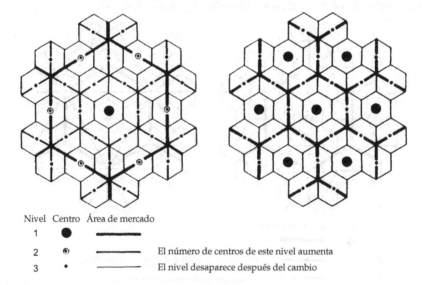

Nivel Centro Área de mercado
1 ● ━━━━━━
2 ◉ ━━━━━━ El número de centros de este nivel aumenta
3 • ━━━━━ El nivel desaparece después del cambio

d) Desaparición de un nivel jerárquico (el nivel 3)
Antes del cambio: $K_2 = 4$; $K_3 = 4$. Después del cambio: $K_3 = 4$.

Fuente: Parr (1981).

Figura 4.6. Cambios en la estructura de la jerarquía urbana
(*continuación*).

parición de economías de escala relevantes en la producción de las funciones de orden *r*, dichas funciones pasan a ser producidas por un número inferior de centros *r* en un área de mercado más vasta, los restantes centros de orden *r* son degradados al nivel *r* + 1. Esto se puede observar en la figura 4.6*b*, donde a partir de una jerarquía basada en el principio del mercado (*K* = 3) el número de centros de orden 2 disminuye, su área de mercado se ensancha sobre una estructura triangular y aumenta el número de centros de orden inferior;

c''') *desaparición de un nivel jerárquico*, porque todas las funciones típicas de ese nivel son producibles por el nivel inferior de centros (desaparición del nivel 2 de la figura 4.6*c*) o porque todos los centros de ese nivel adquieren las funciones del nivel superior, aumentando así de nivel en la jerarquía (los centros de nivel 2 en la figura 4.6*d*).

Más allá de la, pese a todo, importante taxonomía de las formas de cambio, la reflexión aquí expuesta se presenta muy interesante desde dos puntos de vista: en primer lugar, porque pone en evidencia cómo una de las fuerzas fundamentales del cambio estructural se debe buscar en el progreso tecnológico y en los procesos de innovación, los cuales hacen que cambie el *mix* de funciones ejercidas por un centro, así como la dimensión de su área de mercado; en segundo lugar, porque supone un esfuerzo relevante para unir el análisis agregado de los factores de cambio con el análisis de las geometrías de las relaciones jerárquicas y de mercado.

4.4.4 De la jerarquía a las redes de ciudades

Durante los últimos veinte años hemos asistido, no sólo en Italia, al fuerte desarrollo relativo de ciudades de dimensión intermedia (40-200.000 habitantes). Este fenómeno ha estimulado la realización de interesantes análisis teoricoempíricos que han vinculado el fenómeno a un cambio cualitativo en las relaciones jerárquicas urbanas.

Por debajo de uno o dos niveles urbanos superiores (los cuales incluyen aproximadamente las capitales nacionales y regionales) y por encima de un nivel inferior de centros rurales, se habría ido consolidando una estructura de centros caracterizada por una fuerte interdependencia, una acentuada especialización productiva y una falta de relaciones jerárquicas internas evidentes: una "red" estrechamente interconectada de centros intermedios (figura 4.7).[30]

Podemos encontrar elementos diversos y convergentes que explican la manifestación de este fenómeno; en secuencia lógica:

---

[30] Véase Dematteis (1985) y (1990), Emanuel y Dematteis (1990), Trullén y Boix (2001).

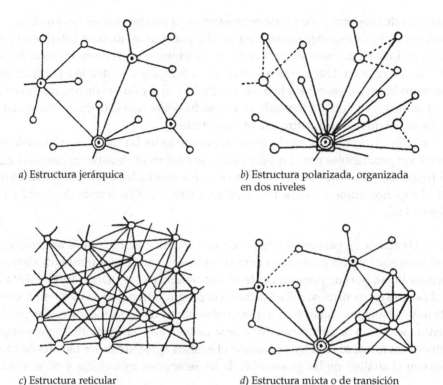

a) Estructura jerárquica

b) Estructura polarizada, organizada en dos niveles

c) Estructura reticular

d) Estructura mixta o de transición

La estructura *a* es la tradicional; la estructura *b* tiende a manifestarse en el entorno más próximo de las grandes áreas metropolitanas; la estructura *c* se manifiesta en grandes regiones intermedias, en presencia de condiciones de indiferencia localizativa, con la formación de estructuras urbanas interconectadas tendencialmente equipotenciales; la estructura *d* tiende a prevalecer en las regiones periféricas, con la superposición de estructuras jerárquicas en árbol y de estructuras reticulares entre "distritos industriales".

Fuente: Dematteis (1985, 1991).

Figura 4.7. Estructuras jerárquicas y estructuras "reticulares" de centros urbanos.

i)   la aparición prepotente de una propensión localizativa nometropolitana de la industria, a partir de finales de los años cincuenta; como hemos dicho anteriormente, la industria crea una estructura territorial de centros tendencialmente especializada y menos jerárquica en comparación con lo que ocurre en los servicios;

ii) la aparición de una forma igualmente robusta de nuevas "economías de distrito" o economías de localización, de tipo intraindustrial, como factor de éxito para gran parte de la pequeña industria de tipo nometropolitano (si bien, de todas formas, aglomerada en distritos, áreas sistema, etc.); también este proceso genera automáticamente un modelo localizativo de tipo especializado en lugar de diferenciado;[31]

iii) la reducción de la dimensión mínima eficiente para muchas producciones industriales y funciones terciarias en la actual fase histórica caracterizada por el paradigma microelectrónico y por la búsqueda de flexibilidad (en contraposición a la fase precedente caracterizada por el paradigma de las tecnologías mecánicas y por las economías de escala del modelo "fordista"); esto permite la aparición de funciones elevadas también en los centros inferiores;

iv) la crisis económica, territorial, fiscal y organizativa de la gran ciudad en el final del gran ciclo de "desarrollo-con-urbanización" del periodo posbélico, una crisis que ha conllevado, durante los años setenta, en todos los países desarrollados, evidentes procesos de "desurbanización[32]";

v) la tendencia a la homogenización en las condiciones de infraestructura del territorio no metropolitano y de los correspondientes niveles de educación y formación profesional;

vi) el abandono de un principio "areal" (en palabras de Dematteis) en la organización del espacio de mercado de los centros, sobre todo como consecuencia de la menor importancia del coste de transporte como elemento relevante en el cálculo económico, y su sustitución por un principio de organización y de relaciones "en red", relaciones que tienen con el espacio físico una relación ya no gravitatoria: redes de información, ligadas a la presencia de las correspondientes infraestructuras físicas que liberan a la circulación del vínculo de cercanía; redes de relaciones de sub-suministro, generalmente organizadas o en un espacio muy restringido o en un espacio internacional; redes financieras que unen los grandes centros financieros mundiales mediante relaciones horizontales, de clara sinergia, no previstos en la estructura de relaciones solamente verticales (entre centro mayor y centro menor subordinado) y jerárquicas de la teoría de lugar central.

Teniendo en cuenta los modelos teóricos presentados más arriba, podemos, en primer lugar, interpretar las nuevas tendencias aparecidas afirmando que la tradicional estructura urbana heredada de la sociedad agrícola precedente –caracterizada por una jerarquía christalleriana estrechamente anidada de centros, organizada directamente a partir de la estructura jerárquica de los mercados agrícolas y de la estructura, también estrechamente jerarquizada, de las funciones buro-

---

[31] Véase Duranton y Puga (2000), Vázquez Barquero (1999).

[32] Un modelo de desarrollo urbano mediante fases cíclicas sucesivas de urbanización-desurbanización que ha sido propuesto recientemente es analizado en el apartado 8.4 de Camagni (2000b).

cráticas y administrativas públicas, se ha ido sustituyendo por una estructura mixta christalleriana-löschiana de K variables caracterizada por:

a) la permanencia de relaciones jerárquicas en los niveles elevados de la estructura urbana, organizadas alrededor del mercado de las funciones terciarias avanzadas y de control, una jerarquía que es de todas formas más plana que la tradicional, con K relativamente elevada;

b) la permanencia en algunos territorios de una estructura jerárquica de tipo "areal" organizada, no obstante, no tanto en términos de áreas de mercado para los output sino, más bien, en términos de áreas de mercado para los input de producción (por ejemplo, distritos de mano de obra, o distritos de recursos naturales homogéneamente distribuidas); este modelo organizativo encuentra su *ratio* en la relativa inmovilidad de dichos inputs y en el relevante coste de transporte que los caracteriza, dos elementos que lo acercan, aunque desde un punto de vista simétrico, al modelo tradicional;[33]

c) la presencia de centros especializados, pertenecientes a los niveles medioalto y medio-bajo de la estructura urbana, caracterizados por una densa red de relaciones horizontales y organizados sobre la base de "vocaciones" de tipo industrial, las más frecuentes, pero también de tipo terciario (las ciudades de arte, turísticas, de tratamiento médico, de cultura, etc.).

Pero no parece oportuno detenerse aquí, dejando la impresión de que el modelo tradicional, adecuadamente manipulado, pueda tener en cuenta plenamente los nuevos fenómenos. Así, parece indispensable recurrir a un paradigma interpretativo nuevo, el de la organización "en red", que interprete de una forma más directa y coherente las nuevas realidades territoriales emergentes. Aunque todavía debemos considerar, en el estado actual, el paradigma reticular como una importante conjetura teórica en búsqueda de una adecuada y convincente validación empírica, podemos proponer algunas consideraciones teóricas que nos abren el camino hacia la dirección correcta:[34]

a) Las "redes de ciudades" consisten en un conjunto de relaciones (y de los correspondientes flujos) que tienden a ser horizontales y no jerárquicos, entre ciudades que en el modelo tradicional no deberían tener ningún tipo de relación.

b) Dichas relaciones pueden unir entre sí a ciudades diferentemente especializadas y complementarias o ciudades similares con una misma especialización; en

---

[33] Véase: Parr (1989).

[34] Véase: Camagni (1992a). Una verificación empírica inicial de la existencia de redes de ciudades se ha llevado a cabo aplicando un modelo de interacción espacial a los datos de comunicaciones telefónicas entre las ciudades del norte de Italia, distinguiendo como "redes" las interacciones reales superiores y aquellas previstas por el modelo. Véase Camagni, Diappi, Stabilini (1996).

el primer caso tenemos "redes de complementariedad", a la Dematteis, en el segundo caso tenemos "redes de sinergia".

c) En ambos casos, tenemos una ventaja específica de la organización en red respecto a la organización jerárquica –que como sabemos se basa en la existencia de economías de escala y de economías de aglomeración. En el caso de las redes de complementariedad, las ventajas para cada centro son las ventajas de la especialización y de la división territorial del trabajo, realizables mediante economías de integración horizontal entre unidades productivas (economías de "distrito") y economías de integración vertical alrededor de precisas *"filières"* de especialización (pensemos en la hilatura de la seda en Como, representada por la integración de funciones manufactureras, de diseño y creación de moda, de producción de máquinas y de sistemas de *computer-aided-design,* de exposición y de comercialización a escala internacional). En el caso de las redes de sinergia, las ventajas están constituidas por las llamadas "externalidades de red", ventajas que, como en el caso de los "clubs", están a disposición de sólo los miembros del club. Piénsese, en este caso, en la red de los centros financieros internacionales en la cual, gracias a la integración telemática, es posible, desde cualquier centro, operar directamente en el más vasto mercado internacional, disfrutando de las correspondientes economías de gran escala.

d) Un caso particular de las "redes de sinergia" puede ser el de las "redes de innovación", redes entre centros similares que se asocian con el objetivo de realizar grandes infraestructuras o innovaciones territoriales para las cuales los centros individualmente no tienen ni la dimensión de mercado adecuada ni la necesaria capacidad de financiación (aeropuertos, centros tecnológicos, etc.). Un buen número de redes de este tipo se ha realizado recientemente en Francia (las llamadas *réseaux de villes*).

e) El modelo en red no es un modelo de organización "total" del territorio. Dicho modelo se adapta bien para representar el comportamiento espacial de la industria y del sector terciario superior (dirección, finanzas, investigación, consultoría internacional) pero otros sectores, los cuales tomados en conjunto siguen siendo más importantes en términos de trabajadores en las economías de los países más desarrollados, actúan según el modelo tradicional (los productos agrícolas, el comercio y, en general, el sector terciario para la población, la administración pública). El modelo jerárquico, además, persiste fuertemente como una "memoria" territorial de los tiempos en los cuales éstos últimos sectores representaban la casi totalidad de la economía y organizaban, en consecuencia, el paisaje urbano en las formas que sucesivamente hemos heredado. El modelo global que emerge, pues, es necesariamente un modelo "ecléctico".

f) En términos empíricos, es posible adelantar la hipótesis de que sobre la jerarquía tradicional de los centros se ha superpuesto, hoy en día, una "jerarquía de redes" formada por:

- una red de primer nivel a la que pertenecen las "ciudades mundiales", caracterizada sobre todo por procesos sinérgicos en la gestión de las relaciones financieras, diplomáticas, de información y de control;
- un red de segundo nivel de ciudades especializadas de carácter nacional, que pueden fácilmente abarcar vastas cuotas de mercado incluso internacional en los sectores de especialización; las relaciones en red son, en este caso, sobre todo relaciones de complementariedad;
- un red de tercer nivel, de ciudades especializadas de carácter regional, que a través de los mismos procesos pueden ambicionar a superar el ámbito local, siempre por lo que concierne a los sectores de especialización; también, en este caso, las relaciones en red son prevalecientemente de complementariedad.

En conclusión, podemos definir de la siguiente forma el nuevo paradigma reticular: las "redes de ciudades" son conjuntos de relaciones, horizontales y no jerárquicas, entre centros complementarios o similares, relaciones que realizan la formación de economías o externalidades de, respectivamente, especialización/ división del trabajo y de sinergia/cooperación/innovación.

Es interesante notar cómo los estudios sobre el nuevo paradigma reticular constituyen una contribución específica de la cultura económica territorial italiana (y en parte francesa) a un tema de gran relevancia general. Entre las contribuciones americanas a la misma problemática cabe recordar el llamado "modelo mercantil" de organización de la estructura urbana, propuesto por James Vance en 1970[35], que parte de una explícita y clara crítica al modelo christalleriano tradicional, similar a la que hemos realizado nosotros en el punto anterior. Si en el modelo tradicional la actividad económica asumida típicamente como base de reflexión es la del comercio de corta distancia, que se organiza según un principio "areal" entre un comerciante y un consumidor final, el modelo mercantil asume el comercio de larga distancia como característico de la génesis y de la localización de la ciudad, el cual se desarrolla sobre redes específicas de comunicación y transporte entre un comerciante al por mayor y otro actor, distinto del consumidor final (otro comerciante al por mayor, una industria de transformación u otro).

Este modelo asume, pues, que la fuerza creadora que organiza la evolución histórica de la estructura urbana es la constitución de "avanzadillas" en nuevos territorios bajo el empuje de intereses comerciales, y ha sido utilizado con éxito en la interpretación del desarrollo urbano del Nuevo Mundo sobre la base de un modelo histórico de desarrollo por etapas (véase la figura 4.8) y de un modelo geográfico de organización por "alineaciones" territoriales.[36] Aunque no va mucho

---

[35] Véase Vance (1970).

[36] Los estados de desarrollo propuestos son los siguientes (véase la figura 4.8): exploración (*search*), aprovechamiento de los recursos naturales (*harvesting*), nacimiento de una economía estable (*settlers*),

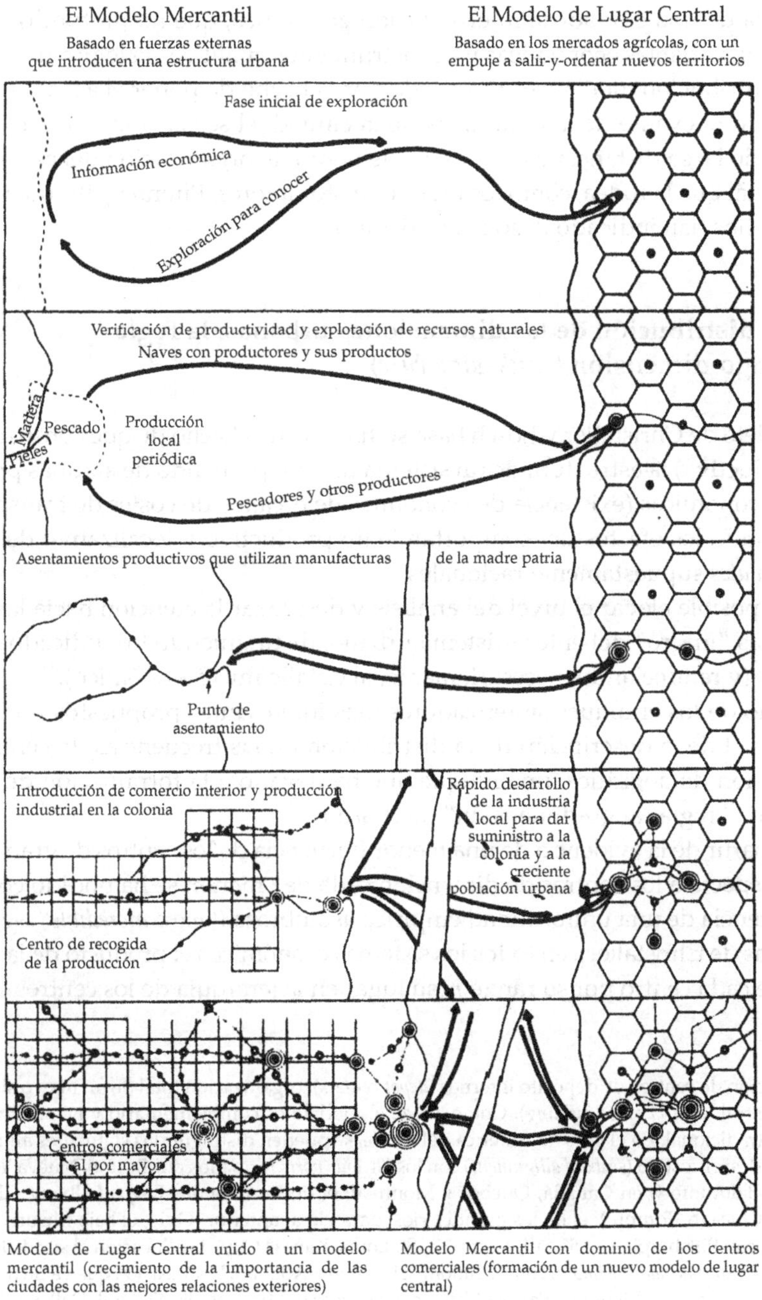

El Modelo Mercantil

Basado en fuerzas externas
que introducen una estructura urbana

El Modelo de Lugar Central

Basado en los mercados agrícolas, con un
empuje a salir-y-ordenar nuevos territorios

Fase inicial de exploración

Información económica

Exploración para conocer

Verificación de productividad y explotación de recursos naturales
Naves con productores y sus productos

Madera

Pescado

Pieles

Producción
local
periódica

Pescadores y otros productores

Asentamientos productivos que utilizan manufacturas · de la madre patria

Punto de
asentamiento

Introducción de comercio interior y producción
industrial en la colonia

Rápido desarrollo
de la industria
local para dar
suministro a la
colonia y a la
creciente
población urbana

Centro de recogida
de la producción

Centros comerciales
al por mayor

Modelo de Lugar Central unido a un modelo
mercantil (crecimiento de la importancia de las
ciudades con las mejores relaciones exteriores)

Modelo Mercantil con dominio de los centros
comerciales (formación de un nuevo modelo de lugar
central)

Fuente: Vance (1970, p. 151)

Figura 4.8. El modelo "mercantil" de desarrollo del sistema
urbano del Nuevo Mundo.

más allá de una cuidadosa interpretación geográfica, que no profundiza en términos de variables económicas y de instrumentos analíticos la lógica del modelo, esta contribución merece ser recordada por el hecho de poner el acento sobre un elemento relevante de la naturaleza de la ciudad: el ser la ciudad nodo de relaciones de larga distancia y no sólo un elemento de organización del espacio gravitacional que la rodea, como los grandes historiadores, Pirenne y Braudel en particular, nos han indicado desde hace tiempo.

4.5 La distribución de las dimensiones urbanas: la regla rango-dimensión (*rank-size rule*)

El modelo de Christaller y Lösch basa su fuerza en el hecho de que construye (por vía deductiva) la estructura de un sistema urbano partiendo de algunas premisas microeconómicas (existencia de economías de escala y de costes de transporte) y analizando los efectos del comportamiento productivo y localizativo de sujetos *individuales* supuestamente racionales.

Es posible elevar el nivel del análisis y desplazar la atención hacia las características "macro" del entero sistema urbano, distinguiendo los indicadores adecuados (y renunciando, necesariamente, al detalle microeconómico).[37]

Uno de los enfoques sintetizadores más interesantes propuestos por la doctrina es el de la descripción de la distribución de las frecuencias de centros por dimensión demográfica, un enfoque que ha llevado a la formulación de la bien conocida "regla rango-dimensión" (*rank-size*).

A partir de la evidencia de una menor frecuencia de los centros de gran dimensión respecto a los centros de dimensión cada vez menor, se ha podido constatar la existencia de una uniformidad empírica asombrosa (*"most incredible"*, según las palabras de Christaller): en todos los sistemas económicos el producto de la dimensión de cada centro por su rango r (su lugar en la jerarquía de los centros ordena-

---

constitución de centros de depósito internos (*depot centers*), organización total de un nuevo sistema de lugar central (*central place infilling*). Como se ve, el modelo es complementario y no sustitutivo del modelo tradicional. En el caso de América del Norte, se pueden distinguir las siguientes alineaciones de ciudades: el costero (*seabord allignment*) con los *big four ports* formados por Boston, Nueva York, Filadelfia y Baltimore y, en Canadá, Quebec y Montreal; el de los Grandes Lagos (Albany, Cleveland, Detroit, Chicago, Toronto); el de los grandes ríos, paralelo al anterior (Ohio, el bajo Misuri, el medio Misisipí, con Pittsburgh, Cincinnati, Memphis, St. Louis, Kansas City); la alineación al sur de los Appalaquianos (*Appalachian Piedmont*, con Richmond, Charlotte y Atlanta); la alineación que va de norte a sur, al este de las Grandes Llanuras (*Eastern Plains*, con Winnipeg, Minneapolis, St. Paul, Dallas); el que costea las montañas Rocosas (*Rocky Mountains Piedmont*, desde Calgary hasta Denver y Albuquerque) y la alineación occidental (*Pacific Coast*, desde Vancouver hasta Seattle, San Francisco y Los Ángeles).

[37] El vector de los coeficientes de anidamiento k_r de las sucesivas áreas de mercado es, por ejemplo, uno de dichos indicadores; véase la nota 20.

dos en sentido decreciente según su población) es constante y aproximadamente igual a la dimensión de la ciudad más grande (P^*):

$$P_r \cdot r = P^* \qquad\qquad [4.1]$$

Más en general, se ha comprobado que el orden de las dimensiones urbanas puede ser recogido casi perfectamente por la siguiente función:

$$P_r = P^* / r^\beta \qquad\qquad [4.2]$$

expresión que, en su forma logarítmica, se reduce a la ecuación de una recta con pendiente igual a β:

$$log\, P_r = log\, P^* - \beta\, log\, r \qquad\qquad [4.3]$$

En la figura 4.9 se presenta, sobre un gráfico logarítmico, la distribución de los centros urbanos en sistemas territoriales y años diferentes. Se nota fácilmente cómo esta "increíble" ley se adapta perfectamente a la realidad empírica: los coeficientes de correlación se sitúan siempre en el orden de 0,98-0,99, sobre todo si se excluyen los centros de dimensión mínima, cuya frecuencia depende de características geográficas, institucionales o de economía agraria que no tienen nada que ver con las variables que regulan el desarrollo urbano propiamente dicho.

La regla rango-dimensión la descubrió por primera vez, en la versión con $\beta = 1$ de [4.1], Auerbach en 1913 y fue mejorada en la forma loglineal por Lotka y Gibrat en los años veinte. Dicha forma aún fue mejorada y popularizada por el filólogo y estadista G. K. Zipf en 1949,[38] el cual la interpretó como el resultado, estocástico, de dos fuerzas sistemáticas, operantes al mismo tiempo en el territorio, derivadas del "principio del mínimo esfuerzo": una fuerza de "unificación" o concentración, vinculada a las economías de escala, y una fuerza de "diversificación" o difusión, vinculada al objetivo de reducción de los costes de transporte. Recordemos que éstas son las dos fuerzas presentes también en el modelo de lugar central. Cuando dichas fuerzas se equilibran, emergería, según Zipf, una distribución de los centros con una pendiente de $\beta = 1$.

No obstante, sucesivamente la ley fue interpretada no tanto como un reflejo de fuerzas sistemáticas, también interesantes y sugestivas, sino como resultado de la estructura probabilística del fenómeno del crecimiento urbano. Herbert Simon la ha interpretado como un ejemplo, entre otros, de la acción de la "ley del efecto proporcional", que hace que el crecimiento del número absoluto de habitantes de cada centro sea proporcional a la dimensión del mismo centro, y que en consecuencia la *tasa* de crecimiento de los centros sea independiente de su dimensión; otros la han

---

[38] Véase Auerbach (1913); Lotka (1924); Zipf (1949).

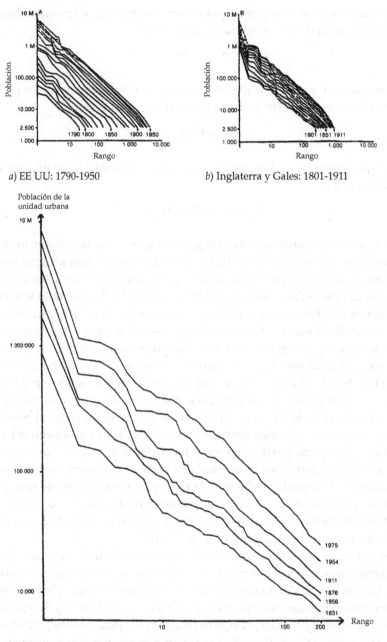

a) EE UU: 1790-1950

b) Inglaterra y Gales: 1801-1911

c) Francia: 1831-1975 (unidades urbanas)

Fuente: Pumain (1982).

Figura 4.9. La distribución dimensional de los centros y la regla rango-dimensión.

considerado como el resultado final de un proceso evolutivo de maximización de la entropía de una distribución de personas entre las distintas dimensiones urbanas[39]. Estas interpretaciones asimilan la distribución de los centros a una serie de fenómenos estadísticos de lo más disparatados, como la distribución (paretiana) de las rentas personales, la frecuencia de las distintas dimensiones de los libros en una biblioteca o la frecuencia de las palabras de distinta longitud en un libro.

¿Qué relación existe entre la representación de la jerarquía urbana que se deriva de la *rank-size rule* y la del modelo de lugar central de Christaller y Lösch, aparentemente tan alejadas la una de la otra? ¿Y cómo es posible aceptar una representación "en escalones" (con ciudades todas iguales en cada escalón, esto es, en cada nivel jerárquico) como es la propuesta por el segundo modelo si la realidad empírica parece aproximarse más a la primera representación, de tipo continuo?

Ya desde hace tiempo Beckmann y sucesivamente otros autores han observado:

- que los dos modelos no están en contraste si se permite, para cada nivel jerárquico, una distribución casual de las dimensiones de los centros alrededor del valor obtenido por el modelo de Christaller;
- que el rango de la ciudad media en cada nivel jerárquico christalleriano multiplicado por su dimensión da un valor aproximadamente constante;
- que, una vez conocida la dimensión de la población de los establecimientos agrícolas, la relación entre la población del centro más pequeño y su área de mercado, y el vector de los factores de anidamiento k_r, es posible generar una distribución de las dimensiones de las ciudades (medias) en cada nivel jerárquico coherente con la regla rango-dimensión.[40]

Alternativamente, interpretando la regla rango-dimensión como expresión de la casualidad de las fuerzas que actúan sobre el desarrollo de cada uno de los centros, es posible interpretar las desviaciones respecto a la distribución teórica loglineal como "reminiscencias" de una distribución christalleriana, que obedece a fuerzas sistemáticas: de hecho, allí donde la distribución de los centros en un determinado intervalo de dimensiones muestra una inclinación significativamente inferior a la media, podemos distinguir, en una primera aproximación, centros pertenecientes tendencialmente al mismo nivel jerárquico.[41]

---

[39] Véase Simon (1955); Fano (1969).

[40] Véase Beckmann (1958); Beguin (1979).

[41] Véase Camagni, Curti, Gibelli (1985); con este enfoque es posible, por ejemplo, definir, de forma sintética, los polos comerciales de un territorio, sustituyendo la población por la dimensión de las superficies de venta al detalle en cada centro y buscando analíticamente la presencia de "escalones" en la *rank-size* correspondiente.

4.6 Jerarquía, dependencia, dominación territorial

Muchos términos y conceptos utilizados en este capítulo nos llevan a realizar un análisis, aunque breve, del tema del "poder territorial". De hecho, el término jerarquía evoca automáticamente una relación no equilibrada entre *partners* o elementos de una estructura; además, como hemos visto, las funciones estratégicas, más elevadas, de la jerarquía urbana se relacionan directamente con las actividades directivas y gerenciales y van explícitamente más allá de las puras relaciones económicas incorporando elementos de control (financiero, organizativo) y de liderazgo político.

Es lícito, pues, preguntarse hasta qué punto está implícita en el concepto de jerarquía no sólo una relación economicofuncional de asignación óptima de los recursos territoriales, sino también una relación de dominio del gran centro sobre el centro pequeño.

Esta nueva dimensión del problema a la que irremediablemente hemos llegado se sitúa en la frontera con otras disciplinas, como la ciencia política y la sociología urbana, potencialmente mejor equipadas para abordarla. No obstante, consideramos que, superando los límites tradicionalmente impuestos por una escuela neoclásica que a menudo ha empobrecido el análisis económico y, también, el análisis espacial, y recuperando un enfoque clásico de "economía política", la disciplina económica puede contribuir a iluminar al menos algunos aspectos del tema del poder utilizando instrumentos analíticos específicos.

En términos generales, estos instrumentos consisten en primer lugar en el análisis de los *precios relativos* de los distintos productos/funciones y de aquellos elementos que permiten al productor (urbano) apropiarse de un *surplus* por encima de los costes de producción; en segundo lugar, en una teoría de la *distribución* de la renta que sepa incorporar estas desviaciones, que no son limitadas ni casuales y sí amplias y sistemáticas, y traducirlas en remuneraciones diferenciales de los factores productivos (urbanos/rurales); en tercer lugar, mostrando las formas a través de las cuales las clases (urbanas) que toman las decisiones estratégicas de inversión, elección de las técnicas, elección de las localizaciones, y, en general, las decisiones de asignación económica y territorial de los recursos, contribuyen a orientar la distribución funcional y territorial de la renta.

Sobre todo en esta tercera dimensión de análisis la teoría económica se encuentra en una condición muy poco satisfactoria, pero la relevancia de los problemas impone continuar la reflexión en este camino. Piénsese, aunque sólo sea intuitivamente, en cómo la tendencia a ahorrar trabajo (*labour-saving*) del progreso técnico, la tendencia a la hipersofisticación tecnológica o al contenido en diseño y en moda de los productos, la proposición de modelos de vida y de consumo típicamente metropolitanos, imponen de forma acumulativa un proceso de utilización cada vez mayor de factores productivos urbanos (trabajo cualificado, información y, por tanto, suelo "central") y penalizan la demanda de factores más abundantes en las áreas periféricas.

Algunos temas relacionados con esta problemática serán tratados con más profundidad más adelante (por ejemplo, en el apartado 6.5); aquí queremos exponer los elementos sobre los cuales se puede basar una teoría económica de las relaciones de dominio en el interior de la jerarquía urbana.

1) *Dependencia comercial.* En una jerarquía estrictamente "anidada" como la descrita por Christaller, en la cual las áreas de mercado de las funciones inferiores están inscritas, aunque sólo parcialmente, en el interior de las áreas de las funciones superiores, y en la cual los centros de rango más elevado desarrollan también las funciones inferiores, las relaciones de intercambio o de transacción son unidireccionales a lo largo de la jerarquía: la gran ciudad vende productos y servicios a la ciudad media, y ésta a la pequeña, sin adquirir nada a cambio. El equilibrio de la balanza comercial de cada ciudad se consigue solamente mediante la consideración del sector agrícola, localizado de forma difusa, que vende a todas las ciudades, sean de la dimensión que sean. Entre las ciudades de distinta dimensión surge, pues, una relación desequilibrada de dependencia comercial.

   Una situación de este tipo se presenta de forma mucho menos acentuada en un modelo de especialización del tipo de Lösch o en un modelo reticular del tipo del de Dematteis.

2) *Aprovechamiento de las imperfecciones del mercado de los bienes finales.* Es posible sostener que, con el crecimiento del nivel de las funciones desarrolladas y de los servicios producidos, se reduce la elasticidad-precio de la demanda y aumentan los factores de imperfección del mercado. De hecho, un mayor nivel jerárquico implica mayor escasez de oferta y menor frecuencia de compra por lo que concierne a la demanda: esto implica verosímilmente una menor sensibilidad de la demanda al precio respecto a los bienes y servicios de uso común. En el mismo sentido actúa el hecho de que estos servicios estén producidos con factores más cualificados, incorporan calidad, información y, por tanto, "diferenciación", y se enfrentan, pues, con unas curvas de demanda más inclinadas, en mayor medida dispuestas a absorber incrementos de precios con una mínima reducción de la cantidad.

3) *Aprovechamiento de las imperfecciones del mercado de los inputs (originales e intermedios).* Bienes y servicios sofisticados, producidos en un ambiente urbano de nivel elevado, incorporan en cascada los sobreprecios de los inputs intermedios y de los factores productivos que nacen de las imperfecciones de los respectivos mercados. Resumiendo, estos mercados son: los de la formación superior, del trabajo cualificado, de la información, de la

dirección, siendo cada uno el productor del input estratégico del mercado sucesivo[42]. Las imperfecciones del mercado residen ampliamente en el factor calidad que, introducido en cada producto/servicio, permite desvincular el precio del coste de producción puro y acercarlo al "valor de uso" del comprador. En el caso de la información (tecnológica, comercial, organizativa) y de la dirección (a menudo remunerada mediante una participación en los beneficios conseguidos por la empresa) este proceso de valorización aparece particularmente claro.

4) *Control*. El control de la compra, asignación y localización de los recursos así como el control de la información económica permite a las funciones gerenciales y financieras poder obtener beneficios a partir de aquellas imperfecciones temporales que nacen de la no perfecta transparencia de los mercados y de la viscosidad en los procesos de ajuste hacia el equilibrio. Además, como ya hemos dicho, la posibilidad de determinar, o por lo menos de orientar, la elección de las tecnologías, de las localizaciones productivas, de los modelos de consumo, así como la dirección del progreso técnico no está libre de consecuencias sobre la valoración de los factores productivos típicamente urbanos.[43]

En términos distributivos, las remuneraciones que de esta forma afluyen a la ciudad pueden agruparse de la siguiente forma:
   – intereses y beneficios que nacen del control sobre los procesos temporales (financiaciones);
   – beneficios que nacen del control de los procesos espaciales (inversiones *off-shore*);
   – *royalties* que nacen del control del mercado de los factores de innovación (licencias y patentes);
   – rentas y beneficios extraordinarios que nacen del control de la información y de la oferta de factores estratégicos particulares.

5) *Liderazgo*. Se trata del nivel más elevado de la jerarquía de las funciones, que están desarrolladas por las *élites* del poder económico pero sobre todo del poder político. Las formas de comportamiento y los sistemas de remuneración de dichas *élites* van más allá de un análisis estrictamente económico, pero también deben ser recordadas para un análisis completo.

El hecho de que en gran medida los efectos de las distintas condiciones de dominio/dependencia puedan ser abordados con los instrumentos analíticos

---

[42] Si el valor del bien final es, smithianamente, "mando sobre el trabajo", la secuencia precedente puede ser definida como *"filière del mando"*; véase Camagni y Pompili (1990).

[43] Esta afirmación está clara en la moderna teoría económica (véase Pasinetti, 1975) pero no ha sido nunca, que sepamos nosotros, profundizada por la teoría económica espacial.

de la economía política no es ni casual ni falto de consecuencias en el plano teórico: éste nos enseña cómo en las economías capitalistas las relaciones jerárquicas no posen una autonomía institucional, como sucedía en otras sociedades en las cuales emanaban directamente del poder militar, político o religioso y, por tanto, no pueden ser gestionadas en términos de simples relaciones de fuerza. Por el contrario, dichas relaciones jerárquicas se fundamentan y tienen su legitimización en relaciones de tipo funcional, esto es, en la eficiencia de los procesos productivos y de la consiguiente división del trabajo, de las cuales representan la necesaria e ineliminable contraparte distributiva.

En el caso específico de la jerarquía de los centros urbanos, hemos visto como esta última se estructura sobre la base de principios exquisitamente funcionales de optimización en el uso del espacio físico, pero como, además, de la consiguiente división territorial del trabajo emergen elementos de dominio que no deben ser dejados de lado, que son cuantificables, aunque con mayor dificultad, en términos de distribución de la renta.

5. EL PRINCIPIO DE COMPETITIVIDAD (O DE LA BASE DE EXPORTACIÓN)

5.1 La base económica urbana

Desde hace mucho tiempo se ha reconocido la necesidad de distinguir de forma simplificada, en el interior de las funciones desarrolladas en la ciudad, entre aquellas funciones que se dirigen a una demanda externa y aquellas que, por el contrario, se dirigen a satisfacer las necesidades de la población residente. Entre las primeras funciones estarían aquellas que plasman las características específicas de la ciudad, su especialización y su papel en la división espacial del trabajo; las segundas, serían las que permiten el sustento de la población urbana ocupada en las primeras.

Ya en 1902 Werner Sombart distinguía en la ciudad las actividades "de base" (*Stadtegründer*) y las actividades "complementarias" (*Stadtefüller*), y gran parte del debate economicourbanístico de los años veinte-treinta en Estados Unidos se asociaba a esta visión dicotómica: por una parte, las actividades fundamentales (*city-funding*) y, por la otra, las actividades de relleno (*city-filling*), generalmente identificadas, por simplicidad, en las actividades industriales y en las de servicios, respectivamente.[1]

A partir de esta visión general se han desarrollado algunos modelos muy simplificados sobre la "fisiología" y la estructura interna de la ciudad, muy a menudo utilizados para efectuar previsiones de desarrollo agregado a corto y medio plazo. Se trata de modelos que, a diferencia de todos los que hemos analizado hasta ahora, no se dirigen a la estructura de las localizaciones de las distintas actividades en la ciudad, sino sólo a la *dimensión y* a la *dinámica cuantitativa* de dichas actividades, agregadas en pocos sectores (por ejemplo, a través de una tabla input-output urbana) o, más a menudo, en tan sólo dos sectores.

Estamos, pues, en presencia de un cambio de enfoque respecto a los capítulos precedentes, que se refleja en el tipo de aproximación y de modelización utilizada, de clara derivación macroeconómica.

---

[1] Véase Sombart (1967); Thompson (1965), Deryckhe (1970).

La ciudad es observada directamente como una gran máquina para producir, un microcosmos que reproduce las características de un sistema económico agregado, cuya única peculiaridad consiste en una "apertura" mucho mayor al comercio exterior. La necesidad de importar todos los bienes primarios, que por definición están excluidos de la producción urbana, así como la imposibilidad de producir toda la gama de bienes y de servicios debido a las reducidas dimensiones del mercado tanto de bienes como de factores, hacen que para la ciudad las exportaciones no sean un hecho casual sino un elemento necesario.

Lo que más nos interesa subrayar de las características de este enfoque agregado es la idea, tal vez más implícita que explícita en muchos modelos, de que para exportar es necesario que la ciudad alcance niveles relevantes de *competitividad externa*. Dicha competitividad se puede alcanzar:

a) mediante la especialización en las funciones características del propio nivel jerárquico, como está implícito en los modelos a la Christaller, en el cual cada centro exporta, en cascada, los productos de dichas funciones a su área de mercado en un proceso unidireccional (los centros más grandes no importan nada de los centros más pequeños, a excepción de los bienes agrícolas de los pueblos). Pero la competitividad puede ser alcanzada mediante procesos menos automáticos, como por ejemplo:

b) mediante la especialización en algunos bienes que se convierten en la "vocación productiva" de una ciudad (como implican los modelos de "base de exportación");

c) mediante procesos específicos de integración entre industria (exportadora) y sector terciario "productivo" (tal como implican las visiones más recientes del mismo proceso);

d) mediante procesos de integración horizontal (por sinergia) o vertical (por complementariedad a lo largo de una "*filière*" de producción), que conducen de todas formas a la especialización y a la exportación.

Una vez explicada, o asumida por hipótesis, la competitividad externa, es fácil y lícito realizar un pequeño paso lógico y afirmar, en línea con gran parte de la teoría del desarrollo económico de origen keynesiano, la centralidad de la dimensión y de la dinámica de las exportaciones para el crecimiento de la ciudad. Las *actividades "de base"*, que trabajan para el mercado exterior, se convierten en el motor de la dinámica urbana. De su crecimiento depende, de hecho, no sólo la ocupación y la renta de quien trabaja en la ciudad, sino también, como resultado de diversos mecanismos de interdependencia en la producción y en el consumo, la ocupación y la renta de las actividades relacionadas, previas a las actividades de exportación, así como la ocupación y la renta de las actividades de servicios que se dirigen a la población urbana total.

Este enfoque, sobre todo por su simplicidad conceptual y la reducida necesidad de datos que comporta, ha disfrutado durante mucho tiempo de una gran fortuna, sobre todo en el ámbito urbanístico, una fortuna que no obstante ha contribuido a acentuar la simplificación de su lógica interna y a olvidar cuanto hemos dicho más arriba: que la afirmación sobre la importancia de las exportaciones puede aceptarse sólo si se explica (o se asume) una competitividad externa de las exportaciones mismas.

Por esta razón, renovadas y más profundas reflexiones recientes han revelado la forma a menudo distorsionante en que el modelo de base de exportación ha sido utilizado, particularmente cuando el objetivo es el de suministrar una explicación teórica del desarrollo de la ciudad. De hecho, en el análisis de los fenómenos de desarrollo local, el *enfoque de demanda* típico de los modelos de base de exportación, ha sido cada vez más explícitamente sustituido por enfoques centrados en la *oferta*: calidad de los factores productivos, sinergias intersectoriales y economías de aglomeración, progreso técnico y capacidad de innovación son vistos, de hecho, como los verdaderos elementos sobre los cuales se fundamenta la competitividad y, por tanto, en última instancia, la capacidad de desarrollo a largo plazo de un área metropolitana.

Desde este nuevo punto de vista, el sector "residencial" o de los servicios, pasa a asumir ya no un papel pasivo, como en la lógica de los modelos de base de exportación, sino un papel activo de precondición de las exportaciones mismas: la calidad de los servicios a las empresas es, pues, uno de los principales canales de difusión del progreso técnico y de las innovaciones organizativas y de producto (y, por tanto, una de las fuentes de la competitividad de la industria local), y también la calidad de los servicios a la población (pensemos tan sólo en la educación, o en la sanidad) aparece, bien pensado, como una condición de desarrollo similar.

Por el contrario, la dinámica de la demanda de un producto específico de especialización, en su volatilidad temporal, puede explicar tal vez sólo a corto plazo los fenómenos de desarrollo territorial. Es muy cierto, de hecho, que el desarrollo de una ciudad especializada en la producción de automóviles depende del crecimiento del mercado mundial de automóviles; pero esto es válido sólo a corto y, tal vez, a medio plazo, mientras que a largo plazo se pone en evidencia la capacidad de sustituir las producciones en declive por nuevas producciones, así como la capacidad de innovación continua del producto y de relanzamiento de la competitividad internacional de la ciudad.

Estas consideraciones han llevado a sostener que hoy en día aún se puede hablar del enfoque teórico de la base de exportación más por "nostalgia" que por su intrínseco valor heurístico.[2] Nosotros consideramos que dicho enfoque ha cons-

---

[2] Véase Richardson (1978), p. 83.

tituido nada menos que un importante paso en la comprensión de los fenómenos urbanos, y que sigue siendo importante también por las profundizaciones (o por los vuelcos lógicos) a los que ha dado lugar.

5.2 Los modelos

En este epígrafe presentamos los principales modelos que han sido propuestos históricamente como formulaciones del principio de la base económica urbana. Dicho principio considera, como hemos dicho más arriba, las actividades "de base", orientadas a la exportación, como elemento determinante de la dimensión global de las actividades económicas urbanas y de su dinámica agregada.

El origen histórico de dichos modelos es doble. Por una parte, tenemos una génesis inicial y pionera dentro del ámbito urbano en los años treinta, en la que la atención se dirige a la dimensión física de las distintas actividades (en particular, a la población y a la ocupación); por la otra, tenemos un sucesivo e independiente fundamento en el ámbito de la macroeconomía keynesiana aplicada a la ciudad, en el que las variables observadas son el producto bruto y la demanda interna y externa. Pertenecen a la primera corriente los modelos (y sus sucesivos refinamientos) presentados en los apartados 5.2.1-5.2.2, y a la segunda los modelos presentados en el apartado 5.2.3. En ambos casos, existen tanto versiones más propiamente estáticas como versiones más dinámicas.

A continuación, presentamos el modelo input-output aplicado al ámbito urbano, el cual también es un modelo "de demanda" que se puede considerar correctamente como una versión desagregada en sentido sectorial del modelo de la base de exportación.

Por último, después de una serie de consideraciones críticas, orientadas a iluminar el papel de los servicios, presentamos esa relevante familia de modelos que han integrado el principio de la base de exportación con el principio de interacción espacial; éstos son conocidos como modelos "generales" o *large-scale* de localización y uso del suelo y su fundador es el modelo de Lowry.

5.2.1 El modelo de la base urbana de H. Hoyt

En los años treinta Homer Hoyt, a la búsqueda de un método simple de definición de las perspectivas de desarrollo de las ciudades americanas para ofrecerlo a la Federal Housing Administration, distinguía la ocupación urbana total (L_t) en ocupación de base (L_b) y ocupación no-de-base o en servicios (L_s), proponiendo las siguientes relaciones:[3]

[3] Véase Hoyt (1954).

$$L_t = L_b + L_s \qquad\qquad [5.1]$$
$$L_b = \overline{L}_b$$
$$L_s = bL_t \qquad 0 < b < 1$$

por lo que, haciendo las adecuadas sustituciones:

$$L_t = \overline{L}_b \times \frac{1}{1 - b} \qquad\qquad [5.2]$$

y en términos de variaciones

$$\Delta L_t = \Delta \overline{L}_b \times \frac{1}{1 - b} \qquad\qquad [5.2 \text{ bis}]$$

El factor $1/(1 - b)$ puede ser considerado un multiplicador de la ocupación urbana, activado por la dinámica de la ocupación de base. Así, una vez obtenida una valoración exógena de la previsible variación de esta última (sobre la base de consideraciones sectoriales y macroeconómicas), es posible, suponiendo la constancia temporal del multiplicador, obtener una previsión del crecimiento de la ocupación global de la ciudad.

Es posible, además, añadir una ecuación para estimar la población sobre la base de la ocupación total, a través de una tasa de actividad $(1/a)$:

$$P = a\, L_t \qquad a \geq 1$$

y reformular [5.1] de forma más correcta:

$$L_s = b' P \qquad 0 < b' < 1 \qquad\qquad [5.1 \text{ bis}]$$

para obtener

$$P = \overline{L}_b \times \frac{a}{1 - ab'} \qquad\qquad [5.3]$$

y

$$L_t = \overline{L}_b \times \frac{1}{1 - ab'} \qquad\qquad [5.2 \text{ ter}]$$

La lógica global del modelo está esquematizada en la figura 5.1*a*.

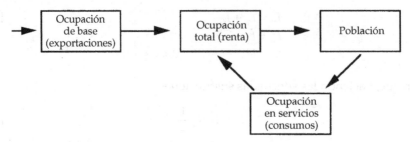

a) El modelo de Homer Hoyt (ecuaciones [5.1]-[5.3])

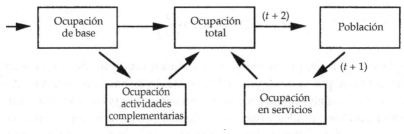

b) El modelo de Stan Czamanski (ecuaciones [5.4]-[5.7])

Figura 5.1. La lógica de los modelos de base de exportación.

5.2.2 El modelo con variables retardadas de Czamanski

Czamanski ha propuesto un modelo muy simple de base económica urbana en el cual introduce un tercer tipo de actividad además de las tradicionales actividades de base y de servicios, las actividades complementarias a las funciones de base (L_c), pero sobre todo se estiman los retardos temporales en que las relaciones del modelo se realizan en la realidad. El modelo se compone pues de las siguientes ecuaciones:[4]

$$P(t) = a_1 + b_1 L_t \, (t - \theta) \qquad\qquad [5.4]$$

---

[4] Véase Czamanski (1964) para el modelo de un periodo, y Czamanski (1965) para el modelo con retardos temporales. En el segundo modelo, aquí presentado, si se supone θ y $\phi = 0$, esto es, se hace abstracción de la estructura de retardos, la solución pasa a ser:

$$P = \frac{a_1 + b_1(a_2 + a_3)}{1 - b_1 b_3} + \frac{b_1(1 - b_2)}{1 - b_1 b_3} L_b$$

que es del todo similar a la expresión [5.3] precedente y estimable mediante una regresión lineal, si los parámetros a y b son constantes. Una aplicación al caso de las ciudades italianas se encuentra en Collidà, *et al.* (1968).

$$L_t = L_b + L_c + L_s \tag{5.5}$$

$$L_c(t) = a_2 + b_2 L_b (t) \tag{5.6}$$

$$L_s(t) = a_3 + b_3 P (t - \varphi) \tag{5.7}$$

Tras haber estimado econométricamente el mejor valor de los retardos (en el caso de Baltimore, estudiado por el autor, se ha encontrado $\theta = 2$, $\varphi = 1$) y el valor de los parámetros, el modelo se puede utilizar para realizar previsiones de crecimiento urbano, sobre la base de la hipótesis de consistencia futura de L_b. La lógica del modelo se puede esquematizar como en la figura 5.1.*b*.

5.2.3 El modelo keynesiano *export-led*

En el periodo posterior a la II Guerra Mundial una formulación distinta del modelo de la base económica es propuesta por Charles Tiebout y Douglas North a partir de un sencillo multiplicador keynesiano de la renta activado por las exportaciones.[5]

Sean Y, C, E, M respectivamente el producto interior (renta), la demanda de consumo, las exportaciones y las importaciones del área urbana, tenemos:

$$Y = C + E - M \tag{5.8}$$
$$C = c\,Y \qquad 0 < c < 1$$
$$E = \bar{E}$$
$$M = m\,Y \qquad 0 < m < 1; m < c$$

De aquí, sustituyendo en [5.8], tenemos:

$$Y = \frac{1}{1 - (c - m)}\, \bar{E} \qquad 0 < (c - m) < 1 \tag{5.9}$$

c y m son las propensiones, medias y marginales, al consumo y a la importación[6] y el término $(c - m)$ puede ser definido, en consecuencia, como la propensión a consumir bienes producidos internamente.

---

[5] Véase North (1955) y, para una presentación completa, Tiebout (1962). Gran parte del debate sobre el modelo de base económica urbana y sobre las relaciones con el modelo keynesiano apareció en los sucesivos números de la revista *Land Economics* a partir de mayo de 1953, y está en parte recogida en Pfouts (1960); véanse en particular los artículos de Andrews y Tiebout, y para una crítica, el de Blumenfeld.

[6] La propensión marginal al consumo es la cuota que se destina a los consumos de un euro de renta adicional; analíticamente, viene dada por $\Delta C / \Delta Y$. Dado que en la función de consumo se ha omitido por simplicidad una constante, aquélla coincide con la propensión media al consumo C/Y. Lo mismo sucede para la propensión media y marginal a importar.

El término $1/[1-(c-m)]$ es el multiplicador keynesiano de las exportaciones. Dicho término nos dice que la renta total es un múltiplo de la demanda de exportaciones y, en clave diacrónica, que cada variación de las exportaciones provoca un aumento más que proporcional de la renta interna.

La expresión [5.9], como se puede observar fácilmente, es equivalente a la ecuación [5.2] del modelo precedente. Ambas consideran las exportaciones (medidas en valor o en ocupados en las correspondientes actividades) como la única variable exógena, y consideran el denominador del multiplicador como un coeficiente vinculado a la demanda (de bienes o de ocupación, c o b) inducida por el nivel de renta o de la ocupación total.

El multiplicador keynesiano se puede expandir en múltiples direcciones. En primer lugar, considerando nuevas variables exógenas, autónomas respecto a la renta (inversiones, gasto público local). Además, desde un punto de vista interregional y, por tanto, con un modelo de muchas regiones o ciudades, expresando las exportaciones del área i como importaciones inducidas por la renta de todas las otras áreas, y de esta manera convirtiendo sus valores en endógenos al modelo. Por último, distinguiendo específicas propensiones a la importación de cada categoría de demanda final (consumos privados, consumos públicos, inversiones, etc.). No obstante, no se modifica ni la lógica ni la sustancia del modelo original.

5.3 El análisis input-output

El análisis input-output, basado en el modelo de las interdependencias sectoriales de Wassily Leontief, es a menudo utilizado para la descripción de la estructura de la economía de la ciudad y para realizar previsiones a corto y medio plazo.

Al estar basado también dicho análisis en una lógica de demanda, puede ser justamente incluido en este capítulo; bien mirado, el modelo de la base económica urbana puede ser considerado un modelo input-output (I-O) simplificado, con sólo dos sectores productivos.

El modelo I-O considera, en una matriz cuadrada $n \times n$, los flujos de ventas (en las filas) y de compra (en las columnas) que se manifiestan anualmente entre los n sectores productivos locales (los llamados "flujos intermedios"). La matriz se completa con una serie de columnas que representan las ventas sectoriales a la demanda "final" (consumos públicos y privados, inversiones, exportaciones), y con una serie de filas que representan las distintas componentes del valor añadido sectorial (las compras de factores productivos originales, trabajo y capital en particular y, por tanto, salarios y beneficios) y las importaciones.

Las sumas de los valores de cada fila, que representan los ingresos totales para cada sector, son iguales a las sumas de los valores de cada columna, que representan el conjunto de los costes, incluidos los beneficios, como en cualquier balance contable; además, la suma de los componentes de la demanda final es igual a la suma de los componentes de la renta o de valor añadido, y ambas representan, en una visión simplificada,[7] el producto interior bruto del área urbana (figura 5.2). En símbolos, llamados A_{ij} los flujos de venta del sector i al sector j:

$$\Sigma_j A_{ij} + (C_i + G_i + I_i + E_i) = X_i \qquad \forall i$$
$$\Sigma_i A_{ij} + W_j + Z_j + M_j = X_j \qquad \forall j \qquad [5.10]$$
$$W + Z = Y = C + G + I + E - M = X - \Sigma_j \Sigma_i A_{ij} - M$$

En una economía cerrada en la que no hay importaciones, expresando cada A_{ij} en proporción al valor de la producción del sector *comprador j*, obtenemos los coeficientes técnicos a_{ij}

$$a_{ij} = \frac{A_{ij}}{X_j} \quad y \quad A_{ij} = a_{ij} X_j$$

Éstos indican cuántas unidades monetarias de producto i son necesarias para la producción de una unidad monetaria del producto j. Sustituyendo en [5.10] y sintetizando los distintos componentes de la demanda final en una única variable D, tenemos, para cada sector i:

$$\Sigma_j a_{ij} X_j + D_i = X_i \qquad \forall i \qquad [5.11]$$

A través de las oportunas operaciones de álgebra lineal en la matriz de los coeficientes técnicos $[a_{ij}]$ se obtiene la llamada matriz "inversa de Leontief" $[b_{ij}]$ que permite el cálculo de la producción de cada sector i causada en su totalidad por la demanda final que se dirige a cada sector j:[8]

$$X_i = \Sigma_j b_{ij} D_j \qquad \forall i \qquad [5.12]$$

---

[7] Se supone que no existen rentas producidas en el exterior por los residentes ni rentas producidas en el interior por no residentes; se hace abstracción de los pagos de contribuciones públicas y de impuestos indirectos.

[8] Expresando [5.11] en términos matriciales, donde X y D son los dos vectores sectoriales de la producción y de la demanda final, A la matriz de los coeficientes técnicos e I la matriz identidad, tenemos:

$$X = AX + D$$
$$(I - A) X = D \qquad [5.11 \text{ bis}]$$
$$X = (I - A)^{-1} D$$

Sea B la matriz inversa de Leontief $(I - A)^{-1}$, tenemos:

$$X = B D \qquad [5.12 \text{ bis}]$$

que corresponde a la expresión [5.12].

	Demanda intermedia	Demanda final				Valor de la producción
	Sectores compradores 1, ..., n	C	G	I	E	
Sectores vendedores 1	$A_{11} \ldots A_{1j} \ldots A_{1n}$	C_1	G_1	I_1	E_1	X_1
⋮	⋮ ⋮ ⋮	⋮	⋮	⋮	⋮	⋮
⋮	$A_{i1} \ldots A_{ij} \ldots A_{in}$	C_i	G_i	I_i	E_i	X_i
	⋮ ⋮ ⋮	⋮	⋮	⋮	⋮	⋮
n	$A_{n1} \ldots A_{nj} \ldots A_{nn}$	C_n	G_n	I_n	E_n	X_n
Trabajo (salarios) Otros componentes del valor añadido	$W_1 \ldots W_j \ldots W_n$ $Z_1 \ldots Z_j \ldots Z_n$		Y			W Z
Importaciones	$M_1 \ldots M_j \ldots M_n$	M_c	M_g	M_I		M
Valor de la producción	$X_1 \ldots X_j \ldots X_n$	C	G	I	E	

Figura 5.2. Estructura simplificada de una tabla input-output (tabla de flujos).

Esta formulación permite calcular no sólo los efectos sectoriales "directos" de una determinada demanda final (expresados por la matriz $[a_{ij}]$) sino también aquellos indirectos, esto es, motivados indirectamente por la misma demanda; por ejemplo, no sólo la producción de acero motivada por la demanda de automóviles, sino también la motivada por los sectores de productos textiles o de los neumáticos, motivadas a su vez por la demanda de automóviles.

La matriz $[b_{ij}]$ se denomina "matriz de los multiplicadores"; su término genérico b_{ij} indica, de hecho, la producción del sector i causada directa o indirectamente por una unidad monetaria de demanda final del producto j.[9] El multiplicador keynesiano agregado puede, de esta manera, desagregarse en un conjunto $n \times n$ de multiplicadores, correspondientes a cada sector productivo y a cada tipo de bien demandado.

[9] Si en la [5.12] los distintos D_j fueran todos iguales a cero a excepción de $D_k = 1$, la producción X_i sería igual a b_{ik}.

Volviendo más directamente a la lógica de los modelos de exportación, disponiendo de la matriz de los coeficientes $[a_{ij}]$ es posible calcular el efecto de un aumento de la demanda externa específica (ΔD_j) sobre:[10]

- la producción de los sectores individuales locales i: $\Delta X_i = b_{ij} \Delta D_j$
- los salarios locales: $\Delta W = \sum_i \Delta X_i \cdot a_{wi} = \sum_i b_{ij} \Delta D_j \, a_{wi}$
  donde $a_{wi} = W_i / X_i$;
- la ocupación local, suponiendo un salario medio sectorial constante w_i^*:
  $\Delta L = \sum_i \Delta W_i / w_i^*$
- la renta local: $\Delta Y = \Delta W + \Delta Z = \sum_i \Delta X_i (a_{wi} + a_{zi})$
  donde z indica los otros componentes de la renta además de los salarios.

La hipótesis básica típica de los modelos I-O, que los coeficientes técnicos permanezcan constantes al aumentar la producción, implica una hipótesis explícita de ausencia de rendimientos de escala; además, la utilización de estos modelos para realizar previsiones o simulaciones de intervención pública implica una hipótesis de constancia de dichos coeficientes en el tiempo.

Estos supuestos no deben considerarse demasiado "fuertes", y que, en consecuencia, limitan el interés operativo del modelo. Mucho más problemático es, en cambio, un segundo aspecto del modelo, que hace referencia precisamente a su utilización en el ámbito regional y urbano.

Los coeficientes de la matriz de una economía local ya no tienen sólo el significado de coeficientes *técnicos*, propios de una economía cerrada (por ejemplo: cuántos euros de acero por un euro de automóviles), sino que se convierten también en coeficientes *de comercio interregional* (cuántos euros de acero *local* por un euro de automóviles). El coeficiente técnico regional (*tr*) se descompone de hecho en la suma de dos coeficientes: un coeficiente de intercambio intrarregional (*rr*) y un coeficiente de importación de otras regiones (*sr*):

$$a_{ij}^{tr} = a_{ij}^{rr} + a_{ij}^{sr} \qquad \forall \, i$$

La matriz que se debe utilizar para calcular los multiplicadores de impacto regional (inversa de Leontief) es, naturalmente, la matriz $[\mathbf{a}^{rr}]$ y no la matriz técnica.

Desafortunadamente, los elementos de la matriz de los intercambios intrarregionales cambian muy rápidamente como consecuencia de los intereses comer-

---

[10] En esta formulación se consideran sólo los efectos directos e indirectos de la demanda final, no aquellos inducidos por los aumentos de renta de los residentes, que a su vez se transforman en una nueva demanda. Para tener en cuenta también estos últimos efectos es necesario "endogeneizar" en la matriz la columna de los consumos y la fila de las rentas (o de los salarios) obteniendo, y utilizando como antes, una matriz ampliada de dimensión $n + 1$. En un cierto sentido, a través de esta operación, se considera el trabajo como un nuevo sector productivo, cuya (re)producción tiene lugar a través los inputs definidos por los consumos privados. Véase al propósito Richardson (1972).

ciales de las empresas o de las dificultades de expansión de la oferta local, cambios que son mucho más rápidos que los cambios en los elementos de la matriz técnica. Suponer la constancia de dichos coeficientes de comercio ante aumentos en la producción local y en el tiempo significa realizar una operación que todavía hoy no parece plenamente justificable ni desde el punto de vista teórico ni desde el punto de vista empírico.[11]

Las tablas I-O son utilizadas más a menudo en el ámbito regional que no en el ámbito urbano o metropolitano, precisamente por la creciente relevancia, a medida que disminuye la dimensión territorial, de los flujos de comercio exterior y de los flujos de renta hacia factores productivos no residentes (piénsese en las rentas de los que trabajan en la ciudad pero viven fuera de ella, es decir, rentas ganadas en la ciudad pero gastadas en el exterior). Dichas tablas constituyen, de todas formas, una interesante fuente de información sobre la estructura de la economía local, sobre su capacidad de exportación, los vínculos entre sus centros, y una forma coherente de sistematización de los datos de contabilidad económica local. Si son utilizadas como base para la realización de ejercicios de previsión o para simulaciones de los efectos de políticas alternativas de demanda pública o de localización de unidades de producción, estas tablas deben ser utilizadas con cautela.

Desgraciadamente, dada la especificidad de la economía de las áreas urbanas y su amplio grado de apertura, es difícil construir tablas I-O sólo con métodos indirectos (métodos *non-survey* o *semi-survey*) y se hace necesaria una investigación directa, a menudo muy costosa.[12]

En el caso de que se quiera, de todas formas, utilizar métodos *non-survey*, generalmente se asume la hipótesis de que la matriz técnica regional es igual a la nacional y, sucesivamente, se valoran los intercambios intra e interregionales realizando, para cada fila de la matriz técnica, una estimación del porcentaje de oferta interna (coeficiente de corrección θ), igual para toda la fila. Si la región o la ciudad resulta ser exportadora neta en el sector i, entonces se supone que toda demanda de i encuentra su correspondiente oferta local (coeficiente de reducción igual a 1); si la región resulta ser, en cambio, importadora neta, el coeficiente de corrección es igual a la cuota de la producción interna sobre la producción de autosuficiencia en el sector i:

$$a_{ij}^{tr} = a_{ij}^{tn} \cdot \theta_i$$

---

[11] Véase Tiebout (1957).

[12] Para una interesante aplicación, véase la tabla I-O de Peterborough (U.K.) construida por Bill Morrison en 1973, citada en Vickerman (1984), pp. 66-7; para críticas y profundizaciones, véase Costa (1978b).

donde

$$\theta_i = 1 \text{ si la región es exportadora neta de } i,$$
$$0 < \theta_i < 1 \text{ si la región es importadora neta de } i.^{[13]}$$

En el caso de que fueran conocidas las exportaciones e importaciones de la región o de la ciudad (hacia el extranjero o hacia las otras regiones del país), como en el caso de las islas,[14] el coeficiente de corrección de fila sería más preciso, y sería igual a la cuota de la producción interna disponible para usos internos $(X - E)$ sobre la demanda interna que se dirige al sector i

$$\theta_i = (X_i - E_i)/(X_i - E_i + M_i)$$

5.4 Valoraciones críticas sobre los modelos de base económica y el papel de las actividades de servicios

5.4.1 La estimación de las exportaciones urbanas

Un primer problema que nace de la utilización de los modelos de base económica urbana está constituido por la carencia generalizada, o inexistencia, de informaciones cuantitativas sobre la consistencia de las exportaciones urbanas, tanto expresadas en valor como en términos de ocupación en las respectivas producciones.

Una primera vía de salida fácil se puede encontrar suponiendo que todas las actividades manufactureras están dirigidas totalmente a la exportación, y que las actividades de servicios y la industria de la construcción están dirigidas a satisfacer una demanda local, ya sea intermedia o final. Si para el sector manufacturero esta hipótesis parece aceptable, no lo es en cambio para los otros sectores: sobre todo al aumentar la dimensión urbana, la creciente especialización y sofisticación de los servicios ofrecidos hace que se dirijan no sólo al mercado local, sino a un mercado provincial, regional y a menudo supraregional.[15] Para las ciudades de arte o las grandes capitales históricas, el turismo y las actividades comerciales relacionadas constituyen con todo derecho una base de exportación urbana.

---

[13] En general, en este caso θ_i se hace coincidir con el cociente de localización; véase el siguiente apartado.

[14] Quien escribe ha utilizado los datos de movimientos físicos de mercancías de las estadísticas portuarias para la construcción de la primera tabla I-O regional *non-survey* en Italia, la de Cerdeña. Véase Camagni (1982).

[15] Del citado estudio de Morrison para la construcción de una tabla I-O de una ciudad de media dimensión, se observa como la media de las exportaciones de los sectores manufactureros urbanos se sitúa más allá del 90%, pero ésta mantiene niveles elevados también para muchas actividades de servicios: servicios profesionales y científicos (68%), bancos y seguros (46%), comunicaciones (79%), comercio al por mayor (50%), transportes (42%).

Un método utilizado muy a menudo para la estimación de las exportaciones en el caso de disponer de información sobre el valor de las producciones sectoriales, de su valor añadido o de su ocupación, es el de los "cocientes de localización". Se compara la cuota de cada sector en el total de la producción urbana local (*c*) con la misma cuota en un área de referencia, por ejemplo, la nación (*n*), y en el caso de que la relación supere la unidad se considera la proporción que excede como expresión de un excedente neto respecto a las exigencias de la demanda local y, por tanto, de exportaciones netas:

$$QL_i = \frac{X_{ic}}{X_c} / \frac{X_{in}}{X_n}$$

(*X* puede ser aquí cualquier variable desagregada sectorialmente, disponible a nivel urbano y nacional; la ocupación medida en los censos es generalmente utilizada con este objetivo).

El método tiene notables limitaciones, puesto que considera similares las estructuras de demanda local y nacional y, al menos en la formulación simplificada aquí presentada, no considera la existencia de exportaciones netas nacionales; además, permite estimar las exportaciones netas de importaciones, mientras que para el modelo es necesario disponer de las exportaciones brutas. Y también, si se aplica a la ocupación, implica asumir niveles de productividad iguales en el espacio.

Está claro que, en el caso de disponer de un marco de contabilidad económica urbana desagregada sectorialmente, organizado como en la tabla I-O anteriormente descrita, no hay problemas de identificación de la base de exportación.[16]

Como siempre, el grado de aceptabilidad de soluciones imperfectas depende en gran medida del uso que se quiera hacer del modelo; si es utilizado para suministrar un orden de magnitud de la importancia de las distintas actividades urbanas y de su impacto total sobre la economía local, y si no existen otras informaciones, se pueden utilizar valores incluso aproximados de las variables en juego. La simplicidad de utilización de los cocientes de localización en los modelos de base de exportación es la razón fundamental de su amplio uso empírico.

5.4.2 Límites al principio de la base económica urbana

El principio de la base económica urbana, en sus distintas versiones, nace en un contexto de análisis estático: la relación entre actividad de base y no-de-base y el multiplicador keynesiano son instrumentos conceptuales que conciernen a la

---

[16] Para los países europeos existen estadísticas de exportaciones e importaciones a nivel regional. No existen en cambio datos sobre el comercio interregional entre las distintas áreas en el interior de un mismo país.

estructura de las variables, urbanísticas o macroeconómicas, más que a su interacción dinámica. La utilización, no obstante, de este principio y, debemos decir, la utilidad del modelo están ligadas a una extensión de tipo dinámico o cuasi-dinámico de estas relaciones.

De aquí surgen, no obstante, notables problemas técnicos y conceptuales. Si se corresponde al sentido común la observación de que una ciudad tiende a prosperar cuando "tira" la demanda de los productos de su especialización y que, por el contrario, al reducirse dicha demanda se genera crisis y la posible desaparición de la ciudad, es necesario decir que el modelo, por una parte, formaliza de forma mucho más estricta esta afirmación y tiende, por otra parte, a extenderla hacia periodos de tiempo probablemente incompatibles con la rigidez de sus hipótesis de partida.

Procediendo en orden creciente de importancia de las posibles observaciones críticas, podemos, en primer lugar, decir que las versiones agregadas, tradicionales, del modelo pueden presentar limitaciones precisamente a causa de dicha agregación: el crecimiento de la demanda de un determinado sector "de base" puede inducir un tipo de desarrollo completamente distinto que el mismo crecimiento de la demanda pero de otro sector de especialización; por ejemplo, si el primero incorpora inputs intermedios de origen exterior en lugar de internos al área. En este caso sería necesario utilizar un modelo más desagregado y una tabla I-O.

En segundo lugar, el modelo supone que no existen "cuellos de botella" por el lado de la oferta que limiten el crecimiento de los sectores locales, sean éstos de exportación o de servicios; supone, pues, que existen factores productivos no ocupados, capacidad productiva no utilizada, o posibilidad de expansión inmediata y a coste cero de dicha capacidad. En ausencia de estas condiciones, una expansión de la demanda exterior puede generar crecimiento de los precios a igualdad de producción antes que expansión de la producción.

Esta consideración limita la validez del modelo como instrumento de análisis del desarrollo a corto plazo y, por tanto, en el periodo de tiempo en el cual, en una primera aproximación, puede ser mejor utilizado. De hecho, no está claro en cuánto tiempo los impulsos externos pueden transmitirse completamente a los sectores internos de servicios.

A largo plazo, la utilización del modelo choca con el problema de la estabilidad de los multiplicadores. Efectivamente, es un hecho empíricamente consolidado que al aumentar la dimensión urbana crece la cuota de las actividades no de base, por efecto de un progresivo fenómeno de *import sustitution*; también el modelo de lugar central, presentado en el capítulo precedente, nos indica cómo las ciudades de rango más elevado, con un mercado más amplio, tienden a producir directamente una serie de servicios que las ciudades más pequeñas deben importar. Este proceso incide sobre el valor del multiplicador en la medida que la ciudad crece a lo largo del tiempo y, por tanto, dicho multiplicador no puede ser considerado constante a largo plazo.

Pero a largo plazo cambian también otros elementos sobre los cuales, implícitamente, se fundamenta el modelo: las capacidades competitivas de los sectores de especialización, la especialización misma de la ciudad. Utilizar en el ámbito temporal del largo plazo el modelo de la base significa aceptar una estabilidad temporal en la división espacial del trabajo y en los flujos comerciales territoriales que sólo a corto plazo puede ser dada por descontada. Y dejar de lado las relaciones de competitividad recíproca entre las distintas ciudades para centrarse exclusivamente en las tasas de crecimiento de la demanda nacional o internacional de los sectores de la respectiva especialización significa obligarse a pasar por alto lo que es más relevante (y más interesante) en los procesos de desarrollo: el cambio estructural.

5.4.3 El análisis *shift-share*

Es posible traducir estas últimas observaciones en términos de un análisis formalizado de estadística descriptiva anteriormente citado: el *análisis shift-share*.

Dicho análisis descompone la tasa de desarrollo diferencial de un área local o una ciudad respecto al sistema de referencia (nacional) $(\hat{X}_c - \hat{X}_n)$ en dos efectos:

- un "efecto de composición" o efecto *MIX*, que nace de la fuerte presencia en la economía local de aquellos sectores que a escala nacional muestran una dinámica más acentuada y, por tanto, que presentan una demanda más rápidamente creciente:

efecto de composición: $MIX_c = \Sigma_i \dfrac{X_{ic}^0}{X_c^0} \left(\dfrac{X_{in}^1}{X_{in}^0} - \dfrac{X_n^1}{X_n^0} \right)$ [5.13]

  (donde X es la variable observada –ocupación o valor añadido–, c y n indican ciudad y nación y 0 y 1 se refieren al año de observación[17]), y

- un "efecto competitivo" o "efecto diferencial" *DIF*, que nace de la capacidad del área de desarrollar cada sector, en promedio, con tasas superiores a las de los correspondientes sectores nacionales (o por efecto de una mayor dinámica interna o por efecto de atraer empresas externas al área):

efecto competitivo: $DIF_c = \Sigma_i \dfrac{X_{ic}^0}{X_c^0} \left(\dfrac{X_{ic}^1}{X_{ic}^0} - \dfrac{X_{in}^1}{X_{in}^0} \right)$ [5.14]

---

[17] Como se observa, los sectores dinámicos presentan un valor positivo en el paréntesis y pueden determinar un fuerte desarrollo local si están fuertemente presentes en la economía de la ciudad (el primer cociente del segundo miembro).

El efecto de competitividad puede ser calculado analíticamente también en el caso de que no se disponga de los datos sectoriales a escala urbana para el año final. Dado que, de hecho, la suma de los dos efectos, de composición y de competitividad, da por definición la tasa de desarrollo diferencial de la ciudad respecto al área de referencia,[18] tenemos:

$$DIF_c = \hat{X}_c - \hat{X}_n - MIX_c = (\frac{X_c^1}{X_c^0} - \frac{X_n^1}{X_n^0}) - MIX_c$$

Volviendo a la reflexión crítica sobre el modelo de la base de exportación, podemos decir que la utilización de dicho modelo para realizar proyecciones a largo plazo significa, en términos del análisis *shift-share*, suponer que el componente del mix sectorial es el componente más relevante del desarrollo local: deberían crecer más que las otras aquellas ciudades que están especializadas en los sectores más dinámicos a escala nacional, o sea, en aquellos sectores en los que se prevé una demanda con más vigor. El desarrollo por efecto de la "competitividad" específica de la ciudad, que es aquel que genera en el tiempo cambios en la especialización y en la posición relativa de los centros, sería dejado de lado como simple efecto residual.

Pero observando el desarrollo de las regiones europeas durante los últimos treinta años nos damos cuenta de que el componente del *mix* sectorial explica tendencialmente cada vez menos el desarrollo relativo de las distintas áreas, mientras que es cada vez más importante la capacidad competitiva específica, aunque ésta esté centrada en sectores no particularmente dinámicos en el sistema económico global;[19] lo podemos expresar así, la dinámica de la demanda nacional cae en segundo plano respecto al dinamismo específico de la oferta local.

Cuanto acabamos de decir se puede esquematizar como en la figura 5.3, donde sobre los ejes situamos las tasas de desarrollo de los distintos sectores, a escala nacional (eje horizontal) y local (eje vertical); cada sector está representado por un punto sobre el plano cartesiano. Se puede observar que:

i) Un efecto *MIX* favorable nace a partir de una fuerte presencia en la economía local de sectores que se sitúan en el lado derecho del gráfico (sectores *A - B - C*).

ii) Un efecto DIF favorable nace de la situación prevaleciente de los distintos sectores locales por encima de la línea discontinua, inclinada de 45°.

iii) Los sectores situados por encima de la línea continua, la cual puede estar por encima o por debajo de la línea discontinua en función de que la tasa de desarrollo total del área local sea superior o inferior a la tasa nacional,

---

[18] Se puede fácilmente demostrar, sumando la expresión [5.13] y la [5.14], que *Dif + Mix = Total Shift*, entendiendo con este último término la tasa de desarrollo diferencial de la ciudad $(\hat{X}_c - \hat{X}_n)$.

[19] Véase Camagni y Cappellin (1980), (1981), (1985).

son los sectores en los cuales existe una "ventaja comparativa" del área examinada (*A - D - E - F*).

iv) La mejor condición urbana se puede relacionar con una fuerte presencia de sectores que se sitúan en el cuadrante *A* de la figura (esto es, sectores "dinámicos" que encuentran en el área los mejores resultados) o también en el cuadrante *B* (en el cual la dinámica local es más débil, pero de todas formas suficiente para mantener un elevado desarrollo global). Se trata de los casos en los que el modelo de base de exportación puede ofrecer resultados útiles.

v) Pero una condición igualmente favorable puede derivarse de una especialización en sectores que, si bien son sectores "tradicionales" o "de crisis", como los sectores *D* o *E*, la fuerte competitividad local genera elevadas tasas de desarrollo; en este caso, el crecimiento de la demanda nacional, muy reducida, no puede explicar el éxito local (es el caso de muchas áreas de la llamada "Tercera Italia" en los años setenta).

vi) Una especialización en sectores que se sitúan en el cuadrante *C* pondría igualmente fuera de juego un modelo de base de exportación como instrumento de previsión del desarrollo: de hecho, la demanda nacional de

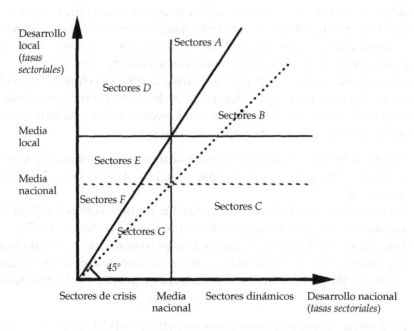

Figura 5.3. El desarrollo sectorial relativo y los efectos competitivo y composición (análisis *shift-share*).

dichos sectores es elevada, pero la competitividad local, muy reducida, no permite obtener las debidas ventajas.

vii) Una especialización en los sectores del tipo *F* o *G* haría, en cambio, diagnosticar fácilmente una crisis relevante.

En síntesis, podemos decir que, en el análisis de las perspectivas de una determinada área urbana, si en una primera aproximación y por consideraciones de corto plazo, es lícito observar la dinámica nacional (o internacional) de los sectores de especialización, para una valoración más ponderada y para proyecciones de más largo plazo no se puede prescindir de la valoración de la competitividad local, ya sea desde el punto de vista de las posibilidades de mantenimiento de una ventaja comparativa histórica, ya sea desde el punto de vista de la capacidad de respuesta dinámica a las posibles turbulencias de la demanda exterior, o ya sea, por último, desde el punto de vista de las posibilidades de desarrollo de nuevos sectores de ventaja comparativa.

5.4.4 El papel de los servicios

Estas últimas consideraciones nos llevan a reflexionar sobre un importante elemento fundamental de la dinámica urbana: el papel de los servicios.

Ya hemos visto cómo una elevada *performance* local no se puede basar solamente en el crecimiento de la demanda exterior, sino que a ésta se le debe unir una clara competitividad del tejido productivo urbano; dicha competitividad no puede ser fruto más que de la calidad de los factores productivos locales, de su flexibilidad y capacidad de crecimiento.

Está bastante claro que la competitividad de una economía local se traduce en una elevada *performance* local de las industrias exportadoras, y a través de dicha *performance* puede ser más fácilmente medida, analizada y proyectada en el tiempo; pero está igualmente claro que, si estamos buscando una teoría sobre los elementos de fondo que pueden explicar el desarrollo local, dichos elementos no se pueden encontrar en el "fenómeno" estadístico de las exportaciones, sino en la estructura subyacente que las manifiesta y las determina.

Esta problemática ha dado lugar en el pasado a debates, tan apasionantes como inconclusos, entre Tiebout, Pfouts, Britton Harris, Blumenfeld y el historiador Douglas North.[20] Por una parte, se han llevado al extremo las críticas a la teoría de la ba-

[20] El debate fue acogido por el *Journal of the American Institute of Planners*, nº 24, 1958, y por *Land Economics* con una serie de nueve artículos de R. Andrews, del nº 2 de 1953 al nº 1 de 1956; véase también Pfouts (1960), North (1955). El debate entre North y Tiebout está recogido en Friedmann y Alonso (1964); para una traducción italiana, véase Secchi (1965), en el cual se presentan los ensayos de mayor interés de la colección de Friedmann y Alonso; véase también la Introducción de Secchi.

se de exportación, afirmando que son precisamente los sectores no-de-base los que determinan la *performance* local a largo plazo, ya que a través de su contribución los factores productivos locales adquieren calidad (pensemos en el papel de las estructuras educativas y de formación profesional), encuentran una adecuada localización sectorial (pensemos en el papel del sector bancario y financiero) y mejoran su eficacia económica (pensemos en los servicios de consultoría tecnológica, organizativa y comercial, o en los servicios de comunicación y transporte).

Por otra parte, ha sido fácil rebatir que, si toda la estructura productiva, secundaria y terciaria, se orienta y se especializa en una determinada dirección, y la demanda mundial se orienta en sentido opuesto, la crisis es inevitable, sea cual sea la competitividad local. Esplendores y miserias de muchas ciudades americanas se han relacionado con estas evoluciones fluctuantes.

Pero más allá del reconocimiento, casi banal, de que ambos elementos, de oferta y de demanda, de exportación y de servicios, son relevantes para el desarrollo local, se puede presentar una ulterior consideración de tipo puramente dinámico: un fuerte y avanzado sector de servicios a la producción (y también de servicios a la población) desarrolla una función crucial, ya que genera flexibilidad y capacidad de adaptación de la economía local, en el sentido que estimula una capacidad continua de rápida sustitución de los sectores con demanda tendencialmente en declive por nuevos sectores modernos y dinámicos. En la acertada expresión de Thompson, la verdadera base de exportación de la ciudad reside "en la creatividad de sus universidades y centros de investigación, en la sofisticación de sus empresas de ingeniería y de sus instituciones financieras, en la capacidad de persuasión de sus agencias de relaciones públicas y de publicidad, en la flexibilidad de sus redes de transporte y de servicios públicos", es decir, en esa densa infraestructura de actividades de servicios que permite una fácil movilidad de los factores productivos, su continua y rápida reconversión hacia producciones siempre nuevas.[21]

Como en otros muchos casos, el debate sobre el papel del sector servicios ha sido viciado por una definición imprecisa de los mismos, y por una clasificación demasiado agregada y "residual", que une actividades de contenido y función completamente diferentes. La competitividad de una ciudad no está ciertamente influida por la presencia de sofisticadas tocinerías o de salas de cine de vanguardia, sino que está fuertemente vinculada a la calidad de la formación universitaria o de las sociedades de consultoría tecnológica o gerencial.[22]

---

[21] Véase Thompson (1968), p. 53.

[22] Este razonamiento prescinde da la posibilidad de que muchos servicios urbanos, aunque típicamente dirigidos a la población, puedan ser exportados (por ejemplo, a través la demanda turística). Como he escrito en otra ocasión, hay tal vez más base de exportación en las piernas de una bailarina del Crazy Horse que en los brazos de un (obrero) metalmecánico de la Renault. Véase también Cappellin (1986) y Senn (1991).

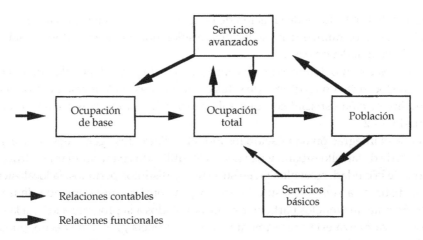

Figura 5.4. La lógica de un modelo de base de exportación integrado con los servicios.

En términos más formales, es posible dividir la ocupación de los servicios en las dos categorías de servicios avanzados y de servicios básicos, e introducir este elemento dinámico, dado por la capacidad de los servicios avanzados de regenerar la base de exportación urbana, en los modelos presentados más arriba.

La lógica de estos modelos puede ser, en consecuencia, reformulada como en la figura 5.4 en donde, respecto a la precedente figura 5.1 se ha introducido una relación de *feed-back*: una creciente dimensión de la ocupación y de la población urbana genera el nacimiento de servicios avanzados cualificados –en cuanto permite superar posibles indivisibilidades tanto por el lado de la demanda de dichos servicios como por el de la oferta de fuerza de trabajo especializada– y éstos a su vez interactúan con la ocupación de base permitiendo renovar su competitividad y la composición sectorial interna. Se puede demostrar que, en este caso, la población crece linealmente en el tiempo, si no se presentan deseconomías de dimensión urbana y si las relaciones entre las variables son lineales.

5.5 Los modelos generales de desarrollo urbano y uso del suelo

En los modelos hasta aquí presentados, la ciudad es considerada como una unidad agregada en sentido espacial. Pero el proceso multiplicativo que informa el modelo de la base económica urbana puede ser aplicado de forma espacialmente desagregada, espacialmente a cada una de las zonas en las que una ciudad se puede dividir (a partir de, por ejemplo, una red rectangular). La ocupación de base, exógena, localizada en cada zona, lógicamente pone en marcha un mecanismo de atracción de población y de creación de ocupación en servicios, población y ocupación que verosímilmente no se localizará solamente en la zona donde está instalada la ocupación de base.

Es en este punto donde es posible integrar en la lógica del modelo original una lógica de localización territorial de estos componentes, en la forma de dos modelos de interacción espacial con una sola restricción como los presentados en el apartado 3.4.2.

De esta integración han nacido los modelos, llamados "generales" o "*comprehensive*", de desarrollo urbano y uso del suelo, utilizados para simular la estructura interna de la ciudad, su evolución en sucesivos y distintos periodos, la localización de las distintas actividades, su interacción y la consiguiente demanda de transporte. Se trata de modelos particularmente adaptados a la programación y a la previsión, cuya fuerza está precisamente en su coherencia global; de hecho, pueden ser de ayuda para el planificador ya que indican los efectos indirectos, en todas las diferentes zonas de la ciudad, de algunas intervenciones o cambios localizados: mejoras en la accesibilidad de una zona, por ejemplo, debido a la realización de un puente, la instalación de una nueva unidad de producción, deslocalización de una fábrica, establecimiento de una particular restricción urbanística, etc.

El modelo original de esta familia, el modelo que ha marcado la lógica de base de todos los modelos y refinamientos sucesivos, es el modelo propuesto en 1964 por Ira Lowry para Pittsburgh.[23] Como sucede en el caso de todos los experimentos pioneros, son muchos los límites de este modelo en su formulación original: la especificación de la interacción espacial aún es ingenua, basada en el concepto de "potencial", y no satisface las bien conocidas restricciones aditivas indicadas en el capítulo 3; las distintas categorías de residentes no están tratadas separadamente y la población está considerada de forma agregada en cada zona de la ciudad; solamente son considerados un número restringido de variables instrumentales y de restricciones de la política urbanística y no aparecen factores de atracción residencial de las diversas zonas de la ciudad. No obstante, la lógica subyacente al modelo es extremadamente potente (tanto es así que tan sólo ha sido superado en los años ochenta con la aparición de los modelos dinámicos), simple y esencial, y todavía hoy nos sorprende por su inusual elegancia.

5.5.1 El modelo de Lowry

El modelo de Lowry se propone simular la estructura de los usos del suelo urbano en un momento dado, sobre la base de un conjunto limitado de información: la entidad y la localización de las actividades industriales en la ciudad y la matriz de

---

[23] Véase Lowry (1964); Camagni (1992c, apartado 7.4.1).

distancias y de tiempos de transporte entre una zona y otra. En concreto, este modelo estima:

a) la dimensión de la población urbana total y su localización en las *n* zonas en las que se divide la ciudad;

b) la dimensión de la ocupación en servicios a la población y su localización en las mismas zonas;

c) el *pattern* de los desplazamientos casa-trabajo y casa-tienda (o de todas formas, los desplazamientos para adquirir servicios) y, por tanto, la demanda de transporte total en la ciudad.

Si bien el modelo requiere operar internamente a través de sucesivas iteraciones, éste no posee un carácter dinámico, sino que, al contrario, simula una "metrópolis instantánea". El instante en el cual se recoge dicha estructura es aquel, actual o en perspectiva, al cual se refieren las variables exógenas del modelo y, particularmente, la ocupación de las actividades industriales (o de base) y su localización.

Como ya se ha dicho, la lógica interna del modelo consiste en la fusión orgánica y elegante de dos hipótesis teóricas: la teoría de la base económica urbana –que permite estimar la entidad de dos variables ligadas a la base económica, la población residente y la ocupación en los servicios– y el principio de interacción espacial, en la forma de dos modelos de potencial gravitatorio bajo una sola restricción, que son utilizados para situar la población alrededor de los puestos de trabajo (modelo residencial) y la ocupación en servicios alrededor de las residencias y de los puestos de trabajo (modelo localizativo de los servicios). Está claro que la hipótesis subyacente a la parte localizativa del modelo es aquella que considera la elección residencial como una elección guiada solamente por consideraciones de accesibilidad a los lugares de trabajo (sin considerar, por ejemplo, el elemento del coste del suelo), y la elección de localización de los servicios como una elección guiada, en este caso completamente aceptable, por consideraciones de accesibilidad respecto a la clientela potencial.

La estructura lógica del modelo se puede sintetizar de forma del todo similar a la utilizada para ilustrar el modelo estándar de la base económica urbana (figura 5.1*a*), añadiendo los dos modelos de interacción espacial que desagregan los valores totales de la ocupación en servicios y de la población residente en cada una de las zonas de la ciudad (figura 5.5). La ocupación total (L^T) está dada por la suma de la ocupación de base, industrial, y de la ocupación en servicio ($L^B + L^S$); la ocupación total genera, a través la tasa de actividad, la dimensión de la población y ésta genera a su vez, mediante una serie de coeficientes de activación de ocupación en servicios por persona residente, la ocupación de *k* sectores de actividad de ser-

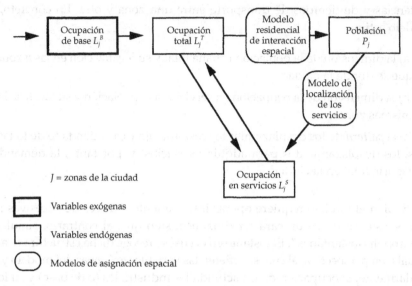

Figura 5.5. La lógica interna del modelo de Lowry.

vicios.[24] La distribución territorial de esta última variable está determinada por las localizaciones residenciales pero, en parte, también por la localización de la ocupación total, ya que correctamente se supone que, para utilizar los servicios de estas actividades (comercio al detalle, oficinas bancarias, bibliotecas, etc.), se originan desplazamientos no sólo desde las residencias sino, limitadamente a la misma zona de la ciudad, también desde las sedes de los puestos de trabajo.

El modelo consta, en su formulación original, de nueve ecuaciones simultáneas y tres restricciones en forma de inecuación. Como ya se ha dicho, las ecuaciones de los dos modelos de interacción espacial están especificadas de forma no satisfactoria, pero hoy en día, pueden ser oportunamente sustituidas por ecuaciones que satisfacen respectivamente la restricción de destino (para el modelo de localización residencial) y la restricción de origen (para el modelo de localización de los servicios).

La lógica operativa del modelo entero se resume en el diagrama de flujo de la figura 5.6.

[24] Como se ve, la lógica económica del modelo es precisamente la de la base de exportación, una lógica, es cierto, simplificada, pero operativa y suficientemente sólida. No se entiende pues la afirmación de Wilson (1974, p. 243) según la cual atribuir dicha característica al modelo constituiría una "crítica (!) distorsionante e injusta". También si, como ha propuesto Wilson, el mecanismo de determinación de la ocupación inducida estuviera basado en un modelo *input-output*, se permanecería dentro la misma lógica del modelo de base, una lógica de demanda, relativamente mecánica, con la única ventaja, cuantitativa pero no cualitativa, de la mayor desagregación.

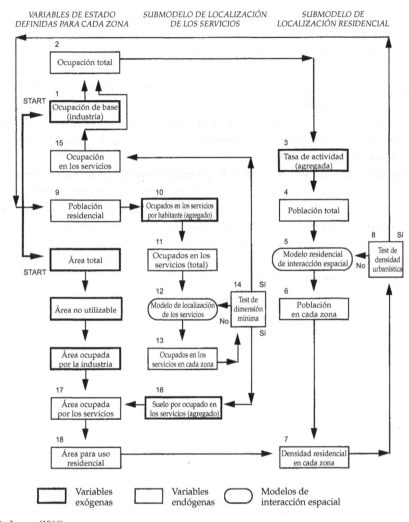

VARIABLES DE ESTADO DEFINIDAS PARA CADA ZONA *SUBMODELO DE LOCALIZACIÓN DE LOS SERVICIOS* *SUBMODELO DE LOCALIZACIÓN RESIDENCIAL*

Fuente: Lowry (1964).

Figura 5.6. La lógica operativa del modelo de Lowry.

5.5.2 Algunos refinamientos sucesivos

Ya hemos dicho que los dos modelos de interacción espacial utilizados por Lowry, que él llama "modelos de potencial", están especificados de forma ingenua e insatisfactoria. Ya en una formulación matricial del modelo presentada por Garin en 1966, y sucesivamente por obra de Wilson, los dos modelos han sido sustituidos por formulaciones algebraicamente más coherentes, similares a las nuestras [3.14] - [3.15].[25]

Las primeras aplicaciones del modelo realizadas en Italia han utilizado estas especificaciones;[26] pero es necesario decir que, a pesar de la presencia, en particular en Turín, de escuelas que han contribuido sensiblemente al desarrollo teórico de este modelo, éste nunca ha entrado a formar parte de la praxis urbanística corriente de nuestro país, a diferencia de cuanto sucede en los países anglosajones donde desde hace tiempo está considerado un soporte indispensable a las decisiones de intervención territorial.

El modelo de Lowry ha sido sucesivamente desarrollado, en principio en clave estática y después en una clave casi dinámica (o de estática comparada) y dinámica, sobre la base del principio de maximización de la entropía de Wilson. En los primeros dos casos podemos decir que, más allá de los refinamientos metodológicos y matemáticos, no ha cambiado la lógica economicoespacial de fondo; el verdadero salto cualitativo se ha producido, en cambio, con la aparición de los modelos dinámicos en los años ochenta.[27]

---

[25] Véase Garin (1966); Wilson (1971 y 1974).

[26] Véase Bertuglia, Rabino (1975), para el ámbito territorial de Biella; Costa, Piasentin (1976), para el ámbito territorial de Venecia.

[27] Véase el capítulo 9 de Camagni (2000b). Para los desarrollos del modelo de Lowry en los primeros diez años posteriores a su formulación, véase Wilson (1974); Camagni (1977); para los desarrollos siguientes, véase Rabino (1991); Campisi (1991).

6. LA RENTA DEL SUELO URBANO

6.1 Para una teoría general de la renta del suelo urbano

El concepto de renta del suelo urbano ha aparecido varias veces en el tratamiento anterior, en particular en la lógica interna de los principios de organización espacial de la ciudad y de los respectivos modelos formales. La renta ha aparecido como estrechamente asociada a las decisiones localizativas de las empresas y de las familias y, por tanto, como elemento del todo interno a los fenómenos que construyen el espacio económico: ventajas de aglomeración, demanda de accesibilidad, necesidad de interacción con todas las actividades localizadas.

La renta del suelo urbano, en estos procesos, constituye la objetivación en términos económicos y de precio, y la asignación a cada específico "lugar", del valor que los actores económicos atribuyen explícita o implícitamente a cada "localización" territorial en sus procesos de definición de las elecciones localizativas, productivas y residenciales. En la mayor parte de los casos, la valoración es explícita y se manifiesta en una disponibilidad a pagar (y a recibir, para el propietario) un determinado precio máximo (mínimo) y, por tanto, un precio de mercado por el uso de cada porción de suelo urbano. En otros casos, la valoración emerge sólo implícitamente de las decisiones de localización y de movilidad y, por tanto, asume la forma de un "precio sombra", expresión, de todas formas (y, tal vez, todavía más útil, en ausencia de un precio de mercado), del valor económico de un recurso escaso como es el suelo urbano y de cada una de sus específicas porciones.[1]

La renta, por tanto, está estrechamente ligada a procesos de optimización: optimización en la localización de cada actividad productiva y residencial, optimización en la asignación de los recursos territoriales entre usos alternativos, minimi-

---

[1] Se define "precio sombra" como el precio que es implícitamente asignado a los recursos escasos, en el momento en que éstos son objeto de demanda para finalidades económicas, en los modelos de asignación óptima de dichos recursos, como los modelos de programación lineal. Dicho precio nace de las soluciones del modelo expresado en forma "dual", esto es, en la forma de un problema de minimización de los costes en lugar de maximización de un resultado (producción). Véase Dorfman, *et al.* (1958); para algunas aplicaciones a los problemas territoriales, véase Camagni (1992c, apartado 7.2).

zación de los costes de movilidad y transporte. La renta es, pues, el precio que mantiene en equilibrio demanda y oferta de suelo y realiza la mejor asignación territorial de los recursos para la colectividad en su conjunto (en un contexto estático en el cual, es necesario subrayarlo, las rentas personales y las funciones desarrolladas por cada individuo y por las distintas clases sociales en la sociedad son supuestas exógenas y no forman parte del proceso de optimización[2]).

Siendo éstas las principales conclusiones alcanzadas hasta aquí, parece llegado el momento de profundizar y al mismo tiempo ampliar el análisis de la naturaleza económica de la renta urbana. El suelo, no sólo urbano, es de hecho un factor productivo *sui generis*, sujeto a leyes económicas particulares y merecedor de un tratamiento específico en el interior de la teoría económica.

En primer lugar, la renta que nos hemos encontrado hasta aquí es una renta que emerge de consideraciones principalmente de tipo microeconómico y microterritorial (el precio de cada una de las porciones del espacio urbano); parece necesario, más allá de esto, interrogarse también sobre su dimensión global y agregada, considerándola, en sentido macroeconómico y macroterritorial, como una cuota distributiva de la renta (nacional o urbana) agregada que va a parar a una específica clase social, la clase de los propietarios o *rentiers*.

En segundo lugar, el suelo, y en particular el rural, es un recurso en gran medida original, no creado por el hombre, y por esto mismo escasa o difícilmente expansible y sujeto, por tanto, a una potencial utilización monopolística y destinado a obtener una potencial remuneración extraordinaria. El suelo urbano, en cambio, no es ciertamente un factor "original" ya que está producido por inversiones infraestructurales y aglomeración de actividad; a corto plazo, no obstante, éste es en gran medida no expansible agregadamente, por lo que se ajusta a la lógica general arriba mencionada. Además, a cada una de sus porciones se le aplica perfectamente el calificativo de escasez con referencia a sus específicas propiedades de accesibilidad.

En tercer lugar, una característica general del suelo, sea éste urbano o rural, es la de tener aparentemente un papel en la producción social general que deriva no tanto (o no sólo) de una prestación productiva específica, sino de elementos del todo externos: para el suelo urbano, de los procesos generales de urbanización de la población y de las actividades, de la proximidad de infraestructuras de transporte, de un "centro" urbano, de otras actividades relacionadas; para el suelo agrícola, de la presencia de condiciones de fertilidad otorgadas por la naturaleza. En general, es posible afirmar que, a diferencia de cuanto sucede para los otros factores productivos, la remuneración de la "tierra" no tiene la función de estimular

---

[2] Es posible extender los criterios de óptimo social a todo el equilibrio económico general y a su proyección intertemporal; pero la correspondiente teorización es, en gran parte, controvertida y sometida a juicios de valor, y de todas formas excede ampliamente nuestro tema específico.

la oferta agregada total, sino sólo la de optimizar la asignación de los recursos y de generar una cuota distributiva. La renta como "ingreso no ganado" y sustraído de las demás actividades ha sido a menudo indicada como fuente de ineficiencia económica e injusticia social y sus receptores como enemigos de la colectividad.

Muchos de estos temas han sido a menudo abordados de forma ocasional y poco coherente, y han sido fuente de apasionantes debates ideológicos y políticos; a veces, han desviado la teoría y la práctica disciplinar en materia urbanística, ya que han sido planteados de forma poco rigurosa. Una profundización y una consideración directa parecen, pues, necesarias, sobre todo porque la materia se presenta naturalmente muy compleja e incluso las mejores teorizaciones dejan en muchos sentidos todavía sin resolver algunos aspectos fundamentales.

El interés analítico sobre la naturaleza y los determinantes de la renta ha sido objeto en el pasado reciente de amplias oscilaciones y modas. Por un lado, la síntesis neoclásica de Marshall y Walras de inicios de siglo ha cerrado, de alguna forma, la reflexión económica oficial sobre la renta en general, mientras que las contribuciones de Alonso, Muth, Mills y Solow de los años sesenta han configurado la visión *mainstream* sobre la renta urbana, de derivación thüneniana.

Por otro lado, en ámbito marxista, los años sesenta y setenta han visto un florecimiento de intereses y de reflexiones, desafortunadamente a menudo reducidas a la interpretación no siempre crítica del pensamiento de Marx, bruscamente interrumpida sucesivamente. Como se verá, el principal mérito de esta última tradición de estudios ha sido el de mantener en vida el concepto marxiano de renta "absoluta", un concepto que, oportunamente revisado, puede, a nuestro juicio, unirse útilmente al clásico y neoclásico de renta "diferencial", remediando algunas aporías de la teoría oficial, y completar una teoría general de la renta del suelo urbano.

Un análisis exhaustivo de la renta urbana debe necesariamente ampliar sus límites a las teorizaciones de la renta del suelo agrícola y, en particular, al modelo clásico de Ricardo, e incluir las teorizaciones económicas más generales sobre la renta *tout-court* como remuneración de todo recurso escaso y no expansible.

En los apartados siguientes examinaremos, en primer lugar, *las condiciones* para la formación de una renta en general, a continuación las fuentes o los *determinantes genéticos* de la renta del suelo, por último, *la naturaleza* económica de la renta, la urbana en particular.

6.2 Condiciones económicas para la formación de una renta

En economía se define como "renta", en analogía con la remuneración de los suelos, la remuneración que cualquier factor (o bien) de oferta limitada recibe por encima de sus costes de producción.

Las condiciones económicas para la formación de una renta, en el sentido que acabamos de decir, son dos:

- una curva de oferta tendencialmente vertical (en el caso de un límite físico insuperable para su expansión) o de todas formas inelástica[3] en el tramo relevante (la curva SS' en las figuras 6.1a y b);
- una curva de demanda que exprese una disponibilidad a pagar un precio superior al coste de producción del factor o del bien.

La primera condición expresa el efecto de escasez: cualquier recurso natural presente en cantidad superior a la demanda (por ejemplo, el agua, pero no en el desierto o en una situación de contaminación ambiental) no obtiene una renta; esta última surge sólo en el caso que la demanda aumente (de DD hasta $D'D'$ en la figura 6.1a) y la oferta no sea expansible. En este caso, el suministrador del recurso escaso obtiene una renta igual a la diferencia entre precio y coste de producción ($p^* - c$: el área gris de la figura representa la renta total).[4]

La segunda condición expresa la existencia de una demanda solvente y que el suministrador puede explotar. La renta será, a igualdad en otras condiciones, tanto mayor cuanto menores son las posibilidades de sustituir el factor en cuestión por factores alternativos baratos (en caso de perfecta sustituibilidad, la curva de demanda del factor será horizontal y el precio no podrá ser superior al del factor alternativo) y cuanto mayor es la necesidad que el comprador tiene de poder disponer del factor en cuestión (un hecho que se expresa en la mayor inclinación de la curva de demanda).[5]

La situación de curva de oferta vertical es propia de algunos casos particulares; en economía urbana representa una situación de corto-medio plazo, en el que la oferta de terreno urbanizado debe ser considerada constante. A largo plazo, generalmente la oferta pasa a tener una inclinación positiva (aunque quede de todas formas, tendencialmente, inelástica) por efecto de posibles expansiones de la oferta con nuevas urbanizaciones, realizadas con costes crecientes.[6]

---

[3] Una curva (por ejemplo, de demanda o de oferta) se define como inelástica si una determinada variación porcentual de la variable independiente (el precio) provoca una variación (negativa y positiva, respectivamente) menos que proporcional, o en el límite nula, en la variable dependiente (la cantidad demandada u ofrecida). En el caso contrario, la curva se define como elástica.

[4] Por precio p de la tierra se entiende aquí, como para todos los factores productivos, el precio por el *uso de los servicios* de la tierra, no el precio de la propiedad de la misma.

[5] Recordemos que la existencia de una curva de demanda inelástica es una condición fundamental para que pueda existir una situación de monopolio, o sea, para que incluso un único vendedor pueda explotar al comprador restringiendo la oferta. En caso contrario, de hecho, de demanda elástica, un aumento monopolístico del precio haría reducir por definición la cantidad demandada de forma más que proporcional, reduciendo el ingreso total del vendedor.

[6] Como afirma correctamente Granelle (1988), "el espacio urbano no es solamente consumido, sino que también es producido" (p. 23); por tanto, a medio y largo plazo la oferta es expansible.

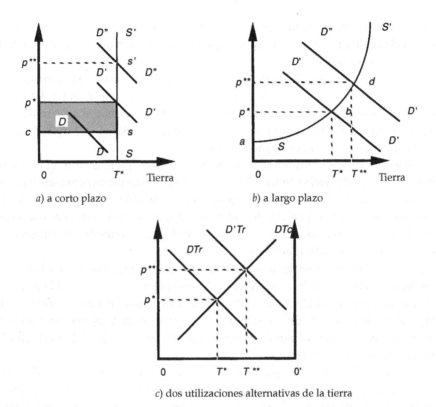

a) a corto plazo   b) a largo plazo

c) dos utilizaciones alternativas de la tierra

Figura 6.1. Demanda-oferta de tierra y renta del suelo.

En conclusión, la formación de una renta del suelo nace del encuentro entre una oferta y una demanda de tipo particular; en palabras de Marshall, dicha renta constituye "simplemente una de las principales aplicaciones de un corolario particular de la teoría general de la demanda y de la oferta".[7]

Es importante, llegados a este punto, reflexionar sobre cinco elementos que ya emergen del simple análisis aquí presentado, teniendo como referencia el caso de la renta del suelo:

a) Ambas condiciones arriba mencionadas, de demanda y de oferta, deben estar presentes al mismo tiempo. Esto a menudo se olvida; por ejemplo, cuando se discute, a nivel teórico, de los efectos de un aumento de la demanda de suelo (que expanden la renta *sólo si* la oferta permanece limitada y rígida), o cuando se discute de los efectos de una restricción especulativa de la oferta (que, para crear un

[7] Véase A. Marshall (1977), libro VI, cap. XI, p. 523.

diferencial de renta, debe siempre compararse con una demanda solvente, o sea, con una demanda por parte de sujetos que del factor adquirido pueden obtener una ventaja económica).

b) Las condiciones antes mencionadas definen una situación generalmente *monopolística*, que está presente en todos los tipos de renta (agrícola y urbana) que analizaremos seguidamente; justamente Adam Smith afirmaba a propósito: "la renta de la tierra, considerada como el precio pagado por el uso de la tierra, es pues *naturalmente* un precio de monopolio".[8]

c) Las dos condiciones antes mencionadas existen plenamente en el ámbito urbano: tenemos de hecho "naturalmente" escasez de terrenos centrales y accesibles, una masa de terrenos urbanizados no expansible a corto plazo, y una demanda interesada tanto en la ciudad en sí (aglomeración), como en una accesibilidad específica (al centro), como en una accesibilidad generalizada (interacción con todas las demás actividades urbanas).

d) El precio por el uso de la tierra y la renta aumentan si aumenta la demanda de tierra (con el *caveat*[*] indicado en (a)). A corto plazo (figura 6.1*a*), si la demanda aumenta de $D'D'$ hasta $D''D''$, la renta total aumenta del área gris al área $css'p^{**}$; a largo plazo, suponiendo una posibilidad de expansión de la oferta con costes crecientes, la renta (marshalliana) coincide con el "excedente del productor" y aumenta de abp^* a adp^{**} (figura 6.1*b*).

A este propósito, es útil destacar un caso que a primera vista parece diferente del analizado, el caso en el que a corto plazo son posibles dos usos alternativos de la misma tierra urbana, por ejemplo, para residencia y para localizaciones comerciales, en lugar de un único uso. Dada la cantidad total de tierra disponible (O – O' en la figura 6.1*c*), subdividida en usos residenciales (T_r, a la izquierda) y en usos comerciales (T_c, a la derecha), así como las dos respectivas curvas de demanda DT_r y DT_c, el precio quedaría establecido en el nivel p^* y las correspondientes cantidades asignadas a los dos usos serían O – T^* y T^* – O'. Si aumentara la demanda de tierra para usos residenciales a $D'T_r$ tendríamos un aumento del precio y de la renta también para los terrenos dedicados a usos comerciales, si bien su demanda no ha aumentado: esto deriva claramente de la rigidez de la oferta *total* de tierra disponible.

e) Recordando el hecho de que la demanda de tierra es una demanda derivada de la demanda de sus productos ("trigo" para la tierra agrícola; "servicios", digamos, en general, para la tierra urbana), y que por tanto el precio que se está dispuesto a pagar por la tierra deriva del precio de estos productos,[9] se puede fácil-

---

[8] Véase A. Smith (1977), cap. XI ("Sobre la renta de la tierra"), p. 145.

[*] N. del T.: aviso, advertencia.

[9] En los textos de economía se enseña que la demanda de un factor y, por tanto, el precio que se está dispuesto a pagar por cada unidad del mismo, es igual al producto marginal en valor de ese factor, esto es, a su producto marginal multiplicado por el precio (del producto).

mente ver como el nivel de la renta es elevado porque es elevada la demanda y, por tanto, el precio del producto final (trigo o servicios), y no viceversa. Es ésta una ley de la economía clásica de la distribución, que afirma que la renta no entra en el coste de producción de una mercancía, sino que *deriva* del precio de la mercancía misma, como resultado de las condiciones monopolísticas más arriba mencionadas. En otras palabras, la renta es un fenómeno vinculado a la *distribución* del ingreso más que a su producción. "Salarios o beneficios altos o bajos son las causas del nivel de los precios; una renta alta o baja es el efecto de dicho nivel", afirmaba Adam Smith; y David Ricardo resumía en la misma longitud de onda: *corn is not high because a rent is paid, but a rent is paid because the corn is high.*[10]

Una vez definidos precio y cantidad de tierra utilizada sobre la base del modelo demanda-oferta que acabamos de presentar, es posible analizar la distribución de la renta producida entre las tres grandes clases sociales y las tres grandes categorías de renta: salarios, beneficios y rentas, sobre la base del modelo clásico ricardiano de la renta del suelo agrícola.

El producto total está definido por (la integral de) la curva del producto marginal físico del trabajo aplicado a la tierra, una curva inclinada negativamente como consecuencia de la ley de los rendimientos decrecientes: en el caso de la llamada "renta intensiva", como consecuencia del rendimiento decreciente de dosis sucesivas de trabajo y capital aplicadas a la misma cantidad de tierra; en el caso de la "renta extensiva", como consecuencia de la escasez de tierras fértiles.

En este último caso, ordenando las tierras en sentido decreciente de fertilidad y suponiendo una relación trabajo/tierra constante, una vez definida exógenamente la demanda de tierra T^* sobre la base de la demanda de trigo[11] y dada la curva del producto marginal $PmgL$ (figura 6.2), la distribución del ingreso tendrá lugar de la forma siguiente:[12]

- la porción de tierra marginal, la última puesta en cultivo en correspondencia de T^*, no obtendrá ninguna renta, debido a la competencia entre los propietarios de tierras ultra-marginales; pero todas las tierras inframarginales obtendrán una remuneración igual a la diferencia entre su producto y el producto de la tierra marginal (en total, el área *rbs*);

---

[10] Véase A. Smith (1977), p. 146; D. Ricardo (1971), p. 98.

[11] O sea, sobre la base de la demanda de trabajo total expresada por el nivel de acumulación del capital alcanzado en el sistema económico: el trigo es considerado "bien-salario".

[12] Con rigor, la curva del producto marginal se refiere al trabajo empleado en tierras cada vez menos fértiles; dada la hipótesis de una relación constante tierra/trabajo, es posible interpretar dicha curva como referida a la tierra. El modelo está presentado de forma admirable y sintética en Kaldor (1956).

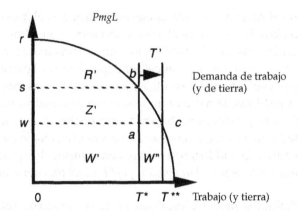

Figura 6.2. Distribución de la renta en el modelo ricardiano de renta diferencial extensiva.

- los trabajadores obtendrán un salario de "subsistencia" (estamos en una economía clásica del siglo XVIII) igual a Ow y, por tanto, una masa salarial total igual a $OwaT^*$;
- la tasa media de beneficio es lo que queda del producto de la tierra marginal después de haber pagado los salarios, o sea, sw y los beneficios totales serán iguales al área $swab$.

En el caso de que, a consecuencia "del desarrollo global de la sociedad" y, por tanto, del aumento de la demanda de trabajo y de trigo, se pusieran en cultivo ulteriores tierras, cada vez menos fértiles, la tierra marginal T^{**} sería ahora el término de comparación, la tierra sin renta a cuya productividad se comparan las tierras inframarginales; todas las tierras utilizadas en precedencia verían en consecuencia aumentar su renta y el área de la renta total se ampliaría al área rcw; el trabajo obtendría siempre el mismo salario unitario, y ampliaría la masa salarial al área $OwcT^{**}$ por efecto del aumento de la ocupación en las nuevas tierras puestas en cultivo; los beneficios tenderían a caer y, en la figura, incluso a desaparecer, según una tendencia secular prevista por todos los economistas clásicos.

El modelo es importantísimo para el análisis económico de la renta en cuanto:

a) pone en evidencia el *carácter diferencial* de la renta misma: la renta se forma por efecto de la diferencia de productividad de las tierras puestas en cultivo (*decay of productive power*) o, visto en el sentido opuesto, como diferencia respecto a los costes de producción de las tierras menos fértiles y marginales; si todas las tierras fueran igual de fértiles, no existiría, según Ricardo, ninguna renta;

b) introduce un método de investigación de las condiciones de equilibrio sobre la base de conceptos "marginalistas", un método que será generalizado posteriormente por los economistas neoclásicos;

c) muestra cómo el régimen de propiedad de los suelos no tiene ninguna influencia en la aparición de la renta, sino que simplemente autoriza la apropiación de la misma por parte del propietario terrateniente;

d) una vez definidas sobre la producción de la tierra marginal (T^* o T^{**}) las tasas de beneficio y de salario, la renta asume un carácter "residual" de apropiación del excedente producido por las tierras más fértiles;

e) "el interés del propietario terrateniente siempre es opuesto al interés de cualquier otra clase de la comunidad":[13] éste, de hecho, se opondrá a cualquier progreso técnico en la agricultura que disminuya la necesidad de cultivar las tierras menos fértiles, así como a la apertura de las fronteras al comercio exterior del trigo, que tendría el mismo efecto. Estos procesos tendrían, en cambio, el efecto de reducir las rentas y el precio de la "subsistencia", aumentar la tasa de beneficio, reducir la cantidad de trabajo necesario en la agricultura liberándolo para otras actividades.[14]

Los elementos (a) y (b) serán retomados por la escuela neoclásica que elaborará, en particular Walras, una teoría de la "productividad marginal" de la tierra y una teoría de la renta como remuneración de dicha productividad; los elementos (d) y (e) serán, en cambio, el caballo de batalla de toda la tradición marxista, que insistirá en el concepto de renta como apropiación de un excedente de producción. En ambos casos, se insistirá *sólo sobre una* de las condiciones para la formación de una renta recordadas más arriba: la ventaja de productividad para la demanda y la escasez de la oferta, respectivamente.

Entre los economistas neoclásicos, Alfred Marshall realiza una lectura del fenómeno y una síntesis global que, a pesar de introducir la renta en un contexto más general de teoría del valor de intercambio basado en la demanda y en la oferta, no traiciona la esencia del complejo mensaje de Ricardo.[15] La tierra es considerada

[13] Véase D. Ricardo (1951), p. 21.

[14] A este propósito, Adam Smith cita un ulterior ejemplo de contraste de intereses: la oposición de los propietarios terratenientes del campo de Londres al mejoramiento de los transportes externos de la ciudad, lo que habría destruido el monopolio de las tierras más cercanas a la ciudad. Véase: A. Smith (1977), p. 148.

[15] Véase Marshall (1977); Guigou (1982), título III, cap. III. La síntesis neoclásica del equilibrio general de Léon Walras va en cambio más allá en términos de abstracción teórica: cada factor, en una lógica circular de interdependencia total, recibe una remuneración que es al mismo tiempo residual (desde un punto de vista de equilibrio parcial) y ligada a su productividad marginal (desde un punto de vista de equilibrio general). Walras aceptaría el resultado del análisis de Ricardo presentado en la figura 6.2, interpretándolo como expresión de un caso de renta "intensiva" (sobre el eje de abscisas estarían dosis sucesivas de trabajo y capital a aplicar sobre una cantidad constante de tierra): trabajo y capital, utilizados en proporciones fijas, recibirían el equivalente de su productividad marginal, pero el área de la renta R que emergería, de carácter residual, sería exactamente igual a aquella, ya no residual, que

como un factor particular, no producido por el hombre y no reproducible, por lo que va tratado, aunque sea en el interior de una teoría general del valor, como un caso a parte.[16]

Y el carácter residual de su remuneración es mantenido por Marshall y reforzado por una consideración política final. En el caso de que todo el ingreso de la tierra fuera apropiado por el estado bajo la forma de un tributo del 100%, esto sería desde un punto de vista político una acción drásticamente radical, dado que "sería destruida la seguridad y socavados los fundamentos de la sociedad"; pero desde un punto de vista puramente económico y, por tanto, suponiendo, por ejemplo, que dicho tributo haya sido impuesto "desde el principio", "el vigor de la industria y de la acumulación no sería necesariamente dañado".[17]

emerge del análisis paralelo del producto marginal de dosis sucesivas de tierra a aplicar a una cantidad constante de trabajo y capital. No obstante, este resultado presupone tres condiciones fundamentales: un largo plazo de observación, la ausencia de elementos de monopolio y de restricción de la oferta, y la presencia de *rendimientos de escala constantes* en la producción global. La aceptabilidad de estas hipótesis es, naturalmente, cuestión de "gustos", sobre todo por las consecuencias "políticas" que se derivan: en el modelo de equilibrio general la tierra entra con pleno derecho entre los factores de producción recibiendo una remuneración que tiene las mismas características economicopolíticas de las de los otros factores. Está bastante claro que dicho resultado, y la hipótesis de ausencia de elementos de monopolio, está en completo contraste con la reflexión presentada más arriba (el punto e). Volveremos más adelante sobre un ulterior elemento relevante: el supuesto de rendimientos de escala constantes en el modelo de equilibrio general, que contrasta, en el caso de la economía de la ciudad, con la existencia podemos decir "genética" de economías de aglomeración, un elemento que abre la puerta a la aparición de una renta de carácter ya no solamente diferencial.

[16] El análisis "residual" tiene la ventaja de mostrar cómo, en situaciones de restricción monopolística de la oferta de un factor *cualquiera*, este último disfrutaría de una renta exactamente de la misma forma que el propietario de tierras escasas. Un caso interesante podría ser el de una corporación medieval que controle todo el trabajo "cualificado" de una ciudad, manteniendo limitada su oferta mediante "barreras institucionales a la entrada"; en tal caso, permitiendo una expansión del área urbanizada sin restricciones, la tierra urbana obtendría como remuneración solamente su coste de oportunidad (una renta agraria) y todo el excedente producido sería apropiado por la corporación, bajo la forma de una remuneración extra del trabajo controlado. De la misma forma, hoy en día, las corporaciones de comerciantes y de restauradores de las ciudades de elevado contenido historicoartístico reciben, mediante el mecanismo de los controles de entrada al sector, una parte de la renta creada por la demanda turística internacional.

[17] Véase el libro VI, cap. 9, par. 351, p. 619 de la primera edición italiana de los *Principles* de Marshall de 1905, realizada a partir de la cuarta edición inglés. Es interesante notar cómo este apartado y el siguiente (que aceptan, al menos desde un punto de vista económico, la hipótesis de un impuesto sobre la propiedad de la tierra como el propuesto por Henry George y por el "georgismo", hipótesis tachada como subversiva por León XIII en la *Rerum Novarum*) ya no aparecen en la última edición autorizada por Marshall de 1920 ni en las sucesivas reimpresiones. Una similar posición había sido expresada por Smith (1977), libro V, parte II, pp. 834-5, y retomada por Marx en las *Teorías sobre la plusvalía* (1954), tomo II, p. 447, polemizando con Ricardo (que a su juicio manifiesta sobre este punto "unos escrúpulos de verdadero pequeño burgués").

6.3 Los determinantes genéticos de la renta del suelo

6.3.1 Fertilidad y posición

Si las consideraciones realizadas hasta aquí conciernen a *las condiciones* para la formación de rentas *en general*, ahora pasaremos a analizar *las fuentes y los determinantes genéticos* de la renta en el caso más restringido de la *renta del suelo* (tanto agrícola como urbana).

Se trata de distinguir las razones por las cuales se forma una *demanda* de tierra, dispuesta a pagar, por el uso de la tierra misma, un precio superior al de la simple producción. En el coste de producción incluimos los intereses sobre el capital utilizado originalmente para hacer cultivable la tierra y para hacer el suelo urbano utilizable para usos residenciales o productivos; en ambos casos, los pagos por estos *avances primitivos* no forman parte en sentido estricto de la renta del suelo.

Desde los tiempos de Adam Smith, dos son las fuentes reconocidas de la renta del suelo: la *"fertilidad"* de la tierra y la *"posición" (situation)*, esto es, su localización en relación con los mercados.[18] Estos dos elementos han sido posteriormente examinados analíticamente por los dos grandes de la teoría clásica de la renta: respectivamente, por Ricardo para la renta vinculada a la fertilidad del suelo y por Von Thünen para la renta "de posición" (ya presentada en el apartado 2.2).

El modelo de renta agrícola de Ricardo, basado en la distinta fertilidad de la tierra, ha sido analizado en el apartado anterior. Von Thünen, si bien reconociendo la existencia de la renta por fertilidad, analiza directamente como problema teórico (pero también operativo) específico la renta que nace de la demanda de localización de las actividades económicas.

Atraídas por una localización más cercana al centro urbano, donde se sitúa el mercado de todos los productos, con el objetivo de limitar el coste de transporte, las distintas actividades agrícolas están obligadas a ordenarse en distancias cada vez mayores del centro por el mecanismo de la competencia por el suelo más accesible. Estas actividades están dispuestas a pagar, para tener el derecho de instalarse

---

[18] Véase A. Smith (1977), p. 147. "La tierra en los alrededores de una ciudad da una renta mayor que una tierra igualmente fértil, en una zona remota del campo". Estas afirmaciones, y las ya citadas anteriormente de este autor, indican cómo la contribución pionera de Smith al definir los pilares de una teoría de la renta es muy relevante y todavía generalmente subvalorada. "Fertilidad" y "situación topográfica de las tierras" son las "causas generales" de la renta también para Marx, en el *Capital* (Marx, 1974, libro III, tomo II, cap. 39, p. 752) y en las *Teorías sobre la plusvalía*, donde subraya cómo "en la renta del suelo de las casas [renta urbana], la posición constituye, para la renta diferencial, un elemento no menos decisivo que la fertilidad y la posición en la renta agraria" (Marx, 1954, vol. II, p. 447). Un precursor, ampliamente citado por Marx en esta última obra, es William Petty, que ya en 1662 distinguía la localización del terreno como una fuente de renta.

en las distintas porciones del territorio, una renta máxima dada por la diferencia entre el precio de los productos y la suma de costes de producción y transporte; la producción que será capaz de pagar más por cada terreno obtendrá su disponibilidad (véase la figura 2.1 en el capítulo 2).

Analíticamente, la renta se configura en el modelo de Von Thünen como una transferencia de renta del productor al propietario del terreno igual, para cada unidad territorial, al ahorro que la accesibilidad específica permite en los costes de transporte respecto al terreno más distante puesto en cultivo. Por tanto, localización de las distintas producciones y renta efectiva son definidas al mismo tiempo en un proceso que presenta una cuádruple naturaleza de optimalidad:

- optimalidad en la localización de las actividades, ya que los terrenos más accesibles son asignados a las producciones que pueden pagar la mayor renta, o sea, a aquellas que obtienen la máxima ventaja de la accesibilidad misma;
- optimalidad para los propietarios de la tierra, que maximizan la renta globalmente obtenida;
- optimalidad social, ya que se maximiza el valor del producto obtenido de la tierra disponible, neto de los costes de transporte;
- optimalidad social, ya que se minimiza el coste de transporte total pagado por las distintas actividades.

Las últimas tres afirmaciones se pueden demostrar intuitivamente observando una sencilla figura, la 6.3, en la cual se reproduce el conocido equilibrio de Von Thünen añadiendo los costes de producción c por unidad de suelo (que incluyen un margen de beneficio "normal"), que por simplicidad se suponen iguales para los distintos cultivos. Si la renta unitaria ofrecida por cada producción está dada como es habitual por:

$$r = (p^* - c - \tau \delta)\, x$$

donde x es la producción por unidad de suelo, en la figura se presentan las curvas correspondientes al producto unitario o valor añadido de cada cultivo (y), dadas por la suma de las rentas pagadas (costes de producción + renta), a su vez iguales al ingreso por unidad de suelo ($v = p^*x$) netos de los costes de transporte:

$$y = r + cx = p^*x - \tau \delta x \qquad [6.1]$$

Así pues, la tierra es asignada a los cultivos que ofrecen una renta mayor, y esto maximiza, además del área de la renta total, el área del producto total, situado debajo de la curva dibujada en negrita. Los costes totales de transporte están formados por el área $T_a + T_b + T_c$ de la figura 6.3; dichos costes se minimizan gracias

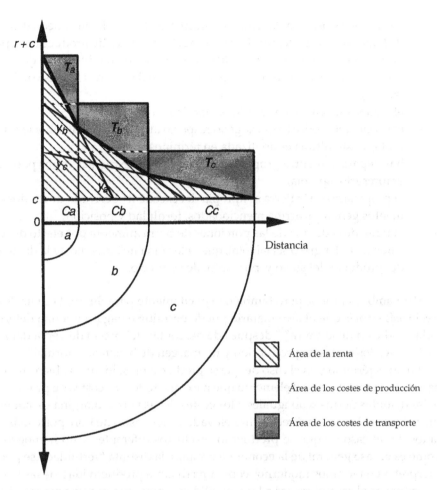

Figura 6.3. Producción bruta y coste de transporte en un modelo del tipo de Von Thünen, bajo la hipótesis de homogeneidad de los costes unitarios.

al hecho de que las producciones con los costes de transporte por unidad de suelo (τx) más elevados, esto es, con las curvas de renta ofertada más inclinadas, se localizan más cerca del centro.

Los dos modelos de Ricardo y de Von Thünen, si bien elaborados en dos ámbitos culturales diferentes y separados, y si bien presentando ambos una visión original del problema teórico específico, presentan amplias similitudes en su lógica interna[19] que parece oportuno subrayar:

[19] Véase Guigou (1982), pp. 321-22.

- en ambos casos, la renta tiene un carácter *residual* (es lo que queda después de haber sustraído del precio del producto los costes de producción y, para Von Thünen, de transporte) y *diferencial* (nace de una diferencia de rendimiento o de coste respecto a las tierras marginales, menos fértiles o más distantes);
- el análisis se realiza en términos marginalistas;
- el precio del producto es exógeno respecto al modelo de distribución de la renta, y esta última es analizada en términos reales;
- hay separación entre propiedad del suelo y su explotación por parte del empresario agrícola;
- el propietario de la tierra se apropia del excedente derivado de los dos elementos genéticos arriba mencionados, fertilidad y posición;
- la renta de cada una de las porciones de tierra aumenta por efecto del crecimiento del ingreso social total, que determina un aumento de la demanda del producto del suelo y, por tanto, de su precio.

Para ambos autores, pero también explícitamente para Smith, la renta "es el precio *más elevado* que el arrendatario puede permitirse pagar para una determinada condición de la tierra"[20] después de descontar del precio de venta del producto todos los costes de producción y un margen de beneficio "normal".

En otros términos, en el caso de que se produzca un solo tipo de bien en todas las tierras, la renta es aquel elemento que hace que todos los costes de producción de las distintas tierras sean iguales a los costes de las tierras marginales, aquellas que presentan los costes directos más elevados o los costes de transporte más elevados. En el caso de que se produzcan productos diferentes y no homogéneos (como es el caso general de la economía urbana), la distinta "fertilidad" se puede interpretar en términos modernos como una distinta productividad de las tierras más cercanas al centro gracias a las posibilidades ofrecidas por una mayor disponibilidad de "información"; en este caso, en presencia de precios e ingresos diferenciados en el centro respecto a la periferia, la renta es ese elemento que rebaja todos los ingresos netos al nivel de los obtenidos en las tierras marginales.

El modelo de Von Thünen ha sido tradicionalmente utilizado en economía urbana, y ha dado origen, como hemos visto en el capítulo 2, a una entera tradición de pensamiento (la *new urban economics*) que considera la accesibilidad como el principio genético fundamental de la ciudad y el modelo de derivación thüneniana como el instrumento más adecuado para comprender su lógica más profunda. No obstante, también el modelo ricardiano, gracias a las similitudes ahora recordadas con el modelo de Von Thünen, se puede utilizar directamente con el mismo objetivo, como veremos en el último apartado de este capítulo, siempre que

---

[20] Véase A. Smith (1977), p. 144.

la accesibilidad sea más útilmente interpretable como instrumento de expansión de los ingresos (y, por tanto, sea más similar a una "fertilidad") que no como simple instrumento de reducción de costes, ya sean éstos de transporte o comunicación.

6.3.2 Algunas consideraciones de equidad y de bienestar social

En el paso de Ricardo a Von Thünen, no se modifica la lógica de fondo del enfoque de la renta del suelo. Al contrario, se enfatiza el aspecto distributivo de la renta, que considera la renta como "ingreso no ganado", que depende de lo que se desarrolla alrededor de cada lugar específico: la localización relativa del "centro", la presencia de infraestructuras de transporte, la evolución del precio de los productos y los procesos generales de urbanización de la población en el caso de la economía de la ciudad.

A propósito de la renta urbana, son válidas las palabras al respecto de Marshall: la renta nace de un "valor de posición" (*situation value*) cuya parte más grande está constituida por *public value*.[21]

Por otra parte, permanece intacta la otra cara de la moneda, el hecho de que la renta exige como condición para su formación la existencia de una demanda, la presencia de actividades que obtengan ventajas de la "proximidad" y que estén dispuestas a pagar (bajo la forma de renta) todo el beneficio extraordinario obtenible gracias a la proximidad.

En este sentido, dicha renta es ineliminable en cuanto nace de una ventaja objetiva (de productividad, de coste o de utilidad) y existe también independientemente del régimen específico de la propiedad privada de los suelos. Más aún: incluso en el caso de que el suelo (urbano) fuera de propiedad pública, el estado debería imponer para su uso el mismo precio que se fijaría en el caso de propiedad privada, con el objetivo de no determinar una asignación subóptima de un recurso escaso y estratégico como es la tierra, y de realizar sobre ella el máximo producto y minimizar el coste total social de transporte.

Existe una tradición de análisis que se ha ocupado de comparar bajo los distintos aspectos del bienestar social una condición de propiedad privada (*PP*) del suelo respecto a una condición de libre acceso (*LA*).[22] Se pueden sintetizar los resultados obtenidos como sigue:

i)   La condición de *PP* genera una cantidad de producto social mayor, y debe ser considerada (a diferencia de la condición de *LA*) como un sistema institucional económicamente eficiente.

---

[21] Véase Marshall (1977), libro V, cap. XI, p. 366.
[22] Véase Weitzman (1974), Ball (1985), De Meza e Gould (1987), Evans (1988c).

ii) En el caso de *PP*, la cantidad mayor de producto es todo o casi todo apropiado por los propietarios de los suelos.

iii) Aquellos que utilizan la tierra obtienen una remuneración mayor en el caso de *LA*, como es natural, excepto en algunos casos particulares.

iv) En condiciones de *LA*, la tierra mejor o mejor localizada es explotada de forma más intensiva y por un mayor número de productores respecto al caso de *PP*, mientras que ocurre lo contrario para la tierra peor o peor localizada. En el ámbito urbano, esto significa una mayor congestión de las áreas centrales respecto a una condición de *PP*.

Este último punto se puede ilustrar mediante la figura 6.4, correspondientes a las dos hipótesis mencionadas de régimen de propiedad del suelo urbano. En caso de *PP*, la renta mostrará el acostumbrado perfil decreciente al aumentar la distancia del centro, y generará una mayor densidad de uso del suelo en el centro que no en la periferia (edificios más altos, mayor empleo de capital, menor dimensión de las viviendas, etc.).

En el caso de libre acceso al suelo urbano, las localizaciones centrales serán utilizadas de forma mucho más intensa, no teniendo que pagar por definición una renta; surgiría una más vasta congestión que empujaría a algunas localizaciones a descentrarse hacia la periferia. Dado que el coste de congestión sustituiría a la renta como criterio ordenador de las localizaciones y de las densidades, la densidad y la congestión en el centro serían mayores que en el caso de *PP*, mientras que las periferias estarían menos utilizadas.

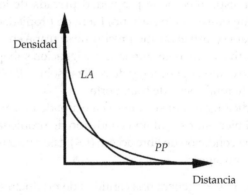

LA = libre acceso al suelo urbano
PP = propiedad privada del suelo urbano

Fuente: Evans (1988c).

Figura 6.4. Densidad de uso del suelo urbano en régimen de propiedad privada y de libre acceso.

Ante la evidencia de una peor asignación de los recursos y de una mayor explotación del recurso libre en el caso de libre acceso (piénsese, a lo largo de la historia, en la destrucción de los bosques de propiedad común), queremos añadir otras dos reflexiones:

v) En una situación de *LA*, desaparece un criterio objetivo de asignación del recurso escaso en estudio (la tierra) a los individuos o actividades: de hecho, el criterio del mejor oferente (que puede ser discutido desde un punto de vista ético, pero que tiene sus ventajas desde un punto de vista económico, como hemos visto) es sustituido por la perfecta casualidad (o por el principio del primero en llegar, no muy racional).

vi) En consecuencia, se pone en cuestión una condición de equidad social asignando una ventaja a quien casualmente utiliza el recurso (una ventaja de utilidad, fácilmente convertible en una ventaja económica) o a quien burocráticamente se encarga en el sector público del control de la asignación del recurso.

El control social de la renta del suelo puede tener lugar no tanto mediante su negación desde un principio, sino más bien mediante la tributación. No siendo la renta un componente del coste de producción, su tributación no incide sobre el precio de los productos y no acarrea, por tanto, ningún daño para el consumidor. Además, al no derivar la renta de una contribución activa del propietario al proceso productivo, su tributación no daña las condiciones generales de creación de la riqueza social.[23]

El mismo tipo de reflexión se puede hacer a propósito de las prácticas urbanísticas de *zoning* y control de los procesos de crecimiento de la ciudad. Concebidas (correctamente) con el objetivo de contrarrestar los efectos de la renta "especulativa", siempre dispuesta a obtener ventajas de los procesos de urbanización y de creación de nuevas accesibilidades y de nuevas rentas de posición, éstas a menudo se traducen en un premio a la renta de los terrenos ya urbanizados y/o en una transferencia de la misma de los propietarios a los controladores administrativos de los destinos de uso.

De hecho, frente a una expansión de la demanda "de ciudad", como en la figura 6.1*b*, que ciertamente (y naturalmente) generaría una expansión de los terrenos urbanizados y un aumento de la renta, una política de bloqueo administrativo de la construcción haría que la curva de oferta fuera vertical (figura 6.1*a*) y crearía una renta extra para todos los terrenos ya urbanizados. Es más, aumentaría el valor "de mercado" de las concesiones de edificación admitidas excepcionalmente (*in deroga*), generando un simple cambio de los perceptores de una renta que de

---

[23] Sobre este punto concuerdan no sólo los grandes economistas clásicos (con la excepción de Malthus y de Say) sino también Marshall, como se ha visto anteriormente.

todas formas existe y permanece.

Exorcizar con motivaciones ideológicas la renta significa, en definitiva, no entender las razones genéticas, reducir la riqueza social, introducir subrepticiamente nuevos sujetos en la mesa de distribución de la renta. Un objetivo más correcto de política urbanística debería ser, en cambio, el de responder positivamente a la demanda de "aglomeración" (haciendo pagar, de todas formas, el entero coste social de la misma); crear, en lugar de contrarrestar, nuevos valores de accesibilidad mediante la preparación de infraestructuras de transporte eficientes; y, por último, hacer llegar a la colectividad una parte de la plusvalía que de esta forma se ha contribuido a producir mediante la imposición sobre la renta del suelo.

6.4 La doble naturaleza de la renta del suelo urbano

Pasemos ahora a analizar la naturaleza, o el estatuto analítico, de la renta del suelo y, en particular, de la renta del suelo urbano, retomando algunos elementos ya aparecidos en los tratamientos formales de los apartados precedentes, pero sistematizándolos en un marco más amplio y coherente.

Hemos visto anteriormente que la renta se forma en presencia de dos elementos o condiciones fundamentales: una condición de escasez de la oferta, que puede derivarse de causas naturales o socioeconómicas, y una ventaja para la demanda, identificable en una productividad o una utilidad individual; dicha ventaja reside, como hemos visto, en una fertilidad genérica o en elementos de proximidad ("situación" o "posición").

Siguiendo una relevante intuición analítica de Marx, podemos distinguir una doble naturaleza de la renta del suelo:

- una naturaleza *diferencial*, que nace, en un nivel microterritorial, de las diferencias en la calidad de las distintas tierras (sea ésta una diferencia de fertilidad o de posición): se trata del tipo de renta analizado por Ricardo y por Von Thünen; y
- una naturaleza *absoluta*, que se manifiesta, en un nivel macroterritorial y agregado, en la formación de una renta uniforme en todas las tierras, más allá del nivel de la renta diferencial de cada unidad territorial. Se trata de un tipo de renta estudiado prevalecientemente por la literatura de orientación marxista, pero que está presente también en otros autores que se remontan a la tradición clásica, como Sraffa y Allais,[24] y también, aunque de paso, en un autor como Marshall, como veremos más adelante.

---

[24] Véase Sraffa (1960), cap. XI; Allais (1943), cap. VI.

Se puede especular sobre la presencia de otro tipo distinto de renta, además de la renta diferencial, sobre la base de tres reflexiones teoricoempíricas:

a) parece irreal pensar que en la tierra "marginal", la menos fértil o la más alejada del centro, el propietario consienta una utilización económica, generadora de beneficios (aunque no de beneficios extraordinarios), sin pedir ningún tipo de renta (es el tipo de reflexión realizado por Marx);

b) si todas las tierras fueran de la misma calidad (misma fertilidad y perfecta accesibilidad) pero insuficientes respecto a la demanda, según el modelo ricardiano-thüneniano no surgiría ninguna renta, mientras que sabemos que del modelo general de demanda-oferta de la figura 6.1*a*, una renta surge y abundantemente;

c) existe una clara evidencia empírica de que la renta de la tierra urbana marginal, situada en los límites del área urbanizada, no es igual al coste de oportunidad de la tierra, esto es, a la renta agrícola, sino que es mayor.

Es, pues, lícito y más bien necesario postular un segundo tipo de renta, que surge por una general escasez agregada de la tierra, urbana o rural, en referencia a una demanda agregada "de ciudad" o "de campo".

Analizamos a continuación los dos casos teóricos aquí aparecidos, el de la renta diferencial y el de la renta absoluta, observando que es posible realizar una distinción más en el interior de cada uno de ellos, en función de que se pueda distinguir, entre los dos determinantes de base de la renta, oferta y demanda, una preponderancia lógica y económica de uno de los dos. Podemos pues distinguir (figura 6.5):

A1) una *renta diferencial propiamente dicha*, cuando las porciones *individuales* de territorio *se ofrecen* con distintas ventajas de posición (en el caso agrícola, con distintas ventajas de productividad);

A2) una *renta de monopolio*, de origen marxiano (pero también smithiano), cuando *algunas* porciones de territorio pueden producir una ventaja absolutamente específica, objeto de una *demanda* especial: piénsese en la demanda de localizaciones de prestigio, o militarmente estratégicas (y en el caso agrícola, en la demanda de tierras productoras de vinos prestigiosos);

B1) una *renta absoluta de escasez*, cuando para el *conjunto* de las tierras urbanas se presentan situaciones, de corto o largo plazo, de limitación de la *oferta* (posible también en el ámbito agrícola);

B2) una *renta absoluta de aglomeración*, cuando el *conjunto* de las tierras urbanas es objeto de una *demanda* impulsada por el objetivo de disfrutar de economías de aglomeración (no presente en ámbito agrícola).

Debe quedar claro desde ahora que muchos elementos son comunes a las distintas formas de renta (la apropiación monopolística, la limitación de la oferta, la

| Principios y niveles de análisis ⟍ Punto de vista prevaleciente | Principio de accesibilidad

Nivel microterritorial | Principio de aglomeración

Nivel macroterritorial |
|---|---|---|
| Prevalece un efecto de oferta | A1
Renta diferencial

Renta de posición o de "situación"

(en agricultura: renta de fertilidad diferencial) | B1
Renta absoluta de escasez

Oferta reducida por razones económicas o "de clase"

(en agricultura: *idem*, *lobbying* agrícola – CEE) |
| Prevalece un efecto de demanda | A2
Renta de monopolio

Accesibilidades especiales: por ejemplo, militares

(en agricultura: tierras especiales para vinos prestigiosos) | B2
Renta absoluta de aglomeración

Demanda "de ciudad" y de economías de aglomeración

(no existe en agricultura) |

Figura 6.5. Tipología de la renta del suelo urbano.

presencia de una demanda dispuesta a pagar un precio por el uso de la tierra, etc., como ya se ha visto) y que, por tanto, bajo ciertos aspectos, las distinciones no pueden establecerse con absoluta precisión; los elementos analíticos y de lógica económica de fondo son, no obstante, suficientemente claros y diferenciados.

6.4.1 La renta diferencial urbana

La renta diferencial urbana nace de la capacidad de un lugar de producir beneficios extraordinarios, gracias a su accesibilidad generalizada a los mercados de outputs o de inputs fundamentales (trabajo, información, *complementary assets* o inputs intermedios), una accesibilidad que reduce los costes de transporte y de comunicación de la empresa. El precio de mercado está de hecho definido sobre la base de los costes de producción del terreno marginal, el más desaventajado, mientras que las producciones realizadas en todos los terrenos inframarginales disfrutan de una ventaja diferencial identificable con precisión.

El modelo teórico de referencia es naturalmente el de Von Thünen-Alonso, estudiado en el capítulo 2, pero forzando un poco podemos referirnos también al modelo de Ricardo, en el caso de que aceptáramos la idea de que de la accesibilidad (a la información) se derivan posibilidades de crecimiento de los ingresos y no sólo de reducciones de los costes.[25]

El beneficio extraordinario de posición obtenido por el empresario se transfiere naturalmente al propietario de la tierra, como ya hemos visto anteriormente, pero el nacimiento de este tipo de renta prescinde completamente de la existencia de la propiedad del suelo.[26]

Ya hemos analizado las fuentes de esta renta, pero puede ser interesante presentar la tipología que hace Marshall en los *Principles of Economics*:[27]

a) fertilidad diferencial (para las tierras agrícolas),
b) diferencias de posición, que incluyen:
  a. distintos costes de transporte para compras y ventas,
  b. proximidad a un mercado de trabajo específico para la empresa,
  c. economías externas que son el resultado del "progreso general de la sociedad y del ambiente industrial";
c) presencia de un stock de capital fijo incorporado al suelo, que a corto plazo puede dar lugar al nacimiento de "casi rentas".

Es relevante cómo Marshall, en el punto (b), va mucho más allá de la pura distinción de un diferencial de accesibilidad abstracta, que se puede manifestar a través de menores costes de transporte, e indica elementos de ventaja localizativa que se relacionan con las que hemos llamado, en el capítulo 1, economías de "localización" (dadas, por ejemplo, por la presencia de un mercado de trabajo especializado sectorialmente) y de "urbanización" (la presencia de una elevada concentración de población; el "progreso general" del ambiente urbano). Todos estos elementos conducen, según Marshall, a la creación de una "renta de situación", en

---

[25] El elemento de ventaja económica por el lado de la *oferta* que este tipo de renta implica, y que configura una ventaja de "productividad" para el usuario, es natural y como tal ha sido aceptado también por Marx, pero puede molestar a algunos marxistas de hoy ultraortodoxos que, en realidad, no aceptan la existencia de una renta diferencial en el sentido aquí discutido. Véase la drástica crítica dirigida por Topalov (1990) a algunos investigadores italianos, también de área "radical", que se han ocupado de renta diferencial de posición (Campos-Venuti, 1967; Ginatempo, 1975): *"analyse (...) marginaliste habillée d'un vocabulaire marxiste"* (p. 167).

[26] También Marx concuerda con esta afirmación sobre la renta diferencial, cuando afirma, en el correspondiente capítulo de *El Capital*, que "este beneficio extraordinario existiría también en el caso de que no existiera la propiedad del suelo; (...) [ésta] no crea la parte de valor que se transforma en beneficio extraordinario sino que simplemente permite al propietario del suelo transferir este beneficio extraordinario de los bolsillos del industrial a las suyas". Véase Marx (1974), libro III, tomo II, cap. 38, p. 748-49.

[27] Véase Marshall (1977), libro V, cap. XI, pp. 366 y ss.

el interior de la cual él, no obstante, no distingue el elemento diferencial microterritorial, que caracteriza a cada lugar concreto, del elemento macroterritorial que caracteriza áreas enteras (los distritos industriales) o ciudades enteras. Este último elemento configura, más bien, en nuestra opinión, una renta "absoluta", de la cual hablaremos más adelante.[28]

6.4.2 La renta de monopolio

Continuando con el análisis de la renta que nace a nivel microterritorial en cada porción de terreno, en el caso de que la renta nazca no ya de la oferta de características diferenciales de posición sino que nazca de la posibilidad de explotación de una demanda que encuentra en dichas porciones de tierra unas ventajas específicas y particulares, surge la necesidad de distinguir un tipo de renta diferente: la renta monopolística.

Se trata de un tipo analizado por muchos economistas clásicos, y particularmente por Smith y Marx, en referencia a un entorno agrícola: el caso de tierras de las que se puede obtener un vino particular, cuya demanda, elevada y tendencialmente inelástica, puede ser explotada indirectamente por el propietario del suelo que se apropia del beneficio de monopolio del productor del vino. El mismo tipo de renta se presenta en economía urbana cuando un lugar es objeto de un interés particular por parte de un comprador específico: por ejemplo, un lugar con características de prestigio o estratégico-militares, u otras.

En estos casos, la renta existe y está determinada "sólo por el deseo de comprar y por la capacidad de pagar del comprador"[29] y, por tanto, como hemos dicho, principalmente por la *demanda*. Esto es posible gracias al poder monopolístico que el comprador-productor tiene en el mercado del producto de la tierra (y que le otorga una elevada posibilidad de "pagar" por el uso del suelo), y es, una vez más, el elevado precio del producto el que determina el nivel de la renta.

Se ha correctamente puesto en evidencia como, para que emerja una renta de monopolio, es necesario no sólo la genérica propiedad privada del suelo objeto de demanda concreta, sino una precisa voluntad de actuar monopolísticamente restringiendo la oferta. De hecho, supóngase que una tierra (*OQ* en la figura 6.6)

---

[28] Marshall presenta, pero no distingue analíticamente, dos formas de renta: renta diferencial y renta de escasez, y afirma: "en un cierto sentido, todas las rentas son de escasez y todas las rentas son diferenciales"; algunas veces es más útil considerarlas bajo el primer aspecto y otras bajo el segundo (Marshall, 1977, p. 351). También en el caso de la renta que caracteriza enteras áreas o ciudades (que llamamos "absoluta"), puede verse un elemento diferencial en el caso que se comparen entre ellas dichas áreas o ciudades, caracterizadas por una presencia de externalidades y de economías de aglomeración distinta. Si consideramos, no obstante, cada área o cada ciudad aisladamente, la renta que aparece tiene un carácter de renta "absoluta".

[29] Véase Marx (1974), libro II, vol. II, cap. 46, p. 885.

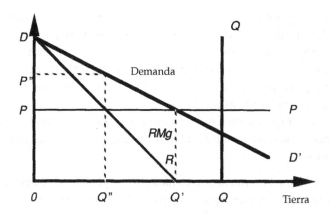

Fuente: Evans (1988a).

Figura 6.6. Renta de monopolio sobre una tierra con dos usos alternativos.

pueda tener un uso "particular", representado por una curva de demanda *DD'*, y un uso banal, del cual se pueda obtener una renta normal *PP*. En el caso de que la tierra fuera de propiedad de numerosos propietarios, la cantidad ofrecida para el uso "particular" quedaría establecida en *OQ'*, y el precio en el nivel *P*, exactamente igual al precio obtenido para el uso banal (que se desarrollaría sobre la tierra *Q'Q*). En cambio, en el caso de un único propietario que actuara monopolísticamente, éste igualaría el ingreso marginal *DR*, obtenido por el uso "particular", al coste marginal, dado en este caso por el coste de oportunidad *PP*; la tierra ofrecida para el uso "particular" se restringiría a *OQ"* y obtendría un precio *P"* (con una renta de monopolio igual a *P"P*) mientras que la tierra asignada al uso banal sería *Q"Q* al precio *P*.[30]

El interés empírico y analítico de este tipo de renta queda, de todas formas, limitado a casos particulares.

6.4.3 La renta absoluta

En cambio, bien distinto es el caso de la renta "absoluta", un tipo sobre cuya existencia y estatuto analítico no todos los estudiosos están de acuerdo pero que, a nuestro juicio, asume, en un ámbito de economía urbana, plena dignidad teórica.

Ya hemos visto cómo el concepto nace de la obra de Marx, que considera extravagante uno de los resultados del modelo de la renta diferencial, aquel según el

[30] Véase Evans (1988a).

cual la tierra marginal no genera renta. Los propietarios de tierras, entendidos como clase distributiva, podrían quitar del mercado las tierras marginales y restringir así monopolísticamente la oferta de tierras: esto generaría un aumento del precio de mercado de los productos por encima del precio de producción, por lo que dichos propietarios se apropiarían del consiguiente beneficio extraordinario bajo la forma de una "renta absoluta".

Debemos decir que, si bien la intuición inicial era correcta, la siguiente justificación teórica de la renta absoluta de Marx no parece ni convincente ni exenta de contradicciones.

Primera contradicción: la renta absoluta nacería por el efecto estructural-institucional constituido por la "barrera que la propiedad del suelo representa para la inversión en capital y para su libre valorización sobre el suelo"; o sea, nacería de una especie de monopolio de clase. No obstante, cuando Marx se interroga sobre la naturaleza de la renta absoluta, él, en la búsqueda de una explicación más coherente con su más general teoría del valor, niega que el precio de los bienes agrícolas producidos se pueda considerar como "un precio de monopolio en el sentido común de la palabra, o un precio en el cual la renta entra como un impuesto".[31] Es ésta, en cambio, la conclusión que ha seguido la mejor teoría neomarxista moderna; ésta se apoya sobre otra afirmación de Marx, opuesta a la primera aunque realizada con intenciones más ilustrativas y divulgativas que no analíticas, en la que define la renta urbana como "un tributo" que "una parte de la sociedad pretende de la otra (...) por el derecho de poder habitar la tierra".[32]

Segunda contradicción: Marx considera que el verdadero fundamento teórico de la renta absoluta, coherente con todo el cuerpo de su teoría del valor, reside en el hecho de que en agricultura el "valor" de los productos es superior al precio de mercado, debido a la más baja "composición orgánica del capital", esto es, debido a la menor utilización de capital fijo respecto al monto salarial (este hecho es, a su vez, debido a la "barrera" comentada en el punto anterior).[33] En lugar de seguir la

---

[31] Véase Marx (1974), libro II, vol. II, cap. 45, p. 866.

[32] Véase Harvey (1978), parte II; Lipiez (1974); Marx (1974), libro II, vol. II., cap. 46, p. 884.

[33] Sin entrar en los detalles del modelo marxiano, podemos decir que el "valor" de un bien está determinado por la cantidad de trabajo incorporado, el único que puede crear una "plusvalía"; la plusvalía (s) total creada en la economía, que se corresponde a la masa de beneficios, no es no obstante exactamente atribuida por las leyes del mercado a cada bien en proporción a la cantidad de plusvalía que éstos han creado (y, por tanto, en proporción al capital variable v que representa los salarios anticipados por el capitalista: s/v, o "tasa de explotación"), si no sobre la base de una "tasa de beneficio" igual para todos los sectores, calculada sobre el capital total ($s/c + v$) y, por tanto, también sobre el capital "constante" (el capital fijo) que no produce plusvalía. En consecuencia, los "precios de mercado" de los productos se alejan de los "valores", ya que tendrá lugar en el mercado una transferencia de valor de los sectores de baja composición orgánica del capital (c/v), más *labour-intensive* (que tienen "valores" superiores a los precios), a los sectores de alta composición orgánica, *capital-intensive* (que tienen "valores" inferiores a los precios).

regla general de la "transformación de los valores en precios" y, por tanto, en lugar de fluir a los sectores con mayor composición orgánica del capital, una parte de la plusvalía producida en agricultura se queda en este sector y es apropiado por el propietario terrateniente bajo la forma de renta absoluta: "la renta absoluta [...] deriva del excedente del valor sobre el precio de producción".[34]

Pero se debe rebatir: la apropiación puede tener lugar sólo si el *precio* de mercado crece por encima del precio de producción (no es posible apropiarse de un "valor" no realizado en un mercado) y, por tanto, es este mecanismo el que se debe explicar y que debe considerarse como el fundamento de la renta absoluta, no la existencia de un "valor" superior.

Tercera contradicción: continuando con la reflexión precedente, Marx afirma, correctamente, que "el precio de mercado [de los bienes agrícolas] debe aumentar hasta el punto en que la tierra pueda pagar un excedente sobre el precio de producción"; pero ¿cómo explica este proceso? Marx niega que se trate de una intervención monopolística, como ya hemos visto, pero por otra parte afirma que precisamente "el hecho de que el terreno peor debe suministrar una renta para que su cultivo sea posible sería la causa de un aumento de los precios del trigo".[35]

Pero esta declaración genera una doble contradicción: en primer lugar, contrasta con la teoría de los precios del mismo Marx puesto que la renta no es nunca considerada un coste de producción; y, en segundo lugar, vuelca uno de los fundamentos de la teoría clásica (pero también moderna) según el cual la renta es un fenómeno sólo distributivo que deriva de, y no determina, el alto precio de las mercancías.

Cuarta contradicción: habiéndose embarcado en la disquisición sobre los valores, y habiendo afirmado que la renta absoluta nace del nivel más elevado de los valores respecto a los precios en agricultura, Marx se ve obligado a afirmar en consecuencia que "si la composición orgánica del capital agrícola fuera igual o superior a la del capital social medio, la renta absoluta (...) desaparecería" [!!].[36] Se trata de un verdadero y auténtico autogol teórico, que nace del rigor deductivo de Marx, que implicaría la desaparición de una categoría analítica relevante en algunos casos empíricos bastante fácilmente verificables (por ejemplo, en la agricultura intensiva moderna, o en el sector de la construcción urbana avanzada que utilice procesos de prefabricación).

[34] Véase Marx (1974), libro III, vol. II, cap. 45, p. 872. Esta afirmación, completamente artificiosa y, a fin de cuentas, inútil para el marco teórico global, ha llevado a una vía muerta a gran parte de la reflexión neomarxista "ortodoxa"; véase por ejemplo: Harvey (1978) libro II, pp. 218 y ss.; Topalov (1984), p. II, II.

[35] Véase Marx, ibidem, p. 870 y 862. También Harvey (1978), p. 219, considera que el "impuesto" constituido por la renta absoluta debe entrar en los costes de producción.

[36] Véase Marx, ibidem, p. 144 de la edición francesa presentada en Guigou (1982); en la edición italiana citada esta frase es extrañamente suprimida, aunque el contenido es expresado claramente por el contexto.

¿Qué es lo que queda, y por qué, de esta larga disquisición sobre un tema tan específico como es la teoría de la renta absoluta en Marx? Respondemos con referencia específica a la renta urbana, que es el fenómeno en el que estamos interesados.

En primer lugar, el concepto analítico de renta "absoluta" es relevante para el espacio agrícola, pero todavía más para el espacio urbano: como se ha visto también en el capítulo 2, atribuir toda la explicación de la localización urbana y de la consiguiente renta del suelo a únicamente el principio de accesibilidad parece una simplificación inaceptable y deja un relevante "residuo" por explicar. Después de todo, incluso considerando el principio de interacción espacial como una extensión y generalización del principio de accesibilidad (capítulo 3), queda aún otro principio fundamental, el principio de aglomeración, que nos indica la existencia de algunas fuerzas genéticas ineludibles del fenómeno urbano que tienen como contrapartida necesaria la valorización del suelo.

En segundo lugar, un punto analítico relevante se puede extraer de la reflexión precedente, esto es, que el precio de los productos de las actividades urbanas puede llegar a un nivel tal que permita la aparición de una renta que va más allá del nivel de la simple renta diferencial; de este margen, igual en todo el suelo urbano, se apropian los propietarios del suelo.

Dicho margen nace, y ésta es la tercera reflexión, de distintas causas posibles (y no necesariamente excluyentes):

A) de una restricción de la oferta de suelo llevada a cabo por una clase de propietarios, de forma que se obtiene un "tributo" sobre las otras clases y sobre su demanda de "elegir domicilio sobre la tierra" (como dice Marx). Ésta es la explicación, intencionadamente sociológica y extraeconómica, de neomarxistas como Lipiez y Topalov,[37] aceptada en Italia por el "urbanismo reformista";[38]

---

[37] Lipiez (1974) define esta situación, en la cual la renta absoluta es asimilable a un precio de monopolio, como "tributo inmobiliario a la Engels", un concepto que sería válido, en ámbito urbano, en las sociedades precapitalistas en las cuales el propietario del suelo prevalece sobre el constructor; para las sociedades capitalistas, la renta absoluta urbana nacería en cambio de la presencia de un "valor" superior al "precio de producción" en la construcción, de forma paralela a la teorización marxiana de la renta absoluta en ámbito agrícola, citada más arriba (véase también la nota 44). La escuela neomarxista enfatiza, como característica distintiva y reconocible respecto a la economía "burguesa", los elementos institucionales del régimen de propiedad y el conflicto de clase, olvidando que la economía, cuando quiere ser, al estilo de los clásicos, "economía política", se ocupa precisamente de estos conflictos y de la distribución de la renta entre clases antagonistas. En nuestro caso, basta recordar las palabras de apertura del capítulo II, "On rent", de los *Principles of political economy and taxation* de Ricardo (1971), donde afirma que el problema afrontado en el capítulo es el de verificar "whether *the appropriation of land*, and the consequent creation of rent, will occasion any variation in the relative value of commodities" [la cursiva es nuestra].

[38] Véase Campos Venuti (1967, capítulos 2 y 3: se pone en evidencia la "artificiosa carencia en el mercado de áreas urbanas" (p. 33) y se considera, por tanto, "resolver el problema desde la raíz impidiendo a la renta misma formarse" mediante la eliminación de la "escasez efectiva de las áreas edificables" (pp. 46-9).

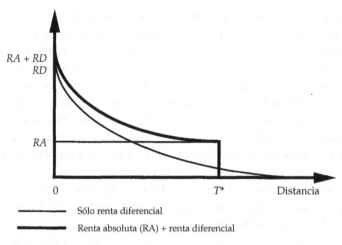

Fuente: Evans (1988b).

Figura 6.7. Renta absoluta y renta diferencial.

B) de una escasez absoluta de tierras urbanizadas, dado el tiempo requerido por los procesos de nueva urbanización o en dependencia de otros procesos sociales. Ésta es una categoría que tiene una dignidad teórica precisa en el ámbito económico, y que nosotros hemos introducido como primer tipo de renta absoluta en la figura 6.5; su naturaleza económica es más walrasiana que marxiana, y ha sido utilizada por diferentes estudiosos como los geógrafos-economistas "radicales" Scott y Fahri, de formación sraffiana y neoricardiana, y por el mismo Sraffa.[39]

Es interesante notar como este último introduce, precisamente, dos tipos de renta en su sistema de equilibrio general de *Producción de mercancías mediante mercancías*, correspondientes a la doble naturaleza, diferencial y absoluta, de la renta. El primer tipo nace de la consideración de *n* calidades diferentes de tierra, que dan lugar a otros tantos métodos diferentes de producción de trigo representables mediante otras tantas ecuaciones simultáneas de producción; añadiendo una ecuación para indicar que en una de estas tierras la renta será igual a cero, se obtienen los valores de las incógnitas, o sea, las *n* rentas pagadas y el precio del trigo producido. La hipótesis teórica representada por este sistema es la de la renta que nace de "un proceso de rendimientos decrecientes extensivos", esto es, de la renta diferencial de Ricardo que hemos presentado en la figura 6.2.[40]

[39] Véase Scott (1976); Fahri (1973); Sraffa (1960), cap. 11.

[40] Véase Sraffa (1960), cap. 11. El sistema tiene todas las características del modelo de Ricardo: la tierra no forma parte de los costes de producción y "el proceso que produce trigo en aquella tierra que no genera renta es el único susceptible de entrar en la composición del 'sistema-tipo'"; los impuestos

Pero, en el caso de que todas las tierras sean de igual calidad, si no hubiera escasez, la renta sería igual a cero, como sucedería para el precio de todos los elementos naturales de oferta ilimitada (aire, agua). Si, por el contrario, hubiera escasez, surgiría una renta igual en todas las tierras: "la escasez de tierra crea de esta forma la situación de la cual surge la renta". En este último caso, no se trataría de un tipo de renta "intensiva", como correctamente nota Sraffa; sino que se trata, sin duda, a nuestro juicio, del tipo que hemos llamado "renta absoluta de escasez".[41]

En similares direcciones teóricas, Scott presenta un elegante modelo a la Sraffa de economía espacializada, en el cual coexisten y se suman una renta "de escasez" y una renta de posición del tipo de Von Thünen;[42]

C) otras explicaciones de la renta absoluta han sido propuestas recientemente; es oportuno citarlas para tener un cuadro completo, si bien, en nuestra opinión, no parecen aportar nuevos elementos analíticos.

Una primera propuesta es la expuesta por Harvey, y sucesivamente profundizada por Topalov y por Evans, que considera la renta absoluta dependiente de una sustracción de terrenos urbanos llevada a cabo por los propietarios con el fin de especular sobre un futuro aumento previsto de los precios de las áreas. Está claro que, en este caso, el precio mínimo solicitado hoy por los propietarios no es otra cosa que un precio esperado descontado por el tiempo y el riesgo, y su nivel deriva del nivel del precio esperado en el futuro: este último nivel no es otra cosa que la capitalización de un aumento de la renta que, normalmente, se explica o como un aumento de la renta diferencial (causado por mejoras esperadas en los transportes u otras) o como aumento de la renta absoluta (causado por la previsión

sobre la tierra recaen totalmente sobre los propietarios y no puede "tener ningún efecto sobre los precios de las mercancías y sobre la tasa de beneficio". Por esto la renta de la tierra no entra, en las ecuaciones de los productos individuales, en los costes de producción, sino sólo en las variables distributivas. Es, por tanto, errónea la crítica de Lipiez, retomada por Guigou, de que Sraffa se equivoque en la especificación de sus ecuaciones. Véase Lipiez (1978); Guigou (1982), p. 570. Es interesante notar un preciso punto analítico: mientras que en Ricardo, que dispone de un sistema de referencia unívoco para los valores, el trigo, la secuencia de las tierras en términos de fertilidad es un dato unívocamente definible, en Sraffa dicha secuencia no es definible a priori, sino sólo con posterioridad a la fijación de las cuotas distributivas.

[41] En este caso, según Sraffa coexisten dos modelos de producción, uno con un rendimiento físico menos elevado y con menores costes de producción, y uno con un rendimiento físico más elevado y con mayores costes de producción, que en tendencia eliminará el primero dado que hace menos estricta la restricción de escasez. Es fácil ver que la presencia de *dos* métodos de producción tiene aquí una justificación matemática, ya que permite escribir *dos* ecuaciones y encontrar los valores de las *dos* incógnitas, la renta unitaria (absoluta) y el precio del trigo.

[42] Parece apropiada la indicación de Evans (1988c) de que la presencia de una renta absoluta más allá de la renta diferencial no se resuelve con una simple transposición hacia arriba de la curva de renta diferencial de Von Thünen, dado que el nivel más elevado de la renta pone en marcha procesos de sustitución de la tierra por capital o trabajo. Por tanto, en presencia de una restricción de la oferta de tierra, que crea una renta absoluta, la curva de la renta se transpone hacia arriba pero pasa a ser también más elástica (véase la figura 6.7).

de aumento de la demanda de "ciudad"). En ambos casos, el comportamiento especulativo no cambia las fuentes y la naturaleza de la renta en sí misma.

Una segunda propuesta es la realizada por Evans, que considera la renta absoluta fruto del nivel de los costes de transacción en los que incurre el propietario terrateniente en la búsqueda de un comprador (así como en el riesgo, similar al indicado precedentemente, de vincularse mediante un contrato a medio plazo con un precio por el uso de la tierra que, en el futuro, podría subir).[43] Se trata, también en este caso, de un elemento relevante en la práctica, pero que no incide en la teoría ya que este tipo de costes, del mismo modo que aquellos en los que incurre el propietario para el mantenimiento de las calidades de uso del suelo (calidad de la tierra, calidad de los inmuebles), ya están considerados entre los costes de producción o de oferta del suelo y no entran en la definición estricta de renta.

Una tercera propuesta es la de Lipiez, que considera que en la sociedad capitalista prevalece el interés del constructor sobre el del propietario del suelo, y que considera, de forma ortodoxamente marxista, que la renta absoluta urbana nace de la baja composición orgánica del capital en la construcción y de la apropiación por parte del constructor de la diferencia entre "valor" y "precio de producción" del edificio. Ya hemos indicado anteriormente las contradicciones de este planteamiento teórico;[44]

D) si las observaciones presentadas en todos los puntos precedentes presentan la escasez de la tierra urbana bajo el perfil principal de una restricción de la *oferta*, parece relevante dirigirnos hacia una consideración opuesta, aquella en la que la escasez, fuente de renta absoluta, nazca, a igualdad de oferta, de la presencia de un determinado nivel o de un determinado aumento en la *demanda de ciudad*. Como ya hemos mencionado anteriormente, dicha demanda de ciudad se configura ya no como una demanda de accesibilidad microterritorial, dirigida a las porciones de territorio urbano de forma selectiva a favor de los terrenos "centrales" o con mayor "accesibilidad generalizada", sino como una demanda *total* de localizaciones concentradas, una *demanda de economías de aglomeración*.

Se trata de un elemento analítico que tiene una relevancia teórica clara, que deriva de un principio genético de organización espacial, el principio de aglomeración precisamente, que es directamente considerado en los tratamientos específicos sobre este tema como culpable de generar una renta del suelo urbano, pero

---

[43] Véase Harvey (1978), parte II, p. 231; Evans (1988b).

[44] Por lo que concierne a la aplicación hecha por Lipiez (1974, p. 125-133) de esta hipótesis marxiana al caso de la construcción urbana, cabe destacar solamente cómo, en el caso de la construcción industrializada, a la americana, la renta absoluta desaparecería o pasaría a ser incluso negativa. El sentido común debería ser siempre el último consejero, en el caso de que se adopte un proceso lógico abstracto y deductivo. En este mismo sentido, Aydalot (1985, p. 450) ha puesto de manifiesto el *impasse* científico del enfoque neomarxista.

que increíblemente nunca ha sido formalmente incluido en los tratamientos que han pretendido presentar una teoría de la renta coherente y general.

No obstante, este elemento suministra, al mismo tiempo, una potente razón para rehabilitar el concepto relevante, pero generalmente mal visto, de renta absoluta, y representa la indicación tal vez más convincente sobre la naturaleza profunda de esta última. Si se quiere, con esta interpretación se regresa a un concepto de "fertilidad" como fuente de la renta urbana, entendido, no obstante, en una acepción distinta de la hasta aquí utilizada: una acepción macroterritorial, referida al conjunto de las ciudades en lugar de a sus partes individuales.

Las economías de aglomeración y los rendimientos crecientes de escala urbana, que no constituyen otra cosa que las razones de fondo por las cuales las ciudades *existen*, generan una demanda de suelo urbano genérico que está dispuesta a pagar un precio superior al del suelo agrícola incluso para suelos marginales, en el límite exterior de la ciudad (además de, naturalmente, los intereses sobre el capital invertido en las obras de urbanización). Para poder disfrutar de una *urban atmosphere* (parafraseando a Marshall), para "estar" en la ciudad y tener así acceso al conjunto de interacciones que en ella se desarrollan y, sobre todo, a las sinergias que allí se crean, empresas y familias ofrecen una renta que tiene las características de la renta absoluta.[45]

Una vez más, las ventajas de utilidad de las personas y las ventajas de productividad de las actividades económicas son apropiadas por el factor productivo inmóvil y escaso, la tierra urbana. Una vez más, estamos ante un proceso sólo distributivo y no productivo, ante una "renta no ganada": cada parcela de terreno urbano recibe una remuneración debido al hecho de que a su alrededor ha crecido una ciudad y, por tanto, como decían los clásicos, a causa del "progreso general de la sociedad".

En un espacio constituido por una sola ciudad y un solo "campo" (este último caracterizado por rendimientos de escala constantes debido a la no aglomeración), el nivel de la renta absoluta urbana está determinado por el nivel del excedente

---

[45] Así pues, la renta absoluta nace, para nosotros, de la existencia misma de la ciudad en su totalidad. Entendido en este sentido, el concepto es similar al de renta "relativa" propuesto por el sociólogo Della Pergola, concepto que "expresa el valor del contexto urbano indirectamente incorporado al edificio" y "tiene como referencia una ciudad entendida como totalidad [...], una idea general de urbano"; véase Della Pergola (1990, p. 62). Esta idea general de urbano nace, para dicho sociólogo, "de un proceso simbólico" o de "una referencia mítica"; para el economista ésta se une, más prosaicamente, al principio de aglomeración y, en lo dinámico, a la capacidad de la entera ciudad de renovar su papel en la división territorial del trabajo social. Nuestro concepto de renta absoluta se aproxima, además, pero con una connotación más agregada, al concepto de "renta de economías externas" de Lombardini; para este autor, no obstante, ésta resulta "independiente" respecto a la clasificación de la renta en renta de posición (diferencial) y renta de monopolio, ya que se considera "el momento en el que la renta se forma y no posteriormente cuando la renta se ha estabilizado" (véase Lombardini (1967, p. 177). A nuestro juicio, en cambio, el concepto de renta absoluta completa una clasificación teórica de los tipos de renta, interpretando tipos concretos que de otra forma no serían interpretados.

obtenido gracias a los rendimientos de escala urbana crecientes (o a la creciente reducción de los costes de producción). En un espacio constituido por muchas ciudades y por un "campo", la renta absoluta es diferente en función de la dimensión de cada ciudad, y tiene pues, como ya se ha mencionado anteriormente en la nota 28, un carácter diferencial macroterritorial respecto a la situación productiva menos favorable, la del "campo".[46]

A través de esta interpretación de la renta absoluta, se eluden dos manifiestas incongruencias reveladas en el capítulo 2 a propósito de los modelos de la *new urban economics,* basados únicamente en el principio de accesibilidad. En dichos modelos, en el caso de presencia de muchas ciudades, a la misma distancia del centro pero en ciudades de distinta dimensión habría el mismo nivel de renta (a 100 metros del centro de Milán y a 100 metros del centro de Sassuolo habría el mismo precio de los terrenos) y, en consecuencia, las distintas ciudades tendrían todas el mismo perfil de densidad de uso del suelo y, en equilibrio, deberían tener todas ¡*la misma dimensión!*

Ya hemos visto, al final de ese capítulo, cómo se puede obviar este resultado extravagante, integrando, en los modelos de uso del suelo, el principio de accesibilidad con el de aglomeración. Este último principio se podría modelizar permitiendo, alternativamente, o un rendimiento de las actividades urbanas creciente con la dimensión de la ciudad o una reducción de los costes de producción (por ejemplo, bajo la forma de una reducción en los costes de transacción, típicamente vinculados a la característica de la ciudad de ser nodo y catalizador de informaciones).[47]

6.5 Hacia una teorización dinámica

Como en muchos otros aspectos de la economía urbana, y de la economía *tout court*, una consideración explícita de la variable temporal en las relaciones que originan el fenómeno de la renta del suelo es fundamental. De hecho, no se trata de añadir una dimensión más a una problemática ya de por sí complicada, sino de poner en evidencia elementos genéticos relevantes del fenómeno.

---

[46] Un concepto similar, de renta diferencial interurbana, ha sido propuesto por Broadbent (1975), en referencia no a una ventaja de producción de las distintas ciudades, sino a una ventaja que sigue siendo de accesibilidad de transporte respecto a un mercado nacional puntual (a decir la verdad, difícil de concebir empíricamente).

[47] Dos investigadores han propuesto oportunamente la consideración de los costes de transacción, y de su reducción en la gran ciudad, como variable explicativa de la renta urbana (agregada): Mills (1992), en un modelo formalizado, y Vincent (1990) en el curso de una reflexión cualitativa presentada en un congreso de investigadores.

Son dos los ámbitos en los cuales un enfoque dinámico de la renta urbana se configura como esencial: en el estudio de las relaciones entre renta y beneficio, y en el estudio del impacto urbano de la innovación.

En cuanto a la relación entre renta del suelo y excedente o beneficio extraordinario por localización, parece claro que la transferencia de dicho beneficio extraordinario del productor al propietario terrateniente como consecuencia de los mecanismos analizados anteriormente tiene lugar necesariamente en un tiempo histórico reconocible.

En la mayor parte de los casos, la sucesión temporal es la lógica, es decir, que va de un ámbito de producción y de valoración (la obtención de beneficio extraordinario) a uno de distribución (el nacimiento de la renta). En el periodo de desequilibrio que transcurre entre los dos fenómenos, podemos pensar que tienen lugar hechos relevantes para la dinámica de la ciudad: nuevas actividades son atraídas al área urbana precisamente por la presencia de dichos beneficios extraordinarios y la economía de la ciudad prosperaría, hasta que el crecimiento de la renta llevaría a una situación de "estado estacionario" y, "tendencialmente", el beneficio extraordinario a cero. La aparición de un fenómeno de "ciclo urbano" de crecimiento y declive de la ciudad puede, sin duda, ser atribuido también a la forma de operar de un proceso como éste.[48]

Pero, en otros casos, en un mercado tendencialmente perfecto de suelo urbano, en el cual actúan "capitalistas" y agentes inmobiliarios atentos, el nacimiento de la renta puede incluso preceder a la extracción de un beneficio extraordinario, en el caso de que dicho beneficio sea previsto y sea capitalizado como renta futura "esperada" en el valor del suelo urbano. En estos casos, en presencia de "expectativas racionales" de los agentes, se daría en cada momento un equilibrio similar al equilibrio estático descrito por el modelo de equilibrio general. El impulso del desarrollo urbano residiría, en este caso, sólo en el nivel diferencial del beneficio esperado por los empresarios respecto al esperado por los agentes inmobiliarios.

El segundo ámbito en el cual parece irrenunciable un análisis de tipo dinámico, o de todas formas evolutivo, es aquel que concierne al fenómeno de la innovación. La innovación, entendida como una variación en las tecnologías, en los mercados, en los productos y, en ámbito urbano, en las actividades presentes en la ciudad, debe considerarse como el verdadero motor de la economía y, en particular, de la economía de la ciudad que, como hemos visto en el capítulo 1, constituye el ámbito territorial más favorable para su desarrollo. Desde el punto de vista analítico, siguiendo el análisis de Joseph Schumpeter que de la economía de la innovación ha sido el reconocido profeta,[49] la innovación constituye el único elemento capaz

---

[48] Véase el apartado 8.4 de Camagni (2000b).
[49] Véase sobre todo su trabajo sobre los *Business cycles*, Schumpeter (1964).

de hacer surgir un beneficio (momentáneo), entendido como remuneración "categórica" del factor empresarial más allá del simple interés natural sobre el capital invertido.

Y aquí está el punto de contacto con el análisis de la renta: el propietario del suelo urbano está en condiciones de apropiarse, gracias a las ventajas de "accesibilidad" o de "situación" o de "aglomeración" que su terreno garantiza, también de las ventajas de la "atmósfera urbana" generadora de innovaciones y de beneficios schumpeterianos.

Estas afirmaciones pueden ser resumidas en un modelo, que podemos llamar ricardiano-schumpeteriano de la renta urbana, de carácter casi dinámico o de estática comparativa.[50]

Supóngase una ciudad monocéntrica, con terrenos dispuestos a distancia creciente del centro, dotados de calidad/cantidad decreciente de información y, por tanto, de decreciente "fertilidad" o "rentabilidad" (curva $PMg1$ en la figura 6.8) y una relación constante tierra/trabajo. En presencia de una curva de salarios de tipo tradicional, creciente con la dimensión urbana (una curva ricardiana horizontal, o una curva horizontal bajo el supuesto de salario, nacional, exógeno, no implicaría ninguna diferencia, pero preferimos una formulación más general), en una situación de equilibrio schumpeteriano a largo plazo ($E°$) la dimensión de la ciudad sería $D°$ y el producto estaría distribuido entre rentas (área $acE°$) y salarios ($0aE°D°$), con beneficios iguales a cero.

En el caso de que en el área urbana tuviera lugar una explosión innovadora, un "racimo" de innovaciones tanto en las producciones como en las infraestructuras urbanas, la curva de producto marginal (del trabajo/tierra urbana) crecería hasta $PMg2$, lo que daría lugar, a corto plazo y, por tanto, en un arco de tiempo en el cual no se pueden realizar nuevas urbanizaciones, a un nuevo equilibrio (E') y a un beneficio schumpeteriano igual al área $adE'E°$ (con salarios iguales y rentas iguales a deE'). Ésta sería de todas formas una situación a corto plazo; el sucesivo nacimiento o atracción de nuevas actividades, ligado a la existencia de beneficios, generaría una expansión de la ciudad hasta la dimensión D'', y una nueva caída de los beneficios a cero, por efecto de procesos de imitación de las innovaciones y de competencia en el mercado de los productos y de los factores, todo ello a beneficio de la renta urbana y de los salarios.

El interés del modelo reside en su capacidad de incorporar de forma sintética distintas "reminiscencias" teóricas; de hecho, éste es al mismo tiempo:

- un modelo ricardiano en la forma (se trabaja con tierras urbanas de decreciente "fertilidad" gracias a la diferente presencia/accesibilidad a la información central);

---

[50] Véase Camagni (1986).

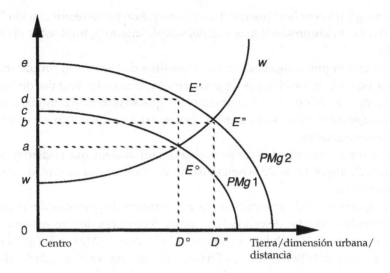

Figura 6.8. Un modelo ricardiano-schumpeteriano de renta del suelo urbano.

- un modelo thüneniano, en cuanto modelo centro/periferia (el suelo "marginal" es un suelo "periférico"); en consecuencia, se trata de un modelo de renta "diferencial";[51]
- un modelo neoclásico, puesto que la distinta accesibilidad genera una distinta rentabilidad, y, por tanto, una distinta demanda de tierra urbana;
- un modelo schumpeteriano en la sustancia, puesto que los beneficios nacen sólo de la innovación y permanecen sólo a corto plazo;
- un modelo "clásico", puesto que la renta se apropia en el tiempo del *surplus* permitido por las más generales condiciones de desarrollo tecnológico y productivo de la sociedad urbana, generando una "caída tendencial en la tasa de beneficio";
- un modelo biológico-ecológico, que ve desarrollarse en el territorio un proceso circular del tipo "presa/depredador", en el cual los beneficios son las presas y las rentas los depredadores;[52]

[51] En el caso de que a largo plazo permaneciese una condición de escasez de tierra urbana (equilibrio en el punto *E'*), el beneficio extraordinario generado se transformaría en una renta que tendría todas las características de una renta "absoluta" interpretada en clave dinámica: nacería de una escasez de terreno urbano y de economías dinámicas de aglomeración (innovación).

[52] Véase el apartado 8.4.3 de Camagni (2000b).

– un modelo que abre la posibilidad a que la apropiación de la renta no sólo sea por parte de la tierra central, sino que también sea compartida con aquellos factores, escasos y ligados a las localizaciones centrales donde circula la "información", que son la base de los procesos de innovación urbanos y de la valoración de los productos de las actividades centrales: trabajo directivo, profesiones avanzadas que trabajan con la información (tecnológica, financiera, gerencial).

7. EL DESARROLLO URBANO SOSTENIBLE: CONCEPTOS Y FUNDAMENTOS PARA UN PROGRAMA DE INVESTIGACIÓN

7.1 Las razones de un programa de investigación

Mientras que el paradigma del desarrollo sostenible ya está en camino de tener un reconocimiento, si bien no de plena autonomía disciplinar, seguramente sí de plena relevancia interdisciplinar, convirtiéndose en el centro de una renovada y dinámica reflexión teórica y normativa, no se puede afirmar lo mismo por lo que concierne a un ámbito más específico de aplicación del mismo paradigma, el ámbito urbano.

Han sido obstáculo hasta hoy, a nuestro parecer, tanto algunas cuestiones no resueltas –definitorias, metodológicas y epistemológicas– en el interior del paradigma más general, como algunas especificidades del caso urbano que no se han tenido suficientemente en cuenta ni se han ponderado.

No obstante, en el caso de la sostenibilidad del desarrollo urbano y de las correspondientes políticas de intervención, también se presenta claramente la fuerte relevancia de los temas que propone, su carácter novedoso y el desafío que presenta a la reflexión teórica.

Un programa de investigación sobre el desarrollo urbano sostenible debe comenzar por una explícita reflexión sobre las citadas especificidades y sobre los problemas relacionados no resueltos, debe proponer una definición que pueda constituir la base para sucesivas investigaciones empíricas y para nuevos desarrollos teóricos, y debe explorar métodos, estrategias y contenidos para posibles políticas urbanas que se enfrenten de forma explícita al problema de la sostenibilidad del desarrollo urbano.

En muchos aspectos, como se verá, no se tratará tanto de establecer nuevos conceptos, sino de utilizar de forma coherente conceptos existentes o de criticar un uso impropio de los mismos; en otros casos, se tratará sobre todo de integrar entre sí principios teóricos, interpretativos y normativos, por lo general aplicados a contextos específicos, lejanos y abstractos; y en otros, en fin, más escasos, propondremos nuestro punto de vista personal y nuestras conceptualizaciones.

7.2 La relevancia del tema y su especificidad

Afrontar el tema del desarrollo sostenible desde el punto de vista de las ciudades se presenta como un proyecto relevante desde el mismo punto de vista, más tradicional, de la sostenibilidad global. Las ciudades, de hecho, constituyen ahora ya, en los países desarrollados, las mayores concentraciones de actividades económicas y residenciales, y encierran la cuota cuantitativamente mayor de dichas actividades; son, en consecuencia, los lugares donde se produce la mayor parte de las emisiones, de los residuos, de los materiales contaminantes y donde se consume la cuota más grande de energía.

Además, si en la producción de cualquier tipo de contaminación uno de los elementos más relevantes es densidad territorial del fenómeno –puesto que las capacidades del ecosistema para regenerar los recursos naturales son relativamente constantes por unidad de extensión territorial, mientras que el impacto negativo crece probablemente de forma exponencial– la ciudad con su elevada densidad de uso del suelo, ofrece una caso relevante sobre el cual prestar atención.

Una segunda razón por la que parece importante enfrentarse con el problema de la sostenibilidad del desarrollo a partir de la ciudad reside en un elemento que concierne a la eficacia de la actuación. Se ha dicho que la ciudad tiene un impacto relevante sobre la sostenibilidad global (por ejemplo, a través del efecto de las emisiones de CO, CO_2 y NOx por parte del tráfico de vehículos sobre el llamado "efecto invernadero"), pero las mismas causas que ponen en peligro la sostenibilidad global impactan también sobre la sostenibilidad "local", si bien delimitada (congestión, ruido, contaminación del aire). Si esto es cierto, lo que ha sido recientemente presentado como el "teorema de la localidad" (Camagni, Capello, Nijkamp, 1996), nos sugiere que es mucho más eficaz enfrentarse a un mismo problema a partir del nivel local (ya sea en términos de efectos que en términos de sujetos y de autoridad) que no a partir de un nivel global (donde a menudo las autoridades están ausentes, los sujetos contaminantes están alejados, las interdependencias entre acciones de sujetos diferentes son más elevadas y la incertidumbre sobre la medida de los fenómenos y sobre las cadenas causales es más relevante).[1]

---

[1] Las razones de la validez del "teorema" se pueden resumir de la forma siguiente. Cuanto más "local" es el problema (por su naturaleza, por convención o por elección del *policy-maker*), tanto más:
- crece la identidad entre contaminador y víctima y, por tanto, mayor es la disponibilidad a pagar para evitar el daño;
- en el caso de "pocos contaminadores", es fácil aplicar el principio de "quien contamina paga";
- en el caso de "muchos contaminadores", la población es homogénea y, por tanto, los objetivos y las necesidades (incluidas las ambientales) están en mayor medida compartidos;
- se pueden establecer más fácilmente derechos de propiedad a la Coase sobre los bienes públicos o "commons";

Pero si todo cuanto acabamos de decir autoriza a ver sinergias y similitudes entre el enfoque de la sostenibilidad global y el enfoque urbano, es necesario aclarar enseguida que este último presenta algunas importantes especificidades, que imponen una revisión profunda de los métodos y de los conceptos utilizados. Si el centro de la reflexión sobre la integración del desarrollo y el medio ambiente descansa, sin duda, en la dinámica de utilización de los recursos naturales no renovables, no parece posible trasponer mecánicamente al ámbito urbano esta reflexión, como en cambio a menudo se hace, en cuanto la ciudad se plantea por definición como una gran manufactura, un ambiente artificial (y ya no natural) creado por el hombre, tal vez su mayor creación.

El mismo nacimiento histórico de la ciudad por separación y autonomización del campo implica una división neta entre actividades y profesiones (aquellas que están dirigidas a la explotación de los recursos naturales y aquellas que no lo están); la aparición de interacciones sociales favorecidas por la proximidad, impensables en un modelo de asentamiento disperso; el desarrollo de actividades relacionadas con la política, la cultura, el arte, la innovación social y tecnológica, y el desarrollo de valores de libertad individual en oposición a la "vida ética" de la familia campesina.[2]

Así pues, la existencia de la ciudad implica ya una elección de fondo: la renuncia a un modelo de vida y de organización social, completamente basado en la integración hombre-naturaleza, a cambio de un modelo completamente basado en la integración hombre-hombre; el abandono de funciones de producción basadas en los factores tierra y trabajo por funciones de producción basadas en capital fijo social, información y energía.

Todo esto tiene consecuencias metodológicas de gran importancia:

A) En primer lugar, una definición "fuerte" de sostenibilidad, que implica la no-substituibilidad entre capital natural y capital artificial, una definición que en una aproximación global se presenta probablemente como la aproximación más correcta (Victor, Hanna y Kubursi, 1994), no puede ser utilizada de forma útil en el ámbito urbano, donde en grandísima medida el capital natural, dado, por ejemplo, por el suelo cultivable, es sustituido por capital fijo social.

B) En segundo lugar, el *trade-off* estricto entre desarrollo económico y calidad ambiental, explícita o implícitamente admitido en la gran mayoría de las discusiones sobre los equilibrios ecobiológicos globales, puede y más bien debe ser puesto en duda en al menos dos casos, cuando se quiere analizar la ciudad:

- en espacios restringidos, es mayor la movilidad externa de las personas y de las actividades: la población local está más dispuesta a pagar un premio para atraer o mantener actividades económicas *in situ;*
- las ciudades ofrecen el marco institucional más adecuado para políticas "a medida", y para prácticas de monitorización de los efectos ambientales.

[2] Como hemos puesto de manifiesto en la Introducción.

– en el caso de las ciudades del subdesarrollo (donde no es la ciudad a atraer población activa, sino que es el campo que expele desheredados), en las cuales la mejora de las infraestructuras y de las condiciones higiénicas y culturales vinculadas con el crecimiento económico no pueden sino mejorar la calidad ambiental,[3] y

– en el caso de las ciudades de países ricos, donde la calidad ambiental puede convertirse en un bien superior y factor avanzado de localización de las actividades y, por tanto, una precondición para un ulterior desarrollo.

En ambos casos, está claro que el *trade-off* supuesto constituye una simplificación de la realidad, válida para un análisis a corto plazo en el cual es aceptable una hipótesis de *coeteris paribus* para todas las variables socioeconómicas que generalmente acompañan a la evolución histórica de la sociedad: tecnología, organización, preferencias y valores sociales, y políticas públicas. Pero a medio y largo plazo dichas variables no permanecen inalteradas (Beckerman, 1993), sobre todo en un ambiente, como el urbano, caracterizado por la mayor interacción entre estas variables y por la mayor aptitud para el cambio.

Se puede pues pensar en trayectorias evolutivas de la relación entre ambiente y desarrollo económico como interpolaciones a largo plazo entre condiciones de *trade-off* a corto plazo: el *trade-off* persiste cuando se consideran constantes todas las condiciones del entorno y, en particular, las políticas infraestructurales y las preferencias colectivas, pero con el tiempo se traspone hacia arriba. Las trayectorias que se derivan pueden mostrar alternativamente inclinaciones positivas o negativas según prevalezca respectivamente una respuesta rápida o una respuesta lenta de toda sociedad al empeoramiento de la calidad ambiental o, de manera más realista, si es cierto cuanto se ha afirmado más arriba, inclinaciones variables según los estados de desarrollo social (esto es, positivas en el estado inicial y en el estado final del desarrollo, y una inclinación negativa en el estado intermedio, correspondiente a la fase de rápida industrialización). Véase a propósito el modelo que hemos bautizado VASE – Value-driven Alternative Sustainability Evolutions, presentado en la figura 7.1;[4]

C) En tercer lugar, cuanto más fuerte es el interés por los aspectos locales (y urbanos) de las relaciones entre hombre y ambiente, tanto menos dichas relacio-

---

[3] Por cuanto concierne a algunas condiciones ambientales para las cuales el hombre ha luchado desde hace mucho tiempo, y que constituyen todavía hoy el objetivo principal para las sociedades menos ricas –nos referimos, por ejemplo, a la disponibilidad de agua potable y el acceso a los servicios sanitarios– no hay duda de que éstas están estrechamente correlacionadas positivamente con el nivel de desarrollo y, al menos en el segundo caso, con el desarrollo de la urbanización. Véanse las evidencias empíricas recogidas por el World Resources Institute, comentadas por Beckerman (1993).

[4] El modelo VASE ha sido concebido en el curso de dos interesantes discusiones con Paola Deda y Roberta Capello.

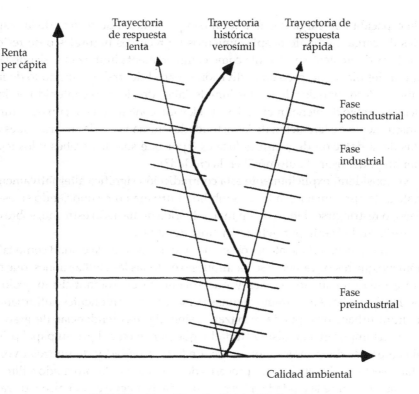

VASE: Value-driven Alternative Sustainability Evolutions

Figura 7.1. El *trade-off* entre desarrollo económico y calidad ambiental: el modelo VASE.

nes parecen implicar tiempos históricos (o imprecisos) para manifestarse y, por tanto, más lícito parece referir los efectos a las *actuales* generaciones, en lugar de a las generaciones futuras. Con esto se pueden superar los difíciles problemas lógicos y metodológicos (y de filosofía moral) que irremediablemente se presentan cuando las generaciones futuras son tomadas en consideración,[5] y se pueden utilizar los instrumentos más tradicionales de análisis de elección pública y del comportamiento racional, si bien proyectados desde una óptica dinamicoevolutiva y de largo plazo.

D) Por último, una aproximación a menudo seguida por algunas corrientes ambientalistas, que ve la sostenibilidad relacionada con la autarquía y el respeto

---

[5] Para una eficaz síntesis de dichos problemas, véase Pasek (1993). Es una sensación mía que la referencia a las generaciones futuras suministra a menudo una buena coartada científica y política para reducir, en lugar de aumentar, la preocupación y el interés por los problemas ambientales.

de la capacidad de carga del área local (sin posibilidad de *trading* de las capacidades de carga mediante desplazamientos de recursos naturales o de residuos entre áreas diferentes), se presenta como completamente inutilizable, siendo la ciudad por definición un polo en la división espacial del trabajo, un nodo de intercambios internacionales de bienes inmateriales, de elevado contenido en inteligencia, a cambio de bienes materiales, de elevado contenido en recursos naturales, un instrumento de liberación de las actividades humanas de las restricciones derivadas de la dotación de recursos locales (¿por qué sólo los árabes y los tejanos deberían poder usar el automóvil en la ciudad?).

No considerar explícitamente esta contradicción significa alternativamente: o banalizar la aproximación a la sostenibilidad urbana no reconociendo su especificidad, o restringirse dentro de un marco teórico demasiado estrecho, sobre cuya base cada ciudad sería por definición "insostenible".

En otras palabras, bajo atenta observación debe estar no la ciudad como tal –un fenómeno que históricamente se ha impuesto en todas las civilizaciones, que no se merece ulteriores justificaciones y que solamente un romanticismo ecologista superficial, que lleva al extremo algunas persistentes componentes antiurbanas de la cultura urbanística, puede rechazar[6]–, sino algunas tendencias de gran relevancia que implican a la misma ciudad y que ponen en peligro su papel primordial como sede de la interacción social, de la creatividad y de un (relativo) bienestar colectivo. Me refiero a los procesos de crecimiento desordenado e ilimitado que a menudo sufre la ciudad en los periodos de despegue económico y de rápida industrialización. Me refiero a los procesos recientes de urbanización difusa que han sido llamados indistintamente como "metropolitanización", "peri urbanización", "sprawl urbano", "ville éclatée", "edge-city development" (Camagni, 1994): procesos que han hecho empíricamente ambigua la distinción conceptual entre ciudad y campo, llevándonos hacia una no ciudad y un no campo; procesos que sobre todo han exacerbado toda la problemática de la movilidad y del consumo energético puesto que hacen aparecer un modelo de localización totalmente dependiente del automóvil (Boscacci y Camagni, 1994).

Pero también me refiero a los nuevos procesos de formación de guetos que se manifiestan cada vez más frecuentemente en las grandes ciudades, en parte relacionados con las transformaciones globales de la sociedad, y en parte con la dificultad (y el retraso) con el que las políticas públicas se han ocupado del problema. También estos procesos, que tienen una raíz más directamente social o urbanística, deben ser tomados en cuenta ya que, por una parte, son el reflejo de una insufi-

---

[6] La ciudad ha sido variadamente definida como "un parásito del ambiente natural y domesticado" en cuanto no produce recursos naturales (alimentos, aire, agua limpia); como un "cáncer", y como tal una "enfermedad letal"; una "monstruosidad hipertrófica, con una insaciable avidez de bienes materiales y capacidad de carga rápidamente decreciente". Para un breve elenco y una crítica equilibrada, véase Haughton y Hunter (1994, capítulo I).

ciente accesibilidad a los beneficios del ambiente urbano para algunos estratos de ciudadanos y, por la otra, porque tienen una influencia sobre el funcionamiento global y sobre la capacidad de atracción de la ciudad.

En conclusión, una investigación sobre la sostenibilidad urbana debe tener como modelo de referencia no a un paraíso terrestre de equilibrios ecobiológicos ni a una ciudad diseñada de forma ideal (objeto de otro tipo de reflexión), sino un arquetipo multidimensional, aunque simplificado, en el cual se puedan reconocer las diferentes funciones de la ciudad –la de suministrar economías de aglomeración y de proximidad, accesibilidad e interacción social, integración en red con el mundo exterior– y en el cual se obtenga el máximo bienestar colectivo a partir de la integración dinámica-procesual positiva (*co-evolution*) entre el ambiente natural, el *built and cultural heritage*, la economía (y, por tanto, la ocupación), y la sociedad.

7.3 Qué definición de desarrollo sostenible

Como es ampliamente sabido, con el concepto de desarrollo sostenible se ha querido lanzar un proyecto político-económico-cultural de amplio alcance que sea capaz de hacer coherentes las exigencias ambientales con las exigencias del desarrollo económico, desde un punto de vista de largo plazo. De esta forma, los intereses de las generaciones futuras son puestos explícitamente en primer plano junto con los intereses de las generaciones presentes, y se restringen los procesos de optimización económica al respeto de los límites impuestos por la capacidad de reproducción de la biosfera.

El Informe Bruntland de la World Comisión on Environment and Development "Our common future" (WCED, 1987, p. 9) define el desarrollo sostenible como "un proceso de cambio en el que la explotación de los recursos, la dirección de las inversiones, la orientación del desarrollo tecnológico y los cambios institucionales son consecuentes tanto con las necesidas futuras como con las actuales".

No parece ya ser necesario extenderse sobre algunas críticas o dudas que se han planteado sobre el programa del desarrollo sostenible:

– Sobre su pretendida ambigüedad, en cuanto "intenta conciliar lo inconciliable". Como ya hemos dicho, el *trade-off* negativo entre calidad ambiental y desarrollo es una relación que sin duda existe, pero sólo si se hace abstracción de una serie de fuerzas de largo plazo que a veces automáticamente y, más a menudo, gracias a decisiones colectivas autónomas, conducen hacia direcciones opuestas y más favorables; se trata de aclarar hasta dónde es posible llegar en el uso de los recursos naturales y qué posibilidades hay de desplazar hacia el exterior o de hacer girar dicho *trade-off* a medio-largo plazo (figura 7.1).

- Sobre el pretendido paternalismo de la inclusión de las necesidades de las generaciones futuras cuando, se dice, el desarrollo actual no es en realidad desarrollo, ya que no permite resolver las necesidades de muchas generaciones presentes. No parece que se pueda encontrar ningún miramiento paternalista para "nuestros" hijos, sino sólo una exigencia para definir condiciones de bienestar a largo plazo que, en gran medida, coinciden también con las condiciones de bienestar de las generaciones actuales.
- Sobre la imprecisión y la genericidad del concepto, desprovisto, según algunos, de bases fuertes en términos de instrumentos de intervención. Pero es precisamente sobre este terreno en el cual cabe esforzarse, una vez que se haya llegado a un acuerdo sobre la existencia de premisas científicas suficientemente fundadas y de instancias normativas suficientemente relevantes.

Seguidamente quiero destacar un elemento de la definición, porque a menudo se pierde en los intentos de profundización: el énfasis puesto sobre el "proceso" y sobre el cambio, más que sobre un objetivo estático de optimización de cualquier tipo. Se trata de realizar un gran proceso de aprendizaje colectivo en el cual se realice la máxima sinergia entre economía, tecnología y ambiente, y se minimicen las externalidades cruzadas de tipo negativo.

Pero en cuanto se quiere pasar de las definiciones generales a las especificaciones más directamente operativas y, por tanto, a mejorar la identificación de los objetivos y las restricciones del problema, las propuestas se multiplican hasta el infinito, y se presentan como una extensa secuencia de variaciones infinitesimales sobre el tema entre las cuales parece difícil proceder con destreza.

Aunque sin la intención de analizarlas con detalle, porque no es éste el objetivo del trabajo, hemos intentado realizar una clasificación sencilla de dichas propuestas, dado que parece indispensable una mayor claridad para efectuar algunas elecciones, con el fin de poder avanzar en la investigación.

La primera dimensión que parece evidente, y que implica una primera dicotomía, es aquella entre *definiciones orientadas a los inputs* de los procesos de producción y de intercambio, o sea, a los recursos (y, en particular, los recursos no renovables) y *definiciones orientadas a los outputs* de los mismos, o sea, al nivel de bienestar, utilidad, renta o consumo per capita. Tenemos pues, por una parte, definiciones que se basan en la necesidad de poner límites al uso de determinados recursos en el proceso de desarrollo económico: esto es, de no exceder su capacidad de regeneración (pensemos en las reservas pesqueras, o en los bosques) o su capacidad de asimilación de sustancias contaminantes o, en el caso de que se trate de recursos no renovables, de garantizar su utilización más eficiente. Por otra parte, tenemos definiciones que se basan en la necesidad de garantizar un flujo continuo de bienestar a largo plazo, siendo conscientes, de todas formas implícitamente, que un elevado nivel de dicho bienestar no se puede alcanzar mediante la destrucción de los recursos naturales y la contaminación de la biosfera (figura 7.2).

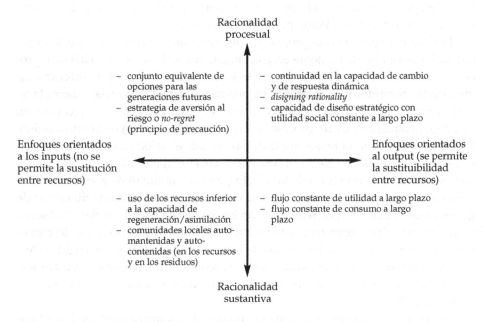

Figura 7.2. Enfoques alternativos al desarrollo sostenible.

Está implícita, generalmente, en la segunda aproximación una conceptualización "débil" de sostenibilidad, entendida en el sentido de que se permite una sustituibilidad más o menos amplia entre distintos elementos de la función de utilidad (por ejemplo, la renuncia a una parte de los servicios ambientales suministrados por el capital natural, compensada por una mayor disponibilidad de bienes) o de la función de producción (con la sustitución de capital natural por capital artificial –por ejemplo, agua natural por agua depurada); en la primera aproximación está, en cambio, implícita generalmente una idea de "sostenibilidad fuerte", en la que ninguna reducción en la disponibilidad de un recurso no renovable puede ser compensada por un aumento en algún otro.

La segunda dimensión a través de la cual hemos leído las distintas propuestas, y por tanto la segunda dicotomía, la hemos encontrado en el tipo de racionalidad implícita. Por una parte, tenemos propuestas basadas en la que ha sido llamada racionalidad "sustantiva", que se define, en las palabras de Herbert Simon (1972), como esa racionalidad que supone la posibilidad de comportamientos

siempre apropiados para alcanzar objetivos concretos en presencia de restricciones definidas: el decisor no cometería errores ni *ex ante* ni *ex post*, al menos de
forma sistemática. Se trata de una racionalidad que está detrás de gran parte de la
elaboración económica neoclásica, que implica el supuesto de información perfecta, de conocimiento perfecto de las restricciones y de los resultados de las decisiones, de capacidad de cálculo perfecto e ilimitado.

Por la otra parte, tenemos propuestas que se basan en un distinto tipo de racionalidad, elaborado inicialmente en psicología, que se basa en el análisis de procesos cognitivos más realistas en situaciones caracterizadas por información
imperfecta, incertidumbre, complejidad: una racionalidad "procesual", definida no
tanto a partir de la coherencia objetivos-medios-elecciones, sino sobre la corrección
de un razonamiento y de un proceso de recogida y elaboración de la información.
La evidente incertidumbre que anida detrás de cada elección económica (ya sea en
la cantidad e idoneidad de la información, en la disponibilidad de una fuerte
cadena causal en la previsión de los efectos, en la posibilidad de resultados complejos o caóticos por efecto de no linealidad en las relaciones, en la dificultad de
gobernar las elecciones o las reacciones de los demás) ha llevado al científico social
(y al actor social) a interesarse cada vez más no tanto en encontrar las elecciones
óptimas, sino en encontrar las formas de llegar a ellas mediante la recogida selectiva de la información, la construcción de escenarios condicionales, la planificación, la construcción del consenso y la adopción de decisiones de mínimo riesgo
(Camagni, 1995).

Se pueden incluir dentro de una racionalidad sustantiva (parte inferior figura 7.2) las definiciones de sostenibilidad de Solow (1986) y de Pezzey (1989), basadas ambas en la observación del output y abiertas a la sustituibilidad entre
factores, caracterizadas por un nivel no decreciente de consumos o de utilidad per
capita a lo largo del tiempo.[7] Pero también se pueden incluir propuestas en sentido opuesto, todas dirigidas hacia la fijación de una restricción en el uso de los
recursos: la propuesta por Pierce (1988), que caracteriza la sostenibilidad como
la situación en que la explotación de los recursos naturales no excede su tasa de
regeneración, y la tasa de emisiones contaminantes no excede la tasa de asimilación del ecosistema afectado,[8] o las diversas propuestas de raíz ecologista de cre-

---

[7] Solow indica las condiciones necesarias para una tal asignación óptima de los recursos en sentido intertemporal y, en particular, la llamada condición de Hartwick: que las rentas extraídas de la
explotación de los recursos naturales no renovables (capital natural) se inviertan en actividades reproducibles capaces de sustituir dichos recursos.

[8] Es interesante señalar que el concepto de desarrollo sostenible de Pierce ha evolucionado en el
tiempo hacia la primera acepción, basada en el output. En el Blueprint 3 (o Blue 3) dedicado a la medida
del desarrollo sostenible, afirma de hecho que "desarrollo sostenible es desarrollo económico que dura"
y que "crece continuamente, o al menos no decrece, ya sea consumo per cápita, o PNB, o el indicador
acordado de desarrollo, sea el que sea" (Pierce, *et al.*, 1993, pp. 7-8).

ación de colectividades locales autosostenidas y autocontenidas, en las cuales el uso de los recursos tenga lugar dentro de los límites de capacidad de carga local (Magnaghi, 1990). En todos estos casos, no hay incertidumbre en la medición de los fenómenos, en los resultados de las acciones, ni hay análisis de los costes sociales de maniobras drásticamente restrictivas (ni de la distribución de dichos costes).

Por el contrario, pertenecen al ámbito de la racionalidad procesual las propuestas que asumen la carga de la incertidumbre, como se ha definido más arriba, de los riesgos que se derivan de la irreversibilidad de muchas elecciones en el campo ambiental, y de las posibilidades de aprendizaje estratégico por parte de los sujetos a lo largo del proceso de desarrollo. Entre aquellas orientadas al control de los inputs encontramos importantes contribuciones, como las de:

- Ciriacy-Wantrup (1968) y de Pierce, *et al.* (1989), que sugieren respectivamente una estrategia de *safe minimun standard of conservation* y de *risk-aversion* y, por tanto, un comportamiento tendencialmente pesimista sobre los efectos ambientales futuros de las decisiones actuales, puesto que los efectos ambientales de una estrategia distinta, optimista, podrían resultar catastróficos (en el caso de que se descubriera en el futuro que los pesimistas tenían razón).[9]

- Vercelli (1994), que propone una estrategia de conservación de los recursos naturales con el fin de dejar abierta la mayor cantidad de "opciones" a las generaciones futuras, a la espera de que un proceso de aprendizaje ilumine progresivamente las relaciones reales entre desarrollo económico y evolución de la biosfera. Un desarrollo sostenible sería precisamente aquel que permitiera dejar a las generaciones futuras un conjunto de opciones iguales a, al menos, las que tienen las generaciones actuales, opciones que tendrían un valor actual (*option value*) precisamente porque en el futuro podrían permitir cambios de estrategia en el caso que nuevas informaciones los hicieran necesarios.

- El C3 de París (Froger, 1993; Faucheux y Froger, 1995), que propone una síntesis de los dos enfoques precedentes, en la forma de un procedimiento decisional que, siguiendo a Simon, se proponga subobjetivos intermedios (en el tiempo) y tangibles, sujetos a ser medidos y valorados, en sustitución de objetivos globales, intergeneracionales y abstractos; dicho procedimiento se debería poner como objetivo el de evitar procesos irreversibles en el uso de los recursos (principio de "precaución") y el de garantizar un estado ini-

---

[9] Se utiliza en este razonamiento el principio de *minimax* de la teoría de juegos, con dos estrategias, de explotación y de conservación de los recursos, y dos estados posibles del mundo, uno optimista y otro pesimista, no previsibles *ex ante*.

cial transmitido a la generación sucesiva que permita el máximo número de opciones alternativas.[10]

Muy parecidas, aunque basadas en la capacidad de encontrar soluciones en lugar de basarse en la necesidad de tener abiertas opciones de uso de los recursos, son las propuestas que ven la sostenibilidad como:

- una continua capacidad de cambio y de respuesta (Camagni, Capello, Nijkamp, 1996);
- una capacidad de adaptación creativa, de *designing rationality* (Vercelli, 1994);
- nosotros diríamos una continuada capacidad de *diseño estratégico* que garantice un flujo al menos constante de utilidad colectiva a largo plazo.[11]

Digamos, en primer lugar, que las propuestas que se encuentran a la izquierda de la figura 7.2 son propuestas más estrictas, y probablemente más coherentes, desde el punto de vista de la conservación de los recursos, puesto que controlan directamente su uso; en vistas, no obstante, de una utilización de estas definiciones en el ámbito urbano, preferimos las propuestas situadas a la derecha, puesto que vemos en el buen funcionamiento global de la ciudad un objetivo superior al de la conservación de algunos recursos específicos localizados en su territorio. Dentro de estas últimas propuestas, nuestra preferencia es para aquellas del cuadrante superior, reflejo de una atención dirigida más a los procesos que no directamente a los resultados, al aprendizaje colectivo más que a objetivos predefinidos.

Una distinta dimensión y, por tanto, una nueva posible dicotomía, a través de la cual clasificar las definiciones y las aproximaciones a la sostenibilidad, podría parecer aquélla, a menudo enfatizada, entre aproximaciones que se fundamentan

---

[10] Bien mirado, ésta parece la mejor acepción interpretativa de la definición de sostenibilidad del Bruntland Report, allí donde se habla de un desarrollo capaz "de satisfacer las necesidades y aspiraciones de los presentes sin comprometer la capacidad de satisfacer las necesidades de los que vendrán" (WCED, 1987, p. 40), en lugar de la acepción "sustantiva" de la "equidad intergeneracional", que implica una previsión precisa de las necesidades, de los valores, de las preferencias y de las tecnologías de la sociedad habitada por las generaciones futuras. La idea de definir unos objetivos intermedios cercanos, referidos al momento de cambio entre la generación actual y la siguiente, representa la parte contraria "temporal" de la estrategia de definición de un horizonte "espacial" limitado dentro del cual definir la sostenibilidad, más arriba definida como "teorema del localismo" (véase al propósito la nota 1); de hecho, en ambos casos se aborda un problema de incertidumbre y de información imperfecta desde un punto de vista de racionalidad procesual, interesada en alcanzar al menos objetivos "satisfactorios".

[11] Con "capacidad de diseño estratégico" indicamos no sólo la capacidad de construir estrategias a largo plazo, sino, sobre todo, la capacidad de realizarlas mediante procesos de planificación participativos y asociativos, basados en la negociación y la persuasión, como indica la reciente experiencia del *strategic planning* aplicado por las agencias públicas de planificación (Gibelli, 1993 y 1996).

en comportamientos económicos de mercado y aproximaciones que implican una ruptura neta con la organización institucional existente y la referencia a una nueva ética. Por una parte, encontramos, pues, quien sostiene que "el uso adecuado de los recursos ambientales es más un problema económico que moral" (Dorfman y Dorfman, 1972, Introducción); por otra parte, quien, en cambio, sostiene que deben ser los valores éticos los que guíen las acciones de los hombres y de los gobiernos en direcciones respetuosas con el ambiente.

No he utilizado, en cambio, este punto de vista y de clasificación, porque lo considero erróneo e inútilmente dicotómico. Si, por una parte, nos queremos anclar a una aproximación operativa y, por tanto, evitamos los análisis y las propuestas de carácter palingenésico que corren el riesgo de mitificar el ambiente o el "territorio", olvidándose la sociedad, la existente y, sobre todo, olvidando indicar los actores y las fuerzas del posible cambio radical; y si, por otra parte, efectuamos un análisis atento de las formas en las que el mercado puede o no puede alcanzar determinados objetivos que la sociedad impone política o éticamente; entonces, no podemos sino llegar a la conclusión de que sólo hay una vía posible, la de un mercado orientado por una ética compartida.

No se trata de inventarse nuevas definiciones de "mercado" y de mecanismo económico, sino de aceptar lo que después de Karl Polanyi ya nadie pone en discusión.[12] El mercado es formación social: actúa y vive en el interior de normas, criterios, definiciones, valores definidos por el hombre; no se forma espontáneamente o naturalmente, sino que requiere, para poder funcionar, una adecuada cultura por parte de los actores implicados. El mercado es "institución" social, "en el sentido de que, en cuanto tal debe ser instituido, o sea, debe ser creado. Cosa que requiere tiempo, buena voluntad colectiva y condiciones históricas favorables".[13]

Siguiendo a Polanyi, "una economía de mercado puede funcionar solamente en una sociedad de mercado",[14] una sociedad que en concreto defina las reglas de algunos mercados "particulares", en los cuales no se comercian mercancías sino factores: él indica los tres conocidos mercados del trabajo, la tierra y el dinero; nosotros queremos añadir los de los recursos ambientales no reproducibles. Dichos mercados "particulares" pueden actuar sólo en el interior de normas sociales e institucionales muy evidentes, que son definidas con actos explícitos y voluntarios de las distintas colectividades nacionales. Así como la sociedad se ha ido dando en el tiempo normas cada vez más estrictas para el mercado del trabajo, de la misma forma parece claro que la sociedad está imponiendo hoy normas sobre el uso de los recursos naturales, paralelamente a la creciente percepción de su

---

[12] "El descubrimiento excepcional de las recientes investigaciones históricas y antropológicas es que la economía del hombre, por norma, está inmersa en sus relaciones sociales" (Polanyi, 1974, p. 61).

[13] Martinotti, 1991.

[14] Polanyi, 1974, p. 74.

valor.[15] En este sentido, estamos de acuerdo con René Passet (1994), cuando afirma: "la ética llama a la puerta de la economía".[16]

Y la ética debe permitir dos tipos de correcciones del funcionamiento del mercado, a través de la acción del estado: en la internalización de las externalidades y en la consideración del largo plazo o, como se acostumbra a decir, de los intereses de las generaciones futuras (dos casos bien conocidos de "fallos" del mercado).

El segundo caso de fallo del mercado, que hace referencia a los procesos dinámicos que se desarrollan en el tiempo, es particularmente relevante. Dejemos hablar a Frank Hahn (1993), ciertamente no un economista radical: "La economía capitalista es notoriamente incapaz de garantizar la asignación intertemporal de los recursos. Y ello no sólo porque los mercados no manifiestan las externalidades, sino también porque muchos mercados importantes no existen en absoluto. Las generaciones futuras no pueden hacer ofertas por recursos asignados en los mercados actuales. Por cuanto dichas generaciones puedan estar representadas, éstas deberán estarlo dentro de las expectativas de la actual generación sobre los precios futuros. A pesar de los economistas americanos, dichas expectativas no sólo resultan a menudo, a tenor de los hechos, completamente equivocadas, sino que tienden a no superar el corto plazo".

La dificultad es al mismo tiempo analítica y política. Pero en el plano político se puede intentar resolverla mediante la acción voluntariosa de "buenos actores"

---

[15] El hecho de que el principio de "quien contamina paga" haya sido recogido en el Tratado de la Unión Europea (artículo 130R) y que, en consecuencia, forme parte de nuestras normas constitucionales, no ha sido adecuadamente tenido en cuenta y comentado en nuestro país. Además, recordemos que desde un punto de vista jurídico ahora ya existe en Italia un amplio consenso, apoyado por sentencias de la Corte Constitucional y del Consejo de Estado, sobre la prioridad del interés colectivo de la conservación de los valores ambientales respecto al interés privado, sobre la no comercialización de las restricciones ambientales, y sobre la no posibilidad de indemnización (a pesar de la legitimidad de hacerlo) por las restricciones puestas a la libertad de iniciativa económica en defensa de los valores ambientales (Camagni, 1994). Lo que no parece todavía consolidado es un consenso social más amplio, una cultura ambiental difusa de la población, una clara opción ambiental por parte del mundo de las empresas.

[16] Un problema distinto del aquí planteado es el de decidir si nuevos comportamientos respetuosos con el ambiente pueden derivarse de una base de filosofía moral tradicional, que podríamos llamar antropocéntrica, o si "para una sociedad sostenible... será necesario... un distinto sistema de preferencias, de valores, de uso del conocimiento científico" (Bresso, 1993, p. 25), o sea, una nueva ética ecocéntrica. Si bien me parece correcto afirmar, como muchos sostienen (Norton,1984; Turner, 1988), que es necesario ensanchar el ámbito de la tradicional reflexión sobre la ética, estoy de acuerdo por otra parte con Heister y Schneider (1993) en que, si "la ética ambiental es una cuestión de tomar una perspectiva más profunda del lugar propio que le pertenece a la humanidad en el universo, de más autorespeto humano y, a consecuencia de ello, de más respeto hacia toda la creación, ..., entonces, de todas formas, la ética ambiental es antropocéntrica", y no hay ninguna necesidad de llegar al punto de reconocer, explícita o implícitamente, derechos especiales a la naturaleza por sí misma, tales de requerir comportamientos especiales por parte del hombre.

en un "buen mercado simulado" mediante el cual se pueda moralmente cuidar nuestro futuro a largo plazo. En el caso de los recursos ambientales no renovables, que el objetivo del desarrollo "sostenible" impone conservar para el disfrute de las generaciones futuras, es necesario, en dicho mercado simulado, descontar el futuro a tasas relativamente bajas, inferiores a las vigentes en el mercado: tasas excesivamente bajas implicarían considerar todas las generaciones futuras de la misma manera que las existentes y, por tanto, limitar a estas últimas a los niveles de consumos de subsistencia, pero tasas sociales de descuento cercanas a las tasas privadas actuales implican el rápido agotamiento de los recursos.

Por tanto, es necesario realizar un "buen mercado" (Veca, 1993), que en materia ambiental transmita una cantidad bastante mayor de señales respecto al mercado miope de la ética individualista, pero que permita de todas formas evitar una intervención pública reguladora de amplio espectro, destinada a toparse con el riesgo asimismo costoso de un "government failure" (por insuficiencia de información, no selectividad de los instrumentos de regulación, dificultad de aplicación y control de las reglamentaciones, distribución arbitraria de los costes de intervención).

7.4 El desarrollo urbano sostenible

También en el caso de aplicación a la ciudad del paradigma de la sostenibilidad tenemos distintas propuestas de definición y de enfoque. En este caso, más que clasificarlas, preferimos pasar lista de algunos contenidos, y efectuar directamente algunas elecciones, unas veces de método, otras de simple preferencia subjetiva:

a) El nivel de análisis: local, *transborder*, global. Ya hemos dicho anteriormente que la sostenibilidad del desarrollo urbano tiene que ver con los tres niveles a los cuales se refieren los problemas ambientales. Nuestra propuesta, totalmente subjetiva y de elección de un ámbito de investigación, es la del *análisis de los efectos locales*: que la sostenibilidad sea valorada por sus efectos sobre las colectividades locales, respetando una restricción de no generación de contaminaciones insostenibles sobre las regiones cercanas y sabiendo que una ciudad encaminada en una dirección "localmente" sostenible es una ciudad que participa activamente en la reducción de los efectos globales negativos.

b) Las variables objetivo. La variable prioritaria no puede ser otra que el *bienestar de la población local a largo plazo, vinculado a la prosperidad de la ciudad en cuanto tal*. La ciudad es, en abstracto, un gran valor económico, social, cultural, que en realidad corre el peligro de ser destruida por una serie de retroacciones negativas derivadas de su desarrollo espontáneo y del prevalecimiento de señales y decisiones a corto plazo. El bienestar de la población incluye, además de necesidades vinculadas con el bienestar económico y material, también necesidades de crecimiento cultural y profesional, de identidad vinculada a los lugares, de accesibilidad a los valores ambientales y culturales de la ciudad.

c) El todo y las partes. La función de bienestar debe estar, naturalmente, definida para el todo y *para cada una de sus partes*, o sea para los subterritorios de los cuales se compone la ciudad, entre los cuales pueden existir complementariedades y división del trabajo, pero no parecen aceptables relaciones de subordinación.

d) Los *recursos ambientales en la ciudad*. Los recursos ambientales constituyen hoy una de las más potentes variables instrumentales para el desarrollo y el bienestar de la ciudad. Éstos han sido, no obstante, a menudo hipostasiados como variables objetivo de la ciudad sostenible y tratados de forma abstracta y no flexible. En particular:

- No parece aceptable una teorización de autarquía territorial, en la que las actividades humanas estén limitadas por la disponibilidad de recursos físicoambientales locales (White y Whitney, 1992); con este enfoque se juzgaría no sostenible cualquier ciudad y cualquier modelo de división del trabajo social y de complementariedad entre ciudad y campo.[17]

- El concepto de capacidad de carga, entendida como "la máxima población que puede ser soportada indefinidamente en un hábitat dado sin comprometer permanentemente la productividad del ecosistema del cual dicha población es dependiente" (White y Whitney, 1992, pág. 9) es un concepto esencial, que debe ser utilizado, no obstante, con mayor cautela de cuanto se hace generalmente. De hecho, su medición depende de la dimensión del territorio de soporte, que es elegida subjetivamente y que debe ser diferente para diferentes problemas; además, depende de las tecnologías disponibles, de las economías de escala en el tratamiento de los residuos y de las aguas residuales, del tipo de actividades localizadas en la ciudad.[18]

---

[17] No es casualidad que estos autores indiquen como no perfectamente sostenible también la ciudad premoderna (*quasi sustainable*), sobre la base de su necesidad de aprovisionarse de recursos hídricos y de productos alimentarios de regiones incluso lejanas. Como hemos visto en el capítulo introductorio, ya Platón veía en el colonialismo una característica intrínseca de la ciudad, forzada a "hacer la guerra" cada vez que su población superaba un cierto umbral y que las actividades terciarias pasaban a ser más importantes que las agrícolas. Hoy, las relaciones entre ciudad y no ciudad se manifiestan de forma menos cruenta y como relaciones comerciales que conllevan ventajas a ambas partes.

[18] Afirmar, como hace Rees (1992) y como recoge Alberti (1994, p. 23) que si la población mundial fuera capaz de vivir dentro de los límites impuestos por la capacidad de carga regional, el resultado neto sería la sostenibilidad global, constituye una afirmación completamente subjetiva, en dos sentidos: en primer lugar, el consumo de suelo demandado por un modelo de este tipo sería muy elevado, dada la escasa densidad que impondría a los asentamientos; en segundo lugar, no se trata de "no ser capaces" de vivir de forma difusa, sino del hecho que un modelo tal de asentamiento no parece el más eficiente ni desde el punto de vista de la productividad ni desde el de la interacción entre los hombres (ya que de otra forma lo veríamos realizado).

— Debemos, por último, pensar que los recursos ambientales urbanos son a menudo recursos artificiales y, por tanto, expandibles con un cierto coste (pensemos en las biomasas urbanas).

e) Así como no parece que se pueda proponer un programa de sostenibilidad que se base en la prohibición de intercambio de capacidad de carga entre territorios, si con este intercambio físico de recursos (o de residuos) se consiguen procesos territoriales más eficientes, tampoco parece relevante incluir entre los argumentos de la sostenibilidad la *ausencia de intercambio desigual*, en términos de valor, entre territorios distintos.[19] Es bien cierto que unas relaciones de intercambio que penalizan los países del sur del mundo tienen como consecuencia un derroche de recursos naturales, pero este problema, desde un punto de vista teórico, no es en absoluto diferente del problema del justo *pricing* de los recursos escasos y, desde el punto de vista político, es un problema distinto y más amplio que el de la sostenibilidad del desarrollo local.

Pasemos pues a definir positivamente la sostenibilidad del desarrollo urbano. En nuestra opinión:

A) se trata de un *proceso*, que se nutre de aprendizaje colectivo, de capacidad de composición de conflictos y de capacidad de diseño estratégico, y no de la aplicación de un modelo óptimo definido una única vez y para siempre;

B) se trata de considerar al mismo tiempo los distintos sistemas de los que la ciudad se compone (el sistema económico, el sistema social, el sistema físico –*built and cultural heritage*– y el sistema ambiental) dentro de sus interacciones dinámicas (externalidad, feed-back, rendimientos crecientes, sinergias) y de la unidad de su resultado, y no de simplemente sumar aspectos distintos y objetivos diferentes. En síntesis, se trata de asumir un enfoque *evolutivo*, caracterizado por la plena consideración de la complejidad, con sus componentes de no linealidad, acumulatividad e irreversibilidad.

Operativamente, el desarrollo urbano sostenible tiene lugar mediante la maximización del área de integración entre los distintos subsistemas (tabla 7.1) y en la minimización de los efectos de idiosincrasia y de las externalidades negativas cruzadas. Por ejemplo, la alta densidad demográfica de las ciudades ofrece la posibilidad de obtener economías de escala en el transporte, reduciendo el consumo de energía per capita, en la calefacción, permitiendo formas avanzadas de telecalefacción, en el alumbrado público, etc.; la ciudad permite, y debe intentar maximizar, el acceso a un mercado diferenciado de trabajo, a las estructuras de educación y sanitarias y a ocasio-

---

[19] En el concepto de sostenibilidad de White y Whitney (1992) está incluido el aspecto de la apropiación de la capacidad de carga de los países en vías de desarrollo por parte de los países avanzados a través de "relaciones de intercambio desequilibradas".

nes de interacción social; siempre gracias a la elevada densidad de uso del suelo, la ciudad permite (potencialmente) una elevada accesibilidad a una amplia variedad

Tabla 7.1
Interacciones y efectos externos entre los distintos subsistemas de la ciudad

	Interacción entre subsistema económico y subsistema físicoambiental	Interacción entre subsistema económico y subsistema social	Interacción entre subsistema social y subsistema físicoambiental
Externalidades positivas	Economías de escala en el uso de la energía: – alumbrado público, – transporte (público), – calefacción doméstica. Valores ambientales como bienes de lujo o factores de localización para las actividades avanzadas.	Accesibilidad a: – servicios especializados para la vivienda, – mercado de trabajo diversificado, – instituciones de formación, – centros de cultura, – servicios sanitarios cualificados. Facilidad de interacción social.	Concentración de externalidades historicoculturales y ambientales. Accesibilidad a los bienes ambientales de carácter público.
Externalidades negativas	Escasez de recursos naturales y de biomasas. Rendimientos decrecientes en el transporte privado. Congestión, contaminación del aire, contaminación acústica. Contaminación de las capas acuíferas.	Suburbanización forzada por efecto de las rentas centrales elevadas. Conflictos sociales en el mercado de trabajo. Nuevas formas de pobreza.	Desgaste del patrimonio histórico-monumental. Pérdida del patrimonio cultural. Conflictos sociales. Segregación social y ausencia de ley y/o orden.

Fuente: adaptado de Camagni, Capello y Nijkamp, 1996.

de valores incorporados en el patrimonio histórico, cultural y ambiental. Por otra parte, los casos de contaminación del aire y del agua que son consecuencia de las mismas altas densidades de uso del suelo, así como los casos de destrucción del patrimonio histórico causados por las necesidades del crecimiento (o por la desidia cuasada por la falta de crecimiento de la renta local) testimonian la existencia de externalidades negativas que deben ser controladas y minimizadas;

C) para alcanzar el objetivo anterior, es necesaria una *integración entre los principios reguladores de los diferentes subsistemas.* Eficiencia privada, equidad social, calidad estética y equilibrio ecológico constituyen modelos reguladores y objetivos de intervención totalmente lícitos pero parciales y antitéticos, que no conducen a la sostenibilidad. Al contrario, es necesario alcanzar (figura 7.3):

- Una *eficiencia asignativa a largo plazo*, mediante la internalización de los costes sociales y la construcción de un buen mercado que valore adecuadamente las ventajas futuras y no sólo las inmediatas.
- Una *eficiencia distributiva*, que permita al mayor número de ciudadanos disfrutar de los servicios de la ciudad, de las ventajas de la aglomeración, de la variedad de opciones disponibles. No se trata aquí de construir la ciudad de la igualdad, que no es ni condición necesaria ni suficiente para la sostenibilidad, ni la ciudad sin conflictos: más bien, la ciudad debe dar cabida a la diversidad, debe defenderla, integrarla y reproducirla, garantizando la ausencia de discriminaciones, la permeabilidad y la movilidad vertical de la población, la renovación de las élites, la más amplia accesibilidad a las oportunidades abiertas; la ciudad sostenible no es una ciudad sin conflictos, sino que es una ciudad que sabe gestionar los conflictos.[20]
- Una *equidad ambiental*, tanto en sentido inter como intrageneracional: una vez más, no se trata tanto, o no sólo, de disponer de valores ambientales, sino de garantizar su acceso y disfrute a todos los ciudadanos, presentes y futuros. El elemento de la equidad aparece no como valor abstracto (y como tal alcanzable mediante otras políticas), sino como valor vinculado al elemento ambiental, en dos sentidos principales: en primer lugar, porque muchas políticas ambientales pueden ser costosas e implicar sacrificios mayores para las clases menos favorecidas (por ejemplo, una *carbon tax* o una tasa sobre la movilidad privada inciden en mayor medida sobre dichas clases ya que es mayor la cuota de su renta destinada a la movilidad) y, en segundo lugar, porque dada la característica de muchos bienes ambientales de estar localizados en el territorio, es posible un proceso de exclusión de algunos usuarios potenciales y de disfrute privado de sus servicios.

---

[20] Debo esta reflexión importante a una conversación mantenida con René Schoonbrodt.

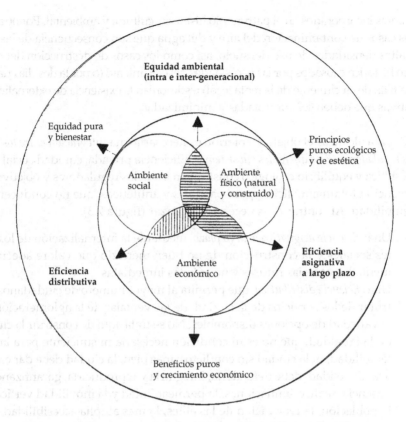

Figura 7.3. Los principios y las políticas para el desarrollo urbano.

Por tanto, los nuevos principios reguladores que proponemos son menos amplios que los principios puros, pero son más selectivos y sobre todo potencialmente compatibles. El concepto de equidad que emerge del esquema, entendida tanto en el sentido de accesibilidad a los bienes ambientales como de igualdad de oportunidades y de no discriminación para la población, garantiza a largo plazo un mayor potencial de desarrollo para la ciudad y, por tanto, no entra en conflicto con un concepto de eficiencia a largo plazo; lo mismo se puede decir de las políticas más directamente orientadas al ambiente que, si bien implican un coste a corto plazo, garantizan a largo plazo una ventaja localizativa y, por tanto, ulteriores posibilidades de desarrollo (la OCDE cita los casos de las ciudades de Zúrich, Viena, Muster y de muchas otras ciudades suecas y suizas) (OCDE, 1995);

D) en sentido normativo, el problema de la sostenibilidad urbana se manifiesta y puede ser abordado desde tres ámbitos diferentes:

- la tecnología,
- el territorio y la forma urbana,
- los estilos de vida y de organización del trabajo social.

En los tres casos, distinguimos objetivos e intervenciones a corto plazo y objetivos e intervenciones a largo plazo. A corto plazo, el camino hacia la sostenibilidad prevé la sustitución entre inputs del proceso productivo manteniendo la misma estructura global del proceso productivo, y la modificación de los modelos de movilidad manteniendo las mismas localizaciones, residenciales y productivas. En cambio, a largo plazo se puede intervenir también sobre las tecnologías y sobre la forma urbana, modificando en profundidad las formas de funcionamiento de la ciudad y de sus actividades. Como se ve, existe una precisa simetría entre características de la tecnología y características del territorio y de las formas de su utilización (tabla 7.2).

Más complicado es el ámbito de los *habits* de la población y de los modelos organizativos, puesto que en este ámbito la intervención pública debe ejercitarse, por motivos evidentes, de forma más indirecta y más suave. No nos parece lícito tachar genéricamente los estilos de vida occidentales, caracterizados por individualismo, competencia, consumos ostentosos, de ser *simply not sustainable*,[21] sino que es crucial exigir un sistema de precios y de imposición que desincentiven los productos de comprobado elevado impacto ambiental negativo. También en este caso, podemos distinguir entre un corto plazo, en el cual se trata de limitar el uso de instrumentos –medios de transporte–, bienes de elevado impacto ambiental, y un largo plazo en el cual la cultura civil y organizativa proponga e imponga nuevos modelos de vida, de trabajo y de movilidad (el teletrabajo, salvo algunos elementos antisociales que han limitado su uso hasta ahora; el recurso a servicios de vecindario; la revitalización de los barrios para crear un "efecto ciudad" y nuevas solidariedades).

E) Dada la característica de inmovilidad y de larga duración del capital físico del cual la ciudad se compone, el problema de la *irreversibilidad* y de los efectos acumulativos de las decisiones relativas al crecimiento urbano debe ser tomado muy en cuenta. Las políticas para la ciudad sostenible son políticas que requieren una elevada capacidad de previsión de los efectos de sinergia y retroacción, una elevada capacidad de anticipación de los procesos espontáneos y un importante recurso al principio de precaución. Respecto a la dimensión temporal de los fenómenos, es posible afirmar que, en mayor medida en este caso de cuanto se manifiesta en el caso del ambiente natural, las relaciones de causa-efecto y de interacción entre los tres subsistemas, igualmente complejos, se manifiestan bastante rápidamente, y podemos asumir fácilmente como horizonte de planificación un horizonte compatible con la persistencia de la generación actual.

---

[21] Véase el artículo, por otro lado excelente, de Blowers, 1993, p. 7.

Tabla 7.2
Objetivos e instrumentos de las políticas de sostenibilidad urbana

Ámbitos	Corto plazo	Largo plazo
TECNOLOGÍA	Sustitución de inputs: – incentivos al ahorro energético, – imposición sobre el uso de energía, – derechos de contaminación que se pueden vender, – tarificación discriminante en servicios y recursos no renovables.	Cambio tecnológico: – incentivos a la investigación en tecnologías limpias y renovables, – reglamentación del uso de tecnologías contaminantes.
TERRITORIO	Cambio en los modelos de movilidad: – *road pricing, parking pricing,* – *car pooling,* – regulación del tráfico en áreas congestionadas, *traffic calming,* – incentivos a la intermodalidad.	Cambios en la forma urbana: – incentivos al suministro de valores ambientales en la zona urbana y alrededores, – ciudad policéntrica, redes públicas, – integración transportes/ uso del territorio, – lucha contra la exclusión/segregación.
ESTILOS DE VIDA (*HABITS*) Y DE ORGANIZACIÓN	Reducción de estilos contaminantes: – incentivos al reciclaje y selección de residuos sólidos, – incentivos al uso de la bicicleta, – capacidad de atracción del medio público, – reducción de la demanda de bienes con impacto ambiental negativo.	Adopción de estilos de vida "ecológicos": – teletrabajo, telecompra, – horarios flexibles, – energías renovables en la calefacción.

En resumen, podemos definir el desarrollo urbano sostenible como un proceso de integración sinérgica y de co-evolución entre los grandes subsistemas que componen la ciudad (el sistema económico, el sistema social, el sistema físico –*built and cultural heritage*– y el sistema ambiental) que garantiza un nivel no decreciente de bienestar a la población local a largo plazo, sin comprometer las posibilidades de desarrollo de las áreas vecinas y contribuyendo a la reducción de los efectos nocivos del desarrollo sobre la biosfera.

7.5 Desarrollo urbano sostenible y forma de la ciudad: el análisis estructural

Este programa de investigación tiene la intención de profundizar en los vínculos entre los aspectos morfológicos, estructurales y funcionales de la ciudad y la sostenibilidad de su desarrollo. Así pues, será un conjunto de elementos concernientes a la forma y al funcionamiento del territorio urbano sobre el cual se dirigirá nuestra atención.

Las variables a observar, expresión del comportamiento a largo plazo del sistema urbano, se refieren principalmente a su capacidad de desarrollo, la dinámica de la ocupación y de la competitividad. Una variable sintética, expresión de la "demanda de ciudad" tanto por parte de las actividades productivas como por parte de las actividades residenciales, que incluye, al menos en parte, fenómenos de previsión y de expectativas, se puede distinguir en la dinámica de la renta urbana (precios de los inmuebles y de los terrenos, alquileres), comparada con la de una unidad urbana de referencia con el fin de eliminar los efectos de la inflación.[22]

Otras variables de comportamiento menos generales, que se pueden interpretar como variables "intermedias" pero también más selectivas con respecto a aspectos concretos del problema de la sostenibilidad, tienen que ver con:

- los consumos energéticos,
- el tráfico y la congestión de la red de movilidad,
- la contaminación (acústica, del aire, del agua),
- indicadores de bienestar/malestar (criminalidad y su concentración espacial, servicios personales, ...).

[22] Dicha variable, que se puede obtener como media de los precios de unidades inmobiliarias a localización constante, debería expresar la evolución de la renta absoluta que emerge de fenómenos de crecimiento de la demanda total de localizaciones urbanas (a igualdad de oferta o en presencia de crecimiento insuficiente pero constante de la oferta). Para realizar una comparación entre ciudades diferentes, antes es necesario verificar empíricamente la hipótesis de expansiones similares de la oferta inmobiliaria, ya que en otro caso los elementos de oferta prevalecerían o se añadirían a los elementos de demanda que se quieren filtrar. Véase Camagni y Pompili, 1991.

Las características territoriales que consideramos que tienen un impacto sobre el comportamiento urbano a largo plazo son, en orden decreciente de generalidad y de agregación:

a) *La dimensión absoluta de la ciudad:* economías y deseconomías de aglomeración y diferentes fenómenos de eficiencia dinámica están vinculados a la dimensión absoluta de la ciudad, así como, en el ámbito directamente ambiental, está vinculada a la dimensión absoluta la percepción de fenómenos de congestión (tabla 7.3, resultado de una investigación realizada por la OCDE sobre 130 ciudades de todo el mundo). Por otra parte, desde el punto de vista de la relación simple entre dimensión de la ciudad y distancia recorrida per cápita, parece existir una relación en U, lo que implicaría una "dimensión óptima o eficiente" de la ciudad que se situaría alrededor de una dimensión entre 20.000 y 100.000 habitantes (figura 7.4).[23]

b) La *densidad de uso del suelo*, que reduce *coeteribus paribus* el consumo energético para calefacción (a igualdad de superficie, la casa unifamiliar implica un consumo energético de aproximadamente el triple de un apartamento: Owens, 1992, p. 82), para alumbrado (es instructivo recordar que el área metropolitana de Milán, que abarca el 44% de la población de la Lombardía, consume sólo el 33% de la energía para usos públicos de iluminación, el 38% de la energía para usos domésticos, el 31,8% de la energía eléctrica total para todos los usos), para transporte (en las ciudades más densas es más alto el porcentaje de utilización de los medios públicos para el transporte de personas, o de medios *soft* como la bicicleta: véase la tabla 7.4 y la figura 7.5). Está claro que en las ciudades densas la disponibilidad y la accesibilidad de los espacios verdes se reduce, por lo que nos encontramos ante un difícil *trade-off*.

c) La forma urbana: compactabilidad, forma de las franjas, forma de los espacios verdes. Se trata de elementos de medición más difícil, pero que son elementos centrales para el bienestar, la eficiencia urbana y la sostenibilidad. Se trata de elementos sobre los cuales se ha centrado el debate recientemente, sobre todo a raíz del *Libro Verde* sobre el medio ambiente urbano (CEE, 1990) que ha acertadamente indicado las formas urbanas compactas como las más favorables. Más allá de algunas exageraciones polémicas (como la de Breheny, 1992, que habla de "obsesión"), y entendiendo la compactabilidad en un sentido ni banal ni extremo, se puede decir que se ha alcanzado un amplio consenso sobre el hecho de que formas de descentralización concentrada (*concentrated descentralization*), como las desde hace tiempo perseguidas por la planificación danesa y holandesa, que desembocan en distintas formas de policentrismo y de refuerzo del "efecto urbano", con amplias zonas verdes en su interior (del tipo de los *green belts* ingleses o de las

---

[23] Recordemos que estas relaciones son muy complejas y que una sola característica no puede reflejar el carácter específico de las distintas áreas urbanas; las relaciones estadísticas entre grandes números son de todas formas interesantes como punto de partida del análisis.

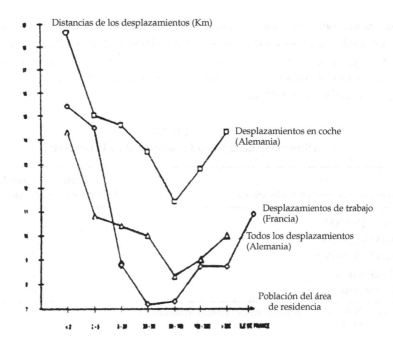

Figura 7.4. Distancia del desplazamiento según la población del área de residencia (*Fuente*: Hautzinger, 1989).

estructuras "a dedo" o *finger plans* que flanquean los grandes ejes de urbanización y transporte de la planificación alemana y escandinava) representan un metamodelo territorial eficiente de referencia.[24]

La reciente y completa revisión de la literatura efectuada por la OCDE (1995) indica como políticas de éxito y de *best practice*, extensibles a otras ciudades, las políticas de revitalización de los centros urbanos (alcanzando hasta un *retrofitting* de centralidad y de efecto urbano allí donde no existía un centro, como en Reston, Virginia y un suburbio de Washington D.C.), las políticas de reorganización policéntrica y de creación de *urban village* (como el de Malminkartano en el área metropolitana de Helsinki), las políticas de *containment* urbano, ya experimentadas en el Reino Unido hace veinte años y hoy redescubiertas un poco en todas partes, en particular en América (recordemos los recientes planes de Vancouver y de Ontario en Canadá, de Davis en California, de Portland en Oregón), los intentos de realizar una planificación integrada transportes-usos del suelo, mediante la localización de las nuevas o grandes

[24] El mismo Breheny propone una *Multipli-city*, un modelo policéntrico en el cual una no excesiva densidad regional es acompañada por un efecto urbano relevante; Breheney y Rookwood, 1993. Para un análisis tanto teórico como empírico de los costes de la dispersión urbana, véase Camagni, Gibelli, Rigamonti (2002).

concentraciones de actividad en los nodos más importantes de la red de transporte y, si es posible, en las localizaciones centrales (Portland, Estocolmo, Toronto, Viena, Copenhague), la resistencia creciente a la apertura de grandes centros comerciales suburbanos que se manifiesta en Francia, Holanda, Reino Unido, con nuevas señalizaciones también en América.

Tabla 7.3
Dimensión de la ciudad y severidad de la congestión

Tamaño de la ciudad (población)	Puntuación media* de la severidad de la congestión
25.000-100.000	2,5
100.000-500.000	3,1
500.000-1 millón	3,2
1-3 millones	3,2
Más de 3 millones	4,0

* Puntuación de 1 a 5 (1 – sin problemas, 5 – congestión muy severa)
Fuente: OCDE, 1995.

Tabla 7.4
Formas de transporte para el desplazamiento al trabajo en ciudades de diferentes densidades (1980)

Ciudad	Grado de uso del suelo (Casas y puestos de trabajo por hectárea)	Elección del tipo de transporte para desplazarse al trabajo		
		Vehículo privado	Transporte público	A pie o en bicicleta
Phoenix	13	93	3	3
Perth	15	84	12	4
Washington	21	81	14	5
Sydney	25	65	30	5
Toronto	59	63	31	6
Hamburgo	66	44	42	15
Amsterdam	74	58	14	28
Estocolmo	85	34	46	20
Múnich	91	38	42	20
Viena	111	40	45	15
Tokyo	171	16	59	25
Hong Kong	403	3	62	35

Fuente: Kenworthy y Newman, 1989.

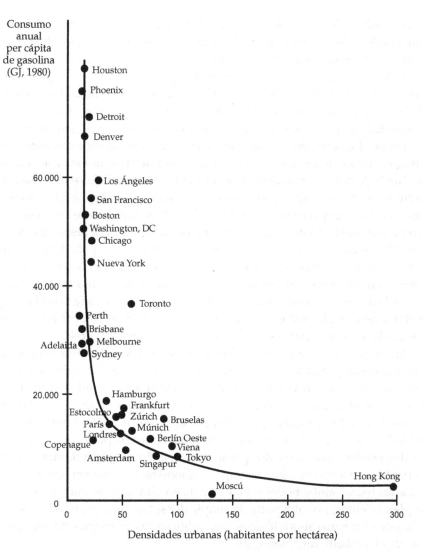

Figura 7.5. Consumo de gasolina per cápita en relación con la densidad demográfica. *Fuente*: Newman y Kenworthy, 1989.

d) *El mixing de los usos del suelo.* Uno de los elementos que genera el mayor crecimiento de la demanda de movilidad es la especialización funcional de las distintas áreas de la ciudad, vinculada a la práctica histórica del *zoning*. Hoy en día se tiende a realizar estructuras territoriales integradas (y preferentemente integradas en *filière*: véase Camagni y Gibelli, 1992) en las cuales una gran parte de la demanda de movilidad queda autocontenida. El problema, no obstante, es complejo y sujeto a tendencias de largo plazo que, de todas formas, llevan a una expansión de los flujos de movilidad.[25] Las áreas del mercado de trabajo se van extendiendo como resultado de la fragmentación de las funciones y de las tareas y de la profesionalización; las mismas "áreas de vida", por motivos de ocio, de cultura o de trabajo, se van ensanchando; las crecientes tasas de actividad femenina y el aumento de las familias con dos personas activas empujan en la misma dirección. Sólo para el caso de los puestos de trabajo de baja cualificación se puede pensar en áreas de barrio, a menos que no se prevean *filières* de actividad localizadas (por ejemplo: un polo tecnológico con localizaciones industriales y artesanales anexas, con residencias para los investigadores). Es por esta razón que muchos urbanistas no ven muchas alternativas al viejo modelo de ciudad monocéntrica o, de todas formas, con elevada densidad de puestos de trabajo centrales, servida por eficientes medios de transporte público en dirección a las ciudades residenciales satélite (Lacaze, 1993; Camagni, 1994).

Así pues, es sobre este tipo de relaciones sobre las cuales dirigiremos nuestra atención en este programa de investigación, si bien parece claro que tanto las variables dependientes, a través de las cuales se mide la sostenibilidad, como las variables independientes, expresión de las características que tienen efectos más o menos previsibles, son múltiples. Así, por ejemplo, la relación entre densidad y sostenibilidad no puede ser ni lineal ni simple: por una parte, un posible indicador de bienestar colectivo debe, por lo menos, incluir, a partir de cuanto dicho en los párrafos precedentes, una ventaja de aglomeración, una ventaja de accesibilidad a los bienes ambientales y una ventaja en términos de minimización de los desplazamientos; por otra parte, la simple densidad demográfica debe ser corregida por elementos morfológicos que califican las tipologías de asentamiento (Camagni, Gribelli, Rigamonti, 2002).

7.6 Algunas conclusiones

Con este trabajo se ha querido suministrar un cuadro teoricometodológico inicial, que nos parece necesario para cualquier programa de investigación a largo plazo sobre el desarrollo urbano sostenible.

---

[25] El *self-containment* de los flujos de transporte en las *New Town* inglesas y, en particular, londinenses se ha ido reduciendo en el tiempo (OCDE, 1995, p. 57).

La ciudad es por su naturaleza un objeto en gran medida artificial, construida por el hombre para alcanzar objetivos históricos de socialización, sinergia, aumento del conocimiento y del bienestar social: un concepto "débil" de sostenibilidad, que permita una amplia sustituibilidad entre los inputs de producción y entre los inputs de las funciones de utilidad, se impone casi irremediablemente. Además de los elementos de tipo ambiental propiamente dicho (aire, agua, biomasas) se deben añadir, para considerar la totalidad del problema, aquellos elementos socioculturales, económicos y del ambiente construido que contribuyen a la construcción de ese conjunto de relaciones que llamamos ciudad.

Esto no significa, naturalmente, que se deban sumar banalmente aspectos diferentes, objetivos diferentes y diferentes principios de análisis y de intervención (principios de equidad, eficiencia, equilibrio ambiental), como a menudo se hace. Nuestra propuesta es que se proceda a una revisión de dichos principios tradicionales de regulación de los distintos subsistemas integrándolos en tres nuevos principios: un principio de eficiencia asignativa a largo plazo (que integre ambiente económico y ambiente fisicoambiental), un principio de eficiencia distributiva (que integre ambiente económico y ambiente social) y un principio de equidad ambiental (que integre ambiente social y ambiente físico, con el objetivo de maximizar la accesibilidad a los valores ambientales en sentido intra e intergeneracional).

Una segunda característica de nuestro enfoque consiste en la plena adopción de un punto de vista dinámico, en coherencia con la naturaleza intrínsecamente dinámica e interactiva de los fenómenos relacionados con la sostenibilidad del desarrollo. Esto implica:

– La consideración de las interacciones dinámicas entre los tres ambientes arriba indicados (económico, social, ambiental), en la forma de *feed-back* positivos y negativos y de efectos de sinergia o idiosincrasia.

– La completa consideración de la incertidumbre como elemento de fondo, que a su vez requiere una aproximación a los problemas basada ya no en una racionalidad sustantiva, sino en una racionalidad procesual en el sentido de Simon; al definir la sostenibilidad se adopta, pues, un principio de precaución, un objetivo de transmitir a la generación futura el mayor abanico posible de opciones, y una aproximación a las decisiones de tipo iterativo orientado a la continua regeneración de un marco estratégico.

– La adopción de un punto de vista evolutivo en la interpretación de los fenómenos y de los efectos de las intervenciones públicas que supere, integrándola, la visión neoclásica basada en una lógica de estática comparativa. Desde el punto de vista evolutivo, todos los fenómenos de retroacción, aprendizaje, sinergia, acumulación y, sobre todo, irreversibilidad de los procesos territoriales son tomados directamente en cuenta, con un enriquecimiento y una profundización de las razones y de los objetivos de las políticas públicas;

– A partir de la consideración de la incertidumbre inherente en las relaciones causa-efecto que tienen que ver con la sostenibilidad, así como de las condiciones de eficacia de las políticas de intervención, nace, por último, una elección parcialmente subjetiva y parcialmente objetiva que proponemos: la de limitar el análisis, en términos espaciales, principalmente al ámbito local (bajo la hipótesis de que el nivel global también se beneficia de una mejora de las condiciones en el nivel inferior) y, en el ámbito temporal, en un largo plazo que abarca principalmente a la generación actual (con la convicción de que los *feed-back* relevantes en ámbito urbano se manifiestan en gran medida en un periodo de treinta años). Una elección como ésta limita la incertidumbre en la interpretación de los procesos territoriales, aumenta la eficacia normativa de las intervenciones y evita el problema, económica y filosóficamente desafiante, de la representación de las generaciones futuras en la mesa de las decisiones actuales.

Las políticas de intervención en el marco de la sostenibilidad urbana deben, a nuestro juicio, orientarse en la dirección de tres grandes ámbitos: las tecnologías (energía y transportes, en primer lugar), el territorio y la forma urbana y los *habits*, esto es, las características de los comportamientos individuales. En los tres casos, es necesario distinguir entre objetivos y políticas a corto plazo –en los cuales se acepta necesariamente el estado de las tecnologías y de las localizaciones, y se orienta el uso de los recursos y la elección entre alternativas de movilidad, políticas que pueden basarse ampliamente en los resultados obtenidos en los modelos de asignación óptima de los recursos– y objetivos y políticas a largo plazo, los cuales se trata de orientar el desarrollo tecnológico y la localización de las actividades. En este último caso, el punto de vista evolutivo permite integrar los enfoques económicos tradicionales de estática comparativa con el análisis de las condiciones de movimiento del sistema.

De todo cuanto precede emerge una definición de desarrollo urbano sostenible como integración sinérgica y coevolución entre los grandes subsistemas de los que la ciudad se compone (económico, social y fisicoambiental) que garantiza un nivel no decreciente de bienestar a la población local a largo plazo, sin comprometer las posibilidades de desarrollo de las áreas que la rodean y contribuyendo a la reducción de los efectos nocivos sobre la biosfera.

8. LOS FUNDAMENTOS DE LAS POLÍTICAS DE DESARROLLO REGIONAL Y DE PLANIFICACIÓN URBANA HOY*

8.1 Introducción: las políticas territoriales en una era de globalización

Parece esencial preguntarse hoy, en un contexto caracterizado por la aparición prepotente de las nuevas tecnologías de red y de los procesos de globalización, sobre la justificación de políticas de desarrollo territorial, regional y urbano en términos de teoría económica.

Dicha justificación se ha discutido y se ha consolidado ampliamente desde hace ya treinta o cuarenta años. Eran años en los cuales los países avanzados experimentaban intensos procesos migratorios: de las áreas rurales a las áreas urbanas, de las regiones periféricas a las "centrales", en el interior de los propios territorios nacionales y entre países. La evidencia del carácter acumulativo de los procesos de desarrollo territorial había conducido a la mayor parte de los economistas y de los científicos regionales a abandonar la visión optimista, de origen neoclásico, de una tendencia a largo plazo hacia la homogenización de las situaciones territoriales y a abrazar en consecuencia la idea de la necesidad de intervenciones de reequilibrio territorial.

Sucesivamente, la observación de la aparición de nuevas regiones "intermedias" (en sentido tanto geográfico como de nivel de desarrollo) entre las regiones avanzadas y las regiones atrasadas, portadoras de modelos de desarrollo autónomos e innovadores, no desplazó el convencimiento general favorable a la intervención pública territorial, si bien añadía la idea de la necesidad de que cada región identificase una trayectoria propia de desarrollo específica y posible. Renovadas reflexiones científicas sobre el papel de los nuevos factores de producción –el capital humano, la información, el conocimiento, la cultura local, la atmósfera

---

* Este capítulo se basa en dos informes presentados por el autor en dos conferencias sucesivas organizadas por el Territorial Development Service de la OCDE en París: respectivamente, en el High Level Seminar sobre "Spatial development policies and territorial governance in an era of globalisation and localisation" de abril de 2000 (Camagni, 2000a) y en la conferencia sobre "Spatial development policies" de julio de 2000 (Camagni, 2001a y b). Las reflexiones sobre "ventajas comparativas" y "ventajas absolutas" se han extraído de Camagni, 2002.

industrial– y sobre la importancia global de los procesos de cambio tecnológico, de innovación, de aprendizaje, confirmaban además la convicción en la naturaleza acumulativa del desarrollo territorial.

A partir de la evidencia de disparidades interregionales crecientes se derivó, tal vez algo apresuradamente, la necesidad de políticas de intervención pública eminentemente por razones de equidad. Y la equidad parecía estar en conflicto potencial con otro objetivo, el de la eficiencia, orientado a alcanzar la mayor tasa posible de desarrollo agregado de la economía nacional. Pero las relaciones entre los dos objetivos nunca fueron exploradas en profundidad y el posicionamiento sobre el *trade-off* entre eficiencia y equidad siempre fue considerado como un deber de la esfera política. La equidad representa naturalmente uno de los principales objetivos sociales y políticos de cualquier sociedad, y ha sido asumida como uno de los principios fundacionales de la Unión Europea por los tratados de Maastricht y de Ámsterdam, bajo la etiqueta de la "cohesión"; pero sus límites y sus costes en términos de políticas de desarrollo territorial deben ser analizados atentamente. Ciertamente, éstas últimas han sido recientemente puestas cada vez más en discusión con referencia precisamente a sus costes, y a sus costes de oportunidad, en un momento de fuertes y crecientes restricciones en los presupuestos públicos.

Posteriormente, sucesivas reflexiones teóricas han puesto en duda la existencia misma de un *trade-off* entre eficiencia y equidad, subrayando tanto los beneficiosos efectos sobre el desarrollo global de buenas políticas de desarrollo territorial, como los costes sociales de un modelo de desarrollo desequilibrado. Muchas de estas reflexiones hoy merecen ser recuperadas.

En los últimos años, la actitud general respecto a las políticas de desarrollo territorial ha cambiado mucho, y cada vez más se demandan políticas en mayor medida orientadas al mercado e incluso actitudes de *laissez-faire*, tanto por parte de investigadores como de instituciones internacionales. Ya no se asume como natural una actitud favorable a la intervención pública, y se demanda que esta última esté justificada apropiadamente en los objetivos generales y en coherencia con el contexto territorial específico.

Como economista, veo dos razones teóricas para juzgar como beneficioso este desafío, esta demanda de una nueva atención a los fundamentos científicos de las políticas de desarrollo y de planificación territorial. La primera reside en el siguiente elemento: históricamente, las políticas territoriales han encontrado su justificación en la evidencia de múltiples casos de "fallos del mercado" en la asignación de los recursos –recursos espaciales y recursos de suelo, recursos de capital físico y financiero– en un marco de *optimización estática*. Hoy, tras las profundas transformaciones sufridas por las distintas economías –de la primacía de la agricultura a la de la industria, del terciario genérico a la primacía de la información, del conocimiento, de las actividades de dirección y de control– el marco teórico ha cambiado, se ha convertido en un marco de *optimización dinámica*, de definición de las condiciones para acelerar las transformaciones territoriales y para permitir una transferencia más rápida de recursos de los sectores en declive a los sectores en crecimiento.

Este cambio en el marco de referencia justifica, por una parte, la exploración de las condiciones generales, políticas e institucionales, que se consideran favorables para la transformación y el desarrollo: condiciones que inciden sobre la flexibilidad de los factores (en el mercado de trabajo), sobre la transparencia de los mercados (en los mercados financieros), sobre la apertura y competitividad de los mercados mismos (en las prácticas anti-trust), sobre la homogeneidad de las reglas fiscales (entre países). Por otra parte, dicho cambio plantea nuevas preguntas sobre la capacidad de las políticas de desarrollo territorial para suministrar mejores pre-condiciones a la transformación económica respecto a un contexto de libre mercado.

La segunda razón para poner en duda los enfoques tradicionales consiste en la explosión de la problemática de la globalización. En un contexto de mercados espaciales más o menos separados, en el cual el espacio entendido como distancia física actúa como un potente elemento de defensa de las actividades (y de las poblaciones) locales de la competencia exterior, la dicotomía centro-periferia o avanzado-retrasado tiene un significado completamente diferente respecto a un contexto de completa apertura e interdependencia. Áreas avanzadas en un contexto regional pueden ser al mismo tiempo áreas en riesgo de desaparición en un contexto más amplio y global: he aquí por qué, en el nuevo contexto, puede ser racional abandonar las políticas que se dirigen a las áreas más débiles y concentrarse en el objetivo de reforzar los puntos y los lugares de (relativa) excelencia en cada país o región.

Por otra parte, el tema de la globalización ha puesto en primer plano el espacio y las condiciones territoriales, ya no en el sentido de una defensa en beneficio de los mercados y de las comunidades locales, sino en el sentido de la importancia creciente de las condiciones locales en el éxito económico: los territorios no sólo suministran infraestructuras y servicios como precondiciones para las elecciones localizativas de las empresas, así como las competencias y las capacidades demandadas por el desarrollo económico moderno, sino sobre todo representan un stock estratégico de capital social y "relacional", de carácter localizado y no móvil. En términos de *policy*, este factor no debe ser derrochado o dispersado como consecuencia de la hipermovilidad de otros factores (como el capital financiero).

Una de las tesis aquí propuestas se fundamenta en una exhaustiva reflexión sobre el concepto de *competitividad*, un concepto recientemente cuestionado y no perfectamente comprendido en su dimensión territorial: se afirma que la competitividad territorial es un concepto teóricamente sólido considerando no sólo el papel que el territorio desarrolla en el suministro de instrumentos competitivos "ambientales" a cada una de las empresas, sino sobre todo el papel que éste desarrolla en los procesos de construcción de los conocimientos, de los códigos interpretativos, de los modelos de cooperación y de decisión sobre los cuales se fundamentan los procesos innovadores de las empresas pertenecientes a determinados contextos locales. En concreto, se sitúan en primer plano los procesos que denominamos de "aprendizaje colectivo" (Camagni, 1991a; Capello, 1999a y b; Keeble, Wilkinson, 1999; Camagni, Capello, 2002), que realizan un crecimiento "socializado" de los conocimientos en las empresas de un territorio, incorporándose no sólo a la cultura interna de cada una de las empresas sino sobre todo al mercado local del trabajo (o, como se decía en el pasado, a la atmósfera industrial local).

Sostienen este resultado las distintas dimensiones del concepto económico de "territorio". Éste es, de hecho, al mismo tiempo:

- un sistema de externalidades tecnológicas localizadas, esto es, un conjunto de factores tanto materiales como inmateriales que, gracias al elemento de la proximidad y a la reducción de los costes de transacción que ésta comporta, pueden llegar a ser también externalidades patrimoniales;
- un sistema de relaciones, económicas y sociales, que constituyen el *capital relacional* (Camagni, 1999a) o el *capital social* (Putnam, 1993; World Bank, 2001; Solari, 2002; Camagni, 2003) de un cierto espacio geográfico, y
- un sistema de *governance* local, que une una colectividad, un conjunto de actores privados y un sistema de administraciones públicas locales.

Las consideraciones que se expondrán permiten afirmar que los territorios compiten entre ellos, tanto en la atracción de inversiones directas externas como en la definición de un papel productivo del contexto local en el interior de la división internacional del trabajo, un papel en absoluto automático ni garantizado. Tanto la capacidad de atracción como la competitividad local dependen de elementos en gran medida similares y comunes, que no residen solamente en externalidades físicas, accesibilidad o cualidades ambientales, sino en el capital relacional y en la capacidad de aprendizaje puesta de manifiesto por el territorio. Está claro que quien competirá y actuará en el mercado internacional será cada una de las empresas, y que su capacidad innovadora no se podrá separar nunca de la presencia de un empresario schumpeteriano; pero estas empresas y estos empresarios están generados en gran medida por el contexto local y sus procesos de decisión se apoyan de forma decisiva, para gobernar y convivir con la incertidumbre, sobre procesos socializados y/o de explícita acción colectiva de carácter territorial.

Emerge, de todo cuanto precede, un nuevo papel de las políticas territoriales: políticas mucho más orientadas a la construcción colectiva de una estrategia de desarrollo que no al simple sostenimiento financiero o fiscal de actividades locales, individualmente concebidas y propuestas; políticas mucho más orientadas, respecto al pasado, a hacer participar el capital privado, incluso en la financiación de infraestructuras y de bienes públicos; políticas que se orientan más al contexto global, social, cultural y productivo que no sólo al proyecto de inversión. Políticas que de todas formas, todavía hoy en día, por razones que aclararemos más adelante, tienen robustas justificaciones de tipo teórico.

En este trabajo consideraremos, secuencialmente: los efectos de los procesos de globalización sobre el desarrollo y los desequilibrios territoriales (apartado 8.2); los fundamentos económicos del concepto de competitividad territorial (apartado 8.3); las razones económicas de las políticas de desarrollo territorial (apartado 8.4) y sucesivamente, las razones de las políticas de planificación territorial y urbana (apartado 8.5), para acabar con una reflexión sobre la evolución de las estrategias de intervención territorial (apartado 8.6).

8.2 Globalización y territorio

8.2.1 Globalización y localismo

En la actualidad, el tema de la justificación teórica de las políticas de desarrollo y de planificación territorial se enlaza estrechamente con la reflexión sobre los efectos territoriales y locales de los procesos de globalización.

A este propósito se enfrentan dos posiciones extremas. Por una parte, la visión pesimista, que une (a menudo de forma desordenada) distintas preocupaciones, que van del riesgo de desaparición de las culturas locales a los temores por el poder excesivo de las empresas multinacionales, de las preocupaciones por los efectos de *dumping* ambiental por parte de países en vías de industrialización al miedo por los niveles de empleo en los países desarrollados, amenazados por los países con bajos salarios. Por otra parte, se sitúa una posición optimista, que niega cualquier preocupación apoyándose en los mecanismos de ajuste automático de los mercados y en el principio de la ventaja comparativa que rige en economía internacional, un principio que garantiza a cada país un papel en la división internacional del trabajo, sea cual sea su nivel de competitividad y de eficiencia productiva.[1]

---

[1] Como es sabido, un primer ámbito de confrontación entre estas posiciones tiene que ver con las normas generales que deben dirigir el funcionamiento de los mercados globalizados, y que hacen referencia a la ética en la utilización de los factores productivos primarios (trabajo, capital, recursos naturales, entre los cuales, actualmente, el agua) y la ausencia de barreras proteccionistas y de posiciones de monopolio; de éstas no nos ocupamos aquí. Nos ocupamos en cambio del papel del ámbito local, el cual, por diferentes razones, es dejado de lado en las dos posiciones extremas.

El fenómeno llamado "localismo", que abarca también "el creciente deseo de la gente de tener un papel más importante en su gobierno" (World Bank, 1999) a través de una participación en las decisiones al mismo tiempo más eficaz y de más alto nivel (OCDE; 1999a), deriva precisamente del creciente sentido de inseguridad de los ciudadanos sobre la capacidad de los gobiernos nacionales de entender correctamente y cuidar sus necesidades. Por una parte, la globalización golpea su existencia cotidiana de muchas formas, destruyendo barreras y refugios una vez provistos por el espacio físico y la distancia (*captive markets* locales), por especificidades locales (modelos locales de consumo, de producción, de organización), por el vínculo entre las empresas locales y el territorio; por otra parte, los gobiernos nacionales renuncian progresivamente a una serie de instrumentos de política económica que en el pasado se han demostrado eficaces, desde las políticas monetarias (atribuidas a autoridades supranacionales en el interior de amplias –¿óptimas?– áreas monetarias) hasta las políticas fiscales (como consecuencia de restricciones presupuestarias más estrictas), desde las políticas de tipo de cambio (ausentes por definición en el interior de uniones monetarias y áreas con acuerdos de tipos de cambio) hasta muchas políticas industriales (sustituidas por acuerdos comerciales y por reglamentaciones comunes de ámbito supranacional).

Las preocupaciones son reales, aunque sólo sea por el hecho de que son percibidas, y tienen una justificación racional bajo muchos puntos de vista, como veremos más adelante; la consiguiente demanda de mayor participación y federalismo es completamente correcta, aunque existen riesgos de actitudes políticas completamente orientadas sólo a la defensa, al cierre respecto el exterior y al separatismo, esto es, el equivalente regional del proteccionismo.

La globalización no es un estado del mundo, sino un proceso: la creciente integración planetaria del mercado de bienes y servicios, del mercado de las localizaciones de las actividades económicas, del mercado de los factores de producción y, en particular, de las tecnologías y de la información (Scott, 2001).

Ciertamente no se trata de un fenómeno nuevo, ya que en muchos periodos del siglo XIX alcanzó niveles comparables a los actuales, y sobre todo no se ha presentado como un único salto catastrófico, como podría parecer por la repentina fortuna alcanzada por el término. No obstante, lo que sí es nuevo es la aceleración contemporánea de muchos procesos de integración de largo plazo, que se compenetran y refuerzan mutuamente; de hecho, recordemos que:

– En los últimos 25 años el comercio internacional se ha desarrollado con tasas de crecimiento del doble del producto interior bruto mundial;

– Las inversiones directas extranjeras se han desarrollado, durante el mismo periodo, con tasas de crecimiento que son el doble de las del comercio internacional, y cuatro veces las del PIB mundial. La mayor parte de estas inversiones no se dirige hacia países en vías de desarrollo, sino hacia países desarrollados (80% en el periodo 1986-1990, 60% en el periodo 1993-1997) y están fuertemente atraídas por procesos de integración (los países europeos, al final del proceso de creación del Mercado Único, en 1991-92, recibieron más del 50% de dichas inversiones) (UNCTAD, 1997).

– Estas inversiones se dirigen mayoritariamente a los sectores terciarios –bancos, entidades financieras, seguros, sociedades de consultoría y de publicidad– sectores que tienen una fuerte predilección por una localización en las grandes áreas metropolitanas o en las ciudades-regiones globales. Actualmente, estos sectores representan más del 50% (y en muchos casos, más del 60%) del stock de inversiones directas que se originan o se destinan en los principales países avanzados (Camagni, 2001c).

– La naturaleza del comercio internacional ha evolucionado desde el puro intercambio de bienes finales entre sistemas de producción nacionales hasta el intercambio de, principalmente, bienes intermedios y componentes en el interior de redes de producción organizadas a escala mundial; los sistemas locales de producción están cada vez más vinculados y son más interdependientes como consecuencia de estrategias globales de las empresas multinacionales.

– La movilidad y la volatilidad del capital financiero han crecido de forma espectacular; en 1995 las transacciones financieras alcanzaron el billón de dólares diarios, una cifra superior a las reservas de divisas de todos los países juntos. La perspectiva de objetivos de beneficio a corto plazo de estos movimientos genera serios problemas en la gestión del sistema financiero internacional.

8.2.2 La acumulatividad de la producción de conocimiento

Observando los procesos de globalización prescindiendo de los aspectos de control y de poder y concentrándose sobre las puras relaciones funcionales y de mercado, se podría pensar en su neutralidad territorial: oportunidades y desafíos podrían aparecer equivalentes y simétricas.

Pero este juicio cambia drásticamente si se consideran algunos aspectos cualitativos nuevos del actual marco internacional: la creciente importancia del factor conocimiento y de los elementos inmateriales relacionados con la cultura, las competencias y la capacidad innovadora. Estos elementos se desarrollan y se acumulan a través de lentos procesos de aprendizaje, individual y colectivo, y se alimentan de información, interacción e inversiones en investigación y educación (Amin, Wilkinson, 1999; Keeble, Wilkinson, 2000); en consecuencia, están intrínsicamente localizados y son acumulativos, se incorporan en el capital humano y en las redes locales de interrelación, en el mercado de trabajo y en el *milieu* local

(Camagni, 1991a; Lundvall, Johnson, 1994; Asheim, 1996) y son, por tanto, muy selectivos en términos espaciales.

Si lo analizamos desde esta perspectiva internacional, el progreso técnico pierde su característica de bien público, perfectamente móvil y accesible; por el contrario, es evidente que sólo se mueve rápidamente en el interior de redes seleccionadas y que requiere, para una eficaz adopción y apropiación de los beneficios potenciales que genera, la disponibilidad de *asset* inmateriales de alta calidad (Savy, Veltz, 1995, Introducción). "Mientras las empresas pueden acceder a un stock creciente de conocimiento codificado, es necesario que éstas realicen una mayor inversión en conocimiento tácito –como capital humano, organización y gestión– para así obtener beneficios tangibles del cambio tecnológico y de la innovación" (OCDE, 1999b, p. 3).

Vemos aquí reflejada una complicada dialéctica entre la hipermovilidad de algunos factores de producción y el anclaje territorial de otros, que actúan como los auténticos factores cruciales de localización para los procesos de producción más avanzados. El resultado más probable es el refuerzo de las fuerzas centrípetas del desarrollo (economías de escala y de alcance, es decir, cualquier tipo de rendimientos crecientes) y de las fuerzas centrífugas de la exclusión territorial y del declive. Es cierto que las nuevas tecnologías se pueden adquirir y utilizar en todas partes (o mejor: *deben* ser utilizadas en todas partes, ya que imponen estándares compartidos de calidad de productos y de servicios) y que las redes de telecomunicaciones son ya (más o menos) ubicuas, pero las aptitudes profesionales y el "capital relacional" que requieren para su mejor y más innovadora utilización no están en absoluto disponibles en todas partes (Graham, 1999).

Un posible argumento en contra de las consideraciones precedentes podría hacer referencia al hecho de que las nuevas tecnologías de la información y de la comunicación (TIC) no son en absoluto nuevas, ya que impregnan el desarrollo económico desde hace, al menos, treinta años; ¿por qué entonces preocuparnos ahora por sus efectos espaciales?

La respuesta a este argumento está unida a la evidencia de que estamos entrando en una nueva fase de la evolución tecnológica y de la filosofía de adopción de estas tecnologías. Por el lado de la oferta, el fenómeno Internet representa una ruptura neta con el pasado, ya que permite no sólo un salto cuantitativo evidente en la eficiencia del stock de capital existente, sino también el desarrollo potencial de un muy amplio abanico de nuevas funciones, aplicaciones e ideas de negocio.

Pero el elemento más innovador reside en el lado de la demanda de tecnología y de las políticas de adopción: la explotación plena del potencial de las nuevas tecnologías reside en la capacidad de pasar de filosofías de adopción tradicionales, basadas esencialmente en la capacidad de optimización de procesos individuales –en la producción, en la administración y en las decisiones– a filosofías más avanzadas y complejas.

La primera filosofía, que definió la fase inicial de desarrollo de las TIC y se desarrolló aproximadamente entre 1970 y 1985, puede ser llamada la *fase de la automatización*, en la cual la adopción de las nuevas tecnologías se refería a la automatización de operaciones y funciones individuales de la empresa. La segunda filosofía, y la segunda fase, que alcanzó su máximo potencial en términos de rendimiento en la segunda mitad de los años noventa, puede ser llamada de la *integración en red*, ya que las TIC se utilizaron para integrar entre ellas las diferentes funciones empresariales (producción, administración, comercialización), dentro de la empresa en un principio y, posteriormente, fuera de la misma, conectándola con los principales clientes y proveedores. La tercera fase, que empieza ahora, requiere, para poder superar los rendimientos decrecientes de la fase precedente y el estancamiento en los beneficios totales, una completa *reorientación estratégica* de la empresa en su enfoque hacia el mercado, de forma que pueda obtener la mayor ventaja posible de las nuevas oportunidades que se abren mediante el contacto con nuevos clientes, la ampliación del espectro de servicios suministrados, la reorganización de la cadena de valor de los productos tradicionales y el lanzamiento de nuevos productos. El objetivo de la empresa se desplaza de la reducción de costes a la expansión de los ingresos, de la eficiencia de la estructura a la eficacia de las decisiones empresariales, de las áreas de negocio existentes a las nuevas (figura 8.1).

El paso a la nueva fase, que podemos llamar de *Internet-working*, no es una tarea fácil para la empresa: requiere imaginación, capacidad empresarial, elevada capacidad organizativa en la gestión de importantes transformaciones internas y flexibilidad por parte de todos los componentes del proceso productivo. Estas capacidades se pueden encontrar en el interior de empresas existentes, o en el interior de *milieu* locales bien consolidados en términos de cultura económica.

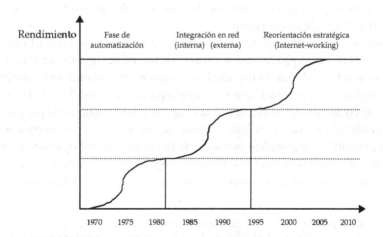

Figura 8.1. Fases/filosofías de adopción de las TIC.

Como ha ocurrido a menudo en el pasado con ocasión del inicio de nuevas fases de desarrollo y del inicio de nuevos paradigmas tecnicoeconómicos, la nueva fase de reorientación estratégica probablemente generará procesos centrípetos más que centrífugos a nivel territorial e interregional.

Dos reflexiones emergen de lo anterior: por una parte, territorios especiales como las ciudades, y, en particular, las grandes ciudades, fuertemente dotados de capital humano y capital "relacional", pero también aquellos territorios igualmente especiales que la literatura define como distritos industriales o *milieux innovateurs*, serán los territorios que, probablemente, obtendrán las mayores ventajas de la globalización; por otra parte, estos mismos territorios, pero sobre todo los primeros, competirán directamente en la atracción de aquellos grandes flujos de capital móvil a nivel internacional que hemos mencionado.

8.3 El concepto de competitividad territorial

8.3.1 La competitividad territorial: ¿"obsesión" o justa preocupación?

Ciertamente, la globalización está destinada a aumentar el clima competitivo en el que las empresas se enfrentan unas con otras. Esto comportará importantes turbulencias en la estructura productiva, a nivel de industrias y de territorios, ya que se pondrán en marcha importantes procesos de selección y de "destrucción creativa", capaces de revolucionar equilibrios incluso ya consolidados. Pero es lícito preguntarse: ¿todo esto nos permite afirmar que los territorios compiten directamente entre ellos, intentando atraer nuevas empresas o ayudando a las ya existentes a sobrevivir a las transformaciones y a prosperar? ¿es justo y económicamente correcto pensar, en términos de políticas de desarrollo, en reforzar la "competitividad" de los territorios?

Sobre este tema, un importante debate se ha desarrollado en la última década a partir de la posición provocadora asumida por Paul Krugman; un debate que en un inicio se refería al ámbito nacional, pero que recientemente se ha ampliado al ámbito regional y territorial, que es el que aquí nos interesa.[2] Dada la gran diferenciación en la formación científica, las lógicas y los lenguajes de los participantes (investigadores de economía internacional, expertos de economía de la empresa, científicos regionales), el resultado del debate, en mi opinión, incompleto, no merece ninguna sorpresa: los distintos argumentos a menudo se sumaban y yuxtaponían, pero casi nunca se refutaban realmente, y los distintos niveles terri-

---

[2] Esta última parte del debate, la que más nos interesa, ha sido presentada por la *International Regional Science Review* (1996) y la *Urban Studies* (1999). Krugman ha recopilado recientemente sus intervenciones sobre el tema en (Krugman, 1998).

toriales siempre se mezclaban, como si las mismas "leyes" económicas valieran tanto para ciudades, regiones y naciones.[3] Conclusiones contradictorias del tipo "esa proposición es verdadera pero es verdadera también mi proposición opuesta" se han podido leer muy a menudo.

El asunto en cuestión no es en absoluto abstracto ni lejano de las preocupaciones que conciernen al desarrollo territorial: de las respuestas a las preguntas precedentes se deriva la justificación teórica de las políticas de desarrollo local, dirigidas a reforzar la competitividad y la capacidad de atracción de los territorios y a su capacidad de responder a las necesidades de los ciudadanos y de las empresas en términos de bienestar y de eficiencia colectiva. Por tanto, creo necesaria una profunda reflexión sobre este tema, de manera que se puedan extraer los elementos válidos contenidos en las diferentes posiciones pero considerando el conjunto de la cuestión de una forma unitaria, coherente y científicamente sólida.

La posición provocadora de Krugman es ampliamente conocida. Pone en duda la creciente "obsesión" por la competitividad internacional, negando que, tanto a nivel teórico como empírico, "la riqueza de un país dependa principalmente de su éxito en los mercados internacionales" (Krugman, 1998, p. 5). Dicho autor afirma:

a) que "los países no compiten entre ellos de la forma en que lo hacen las empresas": los países "no pueden quebrar", "*do not go out of business*", como sí sucede en cambio con las empresas, que son los auténticos sujetos implicados en la competencia internacional;

b) los países, "mientras venden productos que compiten entre ellos, se convierten al mismo tiempo en grandes mercados de exportación y en proveedores el uno del otro de las importaciones necesarias" (*ibid.*, pp. 6 y 9);

c) el mayor significado de las exportaciones no es el de indicadores de competitividad sino, más bien, el de ser un instrumento para pagar las importaciones; estas últimas son el verdadero elemento que determina un aumento del bienestar colectivo, a través del aumento de la renta real que permiten gracias a los menores costes que representan respecto a la producción interna;

d) siguiendo el conocido modelo ricardiano de comercio internacional, "un país siempre encontrará un conjunto de bienes en los cuales tiene 'ventaja comparativa', incluso si no hay bienes en los cuales tenga 'ventaja absoluta'" (*ibid.*, p. 91).

Por consiguiente, afirma, no sólo el objetivo de mejorar la competitividad se demuestra como rotundamente equivocado ("*flatly wrong*"), sino que también es peligrosamente engañoso ("*misleading*"), ya que, en cuanto las autoridades nacio-

---

[3] Los responsables del número especial de *Urban Studies* afirman en su presentación: "Se mostrará claramente que los autores que participan en este número de la revista creen, por lo general, que la ciudad y los territorios compiten los unos con los otros. [...] Las consecuencias para las economías nacionales siguen siendo inciertas" (Lever, Turok, 1999, p. 792; la traducción es nuestra).

nales intentan intervenir sobre la ventaja competitiva de sus territorios, acaban cayendo en una especie de neomercantilismo, nocivo para una asignación de recursos equilibrada que se debería basar sobre elementos objetivos, evaluados de forma neutral por el mercado.

El argumento tradicional de la "industria naciente", que a menudo se presentaba para justificar políticas proteccionistas temporales, y el argumento más moderno a favor de "políticas estratégicas" de comercio internacional, que justifican subsidios a la exportación y tasas aduaneras temporales para así permitir a la industria local "crearse su propia ventaja comparativa, a través de un proceso de *positive feed-back*" (que engloba varios tipos de rendimientos crecientes y externalidades, tanto tecnológicas como pecuniarias) (*ibid.*, pp. 96-97), son argumentos considerados y aceptados en términos teóricos, como parte de las contribuciones innovadoras de Krugman al pensamiento económico y a la "nueva" teoría del comercio internacional, pero con "una seria advertencia contra su utilización excesiva" (p. 99) y, por tanto, en gran medida descartados en términos prácticos.

Consideraré aquí éstos y otros argumentos de Krugman, subrayando algunas indicaciones aceptables y fructíferas que se derivan de ellos, pero también distinguiendo los puntos en los cuales dichos argumentos no son aceptables para construir sobre una base teórica sólida una estrategia de desarrollo territorial.

El terreno teórico aparece cubierto de paradojas que en parte dependen de los puntos de vista (macroeconómico o microeconómico, estático o dinámico), en parte de los supuestos y de las hipótesis de los modelos teóricos de referencia (por ejemplo: plena o no plena ocupación),[4] en parte de la complejidad y multidimensionalidad del concepto mismo de competitividad. Piénsese, por ejemplo, en la paradoja más asombrosa: la competitividad en sentido macroeconómico-estadístico se mide por la relación entre nivel general de los precios a la importación y nivel de precios a la exportación expresados en moneda común; por tanto, aumenta cuando se reduce el denominador (por una depreciación o por una reducción de los precios a la exportación) y genera una tendencia al desarrollo de las exportaciones (en volumen) y de la ocupación. Pero cuando se quiere medir la ventaja del comercio internacional para un país en términos de renta real, se considera la proporción opuesta, esto es, las relaciones de intercambio (*terms-of-trade*)

---

[4] Allí donde se asume la plena ocupación, alcanzada mediante la flexibilidad de precios y salarios –como en el modelo clásico ricardiano o en los modelos neoclásicos– o se considera la emigración como un beneficioso mecanismo de reequilibrio –como en los modelos neoclásicos regionales– el interés se dirige al nivel de renta per cápita, expresión del bienestar de la población y, por tanto, se subrayan los efectos benéficos de las importaciones y se evitan las devaluaciones del tipo de cambio. En cambio, allí donde se tiene en cuenta la posibilidad de equilibrios de no plena ocupación y se considera la emigración como un coste social –como en los modelos de tipo keynesiano– el interés se dirige a los componentes de la demanda y, por tanto, a la relevancia de las exportaciones.

y, en este caso, una reducción de los precios a la exportación y, por tanto, un aumento de competitividad, genera una reducción de bienestar.[5]

No obstante, bien mirado, la paradoja se puede superar recurriendo a una acepción diferente de competitividad: si es cierto que "es mejor vender a precios crecientes que no a precios decrecientes" y que el problema es el de contrastar la previsible caída de la demanda en presencia de precios crecientes, la respuesta, al mismo tiempo conceptual y operativa, es la de reforzar el atractivo de los productos locales actuando sobre la innovación, rompiendo el marco estático, al mismo tiempo conceptual y operativo, de una competencia sobre el precio. Así pues, nos encontramos ante un concepto de *non-price competitiveness*, al cual me referiré genéricamente en la exposición.

Mantendremos una perspectiva espacial, al mismo tiempo internacional e intranacional, ordenando las reflexiones en sentido creciente de relevancia teórica.

1. Krugman nos muestra con acierto como el verdadero objetivo del comercio internacional son las importaciones, no las exportaciones: las exportaciones no son otra cosa que un coste, la forma de financiar las importaciones "que conviene hacer ya que cuestan menos que no producir directamente" aquello que nos sirve (Krugman, 1996, p. 19).

   Se trata de una afirmación verdadera e importante, mediante la cual el economista puede mostrar al experto en gestión de empresas el hecho, suficientemente contrario a la intuición, de que el aumento de la renta real y del bienestar colectivo reside en la posibilidad de adquirir en el exterior los mismos bienes a un precio más bajo y, por tanto, reside en las importaciones; las exportaciones, por el contrario, representan, en sentido macroeconómico, una sustracción de recursos al consumo local, si bien son necesarias para el equilibrio macroeconómico, el equilibrio de la balanza comercial y del mercado de trabajo. La división espacial del trabajo –incluyendo también la más espectacular, aquella entre la ciudad y el campo– se basa precisamente en el principio normativo de la ventaja del comercio, que permite a cada socio comercial beneficiarse de las ventajas de la especialización (especificidades territoriales, dotación de recursos y de factores, economías de escala, economías de aprendizaje), aumentando al mismo tiempo el nivel de bienestar propio y el de los otros.

---

[5] Ya desde los tiempos de Stuart Mill era conocida la llamada paradoja del "desarrollo que empobrece": si por efecto del desarrollo global o del desarrollo de determinados sectores exportadores se alcanzan economías de escala y, por tanto, se reducen los precios (mejorando la competitividad), empeorando las relaciones de intercambio, entonces, bajo ciertas condiciones, el país podría ver reducir su renta real en lugar de verla aumentar (mientras que de la reducción de precios se beneficiarían sus socios comerciales).

Pero es necesario, de todas formas, tener en cuenta otro aspecto del problema: los términos de intercambio, esto es, los precios relativos entre importaciones y exportaciones, que son muy importantes para cada uno de los socios comerciales. Aumentar la eficiencia de los sectores exportadores significa ser capaz de importar la misma cantidad de bienes utilizando una cantidad menor de recursos o factores productivos locales[6] (es el caso de las innovaciones de proceso), o ser capaz de importar más bienes con la misma utilización de factores locales (es el caso de las innovaciones de producto o de la diferenciación de producto, que permiten aumentar el precio de los mismos productos sin que se reduzca la demanda).

La eficiencia de los sectores exportadores, o su competitividad, mantiene por consiguiente un significado. ¿Es esta una actitud mercantilista? Sí, en el mejor sentido histórico del término. ¿Implica esto un juego de suma cero? No, ya que por lo general la ventaja de un socio comercial no implica una reducción en la ventaja del otro socio y, dado que una parte del incremento de la eficiencia interna puede determinar una reducción de los precios a la exportación, proporcional al grado de competencia vigente en el sector, esta reducción beneficia a los demás socios comerciales.

2. Krugman nos recuerda con acierto que uno de los más importantes componentes del bienestar local está representado por la eficiencia del sector "residencial", no expuesto a la competencia internacional, productor de bienes y servicios únicamente para el mercado interior.

Esto es verdad especialmente en un país como Estados Unidos, en el que las exportaciones representan sólo el 10% del producto interior, por lo que, en función también de un cálculo empírico, la cantidad de bienes y servicios que se pueden comprar con una determinada renta monetaria depende principalmente de la productividad interior, no de la competitividad exterior.

No obstante, la importancia de la productividad interior para el bienestar local depende de forma crucial de la dimensión del país y de su grado de apertura; si tomamos como ejemplo un país pequeño, una región pequeña o, en el límite, una isla especializada únicamente en la pesca o el turismo, la competitividad de estos dos sectores exportadores determinará el empleo, la renta y nivel del consumo interior real, casi totalmente dedicado a las importaciones.[7] Los países europeos son de tres a seis veces más abiertos al comercio

---

[6] En la medida en que los precios de las exportaciones no cambien, al estar definidos en el mercado internacional global.

[7] Esta afirmación es similar a la expresada por Thirlwall en un conocido artículo (Thirlwall, 1980, p. 422) cuando afirma que "la demanda de exportaciones es un elemento vital de la demanda regional, necesario para compensar el deseo regional de importaciones (*a region's appetite for imports*), en ausencia de otros componentes de gasto compensatorio".

internacional que Estados Unidos; la mayor parte de las empresas vende tanto en el mercado interior como en los extranjeros; muchos sectores aparentemente "residenciales" como el comercio o el sector hotelero, venden sus servicios en el mercado turístico internacional; ésta es la razón por la que en estos países los dos conceptos de productividad interior y de competitividad exterior suenan mucho más parecidos que en Estados Unidos. Y si descendemos a nivel intranacional y local, la cuota de la producción que se vende en el exterior crece rápidamente y la eficiencia de los sectores expuestos (y en el límite, de cada una de las empresas) determina en gran medida las oportunidades de empleo y el nivel de bienestar de la población local (este argumento se retomará más adelante).

3. Krugman nos previene de una aceptación demasiado fácil de las implicaciones de *policy* de la *strategic trade theory*, a la cual él mismo ha aportado importantes contribuciones. En un mundo caracterizado por rendimientos crecientes (tanto a nivel de empresa como de *milieu* local), en el que la historia, la casualidad y las intervenciones de política estructural explican mejor la especialización internacional y la estructura de los intercambios de lo que las explica la proporción de los factores o las características y las diferencias intrínsecas de los distintos países, una política industrial de carácter estratégico puede ser muy eficaz y estar muy justificada. La oposición de Krugman en este caso es menos fuerte y se refiere a la dificultad, los costes y los riesgos de la atribución al estado de la elección de los sectores y los productos que tendrán éxito en el futuro.

Yo considero, en cambio, que puede valer la pena asumir algún riesgo, especialmente si el objetivo de las políticas públicas no es un producto o un sector, sino una rama tecnológica, y si el enfoque estratégico se dirige a evaluar los efectos económicos de decisiones políticas generales, no directamente vinculadas con la imposición de aranceles o de subsidios a las exportaciones de este o aquel sector.[8] En este caso, es evidente que se debe realizar una atenta valoración de las implicaciones de las distintas decisiones (por ejemplo: gasto militar o investigación médica), pero se trata del tipo de valoraciones que la administración pública debería realizar normalmente, en todos sus ámbitos de actuación.

---

[8] A finales de los años cincuenta y principios de los sesenta, la explícita decisión política de retrasar en Italia la introducción de la televisión en color significó imponer una desventaja competitiva importante a la industria electrónica del país, desventaja de la que nunca consiguió recuperarse precisamente por la existencia de *positive feed-back* que premian a los que llegan primero. De igual forma y más recientemente, la introducción precoz en muchos países de *regulations* en materia medioambiental ha tenido como consecuencia el desarrollo anticipado de una industria de tecnologías ambientales, preparada para invadir los mercados extranjeros en cuanto las primeras reglamentaciones se extiendan en otros países.

Además, las políticas industriales pueden ser políticas horizontales, no sectoriales, como las dirigidas a mejorar la calidad de los factores de producción: el capital humano, el capital fijo social, la accesibilidad regional, las redes de comunicación y de información, a las cuales podemos añadir las políticas de regulación y de intervención sobre las mismas reglas. En este caso, no se trata de políticas dirigidas sólo a sectores específicos, ya que pueden ser cruciales para muchos sectores al mismo tiempo.[9]

¿Se trata de neomercantilismo? Una vez más sí, en el sentido progresivo de la práctica histórica y de la teorización mercantilista. Debemos al mercantilismo la eliminación de las barreras feudales a la movilidad de los bienes en el interior de los países, la mejora de las infraestructuras internas que facilitan la accesibilidad de los productos a los mercados nacionales e internacionales, la utilización de excedente comercial para aumentar la oferta de moneda, reducir los tipos de interés, estimular las inversiones e incentivar el empresariado (Tiberi, 1999, cap. 1).

4. Considerando no sólo un marco teórico de comercio internacional (que excluye los movimientos internacionales de factores) sino introduciendo, además, precisamente dichos movimientos de factores y, especialmente, los movimientos de capital, es lícito afirmar que un sistema de producción competitivo no significa solamente un buen comportamiento de las exportaciones sino, lo que es más interesante, una capacidad de atracción exterior tanto del capital real como del capital financiero. Este hecho podría fácilmente transformar el excedente comercial potencial en un déficit, permitiendo así al país financiar sus importaciones a buen precio y niveles de vida más altos a través de la confianza de los mercados internacionales de capitales.[10]

Es por esta razón que la competitividad y el progreso técnico nunca deberían estar limitados en un país abierto, mediante ninguna forma de resistencia social al cambio. David Ricardo, el padre, junto a Robert Torrens, del principio de la ventaja comparativa, aunque estuviera convencido de la naturaleza destructora de empleo de la tecnología, en el famoso capítulo *On machinery* de sus *Principles* afirma: "El uso de las máquinas nunca podría ser desalentado sin perjuicio del estado, porque si no se permite al capital obtener aquí el máximo beneficio neto que el uso de las máquinas permite, (el capital) será llevado al extranjero, y este hecho implicaría una reducción mucho mayor de la demanda de trabajo que un

[9] Hasta finales de la mitad de los años ochenta, el desarrollo de la Bolsa de Milán y de los sectores financieros relacionados, fundamentales para la economía de la ciudad, fue ampliamente obstaculizado tanto por la existencia de restricciones nacionales a la movilidad internacional del capital como por la baja eficiencia de las redes de telecomunicaciones.

[10] La actual situación de las cuentas exteriores de Estados Unidos es muy similar al esquema que acabamos de presentar.

más generalizado empleo de las máquinas" (Ricardo, 1817, p. 388 de la edición de 1971).[11]

Dejando a un lado la hipótesis de la inmovilidad de los capitales típica del modelo abstracto de comercio internacional, la importancia del problema de la competitividad y de la eficiencia de los sectores productivos locales se presenta de forma indiscutible: no sólo una reducida eficiencia implicará una escasa demanda exterior, sino que el capital y el trabajo tendrán una tendencia a emigrar del país, como veremos mejor dentro de poco.

8.3.2 Ventaja absoluta y ventaja comparativa

Finalmente, y éste es el punto teórico más importante, existe un caso relevante en el que una posición al estilo Krugman no se puede mantener: el caso de la confrontación y la competencia entre territorios locales, subnacionales. Enseguida quiero subrayar que Krugman, en sus consideraciones sobre la competitividad, no se refiere nunca a este caso, pues dicho autor sólo se refiere a la confrontación entre países; por esta razón, mis observaciones se refieren principalmente al debate posterior entre científicos regionales, en el cual los dos niveles, el nacional y el regional o local, nunca se han considerado diferentes como se debería haber hecho.

En mi opinión, el principio de la ventaja comparativa no es válido y no se puede aplicar en el caso de competencia entre economías locales y de comercio *interregional* y, en consecuencia, la conclusión de que cada región tendrá siempre garantizado un papel y una especialización en la división interregional del trabajo no se mantiene. Una región puede perfectamente llegar a estar *out of business* si la eficiencia y la competitividad de todos sus sectores son inferiores a las de las otras regiones, fundamentalmente por la siguiente razón: a nivel interregional los dos mecanismos de ajuste que desde el punto de vista teórico permiten pasar de un régimen de "ventaja absoluta" a un régimen de "ventaja comparativa", esto es, la flexibilidad de los precios y salarios hacia abajo y la devaluación de la moneda, o no funcionan correctamente o ni siquiera existen. Al contrario, funciona mucho más rápidamente un mecanismo punitivo, que consiste en la emigración de los factores "móviles", capital y trabajo.

El razonamiento es el siguiente. El modelo de Ricardo es un modelo de intercambio, que actúa en términos de costes-precios *relativos* de dos bienes en dos países; en un contexto tal, se demuestra fácilmente el lado normativo del principio (o paradoja) de Ricardo, que afirma que ambos países obtienen una ventaja de la

---

[11] También sobre este punto Krugman podría estar de acuerdo; de hecho, afirma: "Mantener elevado el crecimiento de la productividad y el progreso técnico es extremadamente importante; pero es importante en sí mismo, no porque sean necesarios para hacer frente a la competencia internacional" (Krugman, 1998, p. 101). Nosotros afirmamos que también son necesarios para la competitividad de las exportaciones y para la capacidad de atracción de las inversiones extranjeras, reales y financieras.

especialización y del intercambio, incluso si uno de los dos países es más eficiente en todas las producciones.[12]

Pero, desde el punto de vista ya no normativo sino positivo, ¿estamos seguros de que el intercambio tenga lugar de verdad? De hecho, el intercambio se desarrolla por parte de agentes que realizan comparaciones entre precios *absolutos* y no entre precios relativos (esto es, comparando el precio de un mismo bien en los dos países en moneda común)[13] y, por tanto, entre valores en los cuales el coste de producción está multiplicado por un salario monetario (en horas de trabajo) y por una tasa de cambio. Si un país más eficiente presentara precios inferiores en todos los bienes, ¿cómo podría tener lugar la especialización y el intercambio?

En el caso de dos países aislados, entre los cuales no es posible la movilidad de factores, y que pasan, en sentido lógico, de una condición de autarquía a una de comercio internacional, es posible que, además de una ventaja comparativa, se manifieste también una ventaja absoluta para cada uno de los países en uno de los dos bienes (y que, por tanto, también el precio absoluto, además del relativo, de uno de los dos bienes sea inferior al existente en el otro país): de hecho, los salarios reales, antes del intercambio, estarán necesariamente en proporción a la productividad media de cada país, por lo que el país más ineficiente tendrá salarios reales inferiores.[14] Y si la menor productividad está perfectamente compensada *en promedio* por menores salarios reales, probablemente este país tendrá una ventaja absoluta en uno de los dos bienes, concretamente, en aquel en el que la productividad interna sea superior a la media, o sea, en aquel en el que existe una ventaja comparativa. Después del intercambio, la tasa de cambio tomará un valor tal que permita garantizar un equilibrio de la balanza comercial.

---

[12] Aun en el caso de que un país (digamos S) tenga costes mayores en ambos bienes A y B porque es más ineficiente (emplea por ejemplo 2 días de trabajo para A y 4 para B en comparación con otro país, digamos N, que emplea en ambos casos un día), en términos relativos S siempre tendrá una ventaja comparativa en uno de los bienes (en este caso, en A) para el cual es relativamente menos ineficiente. Bajo estas condiciones, en las que el bien B se intercambia por el A en una relación de 1:1 en N y de $4:2 = 2$ en S, si el precio relativo de B a nivel internacional se fija en un nivel intermedio, digamos de 1,5, se demuestra que para ambos países hay una ventaja en especializarse (S en A y N en B) y en comerciar internacionalmente. En efecto, en N, el país más eficiente en todas las producciones, el coste de oportunidad de mover una unidad de trabajo de la producción de A a la producción de B es 1 (se pierde una unidad de A), mientras que intercambiando la unidad extra del producto B en el mercado internacional obtiene 1,5 unidades de A; la ventaja del intercambio se puede medir por el ahorro de medio día de trabajo. El mismo razonamiento vale para el país S: el coste de oportunidad de mover una unidad de trabajo de B a A es de 1/4 B, mientras que intercambiando en el mercado internacional la mayor producción de A que se obtiene, igual a 1/2 A, se puede obtener 1/3 B (> de 1/4 B); el *gain from trade* es igual a 1/3 de un día de trabajo.

[13] El mismo Ricardo nos lo recuerda: "Cada transacción en comercio es una transacción independiente" (Ricardo, 1971, p. 157); "las condiciones monetarias del intercambio son la diferencia de los costes absolutos" (Onida, 1984, p. 81).

[14] Esto por el simple hecho de que, en un país aislado, no es posible distribuir en términos de remuneración de los factores más de cuanto se produce en términos reales.

Por tanto, en el caso de dos países, el intercambio tendría lugar; ¿pero qué sucedería en el caso de que una perturbación hiciera aumentar los salarios o apreciar el tipo de cambio de un país? A corto plazo, la ventaja absoluta podría desaparecer,[15] por lo que el país no exportaría ningún bien sino que los importaría todos, generando desempleo masivo. A más largo plazo, no obstante, el equilibrio se restablecería gracias a dos movimientos reequilibradores alternativos: un mecanismo "clásico" de flexibilidad en la reducción de los salarios y los precios, puesto en marcha por el desequilibrio en el mercado de trabajo y por la reducción de la oferta de moneda interior determinado por la salida de oro (para pagar las importaciones) (Ricardo, 1971, p. 158), y un mecanismo "moderno" de devaluación del tipo de cambio, puesto en marcha por el desequilibrio en la balanza comercial.

¿Pero qué sucede en un contexto territorial, intranacional? Dicho contexto está, por definición, caracterizado por tres elementos que lo alejan de las hipótesis del modelo de comercio internacional: a) no se puede suponer una condición inicial de aislamiento y de autarquía como primer momento lógico, dado que los intercambios entre territorios y las transferencias de renta son la norma –entre regiones, entre ciudad y campo–; b) existen movimientos de factores productivos entre territorios (trabajadores transfronterizos, movimientos de capital, compras de activos patrimoniales), y c) no existe una moneda regional o un tipo de cambio específico para cada territorio. Los efectos teóricos de estas tres condiciones son importantes (cuando ejemplificamos, nos referimos al caso de las regiones débiles):

a') En primer lugar, en sentido macroeconómico, se pierde el estrecho vínculo entre salarios reales y productividad media que tenía lugar en un país en condiciones de aislamiento y de autarquía: sea cual sea el nivel de los salarios monetarios, ya no existe un mecanismo interno de escasez en el mercado de bienes que, a través de movimientos en el nivel general de precios, reconduzca los salarios reales al nivel compatible con la productividad total (el posible exceso de demanda, en el caso de que los salarios sean demasiado elevados, se dirige de hecho a la compra de bienes externos).

a'') En sentido microeconómico, el nivel de salarios monetarios definidos contractualmente por las empresas no puede tener una referencia a la productividad; pero esta referencia no es tan estrecha como requiere el modelo, en cuanto: i) los salarios monetarios se definen en gran parte mediante los contratos colectivos *nacionales*, y se refieren a un nivel (y a un crecimiento) de la productividad media

---

[15] Södersten (1970), ilustrando el modelo ricardiano en el caso de muchos sectores, afirma que "el número de bienes que un país exportará está determinado por la tasa salarial y el tipo de cambio"; si éstos aumentan, el país perderá la ventaja en algunos bienes (p. 21). Este autor define esta última ventaja como una ventaja "comparativa", mientras que se trata a todos los efectos de una ventaja "absoluta": el aumento de salarios o tipos de cambio actúa proporcionalmente sobre todos los bienes, por lo que la ventaja comparativa inicial permanece idéntica.

nacional (o incluso a los de las regiones más avanzadas) y no a los de las regiones débiles; ii) en el caso de que la menor productividad media de una región dependa de elementos externos a las empresas (escasa accesibilidad, baja calidad de los servicios públicos), para que los productos locales conserven una cierta competitividad, los trabajadores deberían aceptar salarios monetarios inferiores a su productividad "empresarial", lo que no es realista en un contexto en el cual la migración está lógica y prácticamente admitida, y en el cual el nivel de los precios de la mayor parte de los bienes consumidos localmente es un nivel "internacional" o "interregional" (salarios monetarios inferiores a la media nacional darían lugar también a salarios reales inferiores). Por tanto, los salarios en las regiones débiles no se reducirían hasta los niveles necesarios para garantizar una competitividad exterior al menos para algunos productos.

b′) En el caso de que, a consecuencia de los dos puntos anteriores, una región presentara una desventaja absoluta en todos los bienes y, por tanto, padeciera un desempleo creciente y desequilibrios crecientes en su balanza comercial, dicha región podría ver cómo en el tiempo se estabilizan dichos desequilibrios sin llegar a reequilibrarse mediante mecanismos automáticos. Llevando el argumento al extremo, es posible pensar en un territorio que no produce ni exporta nada y que vive de importaciones, en el cual la renta y el poder de compra interno está garantizado, conjuntamente o alternativamente, por: las rentas de los trabajadores transfronterizos, la venta de activos patrimoniales a residentes extranjeros (casas, terrenos), las transferencias públicas (pensiones, subsidios de desempleo) y privadas (remesas de los emigrantes). En este contexto territorial, pues, el desequilibrio de la balanza comercial *no* constituye un vínculo de carácter macroeconómico y, por tanto, no genera automáticamente ningún movimiento de reequilibrio.

b″) Está claro que una situación como la planteada en el punto anterior no es sostenible a largo plazo; pero en un contexto de movilidad de factores, el ajuste tendría lugar mucho más rápidamente mediante la emigración y el despoblamiento que no mediante la caída de los salarios reales.[16] Tanto el capital como el trabajo, en el caso de una región en la que estos factores reciban remuneraciones inferiores a las nacionales como consecuencia de condiciones de producción no eficientes, una vez que desaparezca el soporte de los territorios exteriores o del gobierno nacional mediante préstamos, subsidios y transferencias de renta, emigrarían rápidamente en busca de mejores condiciones de utilización.[17] Así pues, la

---

[16] No se quiere sostener aquí que un efecto "salarios reales" no se ponga en marcha, sino que, dadas las condiciones de apertura al comercio exterior (precios "internacionales" de los bienes importados) y a la movilidad de los factores, dicho efecto no sería ni suficiente ni prevaleciente.

[17] Volviendo al ejemplo de la nota 12, si una unidad de B se intercambia internacionalmente con 1,5 unidades de A, el país N intercambia 1 día de su trabajo a cambio de 3 días de trabajo de S, gracias a la diferencia de productividad. Pero, afirma Ricardo, una situación como esta no puede existir en el caso de dos regiones de un mismo país: "el trabajo de 100 ingleses no puede intercambiarse con el tra-

inmovilidad de los factores es crucial para la validez del teorema de los costes comparativos;[18]

c') La tasa de cambio nacional, aceptando que esté ligada sólo a los movimientos comerciales (y que, por tanto, la balanza de capitales esté en equilibrio a nivel nacional), está definida por una media ponderada de las balanzas comerciales regionales, donde generalmente conviven regiones "fuertes", tendencialmente exportadoras netas, y regiones "débiles", tendencialmente importadoras netas:[19] así, las primeras se encuentran un cambio relativamente infravalorado respecto a su condición específica, y las segundas un cambio relativamente sobrevalorado, no favorable a sus exportaciones;

c") En un contexto dinámico, suponiendo una situación inicial de equilibrio interregional (con especialización de cada una de las regiones en algún bien), en el caso de que una región viera aumentar su productividad (y la competitividad de los sectores expuestos) a una tasa inferior a la de las otras regiones, en presencia de las mencionadas dinámicas salariales (definidas a nivel nacional), dicha provincia vería reducirse hasta desaparecer su ventaja competitiva y no podría utilizar el instrumento más natural a disposición de los países, la devaluación del tipo de cambio. Por las razones ya expuestas, los salarios reales tampoco tendrían la necesaria flexibilidad, por lo que la región podría encontrarse sin ningún sector de especialización y de exportación.

En conclusión: regiones y territorios locales, por efecto de su apertura intrínseca tanto a los movimientos de bienes como a los de los factores, actúan en el contexto de los intercambios interregionales en un régimen de "ventaja absoluta" y no en un régimen de "ventaja comparativa". Los mecanismos de ajuste que en el segundo régimen garantizan, incluso a los países estructuralmente ineficientes en todos los sectores productivos, un papel en la división internacional del trabajo o

---

bajo de 80 ingleses... y la diferencia entre el caso de un solo país y el de muchos países se explica fácilmente considerando la dificultad con la que el capital se mueve de un país a otro para buscar una utilización más beneficiosa, y la rapidez con la que, en cambio, aquél pasa sin problemas de una provincia a otra de un mismo país" (Ricardo, 1971, p. 154).

[18] De hecho, Mark Blaug, comentando el teorema de Ricardo, afirma explícitamente: "El análisis de Ricardo tiene el objetivo de demostrar que las condiciones que hacen posible el comercio internacional son muy distintas de las que permiten el comercio interior. Si Inglaterra y Portugal fueran dos regiones del mismo país [y la primera fuera menos eficiente en ambos bienes] todo el capital y el trabajo emigrarían hacia Portugal y ambos bienes serían producidos en esta región. En el ámbito de la misma nación, el comercio entre dos localidades requiere una diferencia *absoluta* de costes; en cambio, para que haya comercio internacional es suficiente una diferencia en los costes *comparativos*" [la cursiva es nuestra] (Blaug, 1997, p. 120).

[19] Desde el punto de vista de la contabilidad macroeconómica, las regiones fuertes presentan generalmente un excedente comercial así como mayores impuestos, menores transferencias públicas, mayor tasa de ahorro y una balanza de capitales pasiva (los que Kindleberger llamaba "acreedores maduros"); las regiones más débiles se comportan generalmente de forma opuesta.

no existen o no tienen la capacidad de restablecer el equilibrio en el caso de que el nivel de competitividad absoluta fuera insuficiente o en vías de reducción.[20] El destino de regiones o territorios locales débiles (por inadecuación de los factores productivos o por adversas condiciones geográficas o de accesibilidad) bien puede ser el desempleo masivo y, en el caso de que las transferencias públicas de renta no fueran suficientes, la emigración y la posible desertización.

El mundo real está lleno de casos en los que regiones ricas y exportadoras coexisten con regiones pobres (con déficit comercial), con fuertes diferenciales a largo plazo en los niveles de desempleo, siendo alcanzado el equilibrio de contabilidad macroeconómica mediante el papel redistributivo de las políticas fiscales nacionales o de los movimientos interregionales de capital (por ejemplo: compras de bienes patrimoniales, como terrenos o construcciones en algunas regiones por parte de otras regiones; inversiones de empresas públicas en las regiones débiles).

Para los territorios atrasados, las estrategias posibles de desarrollo o de supervivencia son tres: realizar un *lobbying* político con el objetivo de obtener transferencias públicas (una estrategia sólo defensiva, costosa, que se debe rechazar); mejorar la competitividad del tejido productivo local o atraer inversiones de las otras regiones o del extranjero. Por tanto: es justo y completamente justificable en sentido teórico ocuparse de competitividad y de capacidad de atracción, dos políticas que pasan a ser cada vez más relevantes en un contexto como el europeo de creación de un área monetaria única, en la cual los diferentes países pasan a competir los unos con los otros como regiones de un único país.

En un trabajo sobre la experiencia de desarrollo "regional" en Estados Unidos y sobre los efectos de shock exógenos negativos sobre los sectores de especialización de estados (regiones) concretos, Krugman parece acercarse a conclusiones del todo similares a las nuestras. De hecho, afirma que, en caso de inmovilidad de factores, podría ser beneficioso para el desarrollo a largo plazo de una región golpeada por un shock asimétrico una reducción de los salarios y de los costes de los factores, lo que generaría una atracción de actividades externas. Pero, en el caso de movilidad de factores, típico del contexto regional, "una región en dificultades no podría beneficiarse durante mucho tiempo de los menores costes de los factores: capital y trabajo se desplazarían a otras regiones hasta que los precios de todos los factores se hayan igualado. Esto significa que no hay razón alguna que permita pensar que una región cuyas actividades tradicionales se encuentren en malas condiciones pueda atraer nuevas actividades; al contrario, ésta verosímilmente exportará trabajo. [...] Esto indica que el problema no es la existencia de potentes

---

[20] Hablando de especialización en el comercio interregional, Armstrong y Taylor afirman: "Que el comercio esté basado en la ventaja comparativa y no en la ventaja absoluta está universalmente aceptado y raramente verificado empíricamente" (Armstrong, Taylor, 2000, p. 123). En mi opinión, tal afirmación, si se refiere a las regiones, no debería ser aceptada de ninguna manera.

fuerzas de divergencia, sino la ausencia de fuerzas de convergencia en la producción y en el empleo (mientras que los precios de los factores y las rentas per capita convergen)" (Krugman, 1993, p. 248). "Si Nueva Inglaterra fuera un estado soberano, (una vez golpeado por la crisis) hubiera podido devaluar su moneda y/o perseguir una política monetaria expansiva. En realidad, no sólo éstas opciones no eran posibles, sino que la crisis del presupuesto público obligó a la política fiscal a tener un comportamiento procíclico, agudizando la crisis" (*ibid.*, p. 242).

8.3.3 Las fuentes de la competitividad territorial

Consideremos ahora con más profundidad la lógica de la competitividad y de la capacidad de atracción territorial, tanto como condiciones económicas como objetivos de *policy*. Nos parecen fundamentales cinco reflexiones.

i)   Las exportaciones son consideradas en todos los textos de macroeconomía y de economía regional como los detonadores de los efectos multiplicativos de renta y empleo y, por tanto, como motores de desarrollo. Desde un punto de vista coyuntural de corto plazo, podemos detenernos en esta idea que considera la demanda el elemento motor de la economía; pero desde un punto de vista de largo plazo y, por tanto, si estamos interesados en explicar el desarrollo territorial, entonces este punto de vista ya no es suficiente y se hace necesario encontrar las causas del crecimiento duradero de las exportaciones: tenemos que ver las fuentes de la competitividad, es decir, tenemos que ver elementos de oferta.[21]

Para exportar, las empresas locales y sus territorios deben presentar alguna forma de ventaja absoluta o competitiva.[22] O mejor aún: esta ventaja local debe tener un carácter dinámico, ya que es necesario renovar continuamente la ventaja competitiva mediante un flujo constante de innovaciones (véase el capítulo 5). ¿Sobre qué elementos se fundamenta esta capacidad?

---

[21] Utilizar modelos de demanda, como el modelo de Thirlwall (1980) para interpretar el desarrollo –un modelo por otra parte muy elegante y relevante a corto plazo– no parece ser aceptable. La conclusión del modelo, que el desarrollo de una región pequeña depende da la tasa de crecimiento de la economía mundial y de la elasticidad renta de la demanda de sus exportaciones (e, inversamente, de la elasticidad renta de sus importaciones) es una afirmación verdadera pero banal, que recoge sólo el elemento determinista y menos interesante del proceso de desarrollo territorial. Se deja completamente en la sombra el elemento primario de la productividad/competitividad (que en estos modelos sólo sirve para definir contablemente la tasa de crecimiento del empleo, una vez definido el desarrollo de la producción), un elemento que fácilmente puede generar desarrollo local incluso en presencia de un estancamiento en la demanda global.

[22] El concepto de "ventaja competitiva" de Porter, desarrollado fuera del contexto de la teoría del comercio internacional, se aproxima al concepto de ventaja absoluta y puede ser útilmente empleado, como hace su autor (Porter, 1990, 2001), para reflexionar sobre la competitividad territorial.

En el caso de los países avanzados, la disponibilidad de recursos naturales y la disponibilidad relativa de factores tradicionales como trabajo y capital tiene un papel cada vez menos relevante. Lo que hoy en día destaca son dos tipos de factores y procesos: desde una visión agregada, los rendimientos crecientes derivados de procesos de desarrollo acumulativo y de la aglomeración de actividades;[23] desde una visión microeconómica y microterritorial, que presta más atención al papel de las distintas subjetividades territoriales, las ventajas específicas *creadas* selectiva y estratégicamente por cada una de las empresas, las capacidades de cooperación y de sinergia *reforzadas* por una administración pública proactiva, las externalidades *suministradas* por los gobiernos locales y nacionales, y algunas especificidades *construidas* a lo largo de la historia por una cultura territorial.[24] Como parece evidente, en este segundo caso, que más nos interesa, se trata de ventajas artificiales, creadas por la acción voluntaria de las comunidades locales y de sus administraciones.

ii) Cada vez más las empresas requieren no sólo externalidades genéricas sino también "recursos específicos" y selectivos (por ejemplo, en términos de competencias y servicios), que puede ser difícil o demasiado lento pensar de adquirirlas a través del mercado. Por esto las empresas se comprometen en acciones de cooperación con otras empresas, con actores colectivos locales y con la administración pública para la concesión, realización y producción de dichos recursos (Colletis, Pecqueur, 1995; Cooke, Morgan, 1998; Arrighetti, Seravalli, 1999).

iii) Condiciones territoriales particulares, caracterizadas por una riqueza particular de interacciones entre empresas (o de *untraded interdependencies*, utilizando la locución de Storper, 1995) pueden facilitar la cooperación entre empresas y actores sociales y generar un proceso acumulativo de aprendizaje que refuerza la capacidad innovadora del sistema territorial. Una buena forma para ilustrar este proceso es mediante el concepto de

[23] Distinguimos a este propósito: los modelos acumulativos de desarrollo regional basados en el crecimiento de la productividad y en los rendimientos crecientes, los modelos históricos de Kaldor (1970) y Dixon y Thirlwall (1975) hasta los más recientes de Krugman (1991); los modelos siempre de tipo acumulativo basados en la inmigración y la creación de un mercado interno, desde Myrdal (1957) hasta Krugman (1991); los modelos basados en la construcción de complejos industriales verticalmente integrados, desde Perroux (1955) e Isard (1960) hasta Krugman y Venables (1996).

[24] Porter afirma: "Cada vez más los motores de la prosperidad se mueven [desde el nivel macroeconómico] hacia el nivel microeconómico –las capacidades y los comportamientos de unidades que se sitúan bajo la entera economía como los individuos, las empresas, las industrias y los cluster. [...] Hay un reconocimiento creciente de que el éxito de las empresas tiene mucho que ver con cosas que están fuera de ellas" como las relaciones con los suministradores, las asociaciones y otros recursos territoriales y sociales (Porter, 2001, p. 140). Véase, además, las diversas contribuciones al número especial ya citado de *International Regional Science Review* (1996) y las reflexiones sobre las políticas espaciales que se derivan en Guigou, Parthenay (2001).

milieu innovateur (Aydalot, 1986; Camagni, 1991b; Ratti, *et al.*, 1997).[25] En un ambiente turbulento, caracterizado por dificultades en la recogida, elaboración e interpretación de la información, por una fuerte interdependencia en las decisiones de los actores económicos y por una creciente complejidad del ambiente competitivo exterior de las empresas, los agentes económicos encuentran en el *milieu* local el soporte necesario para gestionar la incertidumbre. De hecho, el *milieu* –caracterizado por valores compartidos, códigos de comportamiento comunes, confianza y sentido de pertenencia– ayuda a realizar tres importantes funciones de tipo cognitivo (Camagni, 1991a; Camagni, 1999a):

- la *trascodificación* de la información y su evaluación –una función central en el proceso de innovación– a través de contactos informales, imitación, mutua interpretación de los *rumors* del mercado; en una palabra, a través de un proceso colectivo y "socializado";

- la *coordinación ex ante* de las decisiones privadas, de manera que se consiga llegar no sólo a una decisión colectiva más fácil, sino también a una acción colectiva más fácil (Arrighetti, Seravalli, 1999). Esta función es facilitada por la confianza entre actores sociales y por los dispositivos de exclusión/sanción (social) de los comportamientos transgresivos u oportunistas;

- el *aprendizaje colectivo*, que tiene en el *milieu* local y, en particular, en el mercado laboral y en la cultura local, el substrato permanente sobre el cual incorporarse (Capello, 1999a; Camagni, Capello, 2002).[26]

Estos efectos son, en parte, espontáneos, cuando existe proximidad geográfica y proximidad cultural entre actores locales –y representan la base de los rendimientos crecientes a nivel local– y, en parte, son dependientes de una explícita cooperación entre actores locales, la cual requiere de alguna forma de *governance* local. En ambos casos, los elementos de ventaja competitiva residen más en el exterior de cada empresa que en su interior, es decir, residen más en el *milieu* local que en cada una de las empresas localizadas en su espacio geográfico.

---

[25] El *milieu innovateur* se define como un conjunto de relaciones que existen en un espacio limitado y que unifican un sistema local de producción, una cultura productiva, un conjunto de actores y de representaciones, generando un proceso localizado de aprendizaje colectivo. Elementos básicos de este último proceso: la movilidad del trabajo especializado en el interior del mercado local de trabajo, los procesos de imitación, la cooperación entre cliente y suministrador, códigos, convenciones y lenguajes comunes y un común sentido de pertenencia.

[26] En las grandes empresas los procesos de aprendizaje tienen lugar en su interior, y se incorporan a una cultura de empresa. En las pequeñas empresas tales procesos de aprendizaje, fundamentales para la innovación, no se pueden realizar, por la reducida complejidad de las estructuras y por su excesiva inestabilidad; pero dichos procesos tienen lugar de forma socializada y colectiva en el exterior de las empresas, incorporándose a la cultura productiva y al *milieu* local.

iv) Territorios y *milieu* compiten y cooperan unos con otros, creando sus propias ventajas competitivas. Y ello es ventajoso para toda la economía, si se comparte una visión "generativa" del desarrollo económico como un proceso que se desarrolla "desde abajo", y no la visión de un proceso definido cuantitativamente a nivel macroeconómico y después atribuido por cuotas a cada territorio de una manera "competitiva"; sólo en este último caso las acciones realizadas por cada territorio tendrían como resultado un juego de suma cero.

En particular las ciudades, dada su naturaleza de concentraciones de externalidades y de activadores de interacción y de sinergia, y dada también la responsabilidad y la representatividad de sus administradores elegidos con respecto a las comunidades establecidas, pueden ser consideradas como *milieu* y actores compitiendo en la escena internacional.

v) Por último, si es cierto que las empresas utilizan cada vez más la localización como instrumento competitivo, y la movilidad sobre el territorio global como instrumento de optimización de los costes de producción y de distribución, no podemos afirmar, por otra parte, que los territorios son sólo objetos pasivos de las decisiones localizativas de las empresas. De hecho, los territorios están constituidos por colectividades atentas y sujetos (económicos en sentido amplio) que actúan en interés propio intentando mantener o atraer actividades económicas: trabajadores, empresas subcontratadas, proveedores de inputs intermedios, de servicios y de factores productivos inmuebles como terrenos, edificios e infraestructuras. Estos sujetos o actores territoriales pueden alcanzar su objetivo no sólo a través de competir en precio, o sea, reduciendo los precios y salarios respecto a otras colectividades locales ubicadas en otros lugares, sino sobre todo a través de una más alta cualificación de los servicios ofrecidos, que requiere la intervención directa o indirecta de la administración pública. En cierto sentido, podemos decir que las localizaciones son objeto de un mercado global, donde se enfrenta una demanda (por parte de las empresas) y una oferta (por parte de las colectividades locales).

En resumen: efectivamente, la globalización aumenta el clima competitivo en el cual actúan las empresas; con el objetivo de hacer frente a esta condición y al consiguiente nivel creciente de incertidumbre, las empresas se apoyan cada vez más en un capital humano de elevado nivel, en la accesibilidad a la información, en dispositivos colectivos de evaluación y trascodificación de la información, en formas de coordinación y de cooperación. Además, a través de decisiones explícitas de localización, las empresas favorecen a aquellos territorios que pueden suministrar los nuevos factores "relacionales".

Pero si cada empresa y cada individuo se comprometen en acciones colectivas, facilitadas por (y creadoras de) confianza y capital social, y si de sus múltiples interacciones se generan sinergias cognitivas relevantes, bien visibles en el *milieu* local, y si, por último, éstas acciones y éstos procesos obtienen una vitalidad ulterior de la cooperación con las administraciones públicas locales, parece lícito superar el individualismo metodológico que considera que sólo actúan y compiten las empresas individuales y tomar como hipótesis la validez de un concepto colectivo como el de territorio, afirmando que los territorios compiten entre ellos (mediante la construcción de estrategias colectivas).

8.4 Las razones económicas de las políticas de desarrollo territorial, regional y urbano

El creciente clima competitivo causado por los procesos de globalización, la pérdida de importancia, como se ha explicado, del efecto defensivo de las economías locales suministrado tradicionalmente por la existencia de barreras espaciales a la movilidad (de las mercancías, de los factores) y, no menos importante, la reducción de los instrumentos de intervención de tipo macroeconómico a disposición de los gobiernos nacionales para intervenir en las situaciones de crisis (política monetaria, política fiscal, política de tipos de cambio, muchas políticas industriales, consideradas como distorsionantes de la competencia), son elementos que generan sentimientos de inestabilidad e inseguridad creciente en las colectividades locales y, en particular, en aquellas que se consideran más expuestas al cambio, ya que pertenecen a sistemas territoriales débiles o periféricos.

Todo esto podría ser suficiente para justificar políticas de "atención" territorial y, tal vez, incluso políticas de cohesión o de equidad, para evitar que los sentimientos de falta de seguridad se transformen en demandas políticas de tipo genéricamente proteccionistas (por parte de quien se siente principalmente amenazado) o secesionistas (por parte de quien se siente en condiciones de salir adelante, si es liberado del deber de la solidaridad interregional). Pero todo esto no puede explicar si y por qué dichas políticas se justifican desde un punto de vista económico.

A tal propósito, vale la pena repasar y actualizar, sintetizándolas, algunas argumentaciones tradicionales que muestran cómo es posible superar el supuesto *trade-off* entre equidad y eficiencia, permitiendo a la curva de *trade-off* desplazarse hacia arriba (permitiendo, por tanto, mayor eficiencia con igual equidad o mayor equidad con la misma eficiencia).

Podemos distinguir dos tipos de argumentaciones: las que muestran las ventajas de la intervención pública y las que muestran los costes de la no intervención pública.

Por lo que se refiere al primer tipo de argumentaciones, se pueden clasificar en cinco grandes clases:

a) Las argumentaciones que ponen en duda la idea del *laissez-faire* en el ámbito de los principios de la economía del comercio internacional. Como hemos visto en los párrafos anteriores, se puede afirmar que, a diferencia de los estados, las regiones no compiten sobre la base del principio ricardiano de la "ventaja comparativa", que asigna siempre a cada parte que interviene en el comercio internacional un papel en la división espacial del trabajo, sino que lo hacen sobre la base del principio de "ventaja absoluta".[27] En el caso de que las regiones –como consecuencia de una repentina apertura al comercio con el extranjero o de un proceso de crecimiento de la productividad interna más lento que el de las otras regiones– estén en una situación de ineficiencia relativa o de competitividad inferior en todos los sectores de especialización, tendrían marcado un destino de crisis, de emigración de los factores productivos y, en el límite, de "desertización".[28]

b) Las argumentaciones que se refieren al hecho de que la ventaja competitiva de las regiones más débiles, incluso en el caso de que puedan ofrecer salarios inferiores a los de las regiones avanzadas, es puesta en duda por los menores niveles de productividad del trabajo. De hecho, lo que cuenta para las empresas en su elección localizativa son los costes *unitarios* del trabajo o "salarios de eficiencia" (el coste del trabajo por unidad de producción, dado por la relación salarios/productividad) y no los salarios nominales; en las regiones avanzadas los altos niveles de productividad garantizados por una fuerte cultura industrial, servicios eficientes y buenas infraestructuras bien pueden permitir superar la desventaja de los altos niveles salariales y generar una condición de competitividad continua para los respectivos territorios (Camagni y Cappellin, 1985), como indica el conocido modelo histórico de Dixon y Thirlwall (1975).

c) Las argumentaciones, consiguientes, que niegan que un proceso de desarrollo pueda iniciarse en una región en ausencia de algunas "precondiciones" de partida, en términos de accesibilidad, infraestructuras, cultura general, organización y servicios. Se trata de teorías ahora ya clásicas, que han caracterizado las políticas de desarrollo regional en muchos países en los años posteriores a la segunda guerra mundial.

d) Las argumentaciones de tipo dinámico sobre la naturaleza acumulativa de los procesos de desarrollo, como consecuencia de:
- relaciones interindustriales e interacciones en fases previas y posteriores del proceso de producción entre sectores, en la economía global y a lo largo de *filières* de especialización (Hirschman, 1957; Krugman y Venables, 1996);

[27] He argumentado sobre esta hipótesis teórica en trabajos anteriores: Camagni, Cappellin, 1980, p. 34; Camagni, 1992b; GREMI, 1995.

[28] Este es, por ejemplo, el caso de muchas áreas internas (en Italia, España, Portugal), perjudicadas por elementos de inaccesibilidad y de escasez de recursos naturales. Véase Cuadrado y Parellada, 2003

- rendimientos crecientes a escala, donde la dimensión creciente de la producción local genera incrementos de productividad (un proceso que un tiempo se llamó "ley de Verdoorn", utilizado por Kaldor, 1970, y más recientemente redescubierto por Krugman, 1991);
- integraciones entre demanda y oferta agregada en el mercado de bienes y de trabajo, en los cuales el desarrollo genera inmigración, que a su vez genera nueva demanda local, nuevas inversiones y nuevo desarrollo (Myrdal, 1957).

e) Las argumentaciones que se refieren al progreso técnico, ya sea "incorporado" en nuevos bienes instrumentales o "endógeno" –en el sentido de un desarrollo acumulativo del *know-how* local a través de procesos de *learning-by-doing* del tipo descrito por Arrow o de crecimiento del capital humano del tipo descrito por Romer (1986). Estos procesos, que se manifiestan en las regiones ya desarrolladas, están en condiciones de superar los efectos de la productividad decreciente de los factores y, en particular, del capital, y de contrarrestar la dispersión de las actividades económicas prevista por la primera generación del modelo neoclásico simplificado de los años sesenta (Borts y Stein, 1964).

Estas argumentaciones se presentan lo suficientemente sólidas como para falsear las expectativas optimistas sobre la existencia de procesos espontáneos de reequilibrio interregional, como las expresadas por la escuela neoclásica, tanto la tradicional como la moderna. El proceso de convergencia de las rentas per cápita esperado por esta escuela se basa en los siguientes factores:

- La emigración de fuerza de trabajo de las regiones débiles hacia las fuertes: este proceso efectivamente tiene lugar, y reduce estadísticamente la disparidad de las rentas per cápita –ya que reduce el denominador de la renta per cápita sin reducir proporcionalmente el numerador, en el caso de que los emigrantes estén desocupados. De todas formas, es cuestionable que este proceso represente una verdadera convergencia, ya que añade recursos humanos en las regiones más desarrolladas, quitándolos de las regiones débiles, a menudo con efectos relevantes de calidad si los que emigran son los jóvenes y los mejor formados; y se puede cuestionar que esto sea políticamente aceptable hoy en día, al menos en los países de la Unión Europea.
- Un flujo de salida de capitales de las regiones fuertes, a la búsqueda de elevadas tasas de beneficio que ya no se obtienen en estas regiones debido a la ley de rendimientos marginales decrecientes de los factores. Como hemos visto, este efecto puede ser fácilmente contrarrestado por procesos acumulativos de aprendizaje y de desarrollo tecnológico.
- Un flujo de tecnología en dirección a las regiones atrasadas. Este argumento se basa en la consideración del proceso de evolución de una tecnología, que

muestra cómo, una vez puesto en marcha en una región central, dicho proceso se desarrolla mediante procesos de difusión en el territorio. Pero ¿qué podemos decir del proceso global de creación de tecnologías sucesivas o complementarias, de mejora incremental de cada una de las tecnologías, de desarrollo de enteros sistemas o "paradigmas" tecnológicos, y de los procesos de investigación-invención-innovación? ¿y de la capacidad de desarrollar nuevas aplicaciones de las tecnologías existentes, o de la capacidad de "reorientación estratégica" de las empresas para explotar mejor todas las posibilidades de cada tecnología? El ritmo de creación tecnológica en las regiones centrales es probablemente más rápido del ritmo de *catching-up* de las regiones más débiles, por efecto de fuertes procesos de aprendizaje, interno a las empresas o de tipo territorial y "colectivo" (Camagni, Capello, 2000a; Keeble, Wilkinson, 2000).

También la moderna teoría neoclásica de la "convergencia condicionada" (Barro, Sala-i-Martin, 1991, 1992) y los análisis econométricos que ha generado, que subrayan la existencia de procesos de fondo de tipo difusivo y equilibrador (una especie de tendencia entrópica hacia la homogenización de las condiciones espaciales) reconocen que se trata de tendencias "condicionadas" por la existencia de fuerzas contrarias, de tipo endógeno o exógeno (estructura industrial, propensión al ahorro, cambio tecnológico exógeno, innovaciones institucionales como la creación de áreas de libre cambio o de uniones monetarias, shocks regionales asimétricos, etc.) que pueden, en muchos casos, posponer temporalmente o incluso dar un vuelco a la tendencia global (Armstrong, Taylor, 2000; Armstrong, 2000).[29]

Además, desde el punto de vista de la modelización, desde hace tiempo es sabido que, en el caso de que se abandonen las hipótesis de linealidad del modelo neoclásico tradicional (utilizadas al principio por simplicidad pero que con el tiempo se han hecho "estrictas") y se introduzcan en el mismo modelo hipótesis de no linealidad y rendimientos crecientes, se llega a los mismos resultados de los modelos de desarrollo acumulativo mencionados más arriba; desaparece en este caso el supuesto optimismo del modelo neoclásico de primera generación respecto a la corrección automática de los desequilibrios interregionales (Miyao, 1987, Camagni, 2000b, cap. 7). Resultados similares se obtienen también, como hemos

---

[29] La interpretación "oficial" de la Comisión Europea de un nivel constante de las desigualdades desde el inicio de los años ochenta, presentada en los diversos Informes Periódicos sobre las Regiones Europeas y en los Informes sobre la Cohesión, no considera dos elementos importantes: en primer lugar, que antes de dicho periodo, de 1965 a 1975, las desigualdades se habían reducido visiblemente y que, por tanto, la estabilidad muestra una discontinuidad y, en segundo lugar, que dicha estabilidad en el nivel de desigualdad es el resultado de dos procesos opuestos: un proceso de convergencia internacional (obtenido gracias al éxito de países débiles como Irlanda, España y Portugal) y un proceso de divergencia interregional en el interior de la mayor parte de los países (Camagni, Gibelli, 1996).

dicho, en los modelos de "desarrollo endógeno", que incorporan procesos acumulativos de crecimiento del capital humano en una función de producción neoclásica (Romer, 1986).

Desde del punto de vista de las estrategias de intervención que surgen de todas estas argumentaciones, cabe decir que han evolucionado mucho a lo largo del tiempo, como veremos más adelante: del suministro de precondiciones *hard* al suministro de precondiciones *soft*, como el capital humano y las habilidades; del incentivo a las inversiones y a la adopción de tecnología al estímulo de la innovación, a la creatividad, a la conexión en red de empresas y territorios; de la atención a las relaciones intersectoriales en el interior de los polos de desarrollo a la cooperación en los procesos de innovación.

Pero el segundo tipo de argumentaciones, que se refieren a los costes sociales de la no intervención en un contexto de desigualdades crecientes y de una competencia interregional basada en la ventaja absoluta, aportan justificaciones todavía más fuertes a las políticas de desarrollo territorial. De hecho, una estrategia de no intervención presenta los siguientes inconvenientes:

- altos costes sociales y políticos relacionados con la explosión acumulativa de crisis territoriales, además de los costes sociales y culturales de los procesos de despoblamiento y desertización;
- el riesgo de una hiperconcentración de la población en las áreas urbanas de las regiones débiles (un fenómeno típico de los países en vías de desarrollo) como consecuencia de la crisis de las áreas rurales circundantes y no, desde luego, de una creciente capacidad de atracción de las ciudades, es decir, como consecuencia de un factor de expulsión y no de atracción;
- el elevado coste de oportunidad de añadir actividades rentables en áreas ya de éxito: en un contexto de pleno empleo, los nuevos trabajadores para las nuevas actividades se encuentran principalmente en detrimento de las actividades ya existentes, mientras que en las áreas débiles los trabajadores se podrían conseguir de la reserva de trabajadores desocupados, con un coste de oportunidad cercano a cero;
- la canalización de una parte relevante del ahorro colectivo hacia la financiación de la construcción y hacia la especulación inmobiliaria como efecto de los procesos de inmigración, restando recursos a usos más productivos;
- una subutilización del potencial creativo de las colectividades regionales, penalizadas por la presencia de alguna desventaja localizativa (accesibilidad, servicios, infraestructuras).

Un argumento ampliamente utilizado en el pasado –un argumento complicado que requiere hoy alguna cautela y alguna reflexión en profundidad– hace referencia al hecho de que una excesiva concentración de actividades y de población en las áreas fuertes tiene el riesgo de generar un régimen de rendimientos decrecientes en estas áreas. En el enfoque tradicional y estático de los años sesenta y setenta, se suponía que los rendimientos decrecientes se derivaban de la existencia de algún factor fijo, no expandible a corto plazo (como el terreno urbanizado, la dotación de infraestructuras, el capital humano de alta calidad), que determinaba una productividad decreciente de los otros factores expandibles, el trabajo y el capital principalmente, capaz de contrarrestar y superar los rendimientos crecientes de escala alcanzables a nivel de empresas individuales. La idea de una curva de costes medios agregados en forma de U para territorios limitados como las ciudades, y la consiguiente hipótesis de la existencia de una dimensión "óptima" de la ciudad, ha ofrecido en el pasado una fuerte justificación a las políticas de limitación del desarrollo de estas áreas urbanas fuertes y a la creación de *new town* y de *métropoles d'équilibre*. Más allá de un determinado umbral, que algunos análisis econométricos han establecido entre los 50.000 y los 300.000 habitantes (véase el capítulo 1; y también Capello, Camagni, 2000), las economías de escala urbanas se convierten en deseconomías; y estas últimas representan costes privados y sociales que pueden ser evitados mediante una asignación más equilibrada de los recursos en el territorio.

Algunas argumentaciones contrarias se pueden proponer en este caso:

I. A más largo plazo, los factores fijos pueden expandirse, superando de esta manera la restricción que éstos suponen para el desarrollo.

II. Superar algunos umbrales críticos, por ejemplo en la dimensión urbana, significa hacer posible la introducción de tecnologías más avanzadas (por ejemplo, en la movilidad urbana, con la construcción de líneas metropolitanas), aplazando la aparición de rendimientos decrecientes.

III. La aparición de rendimientos decrecientes en un determinado territorio puede servir de potente incentivo a la reasignación de los recursos locales hacia actividades más productivas, más eficientes y más avanzadas (Camagni, Cappellin, 1985). En consecuencia, en un contexto dinámico, el resultado global puede ser un resultado positivo, como han demostrado modelos recientes de dinámica urbana basados en la innovación (Camagni, Diappi, Leonardi, 1986; Camagni, 2000b, cap. 9).

IV. Un ejemplo de cambio técnico en un área urbana capaz de posponer la aparición de rendimientos decrecientes se puede encontrar en la adopción de políticas de planificación adecuadas. La mejor asignación de los recursos espaciales entre usos alterativos, la introducción en el momento apropiado de nuevas infraestructuras y servicios de transporte urbano, una mayor coherencia entre redes de transporte y usos del suelo, todos ellos son elementos que permiten aumentar la dimensión urbana sin crear costes sociales relevantes (De Lucio, *et al.*, 2002).

V. Por último, debemos tener en cuenta, al mismo tiempo que los costes, también los beneficios sociales de un aumento de la dimensión urbana. Entre los beneficios se encuentran las crecientes posibilidades de especialización en la división del trabajo, más amplias posibilidades de creación de sinergias entre actividades y actores, más rápida difusión del progreso técnico a través de procesos de cooperación y de imitación, más rápidos procesos de aprendizaje, todos ellos son elementos que pueden contrarrestar las crecientes deseconomías de escala en ciertos ámbitos concretos.

La evidencia histórica reciente presenta elementos que permiten apoyar ambos puntos de vista. Así, prácticamente todos los sistemas territoriales avanzados han sido golpeados por la crisis de su sector productivo industrial durante los años setenta y principios de los ochenta, como consecuencia de la aparición de deseconomías y contradicciones espaciales, y han sufrido la competencia de nuevos territorios emergentes (todos los países avanzados han tenido sus *sunbelt*, aunque no siempre localizados en el sur, en coincidencia con la crisis de las regiones centrales y de las grandes ciudades: el Midi francés, la Baviera y el Baden Württemberg en Alemania, el Flandes en Bélgica, el East Anglia y la costa sur oriental en el Reino Unido, la Tercera Italia). Por otra parte, estos mismos sistemas han sido capaces de mostrar durante estos últimos años una gran capacidad de reacción, gracias a una rápida reasignación de recursos hacia los sectores avanzados y de la *new economy* y gracias a la adopción de nuevas estrategias e instrumentos de planificación y gestión urbana (Becattini, Costa y Trullén, 2002; Cuadrado y Parellada (2003)).

En presencia de esta ambivalencia empírica, el debate sobre las deseconomías de dimensión urbana ha sido recientemente abandonado, probablemente con demasiada prisa. De hecho, muchos costes sociales, que crecen con la riqueza y la dimensión urbana, son soportados directamente por los ciudadanos y no son suficientemente tenidos en cuenta por el mercado (por las empresas, por las grandes agencias inmobiliarias), cuando éste compara las ventajas localizativas urbanas con estas deseconomías. Muchos de estos costes pertenecen a la categoría de los riesgos ambientales y a los riesgos de irreversibilidad, como por ejemplo los efectos ambientales, incluido el efecto invernadero, de las emisiones del tráfico urbano.

Por último, queremos considerar los efectos del debate sobre la globalización y sobre la explosión de las nuevas tecnologías de red sobre las políticas de reequilibrio y de desarrollo territorial. Como hemos visto en el apartado 8.2, la globalización no es un proceso neutral desde el punto de vista territorial, ya que las nuevas oportunidades y las nuevas amenazas no se distribuyen simétricamente entre los diferentes territorios debido a la importancia creciente que tiene el factor conocimiento y los elementos inmateriales relacionados con la cultura, las competencias y la capacidad innovadora. Como hemos dicho, el resultado probable es un reforzamiento de las fuerzas centrípetas del desarrollo (economías de escala y de alcance, cualquier tipo de rendimientos crecientes) y de las fuerzas centrífugas de la exclusión territorial y del declive.

Por tanto, habría aquí una fuerte justificación de las políticas que prestan una gran atención a la evolución de los desequilibrios territoriales. Pero, se podría objetar, si en el nuevo contexto de la globalización la competitividad es el tema fundamental, y si los "campeones" nacionales –entendidos tanto como empresas como territorios– constituyen las fuerzas motrices de las distintas economías y de los sistemas territoriales entendidos en conjunto, entonces una política de desarrollo territorial debería dirigir sus esfuerzos principalmente a los territorios fuertes y no a los débiles, a los *winner* en lugar de los *loser*, y concentrar las inversiones y la innovación (en términos de infraestructuras, oferta de capital humano de excelencia, etc.) en las regiones "centrales" y en las grandes áreas metropolitanas avanzadas. Bien mirado, se trataría de una revisión del argumento tradicional sobre el *trade-off* entre eficiencia y equidad.

Me parece que se pueden dar dos respuestas diferentes a estas argumentaciones, en función de si nos referimos a un contexto y a un punto de vista interregional o a un contexto intrarregional. Respecto al primer nivel territorial, el interregional, creo que es necesario distinguir entre *oferta* (y realización concreta) de activos e infraestructuras avanzadas, que debe estar asegurada para todos los territorios y, por tanto, también, con más motivo aún, para los territorios avanzados, y *apoyo público a la financiación* de esta oferta, que debería ser, en cambio, inversamente proporcional a la capacidad de cada región de disponer de los activos estratégicos a través de canales de financiación privados (*project financing*).

Por lo que respecta al segundo nivel territorial, el intrarregional, la sugerencia de privilegiar, en el interior de regiones genéricamente menos desarrolladas, aquellas partes del territorio que presentan las mayores potencialidades parece, en cambio, aceptable. Intervenir sobre las grandes ciudades, sobre las ciudades medianas especializadas, sobre los distritos industriales (por cuanto débiles o en un nivel de desarrollo sólo inicial) podría maximizar las probabilidades de éxito de las políticas de intervención. Además, a nivel intrarregional, las posibilidades de poner en marcha procesos de difusión autoalimentados en los territorios circundantes a los polos de intervención serían mayores y más rápidas de cuanto lo son a nivel interregional, y los costes sociales de dejar inicialmente atrás algunos territorios serían probablemente más fácilmente aceptables.

8.5 Las razones económicas de la planificación territorial

De cuanto precede, también se percibe claramente el papel que puede desarrollar un sistema de asentamiento ordenado y bien estructurado y una forma urbana apropiada a la hora de determinar la eficiencia y la competitividad del territorio y el bienestar general de la población. De hecho, una dimensión de la ciudad coherente, una accesibilidad interna y exterior eficiente, una movilidad ordenada, un perfil de la estructura o de la jerarquía urbana global apropiada, una concordancia relativa y "juiciosa" de los asentamientos son todos elementos cruciales no sólo del bienestar colectivo, sino también de la capacidad de atracción de cada lugar de actividades y empresas exteriores y de la eficiencia de las actividades ya establecidas (Camagni, Gibelli, 1996).

La planificación territorial siempre ha tenido un papel en la orientación de los procesos de desarrollo espacial, especialmente en lo que concierne a la forma de los asentamientos y a la garantía de un uso apropiado de los recursos del suelo y del ambiente global, escasos y difícilmente renovables.

Recientemente, se ha desarrollado un importante debate científico, paralelamente al debate sobre las políticas de desarrollo espacial, a propósito del papel y de la eficacia de la planificación territorial, puesta en duda por las estrategias más confiadas en los efectos de un mecanismo puro de mercado. Autores como Peter Gordon y Harry Richardson (1995 y 1997) y los *supporters* de la llamada estrategia *tecnocéntrica* de equilibrio ambiental (Tate, Mulugetta 1998) sostienen el punto de vista de que el mercado, y el desarrollo tecnológico orientado por el mercado, son capaces por sí solos de responder adecuadamente a los problemas de sostenibilidad y de un desarrollo territorial ordenado.

Es cierto que los instrumentos de política territorial orientados al mercado pueden jugar un papel importante, como complementos o incluso como sustitutos de intervenciones de planificación, sobre todo cuando éstos crean (se apoyan en) un mercado "corregido" de las externalidades (la llamada "internalización" de las externalidades, de la que un ejemplo es el principio de "quien contamina paga"). La ventaja de confiar en los instrumentos de *policy* (quiero subrayar que se trata siempre de políticas) basados en elementos económicos y de mercado (impuestos e incentivos), o en efectos positivos de señales puras de mercado, reside en las siguientes consideraciones:

- se trata por lo general de instrumentos muy eficaces, ya que afectan a variables económicas tenidas en cuenta directamente por los individuos y las empresas en sus decisiones localizativas;
- tienen costes extremadamente bajos de imposición y de control;
- actúan en ambas direcciones, limitando las externalidades negativas y estimulando la producción de externalidades positivas;
- son equitativos, en el sentido de que se aplican a todos indistintamente (al estar basados en los precios), si bien el sacrificio que implican puede ser muy diferente en función de los individuos y de las clases sociales (pensemos, por ejemplo, en una *carbon tax* elevada orientada a reducir la demanda de movilidad privada).

Por estas razones, considero que la utilización de estos instrumentos debe ser lo más amplia posible.

No obstante, la posición que sostiene que el mercado *por sí solo* puede guiar adecuadamente la forma física de los asentamientos es muy discutible, como también nos recuerdan los textos tradicionales de economía. De hecho:

- En primer lugar, el mercado por sí solo no ofrece una asignación de los recursos óptima en el caso de que se esté en *presencia de bienes públicos* (caracterizados por no ser posible la exclusión) y *de externalidades*, como generalmente es el caso cuando se habla de territorio y de localización; el mercado por sí solo genera una menor inversión en acciones "virtuosas" que generan externalidades positivas, una sobreexplotación de los *commons* (aire, agua) y una sobreproducción de externalidades negativas (allí donde su coste no sea internalizado mediante medidas legislativas apropiadas).[30]

- En segundo lugar, cuando existen *efectos de red* (un caso particular de externalidad), las decisiones no pueden ser puntuales (sobre nodos o arcos concretos de la red) sino que deben ser globales, y requieren una coordinación (o mejor, una intervención jerárquica) pública crucial, también para dar coherencia a las múltiples decisiones públicas de nivel local (es el caso de la planificación de infraestructuras de grandes áreas).

- El tercero, pero probablemente el más importante caso de fallo del mercado y que, por tanto, justifica una intervención de planificación, concierne *al horizonte temporal de las decisiones*. El mercado como mecanismo asignador de recursos actúa en un horizonte a corto plazo, puesto que las señales de mercado se refieren a las condiciones actuales (o a las fácilmente previsibles); pero la planificación territorial y las preocupaciones ambientales se refieren a procesos a largo plazo, profundamente caracterizados por la irreversibilidad y la capacidad de acumulación. Un principio de precaución, capaz de limitar los efectos perniciosos de la irreversibilidad de los procesos territoriales y, sobre todo, una intervención pública planificadora capaz de detener los círculos viciosos y de orientar a largo plazo las decisiones de los agentes, se presenta como crucial (Camagni, 1996).

- Esta última afirmación está relacionada con la necesidad de superar *un "defecto" en la capacidad de coordinación del mercado*. Muy a menudo, en sentido microeconómico pero también en sentido macroeconómico, la rentabilidad de algunas decisiones de inversión individual y la economicidad de

---

[30] Es oportuno recordar que el principio de "quien contamina paga", que representa una forma de internalización de las externalidades negativas, es citado como uno de los principios fundamentales del Tratado de Ámsterdam y, por tanto, es automáticamente adoptado como principio constitucional en los países de la Unión Europea.

algunos procesos de desarrollo sectorial dependen estrechamente de la acción de otros individuos o del desarrollo paralelo de otros sectores complementarios; pero el mercado actúa típicamente por decisiones secuenciales, sobre la base de señales de decisiones y procesos ya en curso, y no garantiza la simultaneidad de las decisiones. Pensamos, en sentido macroeconómico, en el desarrollo contemporáneo de distintos sectores que constituyen el mercado de venta para los productos recíprocos; pensamos, en sentido microeconómico, en la complementariedad entre intervenciones en las infraestructuras, en la formación, en las migraciones, en una serie de servicios producibles tanto por el sector público como por el privado. Por esto los agentes económicos tienden a organizarse "fuera del mercado" llevando a cabo "acciones colectivas", con o sin la participación del sector público; este último, de todas formas, actúa como catalizador de procesos cooperativos o como garante de la complementariedad de las distintas acciones públicas, favoreciendo asociaciones entre el sector público y el privado, "pactos" o formas diferentes de "programación negociada";

- Por último, cuando se trata de la utilización de factores de producción (no sólo del trabajo, sino también de los recursos naturales), el mercado actúa como un eficiente mecanismo asignador de recursos sólo en el interior de las normas que la sociedad elabora e impone como marco global de referencia, pero no puede sustituir dichas normas. Cuando faltan estas normas, el mercado o no funciona (pensemos en el caso de los países del ex sistema soviético), o no suministra suficientes garantías sociales (por ejemplo, permitiendo el uso de niños en las minas, como a principios del siglo XIX) o no evita el agotamiento de los recursos (como en el caso de recursos "comunes" que no tienen un precio, como el aire o las calles públicas). Según la acertada intuición de Karl Polanyi, el mercado es formación social: actúa y funciona en el interior de una serie de reglas, criterios y valores elaborados por la sociedad y por su ética colectiva (Polanyi, 1974).

8.6 La evolución de las estrategias de intervención territorial

8.6.1 Evoluciones y convergencias

¿Qué conclusiones podemos obtener, de todo cuanto dicho hasta ahora, sobre las estrategias de intervención pública territorial más adecuadas para, por una parte, hacer frente a las nuevas amenazas introducidas por los procesos de globalización y, por otra parte, para aprovechar al máximo las potencialidades y las complementariedades que ofrecen los enfoques más liberales de las políticas territoriales (en los ámbitos en los que son justificables en términos de teoría económica)?

Veamos a este propósito tres grandes convergencias, posibles, deseables y, en parte, ya existentes en las mejores prácticas internacionales:

A. *La convergencia y la convivencia entre planificación y mercado*, en un modelo de *policy* que prevé la intervención normativa sólo en última instancia o como marco simplificado de normas en cuyo interior dejar que se desarrolle la iniciativa individual; que haga el mayor uso posible de instrumentos de planificación indicativa (líneas de guía, *planning guidance*) y que oriente el mercado sobre todo a través de una programación, de calidad y fiable en los plazos, de grandes infraestructuras y servicios; que actúe principalmente a través de señales de mercado globales (impuestos, incentivos y subsidios) y realizando un mercado corregido de las externalidades.

B. *La convergencia entre enfoque económico y enfoque territorial de las políticas espaciales*, o como se habría dicho hace algunos años, entre programación económica y planificación territorial. Por una parte, la eficiencia de las estructuras físicas es considerada cada vez más elemento crucial en el potencial de desarrollo de los territorios, no sólo en cuanto precondición para su desarrollo sino como componente de su competitividad. Por otra parte, los responsables de la planificación física han tomado conciencia del hecho de que la complejidad de los sistemas espaciales, y especialmente de las ciudades, no se puede desagregar en diferentes ámbitos sectoriales y que, dicha planificación, no puede ser plenamente eficaz si no gestiona al mismo tiempo forma y función, eficiencia de los contenedores y economicidad de los contenidos, estructuras materiales y relaciones socioeconómicas inmateriales. En consecuencia, las políticas de desarrollo regional se dirigen cada vez más hacia territorios limitados y específicos (las ciudades, los puertos, los distritos productivos, las periferias), analizando sus especificidades microterritoriales y construyendo proyectos integrados "a medida" sobre la base de sus necesidades y potencialidades; por otra parte, los planificadores buscan integrar en sus construcciones espaciales una "visión" del futuro de los territorios, construida a partir de sus vocaciones, su identidad histórica y las expectativas de la colectividad.

C. *La convergencia entre elementos funcionales y elementos relacionales en la construcción de las políticas de intervención.* Si los elementos funcionales (rentabilidad de las actividades, eficiencia de las infraestructuras, eficacia de los instrumentos) adquieren una importancia creciente, subrayada por la demanda creciente de valoración –económica, territorial, ambiental, estratégica– de los proyectos por parte de los *policy maker*, locales, nacionales, internacionales, también es cierto que las modalidades en que los proyectos territoriales son identificados, realizados y utilizados por las distintas colectividades territoriales tienen un efecto muy relevante sobre la eficacia de las políticas y, por esta vía, sobre el desarrollo territorial. La construcción de un capital "relacional" local, o como dicen los sociólogos, de un "capital social", se convierte en un objetivo intermedio fundamental de las políticas territoriales: en la construcción de "visiones compartidas" para ciudades y territorios, por ejemplo mediante procesos de planificación estratégica (Gibelli, 1997 y 1999); en la atención a los procesos locales de aprendizaje colectivo; en la construcción conjunta de proyectos territoriales y de asociación público-privado; en la utilización de las diversas formas de programación negociada; en el objetivo de conseguir un arraigamiento de empresas externas en el tejido socioterritorial, de forma de maximizar los *spillover* potenciales (profesionalidad, prácticas de gestión, cooperación con centros de formación e investigación).

A lo largo del tiempo, las estrategias de intervención para superar desequilibrios regionales e ineficiencias territoriales, que emergen de las mejores prácticas nacionales e internacionales, evolucionan, perfeccionando los objetivos, afinando los instrumentos o sólo añadiendo nuevos ámbitos de acción (tabla 8.1). La reflexión teórica y la evolución misma de los sistemas territoriales han determinado un enriquecimiento de las estrategias y de los instrumentos de política de desarrollo espacial, desplazando sucesivamente el acento sobre nuevos y más apropiados objetivos y términos clave.

Tabla 8.1
Evolución de las estrategias de intervención territorial

1950-60	infraestructuras como precondición del desarrollo
1960-70	atracción de actividades externas, polos de desarrollo, exportación
1970-80	desarrollo endógeno: PYMES, competencias locales, distritos
1980-90	innovación, difusión tecnológica, *milieu* innovadores
1990-00	*knowledge base*, factores inmateriales, aprendizaje colectivo
2000-10	"capital relacional", "*Internet-working*", cultura local, *governance* local

No es casual que haya hablado de "enriquecimiento" de las estrategias: las anteriores ideas principales no son abandonadas, ni mucho menos, sino que se acompañan de estrategias cada vez más avanzadas, en una evolución hacia la complejidad y la integración. El desarrollo espacial es interpretado cada vez más como un fenómeno complejo y multidimensional, y se abandonan las ilusiones sobre la existencia de atajos fáciles y rápidos.

Los enfoques generalmente seguidos después de la Segunda Guerra Mundial se han orientado, inicialmente, desde una concepción del desarrollo económico como proceso "equilibrado", en el cual muchas precondiciones tenían que darse al mismo tiempo por lo que, en consecuencia, se debía actuar sobre un amplio conjunto de elementos, tanto de tipo *hard* como *soft* (principalmente infraestructuras y cultura general de la fuerza de trabajo) y sobre un amplio espectro de relaciones intersectoriales. Frente a los largos plazos que un enfoque como este requería para ver iniciados los procesos de desarrollo, a partir de los años sesenta se ha ido abriendo paso una filosofía orientada en mayor medida a la espontaneidad, en la dirección de realizar un *big push*, un "empujón" desestabilizante sobre los territorios atrasados mediante intervenciones que pongan rápidamente en marcha un *take-off*, esto es, un despegue productivo: los polos de desarrollo de Perroux, la industria motriz, básicamente localizada en el territorio a través de la iniciativa pública directa (inicialmente en el sector siderúrgico y petroquímico, posteriormente en el sector mecánico y del automóvil) o a través de fuertes incentivos a las grandes empresas privadas.

Esto implicaba adoptar una filosofía de desarrollo "no equilibrado", con todos los riesgos que ello conlleva, pero con la ventaja (esperada) de adelantar rápidamente las etapas del desarrollo territorial. Muchos elementos se estudiaron en profundidad: la necesidad de dirigirse a una demanda exterior, dada la debilidad, por definición, de la demanda interior; la orientación de la industria básica, que pudiera servir de factor de localización para una larga serie de sectores de fases productivas posteriores; una tecnología avanzada, sobre la que poder construir la excelencia territorial; la acción mediante grandes empresas que habrían podido obviar más fácilmente la debilidad global del entorno económico local desarrollando internamente los servicios necesarios (desde la formación del personal hasta los servicios al sector productivo). Los resultados, no sólo en Italia, nunca han estado a la altura de las expectativas: enseguida se vio cómo estaba fuertemente sobrevalorada la ventaja localizativa para potenciales empresas situadas en fases productivas posteriores a las del sector motor, a excepción de la atracción de pocas pequeñas empresas de servicios directos (pequeñas obras de mantenimiento de las construcciones y eléctricas, limpieza, etc.); casi nulo el efecto interindustrial puesto en marcha por la gestión de la producción en lo que se refiere a las compras de bienes intermedios o a los consumos de los ocupados (debido también a la elección de la industria de base, de baja intensidad de mano de obra); completamente nulo el efecto interindustrial puesto en marcha por las inversiones (la producción de instalaciones y maquinaria es en todas partes prerrogativa de las regiones fuertes), a parte de algún beneficio en fases posteriores del sector de la construcción; por último, fuertemente subvalorado el shock sobre la estructura local de salarios y precios provocado por la llegada a territorios débiles de grandes unidades locales, de salarios elevados, que a menudo ha generado, durante un periodo de 10-15 años, la ruina del sector de la pequeña empresa local.[31]

Los años setenta han visto una reorientación neta de las estrategias de intervención hacia las pequeñas y medias empresas, inicialmente a través de incentivos generalizados y sucesivamente, a partir de finales de los años ochenta, a través del reforzamiento de las sinergias y de las especializaciones o vocaciones locales. La teorización sobre los distritos industriales y los *milieux innovateurs*, a partir de los años ochenta (Brusco, 1982; Becattini, 1990; Camagni, 1991b, Vázquez Barquero, 2002), ha ayudado poderosamente a tomar conciencia de la necesidad de valorizar al empresariado local, ya sea débil y de tipo principalmente artesanal o comercial; sobre la necesidad de colaboración entre empresariado local y poderes públicos en la identificación y concepción de proyectos locales comunes, orientados a reforzar las vocaciones locales; sobre la necesidad de concentrar en cada lugar diferentes instrumentos y objetos de intervención, desde los incentivos financieros y fiscales, a la formación profesional, a las infraestructuras básicas; sobre la necesidad de estimular la capacidad innovadora más que la simple eficiencia (Camagni, 1995).

Pero la reflexión sobre los distritos y los *milieux innovateurs* ha tenido también el mérito de poner en evidencia la centralidad del "territorio", no tanto de sus aspectos físicos (dotaciones de infraestructuras, accesibilidad, calidad ambiental) cuanto de sus aspectos sociales y relacionales. En términos de *policy*, esto significa incentivos a la innovación a través de la cooperación entre empresas; concepción de proyectos territoriales o productivos desarrollados en asociación entre el sector público y el privado; orientación de los recursos públicos hacia los "distritos" de especialización. Todas estas medidas han sido innovaciones de *policy* a lo largo de los años noventa, y han sido revisadas y corregidas recientemente a través del nuevo instrumento de los "pactos territoriales".

Desde los años ochenta, el elemento del conocimiento (*knowledge base*) como base para procesos continuos de innovación ha sido subrayado de forma variada y creciente e indicada como fuente de desarrollo a largo plazo (Knight, 1984; Ewers, Allesch, 1990; Trullén y Boix, 2001). También en este caso, se ha pasado a través de fases diferentes en las políticas que se han llevado a cabo: inicialmente, la dirección fue la de incentivar directamente las funciones de investigación y desarrollo; posteriormente, se empezó a intervenir en la construcción de lugares (parques y polos tecnológicos) dedicados a la investigación y a la innovación; más recientemente, se intenta construir una atmósfera favorable a los procesos innovadores, a través de programas de formación en el uso de las tecnologías avanzadas y de realización de proyectos de asociación entre el sector público y el privado. El acento recae sobre el reforzamiento de

---

[31] La provincia de Taranto ha sufrido un fuerte saldo migratorio (negativo) hasta 1975, a pesar de la doble sucesiva intervención sobre el gran polo siderúrgico, a principios de los años sesenta y a principios de los años setenta. Véase Camagni, Mazzocchi (1976).

la creatividad local (Anderson, 1985) recreando la atmósfera particular que se respiró en periodos particulares en *milieux* innovadores como el Silicon Valley, el Orange County, el Jura suizo, el área de Cambridge en el Reino Unido, las varias *route* y *corridor*, los distritos italianos. El elemento de la confianza (Knack, Keefer, 1997), del capital social (Putnam, 1993; Cooke, Morgan, 1998) o del capital relacional (Camagni, 1999a; Camagni, Capello, 2000a), así como el aprendizaje colectivo (Camagni 1991a; Lundvall, Johnson, 1994, Capello, 1999a y b; Keeble, Wilkinson, 1999; Vázquez Barquero, 1999) son vistos como los factores cruciales o las auténticas precondiciones para un ambiente innovador, lo que requiere nuevos estilos de *policy*, en gran medida aún por comprender y por inventar.

8.6.2 Nuevos objetivos y nuevos paradigmas

De cuanto antecede, parece clara la tendencia hacia la triple "convergencia" evocada más arriba, en el interior de las distintas tipologías de intervención. Podemos sintetizar las novedades aparecidas sobre todo a partir de inicios de los años noventa en términos de "nuevos" objetivos de la intervención territorial (tabla 8.2). La tabla no requiere explicaciones adicionales respecto a cuanto dicho anteriormente, si bien parece necesario un comentario a propósito del objetivo de la atracción de empresas externas, ya que se han manifestado muchas preocupaciones sobre la posibilidad de una competencia "de suma cero" entre territorios y regiones.

El hecho de que los factores de localización y de atracción residen, hoy en día, tanto para la demanda como para la oferta, más en la calidad de los activos y de las relaciones territoriales que en los meros incentivos financieros o fiscales, y que dichos factores favorecen tanto a las empresas externas como a las empresas locales; la creciente praxis de negociación con las empresas externas por parte de las administraciones locales a propósito de compromisos comunes sobre externalidades tanto materiales como inmateriales, para llevarse a cabo mediante proyectos concebidos y realizados en asociación (por ejemplo, en la formación profesional y en el puesto de trabajo, servicios logísticos e infraestructuras, una vez más favoreciendo también a las empresas locales); el objetivo, perseguido cada vez con mayor determinación, de conseguir el establecimiento de empresas externas en el tejido socio económico local, de forma de maximizar los *spillover* (profesionalidad, prácticas de gestión empresarial, cooperación con universidades locales e institutos de investigación); todo esto permite superar el riesgo de que la competencia dé como resultado la simple y banal pérdida de actividad de una región respecto a otra.

Para responder adecuadamente a lo que se presenta como una verdadera y auténtica mutación de paradigma (el paradigma de la complejidad), y a los consiguientes nuevos objetivos de sostenibilidad del desarrollo y de competitividad territorial, son necesarios nuevos métodos de *governance* que han sido propuestos

Tabla 8.2
Tipología de las políticas y de los objetivos de desarrollo espacial

Políticas territoriales	Objetivos tradicionales	Nuevos objetivos
Planificación física	– asignación óptima de los recursos espaciales – calidad del ambiente urbano	– sostenibilidad – competitividad local – "visiones" para ciudades y regiones
Predisposición de recursos inmuebles	– externalidades – accesibilidad – integración lugar/red	– interconexión – integración red/red – integración forma/función
Gestión de recursos locales, parcialmente móviles	– combatir las desigualdades de renta – contrarrestar la desventaja localizativa	– calidad de los recursos locales – capacidad innovadora – capital relacional y aprendizaje
Atracción de recursos móviles	– ídem	– capacidad de atracción de los territorios – integración de las empresas externas – asociación (*partnership*) y construcción conjunta de proyectos territoriales

e introducidos de diferentes formas en muchos países. La Comisión de la Unión Europea ha insistido repetidamente, en sus documentos de orientación y reglamentación de los Fondos Estructurales, sobre los nuevos términos clave de (Camagni, Gibelli, 1996; Gibelli, 1999):

– integración intersectorial en los instrumentos de *policy*,
– integración vertical entre niveles de gobierno,
– asociación entre sector público y privado,
– participación de los ciudadanos en las decisiones que les afectan.

Como hemos mencionado cuando hablábamos de la tercera convergencia, las respuestas que se han desarrollado en diferentes países en términos de *governance* parecen converger hacia un modelo "contractual", en el cual todos los actores y las partes sociales implicados en un proyecto territorial están presentes simultáneamente en la mesa donde se toman las decisiones. Este procedimiento permite, entre otras cosas, obtener al mismo tiempo el acuerdo de las distintas administraciones públicas implicadas, que por lo general se expresan en sucesión temporal, aumentando la eficiencia de la decisión, mejorar la atención a las necesidades de la colectividad y una implicación más transparente del sector privado.

El límite del nuevo procedimiento reside, en cambio, en la necesidad de modificar los modos de comportamiento y de contratación de las diferentes partes durante la negociación, de forma de adecuarlos a las nuevas características (cooperativas y ya no jerárquicas) y a los nuevos objetivos (mejorar la calidad y la utilidad global de los proyectos y ya no la distribución de suma cero de un determinado resultado predefinido) del método de decisión. Comportamientos proactivos, propuestas orientadas a construir el consenso, búsqueda de soluciones posibles deben sustituir los comportamientos tradicionales de uso de poderes de veto, imposiciones desde arriba de soluciones predefinidas, desproporción entre poderes de prohibición y dimensión de los intereses defendidos, comportamientos confusos y escasa atención al bien común. También en este caso, es necesario un cambio cultural para permitir hacer eficientes y viables nuevas formas de democracia participativa.

Un importante ejemplo de convergencia internacional hacia un modelo negociado de decisión ya se puede encontrar en la realización de grandes proyectos e infraestructuras urbanas y en su financiación. Sea cual sea el régimen institucional de propiedad del suelo y las reglas de planificación y de fiscalidad inmobiliaria en los proyectos de desarrollo territorial, en la mayor parte de los países avanzados está apareciendo un modelo negociado y asociativo, que realiza una distribución consensuada de los beneficios emergentes entre la esfera pública y la privada para grandes proyectos definidos de forma compartida (OCDE, 1998; Camagni, 1999b).

8.6.3 Un nuevo instrumento de *governance*: la planificación estratégica

En el caso de la ciudad (o de territorios de elevada coherencia e identidad), dada la complejidad de los problemas territoriales, la fragmentación de las unidades de decisión, privadas y públicas, y la necesidad de unir problemas y objetivos de tipo tanto económico como territorial, se ha encontrado en el Plan Estratégico un nuevo instrumento de *governance*, al mismo tiempo contractual y participativo (Gibelli, 1997). Se trata, de forma muy resumida, de la construcción colectiva de una "visión" compartida sobre el futuro de la ciudad, a través de oportunas formas de organización (comisiones de trabajo, integración entre fase analítica-diagnóstica, fase participativa y fase decisional-contractual); de la predisposición de un "plan *de* la ciudad", por parte de la misma ciudad, y no de un "plan *para* la ciudad",[32]

---

[32] Así se ha explícitamente afirmado en todos los planes italianos que he podido directa o indirectamente seguir: Turín, el más completo y avanzado, elaborado en 1999-2000 y actualmente en fase de realización

elaborado por una élite de técnicos iluminados, por parte de la administración local o lo que es peor, por una oligarquía de intereses cercanos al alcalde; de la asunción de responsabilidad sobre la realización de una serie de proyectos compartidos por parte de instituciones, asociaciones, empresas o intereses privados.

Tratándose de un proceso participativo con el objetivo de decidir sobre actuaciones compartidas de tipo estratégico a través de la interacción y la sinergia, el plan estratégico se configura como un proceso de construcción de "capital social" (Camagni, 2003). La administración local tiene el deber de gestionar la organización del proceso, participar en la proposición de proyectos para la parte que le compete (el presupuesto del plan *no* es el presupuesto municipal, pero puede utilizar recursos municipales), estimular cooperaciones y sinergias entre proyectos, activar relaciones tecnicopolíticas con las instituciones públicas superiores y los entes del estado (FFSS, ANAS*, Universidad, ...), valorar la coherencia recíproca de los proyectos y la congruencia con el Plan Urbanístico. Un papel fundamental es el del alcalde: como animador, constructor de redes de cooperación, activador de un clima de confianza y colaboración, atento a los intereses de los más débiles, facilitando procesos participativos, sugiriendo proyectos y acciones "estratégicos", realizando proyectos juzgados como prioritarios.[33]

Una nueva metáfora nos puede servir para iluminar la naturaleza de los diferentes intereses involucrados, los papeles respectivos que pueden desempeñar en la concepción, definición y realización del Plan Estratégico y la naturaleza cooperativa en red de las relaciones que lo materializan: la metáfora de la ciudad como red de actores, individuales y colectivos.

De forma parecida a lo que sucede en la gran empresa (más allá de su estructura interna diferente, característicamente jerárquica), se enfrentan diferentes agentes portadores de intereses que actúan e interactúan según modalidades complejas: *customer* (clientes), *stock-holder* (accionistas, propietarios), *stake-holder* (agentes que sin ser propietarios tienen intereses en la buena marcha de la empresa), socios externos, alta dirección y tecnoestructura. Por tanto, en la ciudad tenemos (figura 8.2):

1. Los *customer,* los clientes o destinatarios de sus productos/servicios, o sea, ciudadanos y empresas. Representan la categoría más importante ya que son los consumidores de todo el abanico de servicios que la ciudad ofrece, y para los cuales pagan tasas, impuestos, tarifas y peajes. Su identificación precisa per-

---

del proyecto; La Spezia, elaborado en 2000-2001, y hoy (2002) próximo a la firma del "pacto"; Roma, elaborado en 2000, y detenido justo después de la fase de diagnóstico y de propuesta técnica; Trento, en elaboración desde hace dos años, ahora en fase de valoración estratégica de los principales proyectos.

* N. del T.: Ferrovie dello Stato, equivalente a RENFE en España; Azienda Nazionale Autonoma delle Strade Statali, empresa pública encargada de la gestión y el mantenimiento de las Carreteras de titularidad estatal

[33] Por su naturaleza, el plan estratégico tiene carácter bi-partisan, pero la administración en el poder puede definir sus prioridades de ejecución dentro del paquete de proyectos compartidos.

mite al plan dar un contenido específico a la función de bienestar colectivo que debe constituir el objetivo último de la administración. Estos agentes pertenecen a tres categorías: los consumidores de los servicios residenciales, esto es, los ciudadanos residentes; los consumidores de los servicios públicos, ya sean estos residentes o no residentes, como los trabajadores que entran y salen de la ciudad cada día para trabajar, los turistas o los ejecutivos externos (los llamados *city user*), y los consumidores de los servicios localizativos, representados tanto por empresas locales como por empresas externas, potencialmente localizables en la ciudad.

2. La alta dirección, o sea, los *policy-maker*. Éstos tienen el deber de la gestión no sólo de la actividad urbana, sino también de los circuitos técnicos y políticos entre los distintos sujetos urbanos. Formalmente, en la empresa éstos rinden cuentas a los *stock-holder*, pero en realidad cada vez son más autónomos en este aspecto y cada vez están más sujetos al juicio del mercado, o sea, de los clientes; en la ciudad, el componente más representativo de los clientes, esto es, los residentes, controlan los *policy-maker* a través del voto. En la ciudad, las funciones asignadas a los *policy-maker* son:

   – la de fijar las reglas del juego, en particular definiendo los ámbitos de autonomía y de interacción recíproca entre mercado (iniciativa privada) y administración pública (reglamentos, líneas guía);

   – de facilitar y estimular la interacción entre los distintos sujetos, en general y en particular en la formación del plan estratégico, y de facilitar los procesos de aprendizaje colectivo;

   – de interpretar a través los instrumentos oportunos la demanda, efectiva y potencial, de los "clientes".

3. Los *stock-holder*: si los ciudadanos pueden ser considerados los *stock-holder* políticos de la ciudad, los *stock-holder* económicos son los propietarios de los terrenos, construcciones e infraestructuras urbanas. Es preciso recordar y poner en evidencia los intereses específicos de esta categoría, a menudo pasada por alto en los análisis (¡pero no en la praxis urbanística!). Toda política de relanzamiento urbano, si tiene éxito, genera un aumento del valor del stock de capital urbano, lo que supone un claro beneficio en términos patrimoniales para esta categoría de agentes. En consecuencia, sobre la base de una sólida argumentación de tipo económico, se podría y debería solicitar a esta categoría que contribuyera a financiar las políticas de relanzamiento de la ciudad, a través de diferentes formas de tributación inmobiliaria urbana atentas al proceso de formación de plusvalías o a través de instrumentos transparentes de urbanismo negociado, como ya hemos dicho.

4. Los *stake-holder*, todos los que tienen un interés relacionado con la buena marcha de la ciudad: los trabajadores (o sea, los ocupados); los producto-

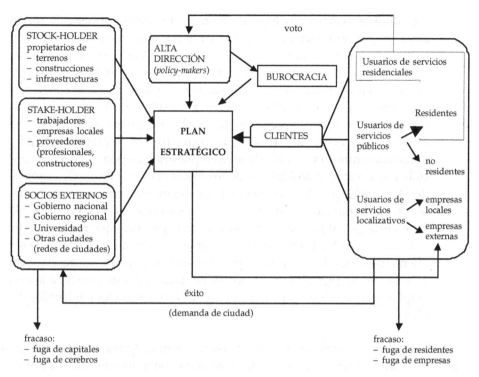

Figura 8.2. Las interacciones estratégicas en la ciudad como red de sujetos y de actores colectivos.

res (o sea, las empresas), que venden en el mercado local urbano y que se benefician de la ciudad para aumentar la eficiencia de su actividad económica; los proveedores (o sea, los profesionales, aportadores de competencias) y los constructores, que realizan los proyectos.

5. Los socios externos. Representan sujetos por lo general externos al campo de lucha urbano que pueden cooperar para alcanzar el éxito de la ciudad de diferentes formas: o aportando recursos (el gobierno nacional, el gobierno regional), o aportando proyectos y servicios (empresas públicas de *utilities* como los ferrocarriles o los administradores de las redes hidráulicas y energéticas), o aportando competencias (universidades o centros de investigación, no sólo locales), o, finalmente, cooperando con la ciudad en proyectos comunes (como en el caso de otras ciudades, ligadas en redes de cooperación: las llamadas "redes de ciudades").

6. Por último, la *estructura técnica y administrativa,* la burocracia. Ésta representa, en la empresa como en la ciudad, un actor crucial, puesto que, por una parte, es depositaria de la memoria, la cultura y la competencia local

estratificada en el tiempo, lugar de acumulación de los procesos de aprendizaje; y por otra parte, crucial también en cuanto sujeto autónomo con finalidad y valores específicos. En la empresa, se han ido identificando en el tiempo diferentes instrumentos y estrategias con el objetivo de orientar el comportamiento de este actor, incentivar su eficiencia, hacer coherentes sus objetivos y valores con la "visión" o la "misión" general de la empresa. En el ámbito urbano, al menos en Italia, el papel de este componente ha sido completamente subestimado, tanto en términos de profesionalidad y desarrollo profesional, como de imagen pública y de poder, de remuneración, económica y psicológica, y de los mecanismos de incentivo apropiados. Uno de los papeles cruciales de la tecnoestructura en el proceso de planificación estratégica, no delegable en otros sujetos, es el de garantizar la coherencia global de cada decisión y de cada proyecto que nacen a partir del plan. De hecho, la tendencia a la simple sumatoria y yuxtaposición sin intento de crítica de proyectos diferentes sobre el territorio siempre está al acecho, y es amplificada por la necesidad de alcanzar un consenso lo más amplio posible sobre los objetivos y sobre cada uno de los contenidos del plan.

Utilizando un método de este tipo, la ciudad actúa a todos los efectos como *milieu* innovador, utiliza el capital social existente y contemporáneamente contribuye a reforzarlo (Camagni, 2003). El objetivo de la administración pública pasa a ser pues, el de facilitar este proceso "reflexivo" y autoorganizador, mediante formas de *governance* apropiadas que se deberán construir caso por caso.

Desafortunadamente, un proceso virtuoso como el aquí diseñado, del cual existen realizaciones concretas en el campo internacional, encuentra dificultades cuando se ejecuta integralmente. A menudo, la fragmentación decisional prevalece sobre la sinergia; la yuxtaposición de actividades urbanas, en una pura lógica de localización, prevalece sobre su integración; los proyectos individuales se oponen al plan, intentando superarlo pero sin someterse a las comprobaciones de coherencia territorial de dicho plan; el sentido de pertenencia a una *civitas* a menudo se demuestra ausente.

8.7 Conclusiones

De todo lo anterior, podemos extraer algunas (primeras) conclusiones.

Los procesos de globalización, al mismo tiempo que determinan un aumento del clima competitivo global, también generan oportunidades y riesgos que no se distribuyen homogéneamente entre todos los socios del desarrollo global y, por tanto, entre los diferentes territorios y las diferentes colectividades locales. Así, cuando los instrumentos de la competencia global pasan a ser las competencias avanzadas, la capacidad de explotar la información para tomar decisiones de reacción rápida, la capacidad de redefinir oportunidades estratégicas para las empresas sobre la base de las características de las nuevas tecnologías, la capacidad de estar en red y de combinar el capital relacional interno (a la empresa o al territorio) con una capacidad de relación global, se ponen en marcha procesos fuertemente acumulativos destinados a aumentar la divergencia entre regiones y territorio.

En una economía en vías de una progresiva integración, los territorios y no sólo las empresas compiten entre ellos de una forma cada vez más directa. De hecho, a diferencia del caso de los países, tratado en la teoría del comercio internacional, las regiones y las ciudades compiten, en el mercado de bienes y de factores productivos en el ámbito nacional o en el ámbito de grandes áreas monetarias integradas, sobre la base de un principio de ventaja *absoluta* y no de ventaja *comparativa*; esto significa que no existe ningún mecanismo automático eficaz que pueda garantizar a cada territorio un papel en la división espacial del trabajo, sea cual sea su eficiencia relativa. Por esto, territorios de menor desarrollo, débiles en términos de competitividad del tejido productivo, de accesibilidad, de calidad del capital humano y ambiental, corren el riesgo de la exclusión y el declive de una forma mucho mayor que en el pasado.

Por tanto, hoy en día, tanto para las regiones débiles como para las fuertes, se impone una estrategia de competitividad territorial y de mejora de la capacidad de atracción de empresas externas, basada en el compromiso de las administraciones locales y de las colectividades territoriales en la predisposición de los factores materiales e inmateriales del desarrollo y en el reforzamiento de los procesos locales de aprendizaje colectivo. Por todo lo dicho hasta aquí, una estrategia tal se presenta ampliamente justificable desde el punto de vista económico y no se resuelve en un puro juego de suma cero entre regiones, ya que:

- una competitividad alcanzada a través de la calidad del territorio y la eficiencia de los servicios locales genera beneficios para todas las actividades locales, incluidas las actividades residenciales, y no solamente para las actividades externas potencialmente atraíbles;

- una competitividad alcanzada a través de la especialización significa un ensanchamiento de las posibilidades de especializaciones complementarias en otros territorios;

- una competitividad alcanzada a través de sinergias locales entre actores, o integrando las empresas externas en el tejido local, aprovecha los *spillover* tecnológicos y organizativos y los rendimientos crecientes que son la base de cualquier proceso de desarrollo económico, en su significado "generativo".

En este contexto, y dadas estas premisas teóricas, las políticas de desarrollo territorial, incluso asumiendo nuevas perspectivas y nuevos estilos de intervención, no pueden ser abandonadas. Las ventajas de la intervención, y los costes de la no intervención, se presentan como relevantes, y benefician no sólo a los territorios potencialmente perdedores sino también a los ganadores, limitando una serie de costes sociales que podrían minar las posibilidades de desarrollo a largo plazo de los territorios actualmente exitosos. Estas consideraciones llevan a rechazar la idea de que equidad territorial y eficiencia agregada sean objetivos incompatibles; al contrario, desde un punto de vista a medio-largo plazo, dichos objetivos demuestran ser coherentes e incluso sinérgicos.

Las políticas de intervención para el desarrollo territorial han demostrado a lo largo del tiempo una gran evolución en términos de objetivos, instrumentos y ámbitos de atención. Desde la predisposición de precondiciones de tipo *hard* (principalmente accesibilidad e infraestructuras) hasta precondiciones *soft* (capital humano, conocimientos y calidad ambiental); desde la eficiencia del tejido local y del sistema de exportación hasta la capacidad de innovación continua; desde la financiación de cada empresa hasta el soporte a su ambiente local y a los procesos de aprendizaje colectivo; desde el capital físico hasta el capital relacional. Los efectos de estas transformaciones en términos de instrumentos y filosofías de intervención permanecen en parte todavía por descubrir.

También el papel y la responsabilidad de la planificación territorial se han ampliado, proponiendo nuevos desafíos de tipo cultural y político. Integrar objetivos espaciales y económicos; integrar diferentes intervenciones de tipo sectorial; desarrollar nuevos principios integrados para alcanzar un objetivo de sostenbilidad; garantizar una posibilidad de participación efectiva y eficaz de los ciudadanos en las decisiones que les afectan, constituyen todos ellos desafíos relevantes que exigen una rápida evolución en los modelos de *governance*. En este sentido, nuevos métodos y prácticas de programación negociada, formas diferentes de asociación entre sector público y privado y formas diferentes de acuerdo negociado en el campo de los grandes proyectos urbanos, están abriendo nuevas vías para políticas de desarrollo territorial más eficaces, transparentes y participativas.

BIBLIOGRAFÍA

Abernathy W., Utterback J. M. (1978): "Patterns of industrial innovation", *Technology Review*, junio-julio, pp. 121-33.

Abernathy W., Clark K., Kantrow, A. (1983): *Industrial renaissance: producing a competitive future for America*, Nueva York, Basic Books Inc.

Abrams P. (1978): "Towns and economic growth: some theories and problems", en P. Abrams, E. A. Wrigley, *Essays in economic history and historical sociology*, Cambridge, Cambridge University Press, 9-33.

Alberti, M., Solera, G., Tsetsi, V. (1994): *La città sostenibile*, Milán, Franco Angeli.

Allais, M. (1943): *Traité d'économie pure*, París, Imprimerie Nationale.

Alonso, W. (1960): "A theory of the urban land market", *Papers and Proceedings of the Regional Science Association*, n° 6, 149-57.

Alonso, W. (1964): *Location and land use: towards a general theory of land rent*, Cambridge, Mass., Harvard University Press; trad. it.: *Valore e uso del suolo urbano*, Marsilio, 1967.

Alonso W. (1971): "The economics of urban size", *Papers and Proceedings of the Regional Science Association*, 26, pp. 67-83.

Amin, A., Wilkinson, F. (eds.) (1999): "Learning, proximity and industrial performance", número especial de *Cambridge Journal of Economics*, 23, pp. 121-260.

Anas, A., Dendrinos D. (1976): "The new urban economics: a brief survey", en Papageorgiou, G. (1976), pp. 23-51.

Andersson, A. (1985): "Creativity and regional development", *Papers of the Regional Science Association*, n° 56.

Ansay, P., Schoonbrodt, R. (1989): *Penser la ville: choix de textes philosophiques*, Bruselas, AAM Éditions.

Aristóteles (1991): *Politica*, Bari, Laterza.

Armstrong, H. W. (2000): "Regional policy: reconciling the convergence and evaluation evidence", paper presented to the Regional Policy and Regional Economy Conference, Málaga, mayo.

Armstrong, H. W., Taylor, J. (2000): *Regional economics and policy*, Oxford, Blackwell.

Arrighetti, A., Seravalli, G. (comps.) (1999): *Istituzioni intermedie e sviluppo locale*, Roma, Donzelli.

Artle, R. (1973): "Cities as public goods", Electronics Research Laboratory, University of California Berkeley, Memo ERL-M417.

Asheim, B. (1996): "Industrial districts as learning regions: a condition for prosperity?", *European planning studies*, 4, pp. 379-400.

Atlan, H. (1972): *L'organisation biologique et la théorie de l'information*, París, Hermann.

Auerbach, F. (1913): "Das Gesetz der Bevölkerungskonzentrazion", *Petermanns Mitteilungen*, citado en Lotka, A. J. (1924).

Aydalot, Ph. (1985): *Économie régionale et urbaine*, París, Economica.

Aydalot, Ph. (comps.) (1986): *Milieux innovateurs en Europe*, París, GREMI.

Aydalot, Ph., Keeble, D. (comps.) (1988): *High technology industry and innovative environments*, GREMI, Londres, Routledge.

Aydalot, Ph., Camagni, R. (1986): "Tertiarisation et développement des metropôles: un modèle de simulation du développement régional", *Revue d'Économie Régionale et Urbaine*, 2, pp. 171-86.

Ball, M. J. (1985): "The urban rent question", *Environment and Planning A*, 17, pp. 503-25.

Barro, R. J., Sala-i-Martin, X. (1991): "Convergence across states and regions", *Brookings Papers in Economic Activity*, n° 1, pp. 107-182.

Barro, R. J., Sala-i-Martin, X. (1992): "Convergence", *Journal of Political Economy*, vol. 100, pp. 223-251.

Batty, M. (1989): "Cities as information networks: the evolution and planning of new computer and communication infrastructures", informe presentado en el tercer Workshop internacional sobre "Innovation, technological change and spatial impacts", Cambridge, sept.

Becattini, G. (1979): "Dal 'settore' industriale al 'distretto' industriale: alcune considerazioni sull'unità di indagine dell'economia industriale", *Rivista di Economia e Politica Industriale*, 1, pp. 7-21.

Becattini, G. (1990): "The Marshallian industrial district as a socio-economic notion", en F. Pyke, G. Becattini, W. Sengenberger (comps.), *Industrial Districts and Inter-firm Cooperation in Italy*, ILO, Ginebra.

Becattini, G. (comps.) (1987): *Mercato e forze locali: il distretto industriale*, Bolonia, Il Mulino.

Becattini, G., Costa, M. T., Trullen, J. (comps.) (2002): *Desarrollo local: teorías y estrategias*, Madrid, Ed. Civitas.

Beckerman, W. (1993): "The environmental limits to growth: a fresh look", en Giersch, H. (1993).

Beckmann, M., McPherson, J. (1970) "City size distribution in a central place hierarchy: an alternative approach", *Journal of Regional Science*, 10, pp. 25-33.

Beckmann, M. J. (1958): "City hierarchies and the distribution of city sizes", *Economic Development and Cultural Change*, 6, pp. 243-8.

Beckmann, M. J. (1968): *Location theory*, Nueva York, Random House.

Beckmann, M. J. (1969): "On the distribution of urban rent and residential density", *Journal of Economic Theory*, 1, pp. 60-67.

Beckmann, M. J. (1973): "Equilibrium models of residential land-use", *Regional and Urban Economics*, 3, pp. 361-8.

Beckmann, M. J. (1976): "Spatial equilibrium in the dispersed city", en G. J. Papageorgiou (1976), pp. 117-125.

Beguin, H. (1979): "Urban hierarchy and the rank-size distribution", *Geographical Analysis*, 11, pp. 149-64.

Beguin, H. (1984): "The shape of city-size distributions in a central place system", *Environment and Planning A*, 16, pp. 749-58.

Beguin, H. (1988): "La région et les lieux centraux", en C. Ponsard (1988), pp. 231-75.

Bergson, H. (1989): *L'évolution créatrice*, París, PUF; primera edición (1941).

Berry, B. J. L. (1964): "Cities as systems within systems of cities", *Papers and Proceedings of The Regional Science Association*, 13, pp. 147-63.

Berry, B. J. L. (1967): *Geography of market centers and retail distribution*, Englewood Cliff, Prentice-Hall Inc.

Berry, B. J. L. (1977): "Geographic theories of educational development: innovation diffusion with informal interpersonal networks", Cambridge, Mass., Department of city and regional planning, Harvard University, Paper 77-4, febrero.

Berry, B. J. L., Garrison, W. (1958): "The funtional bases of the central-place hierarchy", *Economic Geography*, abril, pp. 145-54.

Berry, B. J. L., Pred, A. (1965): "Central place studies: a bibliography of theory and applications", Filadelfia, Regional Science Research Institute, Bibliography Series nº 1.

Bertuglia, C. S. (1991): "La città come sistema", en C. S.Bertuglia, A. La Bella (1991), pp. 301-390.

Bertuglia, C. S., La Bella, A. (comps.) (1991): *I sistemi urbani*, 2 vol., Milán, F. Angeli.

Bertuglia, C. S., Rabino, G. (1975): *Modello per l'organizzazione di un comprensorio*, Nápoles, Guida Editori.

Bianchi, G., Magnani, I. (comps.) (1985): *Sviluppo multiregionale: teorie, metodi, problemi*, Milán, Franco Angeli.

Bielli, M., Reggiani, A. (comps.) (1991): *Sistemi spaziali: approcci e metodologie*, Milán, Franco Angeli.

Blaug, M. (1997): *Economic theory in retrospect*, 5ª ed., Cambridge, U. K., Press Syndicate of the University of Cambridge,

Blowers, A. (1993): "The time for change", en TCPA, *Planning for a sustainable environment*, Londres, Earthscan.

Borchert, J. R. (1963): "The urbanisation of the Upper Midwest", Minneapolis, Upper Midwest Economic Study, Urban Report nº 2.

Borts, G. H., Stein, J. L. (1964): *Economic Growth in a Free Market*, Columbia University Press, Nueva York.

Boscacci, F., Camagni, R. (1994) (comps.): *Fra città e campagna: periurbanizzazione e politiche territoriali*, Bolonia, Il Mulino.

Boyce, D., Nijkamp, P., Shefer, D. (comps.) (1990): *Regional science: retrospect and prospect*, Berlín, Springer-Verlag.

Brand, D., Barber, B., Jacoms, M. (1972): "Technique for relating transportation improvements and urban development patterns", en D.C. Sweet, *Models of urban structure*, Lexington, Mass., Lexington Books, pp. 69-89.

Braudel, F. (1977): *Afterthoughts on material civilisation and capitalism*, Baltimor, John Hopkins University Press; trad. it.: *La dinamica del capitalismo*, Bolonia, Il Mulino (1981).

Braudel, F. (1979): *Civilisation materielle, économie et capitalisme*, París, Librairie Armand Collin; trad. it.: *Civiltà materiale, economia e capitalismo*, Turín, Einaudi, 1982.

Breheny, M. (1992a): "Sustainable development and urban form:an introduction", en Breheny, M. (1992b).

Breheny, M. (comp.), (1992b): *Sustainable development and urban form*, Londres, Pion.

Breheny, M., Rookwood, R. (1993): "Planning the sustainable city-region", en TCPA, *Planning for a sustainable environment*, Londres, Earthscan.

Bresso, M. (1993): *Per un'economia ecologica*, Roma, La Nuova Italia Scientifica.

Bruno, S., De Lellis, A. (1994): "The economics of ex-ante coordination", Università di Roma La Sapienza, abril, mimeo.

Brusco, S. (1982): "The emilian model: productive decentralisation and social integration", *Cambridge Journal of Economics*, 6, pp. 167-84.

Burgess, E. W. (1925): "The growth of the city: an introduction to a research project", en R. E. Park, E. W. Burgess, R. A. McKenzie (1925).

Camagni, R. (1977): "Le interrelazioni fra trasporti e land use nei modelli di sviluppo urbano", *Rivista Internazionale di Scienze Sociali*, 6, pp. 395-424.

Camagni, R. (1980): "Teorie e modelli di localizzazione delle attività industriali", *Giornale degli Economisti*, marzo-abril, pp. 183-204.

Camagni, R. (1982): "L'impatto sull'economia sarda della spesa e dell'investimento turistico in Costa Smeralda", *Quaderni Sardi di Economia*, 4, pp. 371-413.

Camagni, R. (1984): *Il robot italiano*, Milán, Edizioni del Sole 24 Ore.

Camagni, R. (1985): "Spatial diffusion of pervasive process innovation", *Papers and Proceedings of the Regional Science Association*, 58, pp. 83-95.

Camagni, R. (1986): "Innovation and the urban-life cycle: production, location and income distribution aspects", en P. Nijkamp (1986), pp. 382-400; trad. ital. en M. C. Gibelli (1986), pp. 61-83.

Camagni, R. (1988a): "Functional integration and locational shifts in the new technology industry", en Ph. Aydalot, D. Keeble (1988), 48-64.

Camagni, R. (1988b): "La capacità di risposta dinamica dell'area metropolitana milanese", en IReR-Progetto Milano (1988), *La trasformazione economica della città*, Milán, Franco Angeli.

Camagni, R. (1991a): "Technological change, uncertainty and innovation networks: towards a dynamic theory of economic space", en D. Boyce, P. Nijkamp, D. Shefer (1990), pp. 211-50. También en Camagni, R. (1991b).

Camagni, R. (comps.) (1991b): *Innovation networks: spatial perspectives*, Londres, Belhaven-Pinter.

Camagni, R. (1992a): "From city-hierarchy to city-network: reflexions on an emerging paradigm", en T. R. Lackshmanan y P. Nijkamp, *Structure and development in the space economy: essays in honor of Martin Beckmann*, Berlín, Springer-Verlag. Versión italiana en R. Rosini (comps.), *L'urbanistica delle aree metropolitane*, Florencia, Alinea (1992).

Camagni, R. (1992b): "Development scenarios and policy guidelines for the lagging regions in the 1990's", *Regional Studies*, 25, pp. 361-374.

Camagni, R. (1992c): *Economia urbana: principi e modelli teorici*, Roma, La Nuova Italia Scientifica.

Camagni, R. (1994): "Processi di utilizzazione e difesa dei suoli nelle fasce periurbane: dal conflitto alla cooperazione fra città e campagna", en F. Boscacci, R. Camagni (1994).

Camagni, R. (1995): "The concept of innovative *milieu* and its relevance for public policies in European lagging regions", *Papers in Regional Science*, n° 4, 317-340.

Camagni, R. (1996a): "Lo sviluppo urbano sostenibile: le ragioni e i fondamenti di un programma di ricerca", en R. Camagni (comps.), *Economia e pianificazione della città sostenibile*, Bologna, Il Mulino, pp. 13-52.

Camagni, R. (1996b): "La città come impresa, l'impresa come piano, il piano come rete: tre metafore per intendere il significato del piano in condizioni di incertezza", en F. Curti, M. C. Gibelli (1996).

Camagni, R. (1999a): "The city as a Milieu: applying the Gremi approach to urban development", *Revue d'Economie Régionale et Urbaine*, 3, pp. 591-606.

Camagni, R. (1999b): "Il finanziamento della città pubblica: la cattura dei plusvalori fondiari e il modello perequativo", en F. Curti (comps.), *Urbanistica e fiscalità locale*, Ravenna, Maggioli.

Camagni, R. (2000a): "Giustificazione teorica, principi e obiettivi di politiche di competitività territoriale in un'era di globalizzazione e nuovi ruoli per la pianificazione", U. Janin Rivolin, *Le politiche territoriali dell'Unione* Europea, Milán, F. Angeli, pp. 165-194.

Camagni, R. (2000b): *Principi di economia urbana e territoriale*, Roma, Carocci.

Camagni, R. (2001a): "Policies for spatial development", en OCDE, *Territorial Outlook*, París.

Camagni, R. (2001b): "I fondamenti delle politiche di sviluppo regionale e di pianificazione oggi", en F. Mazzola, M. Maggioni (comps.), *Crescita regionale e urbana nel mercato globale: modelli, politiche, processi di valutazione*, Milán, Franco Angeli, pp. 177-199.

Camagni, R. (2001c): "The economic role and spatial contradictions of global city-regions: the functional, cognitive and evolutionary context", en Scott, A. (2001).

Camagni, R. (2002): "Competitività territoriale, *milieux* locali e apprendimento collettivo: una contro-riflessione critica", en R. Camagni, R. Capello (comps.) (2002).

Camagni, R. (2003): "Piano strategico, capitale relazionale e *community governance*", en R. Pugliese, A. Spaziante (comps.), *Strategie per le città: piani, politiche, azioni*, Milán, F. Angeli.

Camagni, R., Capello, R. (2000a): "The Role of Inter SMEs Networking and Links in Innovative High-Tech Milieux", en D. Keeble, F. Wilkinson (2000).

Camagni, R., Capello, R. (comps.) (2002): *Apprendimento collettivo e competitività territoriale*, Milán, F. Angeli.

Camagni, R., Capello, R., Nijkamp, P. (1996): "Sustainabile city policy: economic, environmental, technological", en G. van der Meulen, P. Erkelens *(comps.)*, *Urban habitat: the environment of tomorrow*, Eindhoven, Technische Universiteit Eindhoven, Faculteit Bouwkunde 41.

Camagni, R., Cappellin, R. (1980): "Struttura economica regionale e integrazione economica europea", *Economia e Politica Industriale*, n° 27, pp. 21-76.

Camagni, R., Cappellin, R. (1981): "Policies for full employment and more efficient utilisation of resources and new trends in European regional development", *Lo spettatore internazionale*, n° 2, pp. 99-135.

Camagni, R., Cappellin, R., Garofoli, G. (comps.) (1984): *Cambiamento tecnologico e diffusione territoriale*, Milán, F. Angeli.

Camagni, R., Cappellin, R. (1985): *Sectoral productivity and regional policy*, Bruselas, Commission of the European Communities, Document, 92-825-5535-6; una síntesis en italiano se encuentra en Camagni *et al.* (1984), pp. 131-273.

Camagni, R., Curti, F., Gibelli, M. C. (1985): "Ciclo urbano: le città fra sviluppo e declino", en G. Bianchi, I. Magnani (1985), pp. 197-234.

Camagni, R., Diappi, L., Leonardi, G. (1986): "Urban growth and decline in a hierarchical system: a supply oriented dynamic approach", *Regional Science and Urban Economics*, 1, pp. 1945-60.

Camagni, R., Diappi, L. Stabilini, S. (1986): "City networks in the Lombardy Region: an analysis in terms of communication flows", *Flux*, 15, enero-marzo, pp. 37-50

Camagni, R., Gibelli, M. C. (1996): "Città in Europa: globalizzazione, coesione e sviluppo sostenibile", en Presidenza del Consiglio dei Ministri-Dipartimento Politiche Comunitarie, *Sviluppo del territorio europeo*, Roma, Poligrafico dello Stato.

Camagni, R., Gibelli, M.C., Rigamonti, P. (2002): *I costi collettivi della città dispersa*, Florencia, Alinea.

Camagni, R., Malfi, L. (comps.) (1986): *Innovazione e sviluppo nelle regioni mature*, Milán, F. Angeli.

Camagni, R., Mazzocchi, G. (1976): "Contrasti nello sviluppo urbano: Milano, Torino, Taranto", *Rivista Internazionale di Scienze Sociali*, 4-5, pp. 401-18.

Camagni, R., Pompili, T. (1990): "Interregional and interurban economic power relations as Command over local resources: the Italian case", en Shachar, A., Obwerg, S. (eds.), *The world economy and the spatial organizations of power*, Aldershot, Avebury.

Cameron, G. C. (1980): "The inner city: new plant incubator?", en A. W. Evans y D. E. C. Eversley, *The inner city: employment and industry*, Londres, Heinemann.

Cameron, G. C., *et al.* (1975): "The determinants of urban manufacturing location: a simple model", en E. L. Cripps (1975), *Regional science: new concepts and old problems*, Londres, Pion, pp. 52-65.

Campisi, D. (1991): "I fondamenti della modellistica urbana", en C. S. Bertuglia, A. La Bella (1991), pp. 509-52.

Campos-Venuti, G. (1967): *Amministrare l'urbanistica*, Turín, Einaudi.

Capello, R. (1988): "La diffusione spaziale dell'innovazione: il caso del servizio telefonico", *Economia e Politica Industriale*, 58, pp. 141-75.

Capello, R. (1998): "Economies d'échelle et taille urbaine: théorie et études empiriques revisitées", *Revue d'Economie Régionale et Urbaine*, 1.

Capello, R. (1999a): "A Measurement of Collective Learning Effects in Italian High-tech Milieux", *Révue d'Economie Régionale et Urbaine*, n° 3, pp. 449-468.

Capello, R. (1999b): "Spatial Transfer of Knowledge in High-technology *Milieux*: Learning vs. Collective Learning Processes", *Regional Studies*, vol. 33, n° 4, pp. 353-365.

Capello, R., Camagni, R. (2000): Beyond Optimal City Size: An Evaluation of Alternative Urban Growth Patterns, *Urban Studies*, vol. 37, n° 9, pp. 1479-1497.

Cappellin, R. (1980): "Teorie e modelli di localizzazione delle attività di servizio", *Giornale degli Economisti*, marzo-aprile, pp. 205-32.

Cappellin, R. (1986): "Disparità regionali nel processo di terziarizzazione", en L. Pasinetti (1986), *Mutamento strutturale del sistema produttivo: integrazione fra industria e settore terziario*, Bolonia, Il Mulino, pp. 81-99.

Cappellin, R. (1988): "Transaction costs and urban agglomeration", *Revue d'Economie Régionale et Urbaine*, 2, pp. 261-78.

Cappellin, R., Grillenzoni, R. (1983): "Diffusion and specialisation in the location of service activities in Italy", *Sistemi Urbani*, 1, pp. 249-82.

Carati, F. (comps.) (1988): *Aree metropolitane di antica industrializzazione*, Milán, CLUP.

Carlino, G. (1979): "Increasing returns to scale in metropolitan manufacturing", *Journal of Regional Science*, 3, pp. 362-74.

Carvelli, A. (1986): "Le innovazioni nell'industria manifatturiera dell'area metropolitana milanese", Milán, I.Re.R.-OETAMM.

Castells, M. (1974): *La questione urbana*, Padua, Marsilio.

Chamberlin, E. (1933): *The theory of monopolistic competition*, Cambridge, Mass., Harvard University Press.

Chinitz, B. (1961): "Contrasts in agglomeration: Nueva York y Pittsburgh", *Papers of the American Economic Review*, mayo, pp. 279-89.

Choukroun, J. M. (1975): "A general framework for the development of gravity-type distribution models", *Regional Science and Urban Economics*, pp. 177-202.

Christaller, W. (1933): *Die Zentralen Orte in Suddeutschland*, Gustav Fischer Verlag, Jena; trad. it.: *Le località centrali della Germania meridionale*, Milano, F. Angeli, 1980.

Christaller W. (1950): "Das Grundgerust der raumlichen Ordnung in Europa", *Frankfurter Geographische Hefte*, 24, pp. 1-96.

Ciborra, C., Gasbarri, G., Maggiolini, P. C. (1977): "Systèmes d'information et systèmes hypo-intégrés: une méthodologie de modélisation et de maitrise des systèmes hypo-intégrés fondés sur la participation", en *Modélisation et maitrise des systèmes techniques, économiques et sociaux*, Colloque AFCET, Suresnes, Editions Hommes et techniques.

Ciciotti, E. (1986): "Aspetti spaziali nel processo di formazione di nuove imprese: il quadro di riferimento delle analisi e alcune verifiche empiriche", en R. Camagni, L. Malfi (1986), pp. 305-26.

Clark, C. (1945): "The economic functions of a city in relation to its size", *Econometrica*, 13, pp. 97-113.

Coelho, J. D., Wilson, A. G. (1976): "The optimum location and size of shopping centres", *Regional Studies*, 10, pp. 413-21.

Colletis, G., Pecqueur, B. (1995): "Politiques technologiques locales et création des ressources spécifiques", en Rallet, A., Torre, A. (1995).

Collidà, A., Fano, P., D'Ambrosio, M. (1968): *Sviluppo economico e crescita urbana in Italia*, Milán, F. Angeli.

Cooke, P., Morgan, K. (1998): *The associational economy. Firms, Regions and innovation*, Oxford, Oxford University Press.

Costa, P. (1978a): "L'agglomerazione urbana delle attività economiche", *Studi economici*, 5, pp. 31-72.

Costa, P. (comps.) (1978b): *Interdipendenze industriali e programmazione regionale*, Milán, F. Angeli.

Costa, P., Foot, D. H., Piasentin, U. (1976): "La struttura urbana di Venezia e del suo entroterra: una applicazione del modello Garin-Lowry", *Ricerche Economiche*, 3-4, pp. 416-58.

Cuadrado Roura, J. R., Parellada, M. (2003): *Regional Convergence in the European Union*, Berlín, Springer

Curti, F., Gibelli, M. C. (comps.) (1996): *Pianificazione strategica e gestione dello sviluppo urbano*, Florencia, Alinea.

Curti, F., Diappi, L. (comps.) (1990): *Gerarchie e reti di città: tendenze e politiche*, Milán, F. Angeli.

Czamanski, S. (1964): "A model of urban growth", *Papers and Proceedings of the Regional Science Association*, 13, pp. 177-200.

Czamanski, S. (1965): "A method of forecasting metropolitan growth by means of distributed lag analysis", *Journal of Regional Science*, 1, pp. 35-50.

Dacey, M. F. (1964): "A note on some number properties of a hexagonal hierarchical plane lattice", *Journal of Regional Science*, 5, pp. 63-67.

Dagognet, F. (1984): *Le nombre et le lieu*, París, Librairie Philosophique Vrin.

Davezies, L. (1989): "La rédistribution interdépartementale des revenus induite par le budget de l'Etat, 1984", Rapport de L'Oeuil, Université de Paris X, abril, págs. 30.

De Lucio, J. J., Herce, J. A., Goicolea, A. (2002): "The effects of externalities on productivity growth in Spanish industry", *Regional Science and Urban Economics, 32*.

De Meza, D., Gould, J. R. (1987): "Free access versus private property in a resource: income distribution compared", *Journal of Political Economy*, 6, pp. 1317-25.

Deleuze, G., Guattari, F. (1980): *Capitalisme et schizophrénie: mille plateaux*, París, Les Editions de Minuit.

Dematteis, G. (1985): "Contro-urbanizzazione e strutture urbane reticolari", en G. Bianchi, I. Magnani (1985), pp. 121-32.

Dematteis, G. (1990): "Modelli urbani a rete: considerazioni preliminari", en F. Curti, L. Diappi (1990), pp. 27-48.

Dematteis, G. (1991): "Il sistema urbano", en G. Fuà (comps.) (1991), *Orientamenti per la politica del territorio*, Milán, F. Angeli, pp. 483-513.

Derycke, H. (1970): *L'économie urbaine*, París, Presses Universitaires de France; trad. it.: *Economia urbana*, Bolonia, Il Mulino (1972).

Diappi, L. (1987): "Introduzione", en L. Drappi, S. Tintori, *Complessità e progetto*, Milán, CLUP, 3-23.

Diappi, L., Pompili, T. (1990): "Sistemi di città come reti in interazione: un approccio dinamico di tipo löschiano", en D. Martellato, F. Sforzi (1990), pp. 341-67.

Dixon, R. J., Thirwall, A. P. (1975): "A model of regional growth rate differences on Kaldorian lines", *Oxford Economic Papers*, vol. 27, pp. 201-214.

Domencich, T. A, McFadden, D. (1975): *Urban travel demand: a behavioural analysis*, Amsterdam, North Holland.

Dorfman, R., Dorfman, M. (1972): *Economics of the environment*, Nueva York, W.W. Norton Co.

Dorfman, R., Samuelson, P., Solow, R. M. (1958): *Linear programming and economic analysis*, Nueva York, McGraw-Hill.

Duranton, G., Puga, D. (2000): "Diversity and specialization in cities: Why, where and when does it matter", en *Urban Studies*, 37.

Emanuel, C., Dematteis, G. (1990): "Reti urbane minori e deconcentrazione metropolitana nella Padania centro-occidentale", en D. Martellato, F. Sforzi (1990), pp. 233-61.

Erdmann, G. (1993): "Evolutionary economics as an approach to Environmental problems", en Giersch, H. (1993).

Evans, A. W. (1972): "The pure theory of city size in an industrial economy", *Urban Studies*, 1, pp. 49-77.

Evans, A. W. (1985): *Urban economics: an introduction*, Oxford, Basil Blackwell; traducción italiana: *Economia urbana*, Bolonia, Il Mulino (1990).

Evans, A. W. (1988a): "On monopoly rent", University of Reading, Department of Economics, *Discussion papers in urban and regional economics*, n° 35.

Evans, A. W. (1988b): "On absolute rent", University of Reading, Department of Economics, *Discussion papers in urban and regional economics*, n° 36.

Evans, A. W. (1988c): "On differential land and landed property", University of Reading, Department of Economics, *Discussion papers in urban and regional economics*, n° 37.

Evans, S. P. (1973): "A relationship between a gravity model for trip distribution and the transportation problem in linear programming", *Transportation Research*, pp. 39-61.

Ewers, H. J., Allesch, J. (comps.) (1990): *Innovation and regional development*, Berlín, De Gruyter.

Ewers, H. J., Wettmann, R. (1980): "Innovation oriented regional policy", *Regional Studies*, 14, pp. 161-180.

Fahri, A. (1973): "Urban economic growth and conflicts: a theoretical approach", *Papers and proceedings of the Regional Science Association*, 31, pp. 95-124.

Fano, P. (1969): "Organisation, city-size distributions and central places", *Papers and proceedings of the Regional Science Association*, 22, pp. 29-38.

Faucheux, S., Froger, G. (1995): "Decision-making under environmental uncertainty", Cahiers du C3E, n° 95-2.

Fisher, M., Nijkamp, P. (1987): "From static towards dynamic discrete choice modelling", *Regional Science and Urban Economics*, n° 1, pp. 3-27.

Fourquet, F. (1989): "Une contribution à la théorie de l'espace/temps urbain", IKERKA, Rapporto di ricerca al Plan Urbain, Bayona (mimeo).

Fourquet, F., Murard, L. (1973): *Les équipements du pouvour*, Paris 10/18 Union Générale d'E-dition.

Friedman, J. (1979): "On the contradictions between city and countryside", en H. Folmer, J. Oosterhaven, *Spatial inequalities and regional development*, La Haya, Martinus Nijhoff, pp. 23-46.

Friedman, J., Alonso, W. (1964): *Regional development and planning*, Cambridge, Mass., MIT Press.

Froger, G. (1993): "Les modèles théoriques de développement soutenable: une synthèse des approches methodologiques"; Cahier du C3E, n° 93-19.

Fuchs, V. (1967): "Differentials in hourly earnings by region and city size, 1959", *NBER Occasional Papers*, n° 101, Nueva York.

Fujita, M. (1985): "Existence and uniqueness of equilibrium and optimal land-use: boundary rent curve approach", *Regional Science and Urban Economics*, 15, pp. 295-324.

Fujita, M. (1989): *Urban economic theory: land use and city size*, Cambridge, Cambridge University Press.

Fustier, B. (1988): "Les interactions spatiales", en C. Ponsard (1988), pp. 193-230.

Gandolfo, G. (1973): *Metodi di dinamica economica*, Milán, Isedi.

Garin, R. A. (1966): "A matrix formulation of the Lowry model for intra-metropolitan activity location", *Journal of American Institute of Planners*, 32, pp. 361-64.

Garofoli, G. (1981): "Lo sviluppo delle aree periferiche nell'economia italiana degli anni '70", *L'Industria*, 3, pp. 391-404.

Gibelli, M. C. (comps.) (1986): *La rivitalizzazione delle aree metropolitane*, Milano, CLUP.

Gibelli, M. C. (1993): "La crisi del piano fra logica sinottica e logica incrementalista: il contributo dello *strategic planning*", en S. Lombardo, G. Preto, *Innovazione e trasformazioni della città*, Milán, F. Angeli.

Gibelli, M. C. (1996): "Tre famiglie di piani strategici", en F. Curti, M. C. Gibelli (1996).

Gibelli, M. C. (1999): "Dal modello gerarchico alla *governance*: nuovi approcci alla pianificazione e gestione delle aree metropolitane", en R. Camagni R., S. Lombardo (comps.), *La città metropolitana: strategie per il governo e la pianificazione*, Florencia, Alinea.

Giersch, H. (comps.) (1993): *Economic progress and environmental concern*, Berlín, Springer Verlag.

Ginatempo, N. (1975): *La casa in Italia: abitazioni e crisi del capitale*, Milán, Mazzotta.

Golob, T. F., Gustafson, R. L., Beckmann, M. J. (1973): "An economic utility approach to spatial interaction", *Papers and Proceedings of the Regional Science Association*, n° 30, pp. 159-82.

Gordon, P., Richardson, H. V. (1995): "Sustainable congestion", en J. Brotchie, M. Batty, E. Blakely, P. Hall y P. Newton (comps.) *Cities in competition*, Melbourne, Longman Australia.

Gordon, P., Richardson, H. V. (1997): "Are compact cities a desirable planning goal?", *Journal of the American Planning Association*, vol. 63, pág. 1.

Graham, S. (1999): "Global grids of glass: on global cities, telecommunications and planetary urban networks", *Urban Studies*, 5-6, pp. 929-49.

Granelle, J.-J. (1988): "Etat de la recherche sur le foncier dans le domaine de l'économie", en J.-J. Granelle, A. Heymann-Doat, G. Jalabert, *Etats des lieux pour une relance de la recherche sur le foncier*, París, ADEF, pp. 13-43.

GREMI (1995): *Cohesion and the development challenge facing the lagging regions*, Regional development studies, n° 24, dirigido por R. Camagni, M. Quevit, Bruselas, European Commission.

Griguolo, S., Reggiani, A. (1985): "I modelli di scelta tra alternative discrete: alcune note introduttive", *Archivio di Studi Urbani e Regionali*, 22, pp. 47-86.

Guigou, J.-L. (1982): *La rente foncière: les théories et leur évolution depuis 1650*, París, Economica.

Guigou, J.-L., Parthenay, D. (2001): "De la France éclatée à la France maillée: la nécessaire modernisation de nos cadres territoriaux d'action publique", en Conseil d'Analyse Economique, *Aménagement du territoire*, París, La Documentation Française.

Hägerstrand, T. (1966): "Aspects of the spatial structure of social comunication and the diffusion of information", *Papers and Proceedings of the Regional Science Association*, n° 16, pp. 27-42.

Hägerstrand, T. (1967): *Innovation diffusion as a spatial process*, Chicago, The University of Chicago Press.

Hahn, F. (1993): "Il futuro del capitalismo: segni premonitori", en *Rivista milanese di economia*, Cariplo, Milán, abril-junio, n° 46.

Harris, B., Wilson, A. G. (1978): "Equilibrium values and dynamics of attractiveness terms in production-constrained spatial-interaction models", *Environment and Planning A*, 10, pp. 371-88.

Harvey, D. (1978): *Giustizia sociale e città*, 2 vol., Milán, Feltrinelli.

Haughton, G., Hunter, C. (1994): *Sustainable cities*, Regional Studies Association, Londres, Jessica Kingsley Publishers.

Hegel, G. W. F. (1963): *Principes de la philosophie du droit*, París, Gallimard.

Heister, J., Schneider, F. (1993): "Ecological concerns in a market economy: on ethics, accounting and sustainability", en Griersch (ed.) (1993).

Henderson, J. V. (1985): *Economic theory and the cities*, Orlando, Academic Press.

Hill, D., Brand, D., Hansen, W. (1965): "Prototype development of a statistical land-use prediction model for Greater Boston Region", *Highway Research Record*, 114, pp. 51-70.

Hirsch, W. Z. (1968): "The supply of urban public services", en H.S. Perloff, L. Wingo (1968), pp. 477-524.

Hirschman, A. O. (1957): "Investment policy and dualism in underdeveloped countries", *American Economic Review*.

Hoch, I. (1972): "Income and city size", *Urban Studies*, n° 9, pp. 299-328.

Hodge (1965): "The prediction of trade center viability in the Great Plains", *Papers and Proceedings of the Regional Science Association*, pp. 87-115.

Hoover, E. M. (1937): "Spatial price discrimination", *Review of Economic Studies*, n° 4, pp. 182-91.

Hoover, E. M. (1970): "Transport costs and the spacing of central places", *Papers and Proceedings of the Regional Science Association*, n° 24, pp. 255-74.

Hoover, E. M., Vernon, R. (1962): *Anatomy of a metropolis*, Cambridge, Mass., Harvard University Press.

Hotelling, H. (1929): "Stability in competition", *Economic Journal*, n° 39, pp. 41-57.

Hoyt, H. (1954): "Homer Hoyt on development of economic base concept", *Land Economics*, mayo.

Hoyt, H. (1939): "The structure and growth of residential neighbourhoods in American cities", Washington, U.S. Government Printing Office.

Hurd, R. M. (1903): *Principles of city land values*, Nueva York, The Record and Guide.

Huriot, J. M. (1988): "L'espace de production et la rente foncière", en C. Ponsard (1988), pp. 23-57.

International Regional Science Review (1996): Special issue on Regional Science and Development, n° 1-2.

Isard, W. (1956): Location and space-economy, Cambridge, Mass., MIT Press; trad. it.: Localizzazione e spazio economico, Milán, Cisalpino (1962).

Isard, W. (1960): Methods of regional analysis, Cambridge, Mass., MIT Press.

Kaldor, N. (1956): "Alternative theories of distribution", The Review of Economic Studies, n° 2, pp. 83-100.

Kaldor, N. (1970): "The case for regional policies", Scottish Journal of Political Economy, n° 17.

Kanemoto, Y. (1987): "Externalities in space", en T. Miyao y Y. Kanemoto (1987), pp. 43-103.

Keeble, D., Wilkinson, F. (1999): "Collective learning and knowledge development in the evolution of regional clusters of High-technology SMEs in Europe", Regional Studies, vol. 33, pp. 295-304.

Keeble, D., Wilkinson, F. (comps.) (2000): High-Technology Clusters, Networking and Collective Learning in Europe, Avebury, Ashgate Publisher.

Klaassen, L., Molle, W. (comps.), (1983): Industrial mobility and migration in the European Community, Aldershot, Gower.

Knack, S., Keefer, P. (1997): "Does social capital have an economic payoff? A cross-country investigation", Quarterly Journal of Economics, 112, pp. 1251-1288.

Knight, R. (1984): "The advanced industrial metropolis: a new type of world city", ponencia presentada en el seminario The future of the Metropolis, Berlín, octubre.

Krugman, P. (1991): "Increasing returns and economic geography", Journal of Political Economy, 99, pp. 483-499.

Krugman, P. (1993): "Lessons of Massachusetts for EMU", en F. Torres, F. Giavazzi (comps.), Adjustment and growth in the European Monetary Union, Cambridge, Cambridge University Press.

Krugman, P. (1996): "Making sense of the competitiveness debate", Oxford Review of Economic Policy, 12, 3, 17-25.

Krugman P. (1998): Pop internationalism, Cambridge, Mass., MIT Press.

Krugman, P., Venables (1996): "Integration, specialisation and adjustment", European Economic Review, 40, pp. 857-880.

Laborit, H. (1974): La nouvelle grille: pour décoder le message humain, París, R. Laffont.

Lacaze, J.-P. (1993): "L'urbanisme entre mythe et réalité", Actions et recherches sociales, n° 1.

Lakshmanan, T. R., Hansen, W. G. (1965): "A retail market potential model", Journal of the American Institute of Planners, n° 31, pp. 134-43.

Lampard, E. E. (1968): "The evolving system of cities in the United States: urbanisation and economic development", en H. S. Perloff, L. Wingo (1968), pp. 81-139.

Lancaster, K. (1966): "A new approach to consumer theory", Journal of Political Economy, aprile, pp. 132-57.

Leonardi, G. (1985): "Equivalenza asintotica fra la teoria delle utilità casuali e la massimizzazione dell'entropia", en A. Reggiani (comps.), Territorio e trasporti: modelli matematici per l'analisi e la pianificazione, Milán, F. Angeli, pp. 29-66.

Leone, R., Struyk, R. (1976): "The incubator hypothesis: evidence from five Sma's", *Urban Studies*, n° 3, pp. 325-32.

Lever, W. F., Turok I. (1999): "Competitive cities: introduction to the review", *Urban Studies*, n° 36, 5-6, pp. 791-93.

Lichtenberg, R. (1960): *One tenth of a nation*, Cambridge, Mass., Harvard University Press.

Lipiez, A. (1974): *Le tribut foncier urbain*, París, Maspero.

Lipiez, A. (1978): "Terre, rente et rareté", *Revue d'Economie Politique*, n° 5, pp. 746-54.

Long, W. H. (1971): "Demand in space: some neglected aspects", *Papers and Proceedings of the Regional Science Association*, 27, pp. 45-62.

Lösch, A. (1940): *Die Räumliche Ordnung der Wirtschaft*, Gustav Fischer, Jena; traducción inglesa: *The economics of location*, New Haven, Yale University Press (1954).

Lotka, A. J. (1924): *Elements of physical biology*, Baltimore, Williams and Wilkins.

Lowry, I. S. (1964): *A model of a metropolis*, RM-4035-RC, Santa Mónica, Rand Corporation; traducción italiana: *Modello di una metropoli*, Nápoles, Guida Editori (1972).

Lundvall, B. A., Johnson, B. (1994): "The learning economy", *Journal of industrial studies*, 2, pp. 23-42.

Lung, Y. (1987): "Complexity and spatial dynamic modelling, from catastrophy theory to self-organising processes: a review of the literature", Institut d'Economie Régionale du Sud-Ouest, mimeo.

Magnaghi, A. (comps.) (1990): *Il territorio dell'abitare*, Milán, F. Angeli.

Magnaghi, A., Perelli, A., Sarfatti, R., Stevan, C. (1970): *La città-fabbrica: contributi per una analisi di classe del territorio*, Milán, CLUP.

Marchand, B. (1983): "Urban growth models revisited: cities as self-organising systems", *Environment and Planning A*, 16, pp. 949-64.

Marelli, E. (1981): "Optimal city size, the productivity of cities and urban production function", *Sistemi Urbani*, 1-2, pp. 149-63.

Markusen, A. (1980): "Regions and regionalism: a marxist view", *Working Paper n° 326*, Berkeley, Institute of Urban and Regional Development, University of California.

Marshall, A. (1919): *Industry and trade*, Londres, Macmillan.

Marshall, A. (1977): *Principles of Economics*, Londres, Macmillan (primera edición 1890); primera edición italiana: *Principi di economia*, Turín, Utet (1905).

Martellato, D., Sforzi, F. (1990): *Studi sui sistemi urbani*, Milán, F. Angeli.

Martinotti, G. (1991): "Programmazione e modelli di società", ponencia presentada en el seminario "Programmare in una economia di mercato", IASI-CNR, Capri, mayo.

Marx, K. (1954): *Storia delle teorie economiche*, 3 vol., Turín, Einaudi; primera edición: *Theorien uber den Mehrwert*, Stuttgart, Dietz (1905).

Marx, K. (1968): *Manoscritti economico filosofici del 1844*, Turín, Einaudi (primera edición 1927).

Marx, K. (1974): *Il capitale*, Roma, Editori Riuniti (primera edición 1867).

Marx, K., Engels, F. (1967): L'ideologia tedesca, Roma, Editori Riuniti (redacción: 1846; primera edición: 1932).

May, N., Spector, T., Landrieu, J., Veltz, P. (comps.) (1998): *La ville eclatée*, París, Editions de l'Aube.

McFadden, D. (1974): "Conditional logit analysis of qualitative choice behaviour", en P. Zarembka (1974), *Frontiers in econometrics*, Nueva York, Academic Press.

McFadden, D. (1978): "Modelling the choice of residential location", en A. Karlqvist, *et al.* (1978), *Spatial interaction theory and planning models*, Amsterdam, North Holland, pp. 75-96.

Meier, R. (1962): *A communication theory of urban growth*, Cambridge, Mass., The Joint Center for Urban Studies of the MIT and Harvard University.

Mela, A. (1985): *La città come sistema di comunicazioni sociali*, Milán, F. Angeli.

Mills, E. (1972): *Urban economics*, Glenview, Scott Foresman and Co.

Mills, E. S., Lav, M. R. (1964): "A model of market areas with free entry", *Journal of Political Economy*, n° 72, pp. 278-88.

Mirrlees, J. A. (1972): "The optimum town", *Swedish Journal of Economics*, n° 74, pp. 114-35.

Miyao, T. (1981): *Dynamic analysis of the urban economy*, Nueva York, Academic Press.

Miyao, T. (1987): "Dynamic urban models", en E. Mills (comps.), *Urban Economics*, Amsterdam, North-Holland.

Molle, W. (1977): "Industrial mobility: a review of empirical studies and an analysis of the migration of industry from the city of Amsterdam", *Regional Studies*, n° 11, pp. 323-35.

Montesano, A. (1972): "A restatement of Beckmann's model on the distribution of urban rent and residential density", *Journal of Economic Theory*, n° 4, pp. 329-54.

Moses, L., Williamson, H. F. (1967): "The location of economic activities in cities", *Papers of the American Economic Review*, n° 2, pp. 211-22.

Mulligan, G. (1979): "Additional properties of a hierarchical city-size model", *Journal of Regional Science*, n° 19, pp. 57-66.

Mulligan, G. (1983): "Central place populations: a microeconomic consideration", *Journal of Regional Science*, n° 23, pp. 83-92.

Mulligan, G. (1984): "Agglomeration and central-place theory: a review of the literature", *International Regional Science Review*, n° 1, pp. 1-42.

Mumford, L. (1938): *The culture of cities*, Nueva York, Harcourt Brace Jovanovich.

Muth, R. F. (1969): *Cities and housing*, Chicago, Chicago University Press.

Myrdal, G. (1957): *Economic theory and underdeveloped regions*, Londres, General Duckworth & Co.

Needleman, L. (comps.) (1968): *Regional Analysis*, Hardmondsworth, Penguin Books (1968).

Nelson, R., Winter, S. (1982): *An evolutionary theory of economic change*, Cambridge, Mass., Harvard University Press.

Newman, P. W., Kenworthy, J. R. (1989): "Gasoline consumption and cities: a comparison of U.S. cities with a global survey", *Journal of the American Planning Association*, n° 1, pp. 24-37.

Nicholson, B. M., Brinkley, I., Evans, A. W. (1981): "The role of inner city in the development of manufacturing industry", *Urban Studies*, n° 1, pp. 57-72.

Niedercorn, J. H., Bechdolt, B. V. (1969): "An economic derivation of the law of spatial interaction", *Journal of Regional Science*, n° 9, pp. 273-82.

Niedercorn, J. H., Bechdolt, B. V. (1972): "An economic derivation of the gravity law of spatial interaction: a further reply and a reformulation", *Journal of Regional Science*, n° 12, pp. 127-36.

Nijkamp, P. (comps.) (1986): *Technological change, employment and spatial dynamics*, Berlín, Springer-Verlag.

Nijkamp, P. (comps.) (1987): *Discrete spatial choice analysis*, número especial de *Regional Science and Urban Economics*, 17, p. 1.

Nijkamp, P., Paelink, J. H. P. (1974): "A dual interpretation and a generalisation of entropy maximising models in regional science", *Papers and Proceedings of the Regional Science Association*, n° 33, pp. 13-31.

Nijkamp, P., Reggiani, A. (1988): "Entropy, spatial interaction models and dicrete choice analysis: static and dynamic analogies", *European Journal of Operational Research*, n° 36, pp. 186-96.

Nijkamp, P., Reggiani, A. (1991): "Processi spazio-temporali nei modelli logit dinamici", en M. Bielli, A. Reggiani (1991), pp. 33-55.

North, D. C. (1955): "Location theory and regional economic growth", *Journal of Political Economy*, junio, pp. 243-58.

Norton, B. G. (1984): "Environmental ethics and weak anthropocentrism", Environmental ethics, n° 2, pp. 319-337.

OCDE (1995): *Urban travel and sustainable development*, Environment Directorate, París.

OCDE (1998): "The development of urban transport infrastructures: reconciling the economic, social and environmental dimension", TDS-Group on Urban Affairs, DT/UA, octubre.

OCDE (1999a): "The OECD Territorial Reviews: a conceptual framework", Territorial Development Service, DTPC, noviembre.

OCDE (1999b): "Innovation and growth in the knowledge-based economy: proposed outline", Directorate for Science, Technology and Industry, STP/TIP, abril.

Onida, F. (1984): *Economia degli scambi internazionali*, Bolonia, Il Mulino.

Owens, S. (1992): "Energy, environmental sustainability and land-use planning", en Breheny, M. (1992b).

Paelink, J. H. P., Nijkamp, P. (1975): *Operational theory and method in regional economics*, Westmead, Saxon House.

Papageorgiou, G. J. (1976): *Mathematical land-use theory*, Lexington, Mass., Lexington Books.

Park, R. E., Burgess, E. W., McKenzie, R. A. (comps.) (1925): *The city*, Chicago, The University of Chicago Press; trad. it.: *La città*, Milán, Edizioni di Comunità (1967), pp. 45-58.

Parr, J. (1970): "Models of city size in an urban system, *Papers and Proceedings of the Regional Science Association*, n° 25, pp. 221-53.

Parr, J. (1978): "Models of Central Place system: a more general appoach", *Urban Studies*, n° 15, pp. 35-49.

Parr, J. (1981): "Temporal change in a central place system", *Environment and Planning A*, n° 13, pp. 97-118.

Parr, J. (1989): "Competition, supply areas and industrial location", artículo presentado en el "III World Congress of the Regional Science Association", Jerusalén, abril.

Pasek, J. (1993): "Philosophical aspects of intergenerational justice", en Giersch (1993).

Pasinetti, L. (1975): *Lezioni di teoria della produzione*, Bolonia, Il Mulino.

Passet, R. (1979): *L'économique et le vivant*, París, Payot.

Passet, R. (1994): "Le développement durable: d'une remise en cause à l'émergence de la responsabilité intergénérationnelle", Introduction au Symposium International C3E-METIS sur "Modèles de développement soutenable: des approches exclusives ou complémentaires de la soutenabilité?", París, 16-18 marzo.

Pearce, D. W. (1988): "The sustainable use of natural resources in developing countries", en R.K. Turner, *Sustainable environmental management: principles and practice*, Londres, Belhaven.

Pearce, D. W., Markandya, A., Barbier, E. (1989): *Blueprint for a green economy*, Londres, Earthscan Publications.

Pearce, D. W., Markandya, A., Barbier, E. (1993): *Blueprint 3-Measuring sustainable development*, Londres, Earthscan Publications.

Perloff, H. S., Wingo, L. (1968): *Issues in urban economics*, Baltimore, Johns Hopkins Press.

Perroux, F. (1955): "Note sur la notion de pôle de croissance", *Economie Appliquée*, n° 7.

Pezzey, J. (1989): "Economic analysis of sustainable growth and sustainable development," *Environment Department Working Paper 15*, Washington, D.C., The World Bank.

Pfouts, R. (comps.) (1960): *The techniques of urban economic analysis*, West Trenton, Chandler-Davis.

Philbrick (1957): "Areal functional organisation in regional geography", *Papers and Proceedings of the Regional Science Association*, 3, pp. 87-98.

Piatier, A. (1956): "L'attraction commerciale des villes: une nouvelle méthode de mesure", *Revue Juridique et Economique du Sud-Ouest*, n° 4.

Piore, M. J., Sabel, C. F. (1984): *The second industrial divide*, Nueva York, Basic Books.

Platón (1990): *La Repubblica*, Milán, Rizzoli.

Polanyi, K. (1974): *La grande trasformazione*, Turín, Einaudi.

Pompili, T. (1986): "Funzioni economiche, sviluppo urbano e tirannia della città", en R. Camagni, L. Malfi (1986), pp. 163-187.

Ponsard, C. (1988): *Analyse économique spatiale*, París, Presses Universitaires de France.

Porter, M. (1990): *The Competitive advantage of nations*, Nueva York, The Free Press.

Porter, M. (2001): "Regions and the new economics of competition", en A. Scott. (2001).

Pred, A. (1965): "The concentration of high-value-added manufacturing", *Economic Geography*, n° 41, pp. 108-32.

Pred, A. (1973): "Urbanisation, domestic planning problems and Swedish geographic research", *Progress in Geography*, n° 5, pp. 1-76.

Pred, A. (1977): *City systems in advanced economies*, Londres, Hutchinson.

Prigogine, I. (1985): "L'esplorazione della complessità", en G. Bocchi, M. Ceruti (1985), *La sfida della complessità*, Milán, Feltrinelli, pp. 179-92.

Prigogine, I. (comps.) (1979): *La nuova alleanza*, Milán, Longanesi.

Putnam, R. D. (1993): *Making democracy work: civic traditions in modern Italy*, Princeton, Princeton University Press.

Rabenau, B. V. (1979): "Urban growth with agglomeration economies and diseconomies", *Geographia Polonica*, n° 42, pp. 77-90.

Rabino, G. (1991): "Teoria e modelli di interazione spaziale", en C.S. Bertuglia, A. La Bella (1991), 485-507.

Rallet, A., Torre, A. (comps.) (1995): *Economie industrielle et économie spatiale*, París, Economica.

Ratti, R., Bramanti, A., Gordon, R. (comps.) (1997): *The Dynamics of Innovative Regions*, Aldershot, Ashgatet.

Redfield, R., Singer, M. (1949): "The cultural role of cities", *Economic Development and Cultural Change*, n° 3.

Rees, W. (1992): "Ecological footprints and appropriate carrying capacity: what urban economics leaves out", *Environment and urbanization*, n° 2, octubre, pp. 121-130.

Reilly, W. J. (1931): *The law of retail gravitation*, Nueva York, Knickerbocker Press.

Ricardo, D. (1951): "The influence of a low price of corn on the profits of stock", en *Works and correspondence of David Ricardo*, compilación de P. Sraffa, vol. IV, *Pamphlets and Papers 1815-1823*, Cambridge, Cambridge University Press; primera edición: 1815.

Ricardo D. (1971): *Principles of political economy and taxation*, Hardmondsworth, Penguin Books; primera edición: 1817.

Richardson, H. W. (1972): *Input-output and regional economics*, Londres, Weidenfeld and Nicolson.

Richardson, H. W. (1973): "Theory of the distribution of city sizes: review and prospects", *Regional Studies*, 7, pp. 239-51.

Richardson, H. W. (1977): *The new urban economics: and alternatives*, Londres, Pion.

Richardson, H. W. (1978): *Regional and urban economics*, Harmondsworth, Penguin Books.

Romer, P. M. (1986): "Increasing returns and long-run growth", *Journal of Political Economy*, 94, pp. 500-521.

Roncayolo, M. (1990): *La ville et ses territoires*, París, Gallimard.

Rosenstein Rodan, P. (1943): "Problems of industrialisation of eastern and south eastern Europe", *Economic Journal*, septiembre.

Samuelson, P. A. (1983): "Thünen at two hundred", *Journal of Economic Literature*, n° 21, pp. 1468-88.

Sant, M. (1975): *Industrial movement and regional development: the British case*, Oxford, Pergamon Press.

Savy, M., Veltz, P. (comps.) (1995): *Economie globale et réinvention du local*, París, Datar/Editions de l'Aube.

Schneider, M. (1959): "Gravity models and trip distribution theory", *Papers and Proceedings of the Regional Science Association*, n° 5, pp. 51-56.

Schneider, M. (1968): "Access and land development", en *Urban development models*, Proceedings of the conference, junio, Hannover; también en Highway reseach board, *Special Report* n° 97, Washington, D.C. (1968).

Schumpeter, J. (1964): *Business cycles: a theoretical, historical and statistical analysis of the capitalist process*, Nueva York, McGraw-Hill; trad. it.: *Il processo capitalistico: cicli economici*, Turín, Boringhieri (1977).

Schweizer, U. (1986): "General equilibrium in space and agglomeration", en J. J. Gabszewicz, J.-F. Thisse, M. Fujita, U. Schweizer (1986), *Location theory*, Chur, Harwood Academic Publishers, pp. 151-85.

Scott, A. J. (1976): "Land use and commodity production", *Regional Science and Urban Economics*, n° 6, pp. 147-60.

Scott, A. J. (1988): *Metropolis: from the division of labour to urban form*, Berkeley, University of California Press.

Scott, A. (comps.) (2001): *Global city-regions: trends, theory, policies*, Oxford, Oxford University Press.

Secchi, B. (comps.) (1965): *Analisi delle strutture territoriali*, Milán, F. Angeli.

Segal, D. (1976): "Are there returns to scale in city size?", *Review of Economics and Statistics*, n° 58, pp. 339-50.

Segal, D. (1977): *Urban economics*, Georgetown, R.D. Irwin.

Senior, M. L., Wilson, A. G. (1974): "Exploration and syntheses of linear programming and spatial interaction models of residential location", *Geographical Analysis*, pp. 209-38.

Senn, L. (1991): "Sistemi gerarchici territoriali e teoria della base economica", en M. Bielli, A. Reggiani (1991), pp. 332-52.

Shannon, C. E., Weaver, W. (1949): *The mathematical theory of communication*, Urbana, The University of Illinois Press.

Simon, H. (1955): "On a class of skew distribution functions", *Biometrika*, 42, pp. 425-40.

Simon, H. (1972): "From sustantive to procedural rationality", en C. B. Mc Guire, R. Radner, *Decision and organization*, Amsterdam, North Holland.

Smith, A. (1977): *Indagine sulla natura e le cause della ricchezza delle nazioni*, Milán, Mondadori; primera edición: 1776.

Smith, D. M. (1975): "Neoclassical growth models and regional growth in the U.S.", *Journal of Regional Science*, n° 15, pp. 165-81.

Södersten, B. (1970): *International economics*, Londres, Macmillan.

Solari, S. (2002): "Fiducia e capitale sociale nell'analisi economica della regolazione sociale", en R. Camagni, R. Fiorentini, M. Mistri (comps.), *Auto-organizzazione e apprendimento strategico: saggi in onore di Eugenio Benedetti*, Padua, CEDAM.

Solow, R. (1986): "On the intergenerational allocation of natural resources", *Scandinavian Journal of Economics*, n° 1, pp. 141-49.

Solow, R. M. (1972): "Congestion, density and the use of land in transportation", *Swedish Journal of Economics*, n° 74, pp. 161-73.

Solow, R. M. (1973): "On equilibrium models of urban location", en J. M. Parkin, *Essays in Modern Economics*, Londres, Longman, pp. 2-16.

Solow, R. M. (1981): "Foreword", en T. Miyao (1981).

Sombart, W. (1967): *Il capitalismo moderno*, Turín, Utet; primera edición, Berlín 1916.

SOMEA (1973): *Atlante economico-commerciale delle regioni d'Italia*, Roma, Istituto dell'Enciclopedia Italiana.

SOMEA (1987): *Atlante economico-commerciale delle regioni d'Italia*, Roma, Valerio Levi Editore.

Sonis, M. (1985): "Hierarchical structure of central-place system: the barycentric calculus and decomposition principle", *Sistemi Urbani*, n° 1, pp. 3-28.

Sraffa, P. (1960): *Produzione di merci a mezzo di merci*, Turín, Einaudi.

Sternlieb, G., Hughes, J. W. (1982): "Energy constraints and development patterns in the 1980s", en R. Burchell, D. Listokin, *Energy and land-use*, Center for urban policy research, Rutgers University.

Stevens, B. H. (1961): "Linear programming and location rent", *Journal of Regional Science*, n° 3, pp. 15-26.

Storper, M. (1995): "La géographie des conventions: proximité territoriale, interdépendences non-marchandes et développement économique", en A. Rallet, A. Torre (1995).

Stouffer, S. A. (1940): "Intervening opportunities: a theory relating mobility and distance", *American Sociological Review*, n° 5, pp. 845-67.

Stouffer, S. A. (1960): Intervening opportunities and competing migrants, *Journal of Regional Science*, n° 12, pp. 26-35.

Sveikauskas, L. (1975): "The productivity of cities", *Quarterly Journal of Economics*, n° 89, pp. 393-413.

Tarrant, J. (1973): "Comments on the Lösch central place system", *Geographical Analysis*, n° 5, pp. 113-21.

Tate, J., Mulugetta, Y. (1998): "Sustainability: the technocentric challenge", *Town Planning Review*, vol. 69, n° 1, pp. 65-74.

Teece, D. (1982): "Towards an economic theory of multiproduct firm", *Journal of Economic Behaviour and Organisation*, n° 3, pp. 39-63.

Thirlwall, A. P. (1980): "Regional problems are Balance-of-payments problems", *Regional Studies*, n° 14, pp. 419-425.

Thom, R. (1972): *Stabilité structurelle et morphogenèse: essai d'une théorie générale des modèles*, París, Inter Editions.

Thompson, W. R. (1965): *A preface to urban economics*, Baltimore, The Johns Hopkins Press.

Thompson, W. R. (1968): "Internal and external factors in the development of urban economies", en Perloff, Wingo (1968), pp. 43-62.

Tiberi, P. (1999): *Dal mercantilismo alla globalizzazione*, Bolonia, Il Mulino.

Tiebout, C. M. (1957): "Regional and interregional input-output models: an appraisal", *Southern Economic Journal*, n° 24, pp. 140-47; también en Needleman (1968).

Tiebout, C. M. (1962): *The community economic base study*, Committee for economic development, Supplement paper n° 16, diciembre.

Topalov (1984): *Le profit, la rente et la ville*, París, Economica.

Topalov (1990): "Théorie des rentes urbaines et dynamique du marché foncier", en *autores varios*, *La rente foncière: approches théoriques et empiriques*, París, ADEF, pp. 165-194.

Town and Country Planning Association (1993): *Planning for a sustainable environment,* (comp. de A. Blowers), Londres, Earthscan.

Townroe, P. (1979): *Industrial movement: experience in the U.S. and the U.K.*, Farnborough, Saxon House.

Trullén, J., Boix, R. (2001): "Economia della conoscenza e reti di città: città creative nell'era della conoscenza", en *Sviluppo Locale*, vol. VIII, n° 18.

Turner, R. K. (1988): *Sustainable environmental management: principles and practice*, Boulder, West View Press.

UNCTAD (1997): *World Investment Report*, Washington, D.C.

Urban Studies (1999): Special issue on competitive cities, n° 5-6.

Vance, J. (1970): *The merchant's world: the geography of wholesaling*, Englewood Cliffs, Prentice-Hall.

Varela, F. J. (1979): *Principles of biological autonomy*, North-Holland, Elsevier.

Vázquez Barquero, A. (1999): *Desarrollo, redes e innovación*, Madrid, Pirámide.

Vázquez Barquero, A. (2002): *Endogenous Development. Networking, innovation, institutions and cities*, Londres, Routledge.

Veca, S. (1993): "Convivere con la competizione, l'innovazione e la solidarietà", *Progetto Cultura Industriale, Milán*, Assolombarda.

Vercelli, A. (1994): "Sustainable growth, rationality and time", ponencia presentada en el Simposio internacional C3E-METIS sobre "Modèles de développement soutenable: des approches exclusives ou complémentaires de la soutenabilité?", París, 16-18 marzo.

Vernon, R. (1957): "Production and distribution in the large metropolis", *The Annals of the American Academy of political and social sciences*, pp. 15-29.

Vernon, R. (1960): *Metropolis 1985*, Cambridge, Mass., Harvard University Press.

Vernon, R. (1966): "International investment and international trade in the product cycle", *Quarterly Journal of Economics*, mayo, pp. 190-207.

Vickerman, R. V. (1984): *Urban economies: analysis and policy*, Oxford, Philip Allan.

Victor, P., Hanna, E., Kubursi, A. (1994): "How strong is weak sustainability?", ponencia presentada en el Simposio internacional C3E-METIS sobre "Modèles de développement soutenable: des approches exclusives ou complémentaires de la soutenabilité?", París, 16-18 marzo.

Vincent, M. (1990): "Rente urbaine et coûts de transaction", en *autores varios, La rente foncière: approches théoriques et empiriques*, París, ADEF, pp. 225-32.

Vining, D. R., Kontuly, T. (1978): "Population dispersal from major metropolitan regions: an international comparison", *International Regional Science Review*, n° 3, pp. 49-73.

Von Böventer, E. (1970): "Optimal spatial structure and regional development", *Kyklos*, n° 23, pp. 903-24.

Von Thünen J. H. (1826): *Der Isolierte Staat in Beziehung auf Landwirtschaft und Nationalökonomie*, Hamburgo, Puthes.

Webber, M. (1979): *Information theory and urban spatial structure*, Londres, Croom Helm.

Weber, A. (1929): *Alfred Weber's theory of the location of industries*, Chicago, University of Chicago Press (primera edición alemana, 1909).

Weber, M. (1950): *La città*, Milán, Bompiani; primera edición en *Wirtschaft und Gesellschaft*, Tubinga (1925).

Weitzman, M. L. (1974): "Free access vs. private ownership as alternative systems for managing common property", *Journal of Economic Theory*, n° 2, pp. 225-34.

White, L. (1962): *Medieval technology and social change*, Londres, Oxford University Press; traducción italiana: *Tecnica e società nel medioevo*, Milán, Il Saggiatore (1967).

White, R., Whitney, J. (1992): "Cities and the environment, an overview" en Stren, R., White, R., Whitney, J., *Sustainable cities, urbanization and the environment in international perspective*, Oxford, Westview Press.

Wilson, A. G. (1969): "Notes on some concepts in social physics", *Papers and Proceedings of the Regional Science Association*, n° 22, pp. 159-93.

Wilson, A. G. (1970): *Entropy in urban and regional modelling*, Londres, Pion.

Wilson, A. G. (1971): "A family of spatial interaction models and associated developments", *Environment and Planning*, n° 3, pp. 1-32.

Wilson, A. G. (1974): *Urban and regional models in geography and planning*, Londres, Wiley and Sons.

Wingo, L. (1961): *Transportation and urban land*, Washington, D.C., Resources for the Future.

Woldenburg, M. J. (1968): "Energy flow and spatial order: mixed hexagonal hierarchies and central places", *Geographical Review*, n° 58, pp. 552-74.

World Bank (1999): *World Development Report*, Washington, D.C.

World Bank (2001): "Understanding and measuring social capital: a synthesis of findings and recommendations from the social capital initiative", *Social Capital Initiative Working Paper n° 24*, abril, Washington, D.C.

World Commission on Environment and Development (1987): *Our common future*, Oxford, Oxford University Press.

Zipf, G. K. (1949): *Human behaviour and the principle of least effort*, Cambridge, Mass., Addison Wesley.

ÍNDICE ANALÍTICO